2021年版 論点別★重要度順

中小企業診断士試験

過去問完全マスター

運営管理

過去問完全マスター製作委員会[編]

4

同友館

はじめに

1. 中小企業診断士試験が受験生に求めているもの

中小企業診断士試験は，受験生に対して中小企業診断士として活動するための基礎的能力を持っているかを問う試験である。

1次試験では，考える力の土台となる幅広い知識を一定水準で持っているかを問い，2次試験では，企業を実際に診断・助言する上で必要になる情報整理力（読む力）・情報分析・考察力（考える力）・社長にわかりやすく伝える力（書く力・話す力）を持っているかを問うている。

これらは表面上で問われている能力であるが，実はあと2つの隠れた能力を問われている。

それは，「計画立案・実行能力」と「要点把握力」である。

中小企業診断士には，一定の期限までにその企業を分析・診断し，効果的な助言を行うことが求められる。

そのためには，診断助言計画を立案した上で，実行し，その結果を検証し，改善策を立案・実行する能力が必要である（計画立案・実行能力）。

また，自分にとって未知の業種・業態の企業を診断・助言する際には，できるだけ短期間でその企業に関する専門知識を得て，社長とある程度対等に論議できるように準備する能力も必要である（要点把握力）。

したがって，中小企業診断士試験では，1次試験で多岐にわたる領域を短期間で要領よく要点を把握し合格レベルに近づける力が問われており，試験制度全体では1年に1回しか実施しないことで，学習計画を立て効果的に学習を進める能力を問うているといえる。

2. 本書の特徴

本書は，中小企業診断士試験の1次試験受験生に対して，上述した「計画立案・実行能力」と「要点把握力」向上をサポートするためのツールである。

1次試験は7科目の幅広い領域から出題され，合格には平均6割以上の得点が求められるが，1年間で1次試験・2次試験の両方の勉強をするためには最大でも8か月くらいしか1次試験に時間を割くことはできないため，すべての科目のすべての領域

1

を勉強することは非効率である。

したがって，受験生はいかに早く出題傾向を把握し，頻出な論点を繰り返し解くことができるかが重要となる。

では，出題傾向や重要な論点はどのように把握すればよいのか？

そのためには，過去問題を複数年度確認する必要がある。

しかし，これまでの市販や受験予備校の過去問題集は年度別に編集されているので，同一論点の一覧性を確保したい場合や論点別に繰り返し解くツールが欲しい場合は，受験生自身が過去問題を出題項目ごとに並べ替えたツールを自ら作成する必要があった。

これには時間も労力もかかるため，「市販の問題集で論点別にまとめたものがあったらいいのに…」と考える受験生も多かった。

本書はそのようなニーズに対して応えたものである。

平成23年度から令和2年度までの1次試験過去問題を収録し，中小企業診断協会の1次試験出題要項を参考にして並び替えたことで，受験生が短期間に頻出の論点を容易に把握し，繰り返し解き，自分の苦手な論点を徹底的に克服することができるよう工夫した。なお，問題ランクCの問題と解説については，電子ファイルで「過去問完全マスター」のホームページからダウンロードできる。（最初に，簡単なアンケートがあります。URL：https://jissen-c.jp/）

受験生の皆さんは，本書を活用して1次試験を効率よく突破し，2次試験のための勉強に最大限時間を確保してもらいたいというのが，本プロジェクトメンバーの願いである。

本書の使い方

1. 全体の出題傾向を把握する

巻末に経年の出題傾向を俯瞰して把握できるよう，「**出題範囲と過去問題の出題実績対比**」を添付した。

問題を解く前にこの一覧表で頻出論点を把握し，頻出な部分から取り組むことをお勧めする。

また，実際に問題に取り組んでいく際，各章ごとに「**取組状況チェックリスト**」に日付と出来栄えを記入し，苦手論点を把握・克服する方法を推奨するが，出題領域のどの部分が苦手なのかという全体感の把握には活用できない。

したがって，この一覧表をコピーし，自分が苦手な論点をマーカーなどでマークし

ておけば，苦手論点の全体把握ができるようになる。

2. 各章の冒頭部分を読む

　以下のような各章の冒頭部分に，出題項目ごとの頻出論点に関するポイントと出題傾向を記載している。まずは，この部分を読み，頻出論点の内容と傾向を把握してほしい。

---

1. 国民所得概念と国民経済計算

1－① 国民所得概念と国民経済計算

▶▶ 出題項目のポイント

　この項目では，診断先企業を取り巻く環境の1つである経済環境のうち，一国の経済の規模を把握するための指標の基礎についての理解を問われる。

　一国の経済を測定する国民経済計算とその構成要素の1つである国民所得勘定，そして，国民所得勘定の三面等価の原則，GDPを中心とした国民所得指標に関する知

---

3. 問題を解く

　各章の論点別に問題を解き，解説や各章の冒頭部分の説明を読み，論点別に理解を深める。取り組む優先順位がわかるように，各問題の冒頭には「頻出度」をベースに執筆者が「重要度」を加味して設定した「問題ランク」をA〜Cで記載している。

　「頻出度」は，原則として平成23年度から令和2年度の過去10年間で3回以上出題されている論点はA，2回出題されている論点はB，1回しか出題されていない論点をCとしている。ただし，平成13年度からの出題回数も一部加味している場合もある。

　また，「重要度」は，論点の基礎となる問題や良問と判断した問題ほど重要であるとしている。取り組む順番はAから始めてB，Cと進めることが最も効率よく得点水準を高めることになる。

4. 解説を読む・参考書を調べる

　頻出論点の問題を解き，解説を読むことを繰り返していくと，類似した内容を何度も読むことになる。結果，その内容が頭に定着しやすくなる。これが本書の目指すと

ころである。

　解説については，初学者にもわかりやすいように配慮しているが，市販や受験予備校の参考書のような丁寧さは紙面の都合上，実現することができない。また，本書の解説についてはわかりやすさを優先しているため，厳密さにはこだわっていない。

　なかなか理解が進まない場合もあるかもしれないが，そのような場合は，自分がわからない言葉や論点がわかりやすく書いてある受験予備校や市販の参考書を読んで理解を深めることも必要になる。

　この「興味を持って調べる」という行為が脳に知識を定着させることにもなるので，ぜひ，積極的に調べるという行為を行ってほしい。調べた内容は，本書の解説ページの余白などにメモしておけば，本書をサブノート化することができ，再び調べるという手間を省略できる。

5. 取組状況チェックリストを活用する

　各章の冒頭部分に，「取組状況チェックリスト」を挿入してある。これは，何月何日に取り組んだのかを記載し，その時の結果を記しておくことで，自分がどの論点を苦手としているのかを一覧するためのツールである。結果は各自の基準で設定してよいが，たとえば，「解答の根拠を説明できるレベル＝◎」「選択肢の選択だけは正解したレベル＝△」「正解できないレベル＝×」という基準を推奨する。

　何度解いても◎となる論点や問題は頭に定着しているので試験直前に見直すだけでよい。複数回解いて△な論点は本番までに◎に引き上げる。何度解いても×な論点は試験直前までに△に引き上げるという取組目安になる。

　時間がない場合は，問題ランクがCやBで×の論点は思い切って捨てるという選択をすることも重要である。逆にランクがAなのに×や△の論点は試験直前まで徹底的に取り組み，水準を上げておく必要がある。

■取組状況チェックリスト（例）

1. 国民所得概念と国民経済計算							
問題番号	ランク	1回目		2回目		3回目	
令和元年度 第1問	A	1／1	×	2／1	△	3／1	◎

4

目　　次

Ⅰ．生産管理

第1章　生産管理概論 ······························· 9

第2章　生産のプラニング（プランニング） ················· 39

第3章　生産のオペレーション ······················· 149

第4章　その他生産管理に関する事項 ···················· 291

Ⅱ．店舗・販売管理

第1章　店舗・商業施設 ··························· 303

第2章　商品仕入・販売（マーチャンダイジング） ············ 361

第3章　商品補充・物流 ··························· 453

第4章　流通情報システム ·························· 545

第5章　その他店舗・販売管理に関する事項 ············· 633

■運営管理　出題範囲と過去問題の出題実績対比 ····················· 636

Ⅰ．生産管理

第 1 章

生産管理概論

1. 生産管理の基礎

▶▶ 出題項目のポイント

　この項目では，生産管理における基礎的な知識が問われる。特に，管理目標，生産形態については出題頻度が高く，基本事項をしっかり押さえることがポイントとなる。

　企業の生産活動は，生産する製品の特性，需要状況などによって適切な生産形態が選択される。生産形態は生産の時期，品種と数量，仕事の流し方により次のように分類することができる。

- ・生産の時期：見込生産，受注生産
- ・品種と数量：多種少量生産，少種多量生産
- ・仕事の流し方：個別生産，ロット生産，連続生産

　受注生産とは，注文を受けてから生産を開始する形態である。一方の見込生産とは，大量生産の消費財や生産財など，需要を予測して製造を行う生産の形態である。

　受注生産の多くは，多品種を少量ずつ生産する多種少量生産が多く，仕事の流し方は1個ずつ生産する個別生産や，いくつかの単位でまとめて生産するロット生産が採用される。

　見込生産の多くは，少種多量生産の製品が多く，仕事の流し方は連続的に大量に生産する連続生産やロット生産などがとられる。

　それぞれの生産形態の特徴を効果的に理解するには，生産する製品を具体的にイメージすることが有効である。

　生産に関する情報システムとしては，SFA，CAD，CAM，FMS，FA，MRP，ERP，SCM等が挙げられる。問題への対応力をつけるためにはシステムの内容を単に確認するだけでなく，使用する場面や目的を整理し理解することが重要となる。生産活動のプロセスに沿って場面別・目的別に生産情報システムを整理すると次のようになる。

- ・営業：SFA
- ・設計・開発：CAD，CAE
- ・調達：MRP
- ・製造：CAM，FMS，FA，MC
- ・総合：ERP，SCM

第1章　生産管理概論

　また，生産統制の主な機能である進度管理，余力管理，現品管理についても出題されており，基本的な事項については確実に押さえておく必要がある。

▶▶ 出題の傾向と勉強の方向性

　生産形態の論点としては，少品種多量生産・多品種少量生産（平成28年度第2問，平成30年度第2問），個別受注生産（平成23年度第19問），見込生産（平成27年度第2問）などが出題されている。

　生産現場における管理目標についての問題が頻繁に出題されており，基本的な事項は押さえておく必要がある。なかでも，PQCDSMEは，平成24年度第2問，平成25年度第1問，平成30年度第1問と繰り返し出題されており，しっかり押さえておきたい。

　勉強の方向性としては，頻出論点である生産形態を十分に理解することが最優先である。ここでの出題は基本的な問題が多いため，しっかり得点できる知識を身につけるよう反復的な学習が有効である。

11

■取組状況チェックリスト

1. 生産管理の基礎					

管理目標

問題番号	ランク	1回目		2回目		3回目	
平成 24 年度 第 2 問	C *	／		／		／	
平成 25 年度 第 1 問	B	／		／		／	
平成 30 年度 第 1 問	B	／		／		／	
平成 29 年度 第 1 問	B	／		／		／	
令和元年度 第 1 問	A	／		／		／	
令和 2 年度 第 1 問	A	／		／		／	
平成 23 年度 第 1 問	C *	／		／		／	
平成 26 年度 第 1 問	C *	／		／		／	

生産形態

問題番号	ランク	1回目		2回目		3回目	
平成 28 年度 第 2 問	A	／		／		／	
平成 30 年度 第 2 問	B	／		／		／	
令和元年度 第 2 問	B	／		／		／	
平成 28 年度 第 5 問	A						
平成 23 年度 第 19 問	B	／		／		／	
平成 27 年度 第 2 問	B	／		／		／	

生産に関する情報システム

問題番号	ランク	1回目		2回目		3回目	
平成 23 年度 第 4 問	C *	／		／		／	
平成 29 年度 第 8 問	C *	／		／		／	
平成 29 年度 第 2 問	B	／		／		／	
平成 30 年度 第 5 問	B	／		／		／	

＊ランク C の問題と解説は，「過去問完全マスター」の HP（URL：https://jissen-c.jp/）よりダウンロードできます。

第1章　生産管理概論

管理目標	ランク	1回目		2回目		3回目	
	B	╱		╱		╱	

■平成 25 年度　第 1 問

生産における管理目標（PQCDSME）に関する記述として，<u>最も不適切なもの</u>は<u>どれか</u>。

ア　管理目標 P に着目して，生産量と投入作業者数との関係を調査し，作業者 1 人当たりの生産量を向上させるための対策を考えた。

イ　管理目標 C に着目して，製品原価と原材料費との関係を調査し，製品原価に占める原材料費の低減方策を考えた。

ウ　管理目標 S に着目して，実績工数と標準工数との関係を調査し，その乖離が大きい作業に対して作業の改善や標準工数の見直しを行った。

エ　管理目標 M に着目して，技術的な資格と取得作業者数との関係を調査し，重点的に取る資格の取得率の向上に向けて研修方策を提案した。

解答	ウ

■解説

　生産現場における管理目標 PQCDSME についての出題である。以下にその意味をまとめる。

管理目標	意味
Productivity	生産性
Quality	品質
Cost	原価
Delivery	納期
Safety	安全性
Morale	意欲，働きがい
Environment，Ecology	環境性

ア：適切である。作業者 1 人当たりの生産量，つまり生産性を調査した上で改善策を考えるというやり方は適切である。

イ：適切である。管理目標 C はコスト（原価）のことで，製品原価と原材料費の関係を調査し，原材料費の低減を考えることは適切である。

ウ：不適切である。管理目標 S はセーフティ（安全）のことで，生産現場の安全，環境への配慮等に関するものである。本肢は管理目標 D（納期）に関する内容であり，不適切である。

エ：適切である。管理目標 M はモラールのことである。モラールとは「集団の目標に向かって，集団成員の意思が統一され，集団の団結が固く，しかもその目標の達成に努力する気力に満ちた状態」と JIS 定義される。士気，勤労意欲ともいわれる。技術的な資格と取得作業者数との関係を調査し，重点的に取る資格の取得率の向上に向けた研修方策の検討は，勤労意欲を高め，生産性の向上を図ろうとする活動であり，管理目標 M にあてはまる。

よって，ウが正解である。

第1章　生産管理概論

管理目標	ランク	1回目		2回目		3回目	
	B	/		/		/	

■平成30年度　第1問

生産における管理目標（PQCDSME）に関する記述として，最も適切なものはどれか。

　ア　職場環境に関する評価を行うために，検査によって不適合と判断された製品の数を検査対象の製品の総数で除して求められる不適合率を用いた。

　イ　職場の安全性を評価するために，延べ労働損失日数を延べ実労働時間数で除し1,000を乗じて求められる強度率を用いた。

　ウ　生産の効率性を評価するために，労働量を生産量で除して求められる労働生産性を用いた。

　エ　納期に関する評価を行うために，動作可能時間を動作可能時間と動作不能時間の合計で除して求められる可用率を用いた。

15

解答	イ

■解説

生産における管理目標（PQCDSME）に関する問題である。

ア：不適切である。不適合率は「Q：品質」を評価するものである。職場環境に関する評価を行うための管理目標は「M：モラール」である。職務の満足度，集団の団結感，帰属意識などで評価を行う。

イ：適切である。「強度率」は，1,000延べ労働時間当たりの労働損失日数で災害の重さの程度を表したものである。職場の安全性を評価するために用いられる。

ウ：不適切である。「P：生産性」は，「アウトプット（産出量）／インプット（投入量）」で表される指標である。数値が高いほど生産の効率が高いことを示す。選択肢の内容は「労働量を生産量で除して求められる労働生産性」とあるが分母と分子が逆であり，不適切である。

エ：不適切である。「D：納期」に関する評価を行うための指標としては，納期遵守率，納入リードタイムなどがある。可用率は「必要とされるときに設備が使用中又は運転可能である確率。可動率ともいう」とJIS定義されている。設備効率に関する指標で，保全活動によって得られる設備の信頼性を示すものである。

よって，イが正解である。

第1章　生産管理概論

管理目標	ランク	1回目		2回目		3回目	
	B	/		/		/	

■平成 29 年度　第 1 問

生産システムにおける評価尺度に関する記述として，最も適切なものはどれか。

ア　MTBF は，故障した設備を運用可能状態へ修復するために必要な時間の平均値である。

イ　稼働率は，人または機械の利用可能時間を有効稼働時間で除した値である。

ウ　原材料生産性は，生産量を原材料の総使用量で除した値である。

エ　スループットは，製品を発注してから納入されるまでの時間である。

17

解答	ウ

■解説

生産システムにおける評価尺度に関する問題である。

ア：不適切である。選択肢の説明は，MTBF（Mean Time Between Failures：平均故障間隔）ではなくMTTR（Mean Time To Repair：平均修復時間）のことである。MTBFは，機器やシステムなどの信頼性を表す指標の1つで，稼働を開始してから，もしくは修理後に稼働を再開してから，次に故障するまでの平均稼働時間を指す。MTBFは稼働時間／故障回数で求めることができる。

イ：不適切である。稼働率は，「人または機械における就業時間もしくは利用可能時間に対する有効稼働時間との比率」とJIS定義されている。有効稼働時間とは生産に直接役立っている時間を指す。設問の説明は分母・分子が逆である。

ウ：適切である。原材料生産性は，生産量を原材料の総使用量で除した値である。生産性は「アウトプット（産出）／インプット（投入）」で示される指標で，投入量に対する産出量との比である。通常，分子には生産量，生産金額，または付加価値を用い，分母には労働量を用いるが，投入資本，設備，原材料などの諸量を用いることもある。

エ：不適切である。選択肢はリードタイムの説明である。リードタイムは調達時間ともいう。スループットとは「単位時間に処理される仕事量を測る尺度」とJIS定義されている。

よって，ウが正解である。

第1章　生産管理概論

管理目標	ランク	1回目	2回目	3回目
	A	／	／	／

■令和元年度　第1問

管理指標に関する記述として，最も適切なものはどれか。

　ア　稼働率とは，人または機械における就業時間もしくは拘束時間を，有効稼働時間で除したものである。

　イ　生産リードタイムは，顧客が注文してからその製品を手にするまでの時間である。

　ウ　直行率とは，初工程から最終工程まで，手直しや手戻りなどがなく順調に通過した品物の生産数量を，工程に投入した品物の数量で除したものである。

　エ　歩留まりとは，投入された主原材料の量を，産出された品物の量で除したものである。

19

解答	ウ

■解説

　管理指標に関する問題である。

　ア：不適切である。稼働率は，「人または機械における就業時間もしくは利用可
　　　能時間に対する有効稼働時間との比率」と定義されている。有効稼働時間と
　　　は，生産に直接役立っている時間を指す。選択肢の説明は分母・分子が逆で
　　　ある。

　イ：不適切である。生産リードタイムとは「生産の着手時期から完了時期に至る
　　　までの期間」と定義されている。工場内で原材料の状態から，製造工程を経
　　　て製品として出荷可能な状態になるまでのすべての時間の合計のことである。
　　　これは製造工程にかかる作業時間だけではなく，工程間の滞留時間も含まれ
　　　る。選択肢の「顧客が注文してからその製品を手にするまでの時間」は注文
　　　リードタイムのことである。注文を受けてから事務処理を行い，生産計画，
　　　生産，出荷，納品までの時間が含まれる。

　ウ：適切である。直行率とは工程内の検査，および出荷前の検査のすべての検査
　　　に対して1回で合格したものの比率のことである。

　エ：不適切である。歩留まりとは「投入された主原材料の量と，その主原材料か
　　　ら実際に産出された品物の量との比率」と定義されている。選択肢の説明は
　　　分母・分子が逆である。

　よって，ウが正解である。

第1章　生産管理概論

管理目標	ランク	1回目		2回目		3回目	
	A	／		／		／	

■**令和2年度　第1問**

管理目標に関する記述として，最も適切なものはどれか。

ア　産出された品物の量に対する投入された主原材料の量の比によって，歩留まりを求めた。

イ　産出量に対する投入量の比によって，生産性を求めた。

ウ　単位時間に処理される仕事量を測る尺度として，リードタイムを用いた。

エ　動作可能な状態にある作業者が作業を停止している時間を，遊休時間として求めた。

21

解答	エ

■解説

　生産における管理目標に関する問題である。

　ア：不適切である。歩留まりとは「投入された主原材料の量と，その主原材料か
　　　ら実際に産出された品物の量との比率」と定義されている。選択肢の説明は
　　　分母・分子が逆である。

　イ：不適切である。生産性は「アウトプット（産出量）／インプット（投入量）」
　　　で表される指標である。数値が高いほど生産の効率が高いことを示す。選択
　　　肢の内容は分母と分子が逆であり不適切である。

　ウ：不適切である。単位時間に処理される仕事量を測る尺度はスループットであ
　　　る。リードタイムは調達時間ともいわれ，製品を発注してから納入されるま
　　　での時間のことである。

　エ：適切である。遊休時間は「動作可能な状態にある機械または作業者が所与の
　　　機能もしくは作業を停止している時間」とJIS定義されている。動作可能な
　　　状態にあるときに，機能を果たすべき対象がないために機械が停止している，
　　　もしくは作業者が作業を行っていない時間のことである。作業者の場合には
　　　手待ち時間ともいう。

　よって，エが正解である。

第1章 生産管理概論

生産形態	ランク	1回目		2回目		3回目	
	A	/		/		/	

■平成28年度 第2問

生産形態に関する記述として，最も不適切なものはどれか。

ア 少品種多量生産では，加工・組立の工数を少なくする製品設計が有用である。

イ 少品種多量生産では，工程の自動化が容易で，品種の変化に対するフレキシビリティが高い。

ウ 多品種少量生産では，進捗管理が難しく，生産統制を適切に行わないと納期遵守率が低下する。

エ 多品種少量生産では，汎用設備の活用や多能工化が有用である。

23

解答	イ

■**解説**

　品種と生産量の関係からみた生産形態の違いに関する問題である。

　少品種多量生産方式は，類似性の高い製品を少品種に絞り1品目ごとの生産を多量に行う方式である。生産効率を高めるために作業の標準化，機械化，自動化などが重要になる。また，段取り替えが少なくなるよう工程管理し，連続生産の効率を高めることも重要である。

　一方の多品種少量生産は，類似性の低い製品を多品種，1品目ごとの生産を少量ずつ行う方式である。生産効率を高めるため，部品の共通化，標準化，加工内容の共通化などが重要になる。

　ア：適切である。上記より，少品種多量生産では，加工・組立の工数を少なくする製品設計により生産工程を単純化することで単能工，専門工による生産性の高い作業を行うことができる。

　イ：不適切である。少品種多量生産では，作業を単純化しやすく工程の自動化が容易であるといえるが，専用のライン設備を用いた連続生産などでは品種の変化に対して柔軟に対応することは困難であり，フレキシビリティは低いといえる。

　ウ：適切である。多品種少量生産では，生産する製品ごとに工程が異なるうえ，異なる品種の生産が同時に行われているため，少品種多量生産と比べ進捗管理は難しいといえる。生産統制が適切に行われないと納期遅延が発生し，納期遵守率は低下する。

　エ：適切である。多品種少量生産では，汎用設備を活用することで製品の加工工程，加工順序等の多様性の吸収が期待できる。また，さまざまな工程を担当することができる多能工化は有用である。

　よって，イが正解である。

第1章　生産管理概論

生産形態	ランク	1回目		2回目		3回目	
	B	／		／		／	

■平成 30 年度　第 2 問

　加工方法が多様で，需要が安定していない寿命の短い製品の多品種少量生産に関する記述として，最も適切なものはどれか。

　　ア　加工品の流れが一定ではないので，機能別レイアウトを導入した。

　　イ　需要の動向にあわせて頻繁に生産計画を変更することが必要なので，MRP を導入した。

　　ウ　需要変動に対応するためには，生産量の変動で対応するより完成品在庫で対応することが効果的である。

　　エ　スループットタイムを短くし，コストダウンを図るために専用ラインを導入することが効果的である。

25

解答	ア

■解説

製品の多品種少量生産に関する問題である。

ア：適切である。多品種少量生産では製品ごとに加工経路が異なり，加工品の流
れが一定ではない。そのため，同じ種類の機械や設備を1カ所にまとめて配
置する機能別レイアウトが適している。生産する製品が変わっても機械や設
備の配置は変えなくてもよい。

イ：不適切である。生産計画を変更するために用いられるのはAPS（Advanced
Planning and Scheduling）である。APSとは，生産計画や製造スケジュー
ルの管理を行う情報システムである。受注から，購買，生産，出荷まで一括
してスケジュール管理し，製造ラインの稼働率を考慮して最適な生産計画を
策定，実行するものである。APSは「部品構成表と作業手順を用いてスケ
ジューリングを行い，納期回答をするとともに，設備の使用日程と部品の手
配を行う活動」とJIS定義されている。選択肢のMRP（Material
Requirements Planning：資材所要量計画）は「生産計画情報，部品構成表
情報及び在庫情報に基づいて，資材の必要量と時期を求める生産管理体系」
とJIS定義されている。

ウ：不適切である。需要が増大した場合は完成品在庫で対応することができるが，
逆に需要が減少した場合は完成品在庫が過剰在庫となるリスクがある。よっ
て，生産量の変動で対応することが効果的である。

エ：不適切である。多品種少量生産は製品ごとに加工経路が異なる。専用ライン
を導入した場合，生産する製品が変わると機械，設備の配置を変える必要が
あるためコストがかかる。スループットタイム（生産期間：材料が製品に変
換されるのに要する時間）は専用ラインを導入することで短くすることがで
きるが，コストダウンを図れるとはいえない。多品種少量生産は機能別レイ
アウトの導入が適している。

よって，アが正解である。

第1章　生産管理概論

生産形態	ランク	1回目		2回目		3回目	
	B	／		／		／	

■**令和元年度　第2問**

　生産工程における加工品の流れの違いによって区別される用語の組み合わせとして，最も適切なものはどれか。

　　ア　押出型と引取型

　　イ　多品種少量生産と少品種多量生産

　　ウ　フローショップ型とジョブショップ型

　　エ　見込生産と受注生産

27

解答	ウ

■解説

加工品の流れに着目した，生産工程の区分に関する問題である。

ア：不適切である。押出型（プッシュ・システム）と引取型（プル・システム）は，生産活動を開始する基準の違いによる区別である。押出型（プッシュ・システム）は「あらかじめ定められたスケジュールに従い，生産活動を行う管理方式」と定義される。一方の引取型（プル・システム）は「後工程から引き取られた量を補充するためにだけ，生産活動を行う管理方式。後工程引取方式，または引張方式ともいう」と定義されている。

イ：不適切である。多品種少量生産と少品種多量生産は，生産する品種と生産量の違いによる区別である。多品種少量生産は，多くの種類の製品を少量ずつ生産する形態であり，一方の少品種多量生産は，少ない種類の製品を大量に生産する形態である。

ウ：適切である。フローショップ型とジョブショップ型は，加工品の流れの違いによる区別である。フローショップ型とは，すべての仕事（ジョブ）について，機械設備や装置の利用順序が同一である生産形態のことである。製品をつくる順に機械を並べてライン化した形態である。一方のジョブショップ型は，機械設備や装置の利用順序が異なる多数の仕事（ジョブ）を対象として加工を行う生産形態である。

エ：不適切である。見込生産と受注生産は，生産時期の違いによる区別である。見込生産は「生産者が市場の需要を見越して企画・設計した製品を生産し，不特定な顧客を対象として市場に出荷する形態」と定義される。一方の受注生産は「顧客が定めた仕様の製品を生産者が生産する形態」と定義される。

よって，ウが正解である。

生産形態	ランク	1回目	2回目	3回目
	A	/	/	/

■平成 28 年度　第 5 問

　下図は，機械加工設備をロットサイズと製品の種類で分類したものである。空欄①～③にあてはまる設備の組み合わせとして，最も適切なものを下記の解答群から選べ。

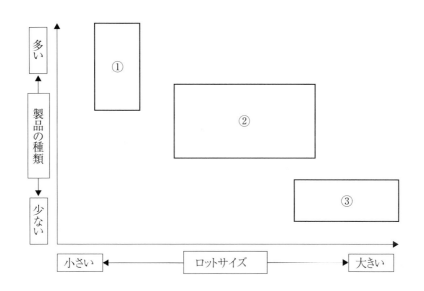

〔解答群〕

ア　①：FMS　　　　　②：トランスファーマシン　③：汎用工作機械
イ　①：FMS　　　　　②：汎用工作機械　　　　③：トランスファーマシン
ウ　①：汎用工作機械　②：FMS　　　　　　　　③：トランスファーマシン
エ　①：汎用工作機械　②：トランスファーマシン　③：FMS

解答	ウ

■解説

機械加工設備とロットサイズに関する問題である。

・汎用工作機械

さまざまな製品の加工に対応することができる加工設備である。個別製品の生産の自動化に用いられ，多品種少量生産に向いている。

・FMS（Flexible Manufacturing System）

フレキシブル生産システム。「生産設備の全体をコンピュータで統括的に制御・管理することによって，類似製品の混合生産，生産内容の変更などが可能な生産システム」とJIS定義されている。中品種中量生産から多品種少量生産の自動化を目的として，成形，機械工作，組み立て，搬送，検査，梱包および保管の一部またはすべてをコンピュータによって制御したシステムである。

・トランスファーマシン

トランスファーラインともいう。各工程専用の自動機械を加工順に配し，機械間を自動搬送装置で結んだ設備のことである。連続加工が可能であり，少品種多量生産に適している。

上記より，①汎用工作機械，②FMS，③トランスファーマシンと判断できる。
よって，ウが正解である。

第 1 章　生産管理概論

生産形態	ランク	1回目		2回目		3回目	
	B	／		／		／	

■平成 23 年度　第 19 問

個別受注生産での改善施策に関する記述として，最も不適切なものはどれか。

ア　受注製品ごとの進度管理の精度を高めるために，追番管理方式を導入する。

イ　受注製品の納入リードタイムを短縮するために，設計部門と製造部門の業務
　　を同時並行で行うコンカレントエンジニアリングを採用する。

ウ　製品仕様の変更や追加要求を回避するために，客先との間で取り交わす製品
　　仕様書の記入内容を再吟味する。

エ　部材調達費の抑制や量産効果を得るために，部品や中間製品の共通化・汎用
　　化を図る。

31

解答	ア

■**解説**

生産形態に関する出題の応用である。

ア：不適切である。本肢は製番管理方式の記述である。製番管理方式は，「製造命令書を発行するときに，その製品に関するすべての加工と組み立ての指示書を準備し，同一の製造番号をそれぞれにつけて管理を行う方式」とJIS定義される。

イ：適切である。コンカレントエンジニアリングは，製品設計と製造，販売などの統合化，同時進行化を行うための方法である。コンカレントエンジニアリングを採用することで，設計から製造に至る期間（開発リードタイム）を短縮でき，納入リードタイムが短縮できる。

ウ：適切である。本肢の内容のとおりである。

エ：適切である。本肢はグループテクノロジーの説明である。グループテクノロジーは多種類の部品をその形状，寸法，素材，工程などの類似性に基づいて分類し，多種少量生産に大量生産的効果を与える管理手法である。

よって，アが正解である。

第1章 生産管理概論

生産形態	ランク	1回目		2回目		3回目	
	B	/		/		/	

■平成 27 年度　第 2 問

　見込生産の特徴に関する記述として，最も適切なものの組み合わせを下記の解答群から選べ。

　　a　多品種少量生産である。

　　b　需要変動はなるべく製品在庫で吸収する。

　　c　営業情報やマーケットリサーチ情報に基づき需要予測を行い，生産量を決定する。

　　d　納期をどれだけ守れるかが生産管理のポイントとなる。

〔解答群〕

　　ア　a と c

　　イ　a と d

　　ウ　b と c

　　エ　b と d

33

解答	ウ

■解説

　見込生産とは「生産者が市場の需要を見越して企画・設計した製品を生産し，不特定な顧客を対象として市場に製品を出荷する形態」とJIS定義される。市場の需要を予測し，大量の販売を見込んで生産する形態である。そのため，需要予測の精度を高めることが重要となる。

　　a：不適切である。見込生産では生産効率を高め，低コストによる大量生産が求められるため少品種多量生産の形態をとる。多品種少量生産は受注生産の特徴である。

　　b：適切である。需要の変動に応じてその都度生産水準を変更させるより，製品在庫を消費して需要変動に対処したほうが効率的である。ただし，需要予測が大きく変更される場合については，生産計画を修正する必要がある。そのため，柔軟な生産体制を構築することが重要であるといえる。

　　c：適切である。営業情報やマーケットリサーチ情報などから市場の動向を把握し，精度の高い需要予測を行い生産量を決定することが重要である。

　　d：不適切である。納期管理が重要となるのは，受注時に納期が決められ生産を開始する，受注生産の形態である。

　以上より，bとcが適切である。よって，ウが正解である。

生産に関する 情報システム	ランク	1回目		2回目		3回目	
	B	/		/		/	

■平成 29 年度　第 2 問

生産システムにおける ICT の活用に関する記述として，最も適切なものはどれか。

ア　CAE（Computer Aided Engineering）を導入することにより，製品開発過程の早い段階での事前検討が可能となり，開発期間の短縮が期待できる。

イ　CAM（Computer Aided Manufacturing）を導入することにより，時々刻々変化する生産現場の状況をリアルタイムで把握することが可能となり，納期変更や設計変更などへの対応が容易になる。

ウ　PDM（Product Data Management）を導入することにより，メーカーとサプライヤーが在庫データを共有することができ，実需に同期した精度の高い予測に基づく生産が可能になる。

エ　POP（Point of Production）を導入することにより，タイムバケットに対して計画が作成され，調達・製造すべき品目とその量，各オーダーの着手・完了時期の必然性を明確にすることが可能となる。

解答	ア

■解説

　生産システムにおける ICT の活用に関する問題である。

　ちなみに ICT（Information and Communication Technology）とは情報・通信に関連する技術の総称で「情報通信技術」と訳される。

ア：適切である。CAE（Computer Aided Engineering）とは設計データに基づき，各種シミュレーション，技術解析などの工学的な検討を行うシステムである。製品開発過程の早期段階で製品シミュレーションを行うことで，製品品質，製造工程などを評価することができ，開発期間の短縮が期待できる。

イ：不適切である。選択肢の説明は POP（Point of Production：生産時点情報管理）のことである。POP システムは生産工場において刻々と発生する生産情報をバーコードリーダーで読み取り，リアルタイムで管理ができる。CAM（Computer Aided Manufacturing）とは「コンピュータの内部に表現されたモデルに基づいて，生産に必要な各種情報を生成すること，及びそれに基づいて進める生産の形式」と JIS 定義されている。

ウ：不適切である。PDM（Product Data Management）とは製品情報管理と呼ばれ，製品の設計・開発・保守・廃棄・リサイクルなど，製品のライフサイクル全体を通した製品関連情報の一元管理を実現するシステムである。選択肢は SCM（Supply Chain Management）の説明である。

エ：不適切である。選択肢は MRP（Materials Requirements Planning：資材所容量計画）の説明である。MRP ではタイムバケットと呼ばれる 1 週間あるいは 1 日といった連続した時間区間に対して生産活動のすべてを計画し，そのタイムバケット内で行われるように管理する。なお「生産計画情報，部品構成表情報及び在庫情報に基づいて，資材の必要量と時期を求める生産管理体系」と JIS 定義されている。

　よって，アが正解である。

第 1 章　生産管理概論

生産に関する情報システム	ランク	1 回目		2 回目		3 回目	
	B	/		/		/	

■平成 30 年度　第 5 問

マシニングセンタに関する記述として，最も適切なものはどれか。

ア　工作物を回転させ，主としてバイトなどの静止工具を使用して，外丸削り，中ぐり，突切り，正面削り，ねじ切りなどの切削加工を行う工作機械。

イ　異なる機能をもつ数台から数十台の工作機械を等間隔，かつ，直線状に配置し，それらを搬送装置で結合した工作機械群。

ウ　自動制御によるマニピュレーション機能または移動機能をもち，各種の作業をプログラムによって実行できる，産業に使用される機械。

エ　主として回転工具を使用し，フライス削り，中ぐり，穴あけおよびねじ立てを含む複数の切削加工ができ，かつ，加工プログラムに従って工具を自動交換できる数値制御工作機械。

37

解答	エ

■**解説**

工作機械，生産システムに関する問題である。

ア：不適切である。選択肢は旋盤の説明である。工作物を回転させ，往復台上に固定した刃を前後左右に動かして，これに当てて切削する工作機械である。ねじ切り・穴あけなどにも用いる。

イ：不適切である。選択肢はトランスファーマシンの説明である。異なる機能をもつ工作機械を数台から数十台ほぼ等間隔に直線状に配置し，その間をベルトコンベヤなど適当な搬送装置で工作物を順次送り込んで，加工を連続的に処理する工作機械群のことである。

ウ：不適切である。選択肢は産業用ロボットの説明である。産業用ロボットは「自動制御によるマニピュレーション機能または移動機能をもち，各種の作業をプログラムによって実行できる，産業に使用される機械」とJIS定義されている。なお，マニピュレーションとは手で操縦することを意味しており，マニピュレータとはロボットの腕や手に当たる部分を指す。

エ：適切である。マシニングセンタの特徴は「工具自動交換装置」を備えていることである。NC工作機械では工具の交換は作業者が行うが，マシニングセンタは自動で工具を交換し加工を行う。これにより段取り替えの手間が省け，生産の効率化が図れる。

よって，エが正解である。

第2章
生産のプラニング
（プランニング）

1. 工場立地とレイアウト

▶▶ 出題項目のポイント

　この項目では，工場計画，工場レイアウト，設備配置等について出題される。

　工場計画では，立地について検討を進めることになる。気候・風土，工業用水や原材料の入手の容易性といった立地要因，国内生産，海外生産といった戦略的な要因，また，生産拠点として交通の利便性なども考慮する必要がある。

　工場での生産を効率的に行うための，汎用的な工場レイアウト計画法としてシステマティック・レイアウト・プランニング（SLP）という手法がある。

　SLP の手順は次のとおりとなる。

　　①P-Q 分析
　　②物の流れ分析
　　③アクティビティ相互関係図表
　　④アクティビティ相互関係ダイヤグラム
　　⑤面積相互関係ダイヤグラム
　　⑥レイアウト案の作成・評価

　設備配置の分類については次のレイアウトについて，内容と特徴を理解することがポイントである。

　　・固定式レイアウト
　　　生産対象は定位置で，大型製品などに適用する。
　　・機能別レイアウト（工程別レイアウト）
　　　同じ種類の機械・設備を1カ所にまとめて配置し，多種少量生産に適する。
　　・製品別レイアウト
　　　原材料から製品までの変換過程に沿って設備を配置し，少種多量生産に適する。
　　・セル生産レイアウト
　　　異なる機械をまとめて機械グループを構成して生産の工程を編成する。

第2章　生産のプラニング

▶▶ 出題の傾向と勉強の方向性

　工場レイアウトは平成 24 年度第 9 問，平成 26 年度第 2 問，平成 27 年度第 4 問，第 5 問，平成 29 年度第 5 問，平成 30 年度第 3 問と繰り返し出題されている。システマティック・レイアウト・プランニング（SLP）については出題頻度が比較的高く，内容を体系的に学習し，順序立てて理解することが重要となる。

　平成 30 年度第 3 問では工場レイアウトの応用問題として，手順に沿ったレイアウト改善に関する出題があった。P-Q 分析と設備レイアウトの関係もしっかり押さえておきたい。

■取組状況チェックリスト

1. 工場立地とレイアウト						

工場レイアウト						
問題番号	ランク	1回目		2回目		3回目
平成 24 年度 第 3 問	C*	╱		╱		╱
平成 24 年度 第 9 問	B	╱		╱		╱
平成 23 年度 第 2 問	C*	╱		╱		╱
平成 27 年度 第 5 問	B	╱		╱		╱
平成 30 年度 第 3 問	A	╱		╱		╱
平成 26 年度 第 2 問	A	╱		╱		╱
平成 27 年度 第 4 問	A	╱		╱		╱
平成 29 年度 第 5 問	A	╱		╱		╱
令和 2 年度 第 3 問	A	╱		╱		╱
平成 25 年度 第 3 問	C*	╱		╱		╱
令和 2 年度 第 15 問	C*	╱		╱		╱

＊ランク C の問題と解説は，「過去問完全マスター」の HP（URL：https://jissen-c.jp/）よりダウンロードできます。

第2章　生産のプラニング

工場レイアウト	ランク	1回目		2回目		3回目	
	B	／		／		／	

■平成24年度　第9問

　生産される製品の種類と量により，基本的なレイアウトのタイプは，一般に，製品固定型，製品別，グループ別，工程別の4つに分類される。レイアウトのタイプと生産される製品の種類・量との組み合わせにおいて，最も関連性の強いものはどれか。

　　ア　製品固定型レイアウト　　－　多品種少量生産

　　イ　製品別レイアウト　　　　－　少品種多量生産

　　ウ　グループ別レイアウト　　－　少品種少量生産

　　エ　工程別レイアウト　　　　－　中品種中量生産

43

解答	イ

■解説

レイアウトの特徴を整理すると以下のようになる。

レイアウト	特徴	製品の種類・量
製品固定型レイアウト （Fixed Product Layout）	船舶や大型製品を製造する場合に用いられるレイアウトである。製品は固定されたまま，設備や工具の方が製品の場所に移動する。	少品種少量生産
製品別レイアウト （Product Layout）	生産設備を工程順に直線的に配置するレイアウトで，製品を大量に生産するために用いられる。材料や仕掛品などは，隣の工程に運ばれるため効率のよい物流ラインが確保できる。	少品種多量生産
グループ別レイアウト （Group Layout）	製品を構成する部品や，工程などの類似性に基づいて，製品を分類し作業場を配置するレイアウトである。一般に工程別レイアウトよりスムーズな物の流れになる。	中品種中量生産
工程別レイアウト （Process Layout）	同じ種類の機械や設備を1カ所に集めて配置するレイアウトである。設備の稼働率を上げやすい一方，製品の移動経路が複雑になりやすい。	多品種少量生産

これより，「製品別レイアウト－少品種多量生産」の組み合わせである選択肢イが正解である。

	ランク	1回目	2回目	3回目
工場レイアウト	B	/	/	/

■平成 27 年度　第 5 問

ある工場では 15 種類の製品を生産している。これらの製品についての PQ 分析を行ったところ，下図のような結果が得られた。

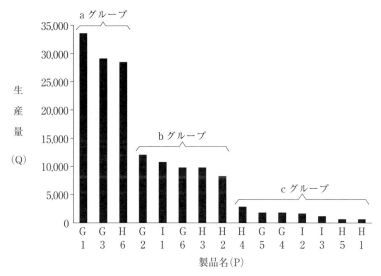

この図に示す a, b, c の各グループに適した設備レイアウトを次の①〜③の中から選択する場合に，最も適切な組み合わせを下記の解答群から選べ。

【選択する設備レイアウト】

① 工程別レイアウト
② グループ別レイアウト
③ 製品別レイアウト

〔解答群〕

ア　a：①　　b：②　　c：③
イ　a：②　　b：①　　c：③
ウ　a：③　　b：①　　c：②
エ　a：③　　b：②　　c：①

解答	エ

■解説

　P-Q 分析に関する問題である。

　P-Q 分析では，横軸に製品の種類（P：Product）を，縦軸に生産量（Q：Quantity）をとり，左側から生産量の大きい順に並べてグラフ化する。

　一般的に，生産量の多いグループは「製品別レイアウト」，少ないグループは「工程別レイアウト」，中間のグループは生産物の形状や加工法などの類似性をもとにグループ化を行い，共通ライン化を図る「グループ別レイアウト」が用いられる。

　問題のグラフでは，生産量の多いａグループは「③製品別レイアウト」，中間のｂグループは「②グループ別レイアウト」，生産量の少ないｃグループは「①工程別レイアウト」が適切である。

　よって，エが正解である。

工場レイアウト	ランク	1回目	2回目	3回目
	A	/	/	/

■平成30年度　第3問

　ある工場のレイアウト改善に関する次の文章の空欄AとBに入る語句として、最も適切なものの組み合わせを下記の解答群から選べ。

　この工場では複数の設備を用いて製品の加工を行っており、各設備を製品ごとに直線に配置したレイアウトをとっている。最近、製品の種類が多様化してきたため加工方法が複雑になり、工程間の搬送の手間が増えてきたという問題点を抱えていた。
　そこで、ものの流れに関する問題点の発見のためにPQ分析を行った。その結果が下図の　A　であったので、　B　を作成した。それに基づいて工程編成を見直し、設備のレイアウトをジョブショップ型レイアウトに変更した。

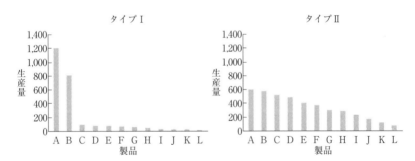

〔解答群〕

　ア　A：タイプI　　B：多品種工程図表

　イ　A：タイプI　　B：流れ線図

　ウ　A：タイプII　　B：多品種工程図表

　エ　A：タイプII　　B：流れ線図

解答	ウ

■解説

　工場レイアウトに関する問題である。システマティック・レイアウト・プランニング（SLP）の計画手順に沿ってレイアウト改善を行っている。問題文より改善前は「各設備を製品ごとに直線に配置したレイアウト」をとっていることがわかる。これはフローショップ型レイアウト（製品別レイアウト）と呼ばれ，少品種多量生産に適したレイアウトである。このレイアウトを多品種少量生産に適しているジョブショップ型レイアウト（機能別レイアウト）に変更している。

　空欄A：タイプⅡ
　PQ分析図を確認する。タイプⅠは製品A，Bの生産量が他の製品群と比べ極端に多く，フローショップ型レイアウト（製品別レイアウト）が適しており，製品C～Lは多品種少量生産であるため機能別レイアウト（ジョブショップ型レイアウト）が適している。タイプⅡは製品A～Lの生産量に極端な差はなく，多品種中量生産，もしくは多品種少量生産であり，機能別レイアウト（ジョブショップ型レイアウト）が適している。
　問題文の「製品の種類が多様化し，ジョブショップ型レイアウトに変更した」という内容から，タイプⅡが適切であることがわかる。

　空欄B：多品種工程図表
　PQ分析を行った結果をもとに作成したものは何かが問われている。選択肢の「流れ線図」とはフローダイアグラムとも呼ばれ，設備・機械，職場または建屋の配置図に，対象物や人の動きを工程図記号とそれを結ぶ流れ線で書くことで，物や人の流れ，逆行した流れ，ボトルネック，配置の不具合等の運搬と停滞のムダを視覚的に把握するものである。一般にフローショップ型レイアウト（製品別レイアウト）で用いられる。
　一方の多品種工程図表とは，製品が流れる工程や機械設備を記した一覧に対して，加工工程の流れの順番に一連の番号を記入した工程分析図表を製品ごとに並べて比較できるようにしたものである。製品ごとの生産工程の類似性が把握でき，工程編成，レイアウト改善などに利用される。

　上記より，空欄A：「タイプⅡ」，空欄B：「多品種工程図表」の組み合わせが適切であり，ウが正解である。

第 2 章　生産のプラニング

	ランク	1回目	2回目	3回目
工場レイアウト	A	/	/	/

■平成 26 年度　第 2 問

　工場レイアウトの分析手法に関する記述として，最も適切なものはどれか。

　ア　アクティビティ間の相互の関係を近接性の観点から検討するために，アクティビティ相互関係図表を用いる。

　イ　職場や生産設備の近接性を職場や生産設備の向き（Direction）と関係強度（Intensity）の観点から検討するために，DI 分析を用いる。

　ウ　複数の品種について流れの共通性を製品の品種と生産量の観点から検討するために，多品種工程図表を用いる。

　エ　レイアウトを作成するときに重点をおくべき製品の種類（Product）を流量（Rate）の観点から検討するために，P‐R 分析を用いる。

解答	ア

■解説

本問は工場レイアウトの分析手法に関する出題である。

ア：適切である。システマティック・レイアウト・プランニング（SLP）におい
　　てアクティビティ相互関係図表は，生産に関わるアクティビティ間の配置を
　　検討するために用いるものである。アクティビティを近接性の観点から検討
　　する。

イ：不適切である。DI分析とは距離（Distance）と関係強度（Intensity）の観
　　点から検討するものである。レイアウトを構成する部門間（職場や生産設
　　備）の距離と，関係強度（部門間を移動する物の流れの多さ）を評価尺度と
　　する。横軸に距離，縦軸に強度とするグラフを作成し，部門間の位置づけを
　　することにより，直感的にどの部門を近接させて配置すればよいかが把握で
　　きる。職場や生産設備の向きのことではないため不適切である。

ウ：不適切である。製品の種類と生産量の観点から検討するために用いるのは
　　P-Q分析図である。製品の種類Pを横軸に，生産量Qを縦軸にとり，生産
　　量Qの大きな順に並べてグラフ化したものである。生産量と製品種類の関
　　係から生産形態を分類し，レイアウト計画に活用する。

エ：不適切である。P－R分析は，生産する上で「何を：製品の種類（Product）」，
　　「どのように：加工経路（Route）」の観点から検討するものである。

よって，アが正解である。

第2章　生産のプラニング

工場レイアウト	ランク	1回目		2回目		3回目	
	A	／		／		／	

■平成27年度　第4問

　SLP（Systematic Layout Planning）に関する記述として，最も不適切なものはどれか。

　ア　SLPでは，P（製品），Q（量），R（経路），S（補助サービス），T（時間）の5つは，「レイアウト問題を解く鍵」と呼ばれている。

　イ　SLPでは，最初にアクティビティの位置関係をスペース相互関連ダイアグラムに表してレイアウトを作成する。

　ウ　SLPにおけるアクティビティとは，レイアウト計画に関連する構成要素の総称で，面積を持つものも持たないものも両方含まれる。

　エ　アクティビティ相互関連ダイアグラムとは，アクティビティ間の近接性評価に基づき作成された線図である。

51

解答	イ

■解説

ア：適切である。P（製品），Q（生産量），R（経路），S（補助サービス），T（時間）は，工場レイアウトに影響する要素であり「レイアウト問題を解く鍵」とされている。

イ：不適切である。SLP の進め方としては，P-Q 分析により生産する物（P：製品），および生産する量（Q：生産量）について明確にすることから始める。

ウ：適切である。レイアウト計画では，工場の構成要素の適切な配置と流れを計画する。この構成要素をアクティビティと呼び，具体的には，設備，機械，倉庫，通路といった面積を持つものや，出入口，採光といった面積を持たないものがある。

エ：適切である。アクティビティ相互関連ダイアグラムとは，アクティビティの近接性を評価し地理的に配置した線図である。近接性の強さを線の本数や太さで表現する。

よって，イが正解である。

第2章　生産のプラニング

工場レイアウト	ランク	1回目	2回目	3回目
	A	／	／	／

■平成 29 年度　第 5 問

工場レイアウトに関する次の文中の空欄 A～C に入る語句の組み合わせとして，最も適切なものを下記の解答群から選べ。

工場レイアウトとはあらゆる施設における 　A　 の配置問題である。

代表的なレイアウト技法として Muther によって開発された SLP がある。SLP では，　B　 ・面積・調整の 3 つの基本的重要項目が提起され，それらを段階的に精査することでレイアウト案が作成される。SLP は直感的でわかりやすい反面，主観的評価に依存しているという課題がある。

他方，コンピュータを活用したレイアウトのためのヒューリスティック技法が開発されている。そこでは評価関数として，一般的に 　C　 が用いられている。

〔解答群〕

ア　A：機能　　B：アクティビティ　　C：加重総移動距離

イ　A：機能　　B：相互関係　　　　C：加重総移動距離

ウ　A：設備　　B：アクティビティ　　C：スループット

エ　A：設備　　B：相互関係　　　　C：スループット

53

解答	イ

■**解説**

　工場レイアウトに関する問題である。

空欄 A：機能

　　　　工場レイアウトとはあらゆる施設における機能の配置問題である。作業者
　　　の配置，材料の保管位置，必要となるスペース，物の流れ，またそれらの関
　　　係性といった設備以外の配置も考慮する必要がある。

空欄 B：相互関係

　　　SLP では，相互関係・面積・調整の 3 つの基本的重要項目が提起され，
　　　それらを段階的に精査することでレイアウト案が作成される。SLP では作
　　　業者，設備，機械，材料など工場における構成要素をアクティビティと呼び，
　　　アクティビティの近接性（相互関係）の重要度の検討，必要な面積の見積も
　　　り，および全体の調整を加え，レイアウト案が作成される。

　　　　アクティビティ相互関係図表，アクティビティ相互関係ダイヤグラム，面
　　　積（スペース）相互関係ダイヤグラムといったツールを用いて計画が行われ
　　　る。

空欄 C：加重総移動距離

　　　　コンピュータを活用したレイアウトのためのヒューリスティック技法が開
　　　発されている。そこでは評価関数として，一般的に加重総移動距離が用いら
　　　れている。

　　　　ヒューリスティック技法は発見法ともいわれ，必ずしも正しい答えが導か
　　　れるわけではないが，ある程度正解に近い解を得ることができるという直感
　　　的，経験的原理を用いた技法である。答えの精度が保証されない代わりに，
　　　答えを導くまでの時間が少ないという特徴がある。工場レイアウトの妥当性
　　　を評価する関数として，製品の移動距離に重み付けを考慮した加重総移動距
　　　離が用いられる。

　上記より，空欄 A：機能，空欄 B：相互関係，空欄 C：加重総移動距離となる。
よって，イが正解である。

第 2 章　生産のプラニング

	ランク	1回目	2回目	3回目
工場レイアウト	A	／	／	／

■**令和 2 年度　第 3 問**

　工場レイアウトの設計における体系的な進め方として，システマティックレイアウトプランニング（SLP）が知られている。

　以下の a～d は，SLP の各ステップで実施する事項である。SLP の実施手順として，最も適切なものを下記の解答群から選べ。

　　a　必要スペースと使用可能スペースの調整を行う。

　　b　生産品目と生産数量との関係を分析する。

　　c　実施上の制約を考慮して調整を行い，複数のレイアウト案を作成する。

　　d　物の流れとアクティビティを分析し，各部門間の関連性を把握する。

〔解答群〕

　　ア　a → b → d → c

　　イ　a → c → b → d

　　ウ　b → a → d → c

　　エ　b → d → a → c

　　オ　d → c → a → b

55

解答	エ

■解説

　工場レイアウトに関する問題である。システマティックレイアウトプランニング（SLP）の計画手順に沿ってレイアウト改善を行っている。問題文より改善前は「各設備を製品ごとに直線に配置したレイアウト」をとっていることがわかる。これはフローショップ型レイアウト（製品別レイアウト）と呼ばれ，小品種多量生産に適したレイアウトである。このレイアウトを多品種少量生産に適しているジョブショップ型レイアウト（機能別レイアウト）に変更している。

　システマティックレイアウトプランニング（SLP）の手順に関する問題である。SLPの手順，および設問の説明文との対応は次のとおりである。

　手順①：P－Q分析（生産する製品と生産量を分析する）……b
　手順②：物の流れ分析（工程の経路と物の移動の効率的な順序を決める）
　手順③：アクティビティ相互関係図表（物の流れとアクティビティの近接性を分析
　　　　　する）……d
　手順④：アクティビティ相互関係ダイヤグラム（アクティビティの順序，近接性を
　　　　　考慮し配置する）
　手順⑤：面積相互関係ダイヤグラム（必要な面積（スペース）を見積もり，使用可
　　　　　能な面積を調整する）……a
　手順⑥：複数のレイアウト案の作成・評価……c

　上記より，b → d → a → cの順となる。
　よって，エが正解である。

第2章　生産のプラニング

2. 製品開発・製品設計

▶▶ 出題項目のポイント

　この項目では，製品の企画から開発までの流れ，製品設計における考え方などが出題される。

　製品開発の基本的な流れ，および設計品質を高める考え方の理解が問われる。また，「製品を組み立てる際の作業のしやすさ」として，組立容易性の考え方も論点となる。

　製品の設計は一般的に①機能設計，②詳細設計，③生産設計（製造設計）を経て行われる。設計の品質を高めるために，VE（Value Engineering：価値工学）という考え方がある。

　VE とは，製品の価値を機能と価格との関係で把握し，システム化された手順によって価値の向上を図る手法である。VE では価値を次式のように考える。

　　V（価値）＝F（機能）／C（コスト）

　価値を高めるために次の4つの方策がある。
　　①機能を一定とし，コストを低減する
　　②コストを一定とし，機能を向上させる
　　③コストを大きくするが，それ以上に機能を向上させる
　　④コストを低減し，かつ機能を向上させる

▶▶ 出題の傾向と勉強の方向性

　この分野からは VE，VA（価値分析）に関する出題が，平成23年度第5問，平成25年度第4問，平成26年度第3問，平成27年度第6問，平成28年度第4問と頻出している。また，平成27年度第3問では製造プロセスのデジタル化として 3D プリンタに関する知識を問われる出題があった。平成29年度第21問では 3D プリンタの特徴についても出題されている。

　製品設計については，まずは製品設計の各段階について押さえ，VE の考え方をしっかり理解してほしい。

57

■取組状況チェックリスト

2. 製品開発・製品設計

製品開発

問題番号	ランク	1回目		2回目		3回目	
平成26年度 第5問	B	/		/		/	

製品設計

問題番号	ランク	1回目		2回目		3回目	
平成28年度 第4問	A	/		/		/	
平成25年度 第4問	A	/		/		/	
平成26年度 第3問	C*	/		/		/	
平成27年度 第6問	C*	/		/		/	
平成23年度 第5問	C*	/		/		/	
平成29年度 第3問	B	/		/		/	
平成27年度 第7問	C*	/		/		/	
平成24年度 第4問	C*	/		/		/	

設計技術

問題番号	ランク	1回目		2回目		3回目	
平成27年度 第3問	B	/		/		/	
平成24年度 第5問	C*	/		/		/	

*ランク C の問題と解説は,「過去問完全マスター」の HP (URL:https://jissen-c.jp/) よりダウンロードできます。

第2章　生産のプラニング

製品開発	ランク	1回目	2回目	3回目
	B	／	／	／

■平成 26 年度　第 5 問

製品の開発プロセスに関する記述として，最も適切なものはどれか。

ア　生産技術や量産技術を先取りして設計・開発するために，フロントローディング活動を行う。

イ　製品企画，製品開発，生産準備の作業を同時並行して行うために，ウォーターフォール型開発を行う。

ウ　製品の使いやすさを試作段階で把握するために，製品工程分析を行う。

エ　製品の組み立てやすさを設計段階で把握するために，組作業分析を行う。

解答	ア

■解説

製品の開発プロセスに関する問題である。

ア：適切である。フロントローディングとは，設計の初期段階（フロント）に負
荷をかけ（ローディング），作業を前倒しで進めることを指す。初期段階か
ら品質を作り込み，設計品質を高めることで手戻りによるスケジュールの長
期化や，コストの増大を事前に防ぐ。
本肢の「生産技術や量産技術を先取りして設計・開発するため」という表現
は悩ましいが，他の選択肢が明らかに不適切であるため，適切であると判断
できる。

イ：不適切である。ウォーターフォール型開発とは，主にシステムの開発手順と
して用いられるモデルの1つで，分析・設計・実装・テスト・運用の各フェ
ーズを後戻りすることなく，この順序で行っていく。同時並行して行うとい
う考え方ではない。

ウ：不適切である。製品工程分析は生産の過程において，製品の流れを加工，運
搬，検査，停滞の状態で把握することで，製品の流れに関する問題点を見つ
けるものである。製品の使いやすさを把握するものではない。

エ：不適切である。組作業分析とは，2人以上の人が協同して作業するときに，
その効率を高めるための分析手法である。製品の組み立てやすさを把握する
ためのものではない。

よって，アが正解である。

第2章　生産のプラニング

	ランク	1回目		2回目		3回目	
製品設計	A	╱		╱		╱	

■平成 28 年度　第 4 問

VE における製品の機能に関する記述として，最も不適切なものはどれか。

ア　貴重機能は製品の使用目的にかかわる機能である。

イ　製品の機能は基本機能と二次機能に分類され，二次機能は基本機能を補助する。

ウ　必要機能はその製品の基本機能になる場合が多いが，貴重機能が基本機能になる場合もある。

エ　不必要機能は製品の二次機能に発生する場合が多い。

61

解答	ア

■解説

VEにおける製品の機能に関する問題である。

VE (Value Engineering) とは，製品やサービスの「価値」を，それが果たすべき「機能」とそのためにかける「コスト」との関係で把握し，システム化された手順によって「価値」の向上をはかる手法，と定義されている。

製品の機能は次のように分類される。

ア：不適切である。製品の使用目的にかかわる機能は使用機能である。貴重機能とは，製品のデザインや装飾，外観など，使用者に魅力を感じさせる機能のことである。

イ：適切である。上図の分類のとおり，製品の機能は基本機能と二次機能に分類され，二次機能は基本機能を補助するものである。

ウ：適切である。必要機能とは使用者が必要としている機能のことであり，その製品の基本機能になる場合が多い。しかし，デザインや装飾，外観などが使用者にとって製品そのものの価値となるような場合，貴重機能が基本機能になる場合もあり得る。

エ：適切である。不必要機能とは，使用者が必要とはしない機能のことであり，あっても困らない機能である。基本機能ではなく補助機能（二次機能）で発生する場合が多い。

よって，アが正解である。

第 2 章　生産のプラニング

製品設計	ランク	1回目	2回目	3回目
	A	／	／	／

■平成 25 年度　第 4 問

VE に関する記述として，最も適切なものはどれか。

ア　対象物の価値は，対象物の $\dfrac{コスト}{機能}$ でとらえられる。

イ　対象物の機能を金額で評価するときは，その構成部品の合計購入金額が用いられる。

ウ　対象物の機能を整理するときに用いる機能体系図（機能系統図）は，機能を特性と要因に分け，相互の関係を階層化して示した図である。

エ　対象物の機能を定義するときは，名詞と動詞を用いて，「○○を○○する」のように記述する。

63

解答	エ

■解説

　VE（Value Engineering：価値工学）の考え方は，製品やサービスの価値を，機能とコストの関係で表現する。価値を上げるためには機能を上げるか，逆にコストを下げるかが検討される。もしくは，機能を変えずにコストを下げることで相対的に価値を上げようとする考え方である。これを式で表すと，価値＝機能÷コストと表現することができる。

ア：不適切である。上記のとおり，価値は＝機能÷コストで表される。本肢は分母と分子が逆になっている。

イ：不適切である。対象物の機能を金額で評価するときは，その構成部品の合計購入金額が用いられるわけではない。VEにおけるコストは総費用（ライフサイクルコスト）が用いられる。ライフサイクルコストとは，製品やサービスのライフサイクルのすべてにわたって発生するコストのことで，対象製品やサービスを開発・生産し，利用者に提供して廃棄されるまでに発生する次のコストの総額である。
　・企画・研究開発・設計にかかわるコスト
　・資材等の外注調達コスト
　・製造・設置・引渡しコスト
　・流通・販売コスト，アフターサービスや交換部品の維持に関するコスト
　・生産終了，廃棄物として還流してきた製品の処分に伴うコスト

ウ：不適切である。機能を整理とはVE実施手順の機能定義段階において，機能の定義の次に行う活動であり，個々の構成要素の機能を目的－手段の関係で体系化し，機能系統図を作成する活動のことである。機能系統図は目的－手段の関係を示したもので，特性と要因に分けて相互の関係を示した図ではない。

エ：適切である。対象を構成する機能をそれぞれ「（名詞）を（動詞）する」の形で定義し，機能カードとしてまとめ，これらをつないでいくことで機能系統図を作成する。

　よって，エが正解である。

第 2 章　生産のプラニング

製品設計	ランク	1回目	2回目	3回目
	B	／	／	／

■平成 29 年度　第 3 問

製品開発・製品設計に関する記述として，最も不適切なものはどれか。

ア　下流工程での問題を可能な限り上流で防止し，短い設計納期を実現するため
　に，バリューエンジニアリングを取り入れることが有効である。

イ　試作品製作は製品開発プロセスの中でも重要な位置を占めており，試作時の
　製作方法や加工条件から，量産時の工程編成における重要な情報を得ること
　が可能である。

ウ　新製品の設計段階でデザインレビューを活用する際には，設計構造の矛盾や
　誤りを排除することに重点がおかれるため，設計の熟練者がレビューアとな
　ることが有効である。

エ　モジュール設計の考え方を取り入れると，生産工程の合理化・簡素化が期待
　できるが，設計に問題が発生した場合にその影響が大きいというデメリット
　もある。

65

解答	ア

■解説

製品開発，製品設計に関する問題である。

ア：不適切である。バリューエンジニアリング（Value Engineering：VE）とは，製品やサービスの価値（V）を，それが果たすべき機能（F）と要するコスト（C）との関係式，V=F/C で表し，価値（V）の向上を図る手法である。選択肢はフロントローディングの考え方である。フロントローディングとは，製品開発における設計初期の段階に大きな作業負荷をかけ，後工程で行われる作業を前倒して進めることである。これにより，初期段階で問題点の洗い出しや，量産工程の効率化につなげることで品質向上や納期短縮を図るものである。

イ：適切である。新製品開発段階では，本格的な量産体制に入る前に試作品を製作し，機能・性能，信頼性・安全性，組立容易性などの評価が行われる。問題点の把握，対策が可能となるため，試作品製作は製品開発プロセスの中でも重要である。

ウ：適切である。デザインレビューとは，開発における成果物を複数の人にチェックしてもらう機会のことで，設計審査とも呼ばれる。デザインレビューでは，設計書などの成果物を第三者の視点（営業，経理，購買，生産管理，品質保証など）でレビューすることにより，担当者の視点ではもれてしまう内容を精査して，品質を確保することを目的としている。設計の熟練者がレビューアとなることは，設計担当者が気づかなかったような問題の発見・指摘が期待でき，品質確保の上で非常に有効である。なお，デザインレビューでは現在起きている問題やプロジェクトの進捗状況などの共有ができ，情報共有手段としても有効である。

エ：適切である。モジュール設計は，モジュールと呼ばれる部品に分割して設計を行うことである。少ない部品種類で製品の多様化に対応することを目的としているもので，生産工程の合理化・簡素化の実現が可能となる。一方，設計に問題が発生した場合は，そのモジュールを利用する製品全体に影響が広がるというデメリットがある。

よって，アが正解である。

第 2 章　生産のプラニング

設計技術	ランク	1回目	2回目	3回目
	B	/	/	/

■平成 27 年度　第 3 問

製造プロセスのデジタル化に関する記述として，最も適切なものはどれか。

ア　CAD を導入することで複数台の NC 工作機がコンピュータで結ばれ，効率
　　的な設備の運用が可能となった。

イ　CAE を導入することで樹脂や金属製の立体物が造形され，開発コストの低
　　減と開発期間の短縮が可能となった。

ウ　CAM を導入することで CAD と連携したマシニングセンタへの指示プログ
　　ラムが作成され，熟練工の高度な加工技術を再現することが可能となった。

エ　3 次元 CAD と 3D プリンタを連携させることで構造解析・流体解析等のシ
　　ミュレーションがコンピュータ上で可能となり，開発コストの低減と開発期
　　間の短縮につながった。

67

解答	ウ

■解説

製造プロセスのデジタル化に関する問題である。

ア：不適切である。CAD（Computer Aided Design：コンピュータ支援設計）とは「製品の形状その他の属性データからなるモデルをコンピュータの内部に作成し，解析・処理することによって進める設計」と JIS 定義される。2次元や3次元の設計を行うものであり，設問文の「複数台の NC 工作機がコンピュータで結ぶ」というのは不適切である。

イ：不適切である。本肢は 3D プリンタに関する説明である。CAE（Computer Aided Engineering：コンピュータ支援エンジニアリング）とは「製品又は部品の開発及び設計業務に際して，各種の特性をコンピュータによる数値解析又はシミュレーションをして検討するシステム」と JIS 定義される。コンピュータを用いてシミュレーションを行うことで，試作や実験による試行錯誤の回数を減らし，開発期間の短縮化と効率化を図るものである。

ウ：適切である。CAM（Computer Aided Manufacturing：コンピュータ支援生産）とは「コンピュータの内部に表現されたモデルに基づいて生産に必要な各種情報を生成すること，及びそれに基づいて進める生産の形式」と JIS 定義される。CAD による形状データを CAM に連携することで，設計から製造までの情報を統合した CAD/CAM システムの概念が確立した。

エ：不適切である。3D プリンタでの立体物の造形には，3次元 CAD データや3次元 CG データを用いる。3D プリンタを利用することにより，金型を使用せずに試作品を製造することができるようになったため，開発コストの低減や開発期間の短縮につながっている。設問文の「コンピュータ上での構造解析・流体解析等のシミュレーション」とは CAE に関する内容であり，不適切である。

よって，ウが正解である。

第2章　生産のプラニング

3. 生産技術

▶▶ 出題項目のポイント

　この項目では，金属・非金属などの材料，切削・研削，塑性加工等の加工技術，溶接，加工や組立を自動化した自動機械，バイオ・ナノテクノロジー等の新技術といった，生産現場における専門性の高い内容が問われる。

　加工技術については次のように体系化できる。それぞれの加工についてイメージが持てるようにしたい。

①切削・研削
　　切削加工，研削加工
②塑性加工
　　プレス加工，鍛造加工，転造加工，押し出し加工，引き抜き加工，圧延加工
③熱処理
　　焼き入れ，焼き戻し，焼きなまし
④化学処理等
⑤鋳造加工
　　精密鋳造，特殊鋳造

▶▶ 出題の傾向と勉強の方向性

　この分野からは，平成26年度，平成28年度を除きほぼ毎年1問の出題があった。傾向として，切削加工で使用する工作機械の知識を問われるものが比較的多い。旋盤，フライス盤，ボール盤の違いは押さえておきたい。その他の加工技術については，大枠を理解する程度でよい。あまり深入りしないことが得策である。平成24年度第6問では油圧と空気圧に関して，令和元年度第4問では，プラズマ加工，レーザー加工などの知識を問われる問題が出題された。

■取組状況チェックリスト

3. 生産技術							

加工技術

問題番号	ランク	1回目		2回目		3回目	
令和元年度 第4問	C*	/		/		/	
令和2年度 第5問	C*	/		/		/	

自動機械

問題番号	ランク	1回目		2回目		3回目	
平成27年度 第8問	B	/		/		/	
平成24年度 第6問	C*	/		/		/	
平成29年度 第21問	C*	/		/		/	

新技術

問題番号	ランク	1回目		2回目		3回目	
平成25年度 第6問	C*	/		/		/	

その他生産技術

問題番号	ランク	1回目		2回目		3回目	
平成23年度 第6問	C*	/		/		/	
平成25年度 第2問	C*	/		/		/	

＊ランクCの問題と解説は，「過去問完全マスター」のHP（URL：https://jissen-c.jp/）よりダウンロードできます。

第 2 章　生産のプランニング

自動機械	ランク	1回目		2回目		3回目	
	B	／		／		／	

■平成 27 年度　第 8 問

機械加工工場で用いられる設備に関する記述として，最も適切なものはどれか。

ア　旋盤は，工作物に回転運動を与え，バイトなどの工具に送り運動を与えることにより，工作物に加工を施す工作機械である。

イ　鋳造設備は，金属を加熱して高温にした状態で力を加え，変形させることによって製品をつくる設備である。

ウ　鍛造設備は，溶解した金属を型に流し込んで冷却することによって製品をつくる設備である。

エ　フライス盤は，ドリルに回転運動を与えつつ上下に送り運動を与えることにより，工作物に加工を施す工作機械である。

71

解答	ア

■解説

機械加工設備に関する基本的な問題である。

ア：適切である。旋盤とは，工作物に回転運動を与え，刃物（バイト）などの工具を当て，切削・切断などの加工を行う工作機械である。

イ：不適切である。金属を加熱して高温にした状態で力を加え，変形させることによって製品をつくる設備は鍛造設備である。

ウ：不適切である。溶解した金属を型に流し込んで冷却することによって製品をつくる設備は鋳造設備である。

エ：不適切である。ドリルに回転運動を与えつつ上下に送り運動を与えることにより，工作物に加工を施す工作機械はボール盤である。ボール盤は主に工作物に穴を開けるために使用される工作機械である。フライス盤とは，フライスと呼ばれる工具を回転させ，工作物を取り付けたテーブルを動かして平面や溝などの切削加工を行う工作機械である。加工対象となる工作物はテーブルに固定されなければならない。

よって，アが正解である。

第2章　生産のプラニング

4. 生産方式

▶▶ 出題項目のポイント

この項目では，組立加工の方式について出題される。ライン生産，セル生産に分けて整理することがポイントである。

〈ライン生産方式〉

ライン生産方式とは，主に見込生産を行う工場で採用される方式である。具体的には，生産ラインを構成する各工程に設備や作業者を配置し，ベルトコンベアなどの上を加工対象物が通過するのに合わせて，順次加工が進んでいく方式のことである。ライン生産方式は品種や数量によって，単一ライン方式，混合ライン方式，ライン切替方式に分類できる。

〈セル生産方式〉

量産品を生産する製造ラインは，ベルトコンベア方式のようなライン生産方式が主流であったが，多品種少量生産ではベルトコンベア方式は仕掛品が増加したり，ライン設置に必要な広い工場スペースを必要とすることから，柔軟な生産計画に対応することが難しい。

セル生産方式は，多数の工程を1人の作業員がすべて行う方式であり，多能工システムとも呼ばれている。各作業員が別々の製品を生産できるため，多品種少量生産に適し，柔軟な生産計画にも対応できる。

〈ラインバランシング（編成効率）〉

ラインバランシングとは，「生産ラインの各作業ステーションに割り付ける作業量を均等化する方法」とJIS定義されている。各工程の所要時間の差異をなくし，生産の流れがスムーズになるよう設計することである。

ラインバランシングは次のような手順で行われる。

①各要素作業とその所要時間，および作業の順番を明確にする。

②各要素作業の先行関係を図で表す。

③最小必要工程数（最小ステーション数）を計算し，要素作業を割り当てる。

④割当て案を評価し改善する。

73

生産の管理方式としては次のような論点が問われる。テキスト等で要点を押さえて
ほしい。

- ・ジャストインタイム生産方式（JIT）
- ・オーダエントリー方式
- ・生産座席予約方式
- ・製番管理方式
- ・追番管理

▶▶ 出題の傾向と勉強の方向性

　ライン生産方式におけるラインバランシング（編成効率）について，平成23年度
第8問，平成25年度第9問，平成26年度第7問，平成28年度第6問とほぼ毎年出
題されており，ラインバランス効率の計算なども確実にできる必要がある。

　管理方式の論点からは平成24年度第7問，平成26年度第8問，平成28年度第3
問，第7問，平成29年度第9問と知識問題が繰り返し出題されている。平成28年度
第7問，令和2年度第8問では製番管理方式，令和元年度第6問では生産座席予約方
式，平成29年度第9問，平成30年度第11問ではトヨタ生産方式についてやや深い
知識が問われた。他の生産管理方式についても，特徴をしっかり押さえておきたい。

第2章 生産のプランニング

■取組状況チェックリスト

4. 生産方式						

ライン生産

問題番号	ランク	1回目		2回目		3回目
平成25年度 第9問	C*	/		/		/
平成28年度 第6問	A	/		/		/
平成26年度 第7問	A	/		/		/
令和元年度 第5問	B	/		/		/
平成23年度 第8問	C*	/		/		/
平成27年度 第1問	C*	/		/		/
令和2年度 第16問	C*	/		/		/

セル生産

問題番号	ランク	1回目		2回目		3回目
平成25年度 第8問	A	/		/		/

管理方式

問題番号	ランク	1回目		2回目		3回目
平成26年度 第8問	C*	/		/		/
平成28年度 第7問	A	/		/		/
令和2年度 第8問	A	/		/		/
平成28年度 第3問	C*	/		/		/
令和元年度 第6問	B	/		/		/
平成29年度 第9問	B	/		/		/
平成30年度 第11問	C*	/		/		/
平成24年度 第7問	C*	/		/		/

その他生産方式に関する事項

問題番号	ランク	1回目		2回目		3回目
平成30年度 第20問	B	/		/		/
平成25年度 第20問	C*	/		/		/
平成29年度 第4問	B	/		/		/

75

平成 29 年度 第 20 問	B	／		／		／	
平成 28 年度 第 21 問	C*	／		／		／	
平成 24 年度 第 15 問	C*	／		／		／	

＊ランク C の問題と解説は，「過去問完全マスター」の HP（URL：https://jissen-c.jp/）よりダウンロードできます。

第2章 生産のプランニング

	ランク	1回目		2回目		3回目	
ライン生産	A	／		／		／	

■平成28年度　第6問

生産ラインの工程編成に関する記述として，最も不適切なものはどれか。

　ア　サイクルタイムは，生産ラインに資材を投入する時間間隔を規定する。

　イ　正味稼働時間を生産量で除算することにより，サイクルタイムを求めること
　　　ができる。

　ウ　総作業時間を生産速度で除算することにより，最小工程数を求めることがで
　　　きる。

　エ　バランスロスは，1から編成効率を減算することで求めることができる。

解答	ウ

■解説

生産ラインの工程編成に関する問題である。

ア：適切である。サイクルタイムとは、「生産ラインに資材を投入する時間間隔」
  と JIS 定義されている。通常、製品が産出される時間間隔に等しい。サイク
  ル時間、ピッチタイムともいう。

イ：適切である。前述より、サイクルタイムは製品が産出される時間間隔である
  ため、生産量1個あたりにかかる時間ととらえることができる。よって、生
  産期間（正味稼働時間）を生産量で除算することにより、サイクルタイムを
  求めることができる。

  サイクルタイム＝生産期間（正味稼働時間）／生産量

ウ：不適切である。最小工程数は総作業時間を生産量で除算するのではなく、サ
  イクルタイムで除算することにより求めることができる。

  最小工程数＝総作業時間／サイクルタイム

エ：適切である。バランスロスとは作業編成の非効率性を示す尺度である。各作
  業工程では、製品を1個組み立てるごとにサイクルタイムと作業時間の差で
  ある遊び時間が生じる。これを生産ライン全体でどの程度の遊び時間が生じ
  ているのか、を示した尺度がバランスロスである。
  一方、編成効率とは作業編成の効率性を示す尺度のことであり、次式で表さ
  れる。
  編成効率＝作業時間の総和／（作業工程数×サイクル時間）
  バランスロスは、（1－編成効率）で表すことができる。

よって、ウが正解である。

第 2 章　生産のプランニング

ライン生産	ランク	1回目		2回目		3回目	
	A	／		／		／	

■平成 26 年度　第 7 問

ライン生産方式に関する記述として，最も適切なものはどれか。

ア　混合品種組立ラインでは，生産する品種により作業ステーションの構成を切り替え，多品種が生産される。

イ　混合品種組立ラインの編成効率は，一般に，すべての品種の総作業時間の総和を（作業ステーション数×サイクルタイム）で除すことで計算される。

ウ　サイクルタイムは，ピッチタイムとも呼ばれ，生産ラインの生産速度の逆数として計算される。

エ　ライン生産方式では，一般に，生産設備をライン上に配置し，作業者がラインを移動するにつれて製品が加工される。

解答	ウ

■解説

ライン生産方式に関する問題である。

ア：不適切である。混合品種組立ラインは，複数の品種を同一の組立ラインで流すことにより製品を組み立てるものである。作業ステーションの構成は切り替えない。

イ：不適切である。混合品種組立てラインの編成効率は，以下のとおり求めることができる。

$$編成効率＝\frac{各品種の作業時間の総和}{ステーション数×サイクルタイム×各製品の生産量の合計}$$

ウ：適切である。サイクルタイムとは1つの品物を作るためにかかる時間のことで，工程全体の生産速度の逆数で表すことができる。たとえば，1時間あたり5個の生産ができる場合，1個を作るためにかかる時間は5分の1時間（0.2時間＝12分）となり，これがサイクルタイムとなる。

エ：不適切である。ライン生産方式は，作業者はラインに配置され，品物がラインを移動するにつれて加工が進む方式である。作業者がラインを移動するものではない。

よって，ウが正解である。

ライン生産	ランク	1回目	2回目	3回目
	B	/	/	/

■令和元年度　第5問

　要素作業a〜gの先行関係が下図に示される製品を，単一ラインで生産する。生産計画量が380個，稼働予定時間が40時間のとき，実行可能なサイクルタイムと最小作業工程数の組み合わせとして，最も適切なものを下記の解答群から選べ。

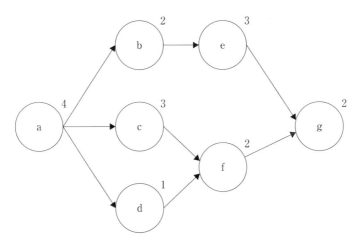

※○は要素作業，○の右上の数字は要素作業時間（分）を表す。

〔解答群〕

　ア　サイクルタイム：6分　　最小作業工程数：3

　イ　サイクルタイム：6分　　最小作業工程数：4

　ウ　サイクルタイム：9分　　最小作業工程数：2

　エ　サイクルタイム：9分　　最小作業工程数：3

解答	ア

■解説

ライン生産におけるサイクルタイムと最小作業工程数に関する問題である。サイクルタイムとは，「生産ラインに資材を投入する時間間隔。通常製品が産出される時間間隔に等しい」と定義されている。

サイクルタイムは，生産1個あたりにかかる時間ととらえることができる。よって生産期間を生産量で除算することにより，サイクルタイムを求めることができる。

  サイクルタイム＝生産期間／生産量

問題より，稼働予定時間が40時間（2,400分），生産計画量が380個であるから

  サイクルタイム＝2,400／380

       ＝6.315

       ≒6.3

以上から，生産計画量が380個，稼働予定時間が40時間で生産を実行するためのサイクルタイムは6.3分より小さくなる必要がある。解答群から，サイクルタイムは6分が適切である。

次に，サイクルタイムが6分以下となる要素作業の組み合わせについて検討する。できるだけ6分に近い組み合わせを検討し，作業工程数が最小となるよう求めると次のようになる。

要素a，bの組み合わせ   ：4＋2＝6分   ⇒作業工程①：

要素c，d，fの組み合わせ   ：3＋1＋2＝6分 ⇒作業工程②：

要素e，gの組み合わせ   ：3＋2＝5分   ⇒作業工程③：

上記より，最小作業工程数は3つとなる。

以上より「サイクルタイム：6分，最小作業工程数：3」の組み合わせであるアが正解である。

第 2 章　生産のプラニング

セル生産	ランク	1回目		2回目		3回目	
	A	／		／		／	

■平成 25 年度　第 8 問

　需要量が多く，市場が安定している製品の組立を行う生産方式を決定することに関する記述として，最も不適切なものはどれか。

　ア　製品の組立作業に必要な設備の多くが高価であるので，一人生産方式を採用することにした。

　イ　製品の組立作業要素の数が多く複雑であるので，ライン生産方式を採用することにした。

　ウ　製品の組立作業要素の数は少ないが作業者の作業時間変動が大きいので，一人生産方式を採用することにした。

　エ　製品の組立作業要素の数が少なく効率の高いライン編成ができないので，一人生産方式を採用することにした。

83

解答	ア

■解説

　本問は製品の組立における，一人生産方式，ライン生産方式についての問題である。

　一人生産方式とは「一人の作業者が通常静止した状態の品物に対して作業を行う方式」，ライン生産方式とは「生産ライン上の各作業ステーションに作業を割り付けておき，品物がラインを移動するにつれて加工が進んでいく方式」であるとそれぞれJIS定義されている。一人生産方式はライン生産方式の対極をなす方式である。

ア：不適切である。製品の組立作業に必要な設備の多くが高価であるならば，一人生産方式を採用して複数のセルを設置するよりも，ライン生産方式で少数のラインを設けるほうが資金面で現実的であるといえる。一人生産方式の特徴のひとつに，過大な設備投資を必要としないことがあげられる。本肢は不適切である。

イ：適切である。ライン生産方式では，作業手順に従って工程をコンベアラインに配置した形態をとる。作業要素の数が多く複雑な場合であっても，複数の作業者を配置し分担すれば，作業者一人の負担は軽減され効率的な生産が可能である。一人生産方式の場合，作業要素の数が多く複雑であれば，作業者が覚えなければならない作業が大きくなり，習熟ロスを抑えることが困難になる。よって，製品の組み立て作業要素の数が多く複雑な場合はライン生産方式が適している。

ウ：適切である。一人生産方式では，1人の作業者が検査を含め作業を完結させる。よって，作業者の作業時間変動が大きい場合であっても，生産工程全体として考えると影響は少ないといえる。ライン生産方式では，作業時間の変動が大きいためにある工程で遅れが生じた場合，全体に影響する恐れが高い。

エ：適切である。製品の組立作業要素が少なく，効率の高いライン編成ができない場合は，1人で作業を完結させることができる一人生産方式が適している。

　よって，アが正解である。

第 2 章　生産のプランニング

管理方式	ランク	1回目		2回目		3回目	
	A	／		／		／	

■平成 28 年度　第 7 問
製番管理方式の特徴に関する記述として，最も適切なものはどれか。

ア　多くの製品に共通して使用する部品の発注に適している。

イ　継続生産における部品の数量統制に適している。

ウ　製造命令書の発行時に在庫中の常備品を引き当てることができる。

エ　納期変更や製品仕様の変更があった場合に，特定の部品の発注指示，生産指示などの変更が容易である。

85

解答	エ

■解説

　生産方式の1つである，製番管理方式の特徴についての問題である。

　製番管理方式とは，「製造命令書を発行するときに，その製品に関するすべての加工と組立の指示書を準備し，同一の製造番号をそれぞれにつけて管理を行う方式。個別生産のほか，ロットサイズの小さい，つまり品種ごとの月間生産量が少ない場合のロット生産で用いられることが多い」とJIS定義されている。

　ア：不適切である。製番管理では，製品を構成する部品・材料に対して，その製品のひも付きとして同じ製番を付して管理する。多くの製品で共通して使用する部品であっても，製品が異なれば異なる部品として管理することになる。よって，「多くの製品に共通して使用する部品の発注に適している」という記述は不適切である。

　イ：不適切である。前述の説明のとおり，個別生産や，品種ごとの月間生産量が少ない場合のロット生産で用いられることが多い。継続生産における部品の数量統制に適しているものではない。

　ウ：不適切である。前述の説明のとおり，製造命令書に基づいた加工と組立の指示書をもとにその都度，必要な量の部品を調達し生産する。

　エ：適切である。製番管理方式では注文単位で製番管理するため，納期変更や製品仕様の変更があった場合は対象の製番でのみ，部品の発注指示，生産指示などを変更すればよいため管理が容易である。

　よって，エが正解である。

第 2 章　生産のプラニング

管理方式	ランク	1回目	2回目	3回目
	A	／	／	／

■令和2年度　第8問

　製番管理方式の特徴に関する記述として，最も適切なものの組み合わせを下記の解答群から選べ。

　　a　製品の組み立てを開始する時点で，すべての部品に製造番号を割り当てる。

　　b　ロット生産の工場でも利用可能であり，特にロットサイズが大きい場合に適している。

　　c　この方式を用いると，部品が1点でも遅延すると組み立てが開始できない。

　　d　品質保証を行う上で必要な情報のトレースが容易にできる。

〔解答群〕

　ア　aとb

　イ　aとc

　ウ　bとc

　エ　bとd

　オ　cとd

87

解答	オ

■解説

生産管理方式の１つ，製番管理方式に関する問題である。

製番管理方式は，「製造命令書を発行するときに，その製品に関するすべての加工と組み立ての指示書を準備し，同一の製造番号をそれぞれにつけて管理を行う方式」と定義されている。

a：不適切である。製品の組み立てを開始する時点ではなく，製造命令書を発行するときに，すべての部品に製造番号を割り当てる。

b：不適切である。個別生産のほかロット生産でも利用されるが，ロットサイズが大きい場合ではなく，ロットサイズが小さい場合，つまり品種ごとの生産量が少ないロット生産で用いられる。

c：適切である。製番管理方式では部品が１点でも遅延すると組み立てが開始できない。部品は製造番号ごとに管理するため，仮に同じ部品が他の製品で使用される場合でも別管理されているため，流用することができない。部品の納期管理が重要となる。

d：適切である。製品の製造番号に原材料や部品がひも付けされており，品質保証を行ううえで必要な情報のトレースが容易にできる。

よって，ｃとｄの組み合わせが適切であり，オが正解である。

第 2 章　生産のプラニング

管理方式	ランク	1回目		2回目		3回目	
	B	／		／		／	

■令和元年度　第 6 問
生産座席予約方式に関する記述として，最も適切なものはどれか。

ア　外注に際して発注者が，外注先へ資材を支給する方式である。

イ　組立を対象としたラインや機械，工程，作業者へ，1 つの組立品に必要な各
　　種の部品を 1 セットとして，そのセット単位で部品をそろえて出庫および供
　　給する方式である。

ウ　受注時に，製造設備の使用日程・資材の使用予定などにオーダーを割り付け
　　て生産する方式である。

エ　製造命令書を発行するときに，その製品に関する全ての加工と組立の指示書
　　を同時に準備し，同一の製造番号をそれぞれに付けて管理を行う方式である。

89

解答	ウ

■**解説**

　生産座席予約方式の知識を問われる問題である。生産座席予約方式は「受注時に，製造設備の使用日程・資材の使用予定などにオーダーを割り付け，顧客が要求する納期どおりに生産する方式」と定義されている。製造工程を一種の座席と見立て，営業部門が列車や飛行機の座席を予約するような感覚で顧客の希望する製品の出荷を予約するものである。

　　ア：不適切である。選択肢の内容は材料支給方式の説明である。「外注に際して発注者が，外注先へ資材を支給する方式。備考：これには無償支給（支給する資材の代金を取らずに無償で支給する）と，有償支給（支給する資材の価格を決めて売り渡す）とがある」とJIS定義されている。

　　イ：不適切である。選択肢の内容は原料および部品を供給する方式の1つであるマーシャリングの説明である。組立対象に必要な部品を事前にそろえてセットとし，ライン，機械，工程または作業者へ供給する方式である。

　　ウ：適切である。上記の定義のとおりである。

　　エ：不適切である。製番管理方式の説明である。製番管理方式は「製造命令書を発行するときに，その製品に関するすべての加工と組立の指示書を準備し，同一の製造番号をそれぞれにつけて管理を行う方式」と定義される。

　よって，ウが正解である。

第2章　生産のプラニング

管理方式	ランク	1回目		2回目		3回目	
	B	／		／		／	

■平成 29 年度　第 9 問

かんばん方式に関する記述として，最も不適切なものはどれか。

ア　かんばんは，あらかじめ定められた工程間，職場間で循環的に用いられる。

イ　かんばん方式を導入することにより，平準化生産が達成される。

ウ　仕掛けかんばんには，品名，品番，工程名，生産指示量，完成品置場名など
　　が記載される。

エ　引取かんばんのかんばん枚数によって，工程間における部材の総保有数を調
　　整することができる。

91

解答	イ

■解説

　かんばん方式に関する問題である。かんばん方式とは生産過程で，在庫をできるだけ持たないようにするための管理方式である。生産の前工程と後工程の情報伝達の道具として「かんばん」が用いられたことから「かんばん方式」と呼ばれている。後工程で部品などの需要が生じると，部品名，納入時間，数量などを記した「かんばん」を作成し前工程に戻す。前工程は，そのかんばんに従って必要なものだけを流すという方式である。

　　ア：適切である。かんばん方式のかんばんは，生産を指示するための仕掛けかんばん（生産指示かんばん）と運搬指示するための引取かんばんの2種類に大別される。かんばんは工程間，職場間で循環的に用いられる。

　　イ：不適切である。かんばん方式は「必要なものを必要な時に必要なだけ作る」という考え方に基づいており，この考え方は「ジャストインタイム：JIT」と呼ばれている。JITのねらいは仕掛品の削減，生産リードタイムの削減である。また，JITは各工程の引取り量が均等になるように最終組立工程の生産量を平準化することが前提となっている。かんばん方式の導入によって平準化生産が達成されるというものではない。なお，平準化生産は「需要の変動に対して，生産を適応させるために，最終組立工程の生産品種と生産量を平準化した生産方式」とJIS定義されている。

　　ウ：適切である。仕掛けかんばんとは，工程の作業指示に用いられるかんばんのことで，この仕掛けかんばんが掲示されてはじめて作業が開始される。生産指示かんばんとも呼ばれる。仕掛けかんばんには「品名」「品番」「工程名」「生産指示量」「完成品置場名」「担当者」「発行日」「発行枚数」「かんばん番号」などが記載される。

　　エ：適切である。引取かんばんの枚数によって，工程間における部材の数量を調整することができる。

　よって，イが正解である。

第2章　生産のプラニング

その他生産方式に関する事項	ランク	1回目	2回目	3回目
	B	／	／	／

■平成 30 年度　第 20 問

生産現場で行われる改善に関する記述として，最も適切なものはどれか。

ア　あい路工程での出来高を向上させる目的で，その直前工程の処理能力を高めた。

イ　生産ラインの編成効率を高める目的で，生産ラインのＵ字化を検討した。

ウ　同一製品を継続生産する職場での進度管理の手間を省く目的で，製番管理を導入した。

エ　入社直後のパート従業員を短期間で組立職場に配置できるようにする目的で，1人生産方式を導入した。

93

解答	イ

■解説

生産現場での改善活動に関する問題である。

ア：不適切である。あい路とは「能力所要量が利用可能能力を上回っている工程，設備，機能又は部門。ボトルネックともいう」と JIS 定義されている。あい路工程，すなわちボトルネック工程の直前工程の処理能力を高めた場合，ボトルネック工程直前の仕掛品の滞留が増えることになる。あい路工程自体の処理能力を高めなければ，あい路工程の出来高を向上させることはできない。

イ：適切である。U 字ライン生産方式とは，「U 字型の形状をとるライン生産方式。この形状をとることによって，一人の作業者に割り付ける作業の組合せ方が豊富になる」と JIS 定義されている。U 字ラインでは 1 人の作業者が複数の工程を移動しながら行うため工程間の待ち時間は発生しない。また，U 字の内側に配置されるため背後の工程への移動もわずかとなり，作業効率がよいのが特徴である。生産ラインの U 字化は編成効率の向上が期待できる。

ウ：不適切である。製番管理方式とは「製造命令書を発行するときに，その製品に関するすべての加工と組立の指示書を準備し，同一の製造番号をそれぞれにつけて管理を行う方式」と JIS 定義されている。個別生産や，品種ごとの生産量が少ない場合のロット生産で用いられることが多い。同一製品を繰り返し継続して生産する場合であっても，製造指示のたびに新たな製造番号が付与され，この製造番号単位で生産を管理することになり，進度管理の手間が省けるものではない。

エ：不適切である。1 人生産方式とは「一人の作業者が通常静止した状態の品物に対して作業を行う方式。備考として，複数の作業者が協働して作業を行う場合があり，ライン生産方式の対極をなす方式」と JIS 定義されている。1 人生産方式は 1 人の作業者が検査を含めたすべての工程を行う必要があり，習熟するまでに訓練の期間が必要となる。入社直後のパート従業員を短期間で組立職場に配置させることは困難である。

よって，イが正解である。

第 2 章　生産のプラニング

その他生産方式に関する事項	ランク	1回目	2回目	3回目
	B	╱	╱	╱

■平成 29 年度　第 4 問

モジュール生産方式に関する記述として，最も不適切なものはどれか。

ア　あらかじめ複数種類の部品を組み立てておき，注文を受けてからそれらの組み合わせによって多品種の最終製品を生産することが可能となる。

イ　外部のサプライヤーに対してモジュール単位で発注を行えば，サプライヤーの数を絞ることが可能となるため，管理の負担を軽減することが期待できる。

ウ　組立工程で扱う部品点数が削減され，組立工程が短くなり注文を受けてから納品するまでのリードタイム短縮が期待できる。

エ　製造設備の使用日程・資材の使用予定などにオーダーを割り付け，顧客が要求する納期通りに生産する方式で，平準化生産など製造効率の良い生産が可能となる。

解答	エ

■解説

モジュール生産方式に関する問題である。

モジュール生産方式は,「部品またはユニットの組合せによって顧客の多様な注文に対応する生産方式。部品中心生産方式ともいう」と JIS 定義されている。

ア:適切である。モジュール生産方式は,複数種の部品からなるモジュール部品（複合部品）をあらかじめ組み立てておき,受注後にモジュール部品の組み合わせによって多品種の最終製品を生産する方式である。

イ:適切である。個々の部品単位で発注するのではなく,モジュール単位で発注することで外部サプライヤーの数を絞ることが可能となるため,管理する負担を軽減することが期待できる。

ウ:適切である。モジュール生産方式では,組立工程で取り扱う部品点数の削減,組立工程の圧縮によるリードタイムの短縮,製品品質の安定などが期待できる。

エ:不適切である。選択肢は生産座席予約方式の説明である。生産座席予約方式は,「受注時に,製造設備の使用日程・資材の使用予定などにオーダーを割り付け,顧客が要求する納期どおりに生産する方式」と JIS 定義されている。製造工程を一種の座席と見立て,営業部門が列車や飛行機の座席を予約するような感覚で顧客の希望する製品の出荷を予約するものである。

よって,エが正解である。

第 2 章　生産のプラニング

その他生産方式に関する事項	ランク	1回目		2回目		3回目	
	B	／		／		／	

■平成 29 年度　第 20 問
生産現場で行われる改善施策に関する記述として，最も不適切なものはどれか。

ア　機械設備の稼働状況を可視化するために，「あんどん」を設置した。

イ　「シングル段取」の実現を目指して，内段取の一部を外段取に変更した。

ウ　品種変更に伴う段取り替えの回数を抑制するために，製品の流れを「1 個流し」に変更した。

エ　部品の組み付け忘れを防止するために，部品の供給棚に「ポカヨケ」の改善を施した。

97

解答	ウ

■**解説**

生産現場で行われる改善施策に関する問題である。

ア：適切である。あんどんとは，工程で起きた異常を他者に知らせるための表示
灯のことである。後工程への不具合流出の防止，工程内の隠れた問題やムダ
の見える化といった目的がある。

イ：適切である。シングル段取とは，段取り替えの名称で10分未満で内段取り
を行うことをいう。段取りは，機械またはラインを停止して行う内段取りと，
機械またはラインを停止しないで行う外段取りに大別される。内段取りを外
段取りに変更することで，機械またはラインを停止させる時間が短縮でき，
生産性の向上が図れる。

ウ：不適切である。1個流しは，「1個を加工したら次工程に送る製造方式で，工
程間に仕掛りを作らず1個ずつ流す生産方式」とJIS定義されている。1個
流しを行うことで，運搬のムダ，動作のムダ，作りすぎのムダなどの問題が
容易に把握できる。段取り替えの回数の抑制にはつながらない。

エ：適切である。不良の原因ともなる人の作業ミスを総称して「ポカミス」と呼
ぶ。このポカミスを犯しても不良がヨケられる仕組みを「ポカヨケ」という。
機械設備等にその仕組みを組み込み，作業ミスを防止するものである。

よって，ウが正解である。

第2章　生産のプラニング

5. 生産計画

▶▶ 出題項目のポイント

この項目では，需要予測に関する論点，スケジューリング，PERT 等の日程計画に関する論点から出題される。

〈需要予測〉

見込生産を行う企業は，一定の需要を見込んで生産を行う。企業にとっては見込み量よりも受注量が少ない場合，売れ残った製品を在庫として維持することになる。反対に見込み量よりも受注量が多い場合は販売機会を逃すことになる。見込生産の企業では精度の高い需要予測が重要な課題である。

代表的な需要予測の方法として，次のような考え方がある。詳細はテキスト等を確認してほしい。

①移動平均法
　単純移動平均法，加重移動平均法
②指数平滑法
③線形計画法

〈スケジューリングの分類〉

・日程計画
　大日程計画，中日程計画，小日程計画
・ジョブショップ・スケジューリング
　　生産設備や機器が設置されている職場（ショップ）における日程計画作成の方法。順序づけ法，ディスパッチング法に大別できる。
・プロジェクトスケジューリング
　　プロジェクトスケジューリングとは，多数の作業からなるプロジェクトにおいて，個々の作業とプロジェクト全体の日程を管理する方法である。順序関係が存在する複数のアクティビティ（作業）で構成されるプロジェクトを効率よく実行するためのスケジューリング手法として，PERT（Program Evaluation and Review Technique）がある。アローダイアグラムと呼ばれる表記表を使って作業の全体像を図で表現する。

〈工程計画〉

工程計画とは，「製品を生産するに当たり，その製品の設計情報から，必要作業，工程順序，作業順序，作業条件を決める活動」と JIS 定義される。製品をどのような順番で作るのか，工程や作業方法を決める計画のことである。設計図をもとに，部品加工および製品組立の最適な加工方法，工程順序，生産方式やその条件等を検討し計画していく。

工程計画の流れは次のようになる。

①工程の計画（工程の設計を行い，「工程表」を作成する。）

・製品をどのような手順で作っていくのかを検討する。具体的には，製作過程のフローを，いくつかの工程に区切って順序を決定しそれに基づき工程表を作成する。

・仕事の流し方（生産方式）としてどの方式を採用するのかを十分に検討する。（「連続生産」「ロット生産」「個別生産」「ライン生産方式」「セル生産方式」）

・VE，GT，IE の手法ををを駆使して，作業効率を高めるよう検討する。

②作業の計画（作業の内容を検討し，「作業標準」を作成する。）

・各工程で行われる具体的な作業内容の詳細を決定する。

・各工程の作業内容や目標を決め，それを達成するレイアウト，設備，治工具，方法，時間，材料などを決定する。

・作業標準を作成する。

▶▶ 出題の傾向と勉強の方向性

日程計画に関する問題が高い頻度で繰り返し出題されている。生産管理における重要論点であるため，理解を深めておく必要がある。また，アローダイアグラムを作成して解答を導く問題が平成 24 年度第 14 問，平成 26 年度第 10 問，平成 28 年度第 10 問，平成 30 年度第 6 問，令和 2 年度第 11 問に出題されており，対応できるようにしておきたい。

需給計画の範囲からは MRP の部品構成表の論点が平成 23 年度第 9 問，平成 28 年度第 9 問に出題されている。しっかり理解しておきたい。

第 2 章　生産のプラニング

■取組状況チェックリスト

5. 生産計画

需要予測

問題番号	ランク	1回目		2回目		3回目	
平成 24 年度　第 13 問	B	／		／		／	
令和元年度　第 8 問	B	／		／		／	
平成 27 年度　第 9 問	C*	／		／		／	
平成 30 年度　第 12 問	B	／		／		／	
平成 26 年度　第 11 問	B	／		／		／	
平成 25 年度　第 10 問	C*	／		／		／	
令和 2 年度　第 9 問	C*	／		／		／	
平成 24 年度　第 11 問	C*	／		／		／	

需給計画

問題番号	ランク	1回目		2回目		3回目	
平成 26 年度　第 9 問	C*	／		／		／	
平成 23 年度　第 9 問	A	／		／		／	
令和元年度　第 7 問	A	／		／		／	
平成 28 年度　第 9 問	B	／		／		／	

日程計画

問題番号	ランク	1回目		2回目		3回目	
平成 25 年度　第 11 問	C*	／		／		／	
平成 24 年度　第 14 問	C*	／		／		／	
平成 26 年度　第 10 問	A	／		／		／	
平成 28 年度　第 10 問	A	／		／		／	
平成 30 年度　第 6 問	A	／		／		／	
令和 2 年度　第 11 問	B	／		／		／	
平成 27 年度　第 10 問	C*	／		／		／	
平成 30 年度　第 7 問	B	／		／		／	
令和元年度　第 9 問	B	／		／		／	

平成 30 年度 第 4 問	B	/		/		/	
平成 28 年度 第 1 問	B	/		/		/	
平成 23 年度 第 10 問	C*	/		/		/	

能力と負荷

問題番号	ランク	1 回目		2 回目		3 回目	
平成 23 年度 第 3 問	C*	/		/		/	
平成 28 年度 第 11 問	B	/		/		/	

その他生産計画に関する事項

平成 28 年度 第 8 問	C*	/		/		/	
令和 2 年度 第 12 問	C*	/		/		/	
令和元年度 第 15 問	C*	/		/		/	

＊ランク C の問題と解説は，「過去問完全マスター」の HP（URL：https://jissen-c.jp/）よりダウンロードできます。

第2章　生産のプランニング

需要予測	ランク	1回目		2回目		3回目	
	B	/		/		/	

■平成24年度　第13問

　過去の需要量の時系列データを用いる需要予測法に関する記述として，最も不適切なものはどれか。

　　ア　移動平均法では，データが過去にさかのぼるほど，その重みが増加する。

　　イ　移動平均法の予測精度は，用いるデータの数に影響される。

　　ウ　指数平滑法では，データが過去にさかのぼるほど，その重みが減少する。

　　エ　指数平滑法の予測誤差は，平滑化定数の値に影響される。

103

解答	ア

■解説

ア：不適切である。移動平均法には，単純移動平均法と加重移動平均法がある。
　　単純移動平均法は実績データの単純平均を求め，その平均値を予想とするも
　　のである。一方の加重移動平均法は，実績データに異なる重みをつけて，そ
　　の平均値を求め予測値とする方法である。どちらも，データが過去にさかの
　　ぼるほど，重みが増加するというものではない。

イ：適切である。一般に，移動平均法ではデータ数を大きくするほど予測値は平
　　滑化される。

ウ：適切である。指数平滑法は，データが古くなるにつれて指数的に重みを減少
　　させる重み付け移動平均法である。

エ：適切である。指数平滑法の特徴として，平滑化定数の値が大きくなればなる
　　ほど，予測値の変動も大きくなる点が挙げられる。

よって，アが正解である。

第 2 章　生産のプランニング

	ランク	1回目		2回目		3回目	
需要予測	B	／		／		／	

■令和元年度　第 8 問

需要予測に関する記述として，最も適切なものはどれか。

　　ア　過去の観測値から将来の需要量を予測するために移動平均法を利用した。

　　イ　過去の観測値ほど重みを指数的に増加させるために指数平滑法を利用した。

　　ウ　工場の新設に当たっての設備能力を決定するために短期予測を利用した。

　　エ　次週の生産計画を立案するために長期予測を利用した。

解答	ア

■解説

需要予測に関する問題である。

ア：適切である。移動平均法には，単純移動平均法と加重移動平均法がある。単
　　純移動平均法は過去の観測値の単純平均を求め，その平均値を予想とするも
　　のである。一方の加重移動平均法は，過去の観測値に異なる重みをつけて，
　　その平均値を求め予測値とする方法である。

イ：不適切である。指数平滑法とは，観測値が古くなるにつれて指数的に重みを
　　減少させる重み付け移動平均法のことである。

ウ：不適切である。工場の新設といった規模の大きい投資の検討では，短期予測
　　ではなく長期予測を利用して生産の計画を行う必要がある。

エ：不適切である。次週の生産計画といった期間の短い計画は，長期予測ではな
　　く短期予測を利用する。

よって，アが正解である。

第2章　生産のプランニング

需要予測	ランク	1回目	2回目	3回目
	B	／	／	／

■平成 30 年度　第 12 問

　ある見込生産型工場における需要予測において，従来と比較して，過去の実績需要量の中でも現在に近いものほど次月の需要量に大きく影響することが分かってきた。予測精度を向上させる試みに関する記述として，最も適切なものの組み合わせを下記の解答群から選べ。

　　a　移動平均法においては，対象範囲を 3 カ月から 5 カ月に変更する。

　　b　移動平均法においては，対象範囲を 5 カ月から 3 カ月に変更する。

　　c　指数平滑法においては，平滑化定数を 0.3 から 0.5 に変更する。

　　d　指数平滑法においては，平滑化定数を 0.5 から 0.3 に変更する。

〔解答群〕

　ア　a と c

　イ　a と d

　ウ　b と c

　エ　b と d

107

解答	ウ

■解説

　見込生産方式における需要予測についての問題である。移動平均法，指数平滑法の考え方が問われている。問題文の「過去の実績需要量の中でも現在に近いものほど次月の需要量に大きく影響する」という内容から，近い過去の実績を重視するような予測方法が取られることになる。

【移動平均法】

　移動平均法は過去の任意の個数の観測値を需要量の予測値として用いる需要予測法である。観測値の合計を個数で除して平均を求める。予測精度は過去のどれだけの観測値を予測に用いるかによって影響される。本問では直近の過去実績を重視する必要があるため，対象範囲は狭いほうが予測精度向上が期待できる。よって，対象範囲を5カ月から3カ月に狭めた選択肢bが適切である。

【指数平滑法】

　指数平滑法とは，観測値が古くなるにつれて指数的に重みを減少させる重み付け移動平均法のことである。t期における観測値をY_t，予測値をF_tとすると，予測誤差は$Y_t - F_t$と表すことができる。単純指数平滑法では新しい予測値（t＋1期の予測値）は先の予測値（t期の予測値）とその予測誤差を用いて次式で表される。

$$F_{t+1} = F_t + \alpha \ (Y_t - F_t)$$

　ここでαは平滑化定数（$0 < \alpha < 1$）である。新しい予測値は，αが1に近い場合は観測値に近い値となる。逆に，αが0に近い値の場合は予測値に近い値となる。

　平滑化定数が1に近いほうが次月の需要量に大きく影響する。よって，平滑化定数を0.3から0.5に変更する選択肢cが適切である。

　上記より，bとcの組み合わせが適切であり，ウが正解である。

第 2 章　生産のプランニング

	ランク	1回目		2回目		3回目	
需要予測	B	╱		╱		╱	

■平成 26 年度　第 11 問

　ある工場では，2つの生産設備を用いて2種類の製品A，Bが生産可能である。以下の表には，製品1単位を生産するのに必要な工数と製品1単位当たりの利益，および各設備において使用可能な工数が示されている。

　使用可能な工数の範囲内で製品A，Bを生産するとき，下記の解答群に示す生産量の組（Aの生産量，Bの生産量）のうち，総利益を最も高くする実行可能なものはどれか。

	設備1	設備2	製品1単位当たりの利益
製品 A	2	4	4
製品 B	4	2	6
使用可能工数	20	28	—

〔解答群〕

　　ア　（10，0）

　　イ　（7，0）

　　ウ　（0，5）

　　エ　（6，2）

109

解答	エ

■解説

線形計画法の問題である。選択肢の製品 A, B の生産量の組み合わせの中で，利益が最大となるものを考える。設備の使用工数，総利益を整理すると以下のようになる。

生産量 (A,B)	設備1の使用工数 （制約：20）	設備2の使用工数 （制約：28）	総利益
ア (10,0)	10×2+0×4=20	10×4+0×2=40（不可）	不可
イ (7,0)	7×2+0×4=14	7×4+0×2=28	7×4+0×6=28
ウ (0,5)	0×2+5×4=20	0×4+5×2=10	0×4+5×6=30
エ (6,2)	6×2+2×4=20	6×4+2×2=28	6×4+2×6=36（最大）

選択肢アは設備2の制約条件を超えるため実行できない。総利益が最大となる組み合わせは，選択肢エである。よって，エが正解である。

【別解】

製品 A の生産量を x，製品 B の生産量を y とすると，下記の制約条件式が成り立つ。

　　設備1：$2x+4y \leq 20$…①，設備2：$4x+2y \leq 28$…②

また，x，y は生産量であるから必ず正の値をとるため，$x \geq 0$，$y \geq 0$ となる。

総利益を z とすると，$z=4x+6y$…③と表すことができる。（目的関数）

式①〜③を y について整理し，グラフで表すと下図のようになる。目的関数が通る原点から最も遠い頂点が最適解となる。

式①と式②の連立方程式を解くと，x=6，y=2 の値が求められる。

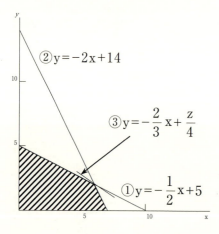

需給計画	ランク	1回目	2回目	3回目
	A	/	/	/

■平成23年度　第9問

最終製品XとYの部品構成表が下図に与えられている。（　）内の数は親に対して必要な部品の個数を示している。製品Xを10個，製品Yを5個生産するのに必要な部品eの数量に最も近いものを下記の解答群から選べ。

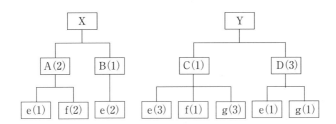

〔解答群〕

ア　50　　イ　60　　ウ　70　　エ　80

解答	ウ

■**解説**

まず製品 X について考える。

部品 A を 1 個生産するためには部品 e は 1 個，部品 B を 1 個生産するためには部品 e は 2 個必要である。

製品 X を 1 個生産するためには，部品 A は 2 個，部品 B は 1 個必要であるから，

部品 e は $(1 \times 2) + (2 \times 1) = 4$ 個必要となる。

よって，製品 X を 10 個生産するには，$4 \times 10 = 40$ 個の部品 e が必要となる。

同様に製品 Y について考える。

部品 C を 1 個生産するためには部品 e は 3 個，部品 D を 1 個生産するためには部品 e は 1 個必要である。

製品 Y を 1 個生産するためには，部品 C は 1 個，部品 D は 3 個必要であるから，

部品 e は $(3 \times 1) + (1 \times 3) = 6$ 個必要となる。

よって，製品 Y を 5 個生産するには，$6 \times 5 = 30$ 個の部品 e が必要となる。

以上より，製品 X を 10 個，製品 Y を 5 個生産するのに必要な部品 e の数量は $40 + 30 = 70$ 個となる。

よって，ウが正解である。

■令和元年度　第7問

下図は，最終製品 A の部品構成表であり，（　）内は親 1 個に対して必要な部品の個数である。製品 A を 2 個生産するとき，必要部品数量に関する記述として，最も適切なものを下記の解答群から選べ。

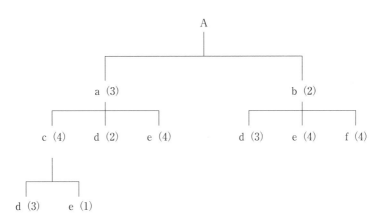

〔解答群〕

ア　部品 c は 12 個必要である。

イ　部品 d は 36 個必要である。

ウ　部品 e は 64 個必要である。

エ　部品 f は 60 個必要である。

解答	ウ

■解説

部品構成表についての問題である。

製品 A を 2 個生産する際の，各部品の必要数量を部品構成表から読み取る。問題文より（　）内は親 1 個に対して必要な部品の個数であることに注意する。

最終製品 A を 1 個生産する際の各部品数を求めると次のようになる。

a：3 個

b：2 個

c：4 × 3 = 12 個

d：(2×3) ＋ $(3 \times 4 \times 3)$ ＋ (3×2) ＝ 6 ＋ 36 ＋ 6 ＝ 48 個

e：(4×3) ＋ $(1 \times 4 \times 3)$ ＋ (4×2) ＝ 12 ＋ 12 ＋ 8 ＝ 32 個

f：4 × 2 = 8 個

上記より，A を 2 個生産すると，必要となる各部品数は上記の 2 倍となる。

a：3 × 2 = 6 個

b：2 × 2 = 4 個

c：12 × 2 = 24 個

d：48 × 2 = 96 個

e：32 × 2 = 64 個

f：8 × 2 = 16 個

ア：不適切である。部品 c は 12 個ではなく 24 個必要である。

イ：不適切である。部品 d は 36 個ではなく 96 個必要である。

ウ：適切である。部品 e は 64 個必要である。

エ：不適切である。部品 f は 60 個ではなく 16 個必要である。

よって，ウが正解である。

第2章 生産のプラニング

需給計画	ランク	1回目	2回目	3回目
	B	/	/	/

■平成28年度 第9問

　下表は，製品 A の部品構成を示している。製品 A を 30 台組み立てる際に，部品 d の所要量として，最も適切なものを下記の解答群から選べ（単位：個）。

製品 A の部品構成表

A		a		c	
子部品	数量（個）	子部品	数量（個）	子部品	数量（個）
a	2	c	2	d	3
b	2	d	2	e	3
c	3	e	2		

〔解答群〕

　ア　240

　イ　390

　ウ　570

　エ　750

115

| 解答 | エ |

■解説

部品構成表に関する問題である。

部品構成表とは「組立製品1単位を構成している部品を，部品ごとに材料や製品1単位当たりの数量のほか，必要に応じて外形主要寸法，処理技術，部品単体質量，概略スケッチなどを記した明細表」とJIS定義されている。また，「各部品（製品も含む）を生産するのに必要な子部品の種類と数量を示すリスト」とも定義されている。

問題で与えられた部品構成表から，部品の親子関係を木構造で表すストラクチャー型部品表を作成することで解答を導くことができる。

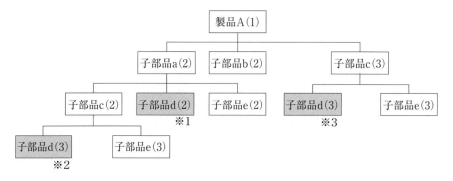

※1：製品A 1台当たり，部品dは2×2＝4個必要となる。
※2：製品A 1台当たり，部品dは3×2×2＝12個必要となる。
※3：製品A 1台当たり，部品dは3×3＝9個必要となる。

製品A 1台当たりの，部品dの所要量は4＋12＋9＝25個となる。製品Aを30台組み立てるのに必要な部品dは25×30＝750個となる。

よって，エが正解である。

	ランク	1回目		2回目		3回目	
日程計画	A	/		/		/	

■平成 26 年度　第 10 問

　受注したプロジェクトを遂行するために必要な作業の先行関係と所要日数が以下の表に与えられている。1 日の作業遅れがプロジェクトの所要日数に影響する作業の数を，下記の解答群から選べ。

作業名	先行作業	所要日数
A	―	5
B	A	3
C	A	4
D	B	5
E	B，C	3
F	C	5
G	D，E，F	4

〔解答群〕

　　ア　2 個　　イ　3 個　　ウ　4 個　　エ　5 個

| 解答 | ウ |

■解説

プロジェクトスケジューリングに関する問題である。

設問文の「1日の作業遅れがプロジェクトの所要日数に影響する作業」とはクリティカルパス上の作業のことである。与えられた条件をもとにアローダイアグラムを作成し，クリティカルパス上の作業数を求めればよい。

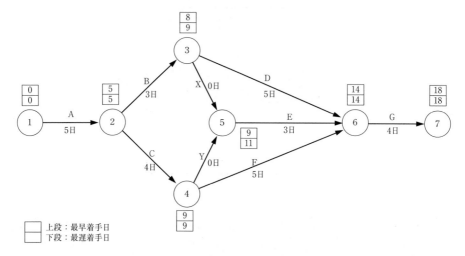

上図において，作業X，作業Yは作業時間0のダミー作業である。クリティカルパスは最早着手日と最遅着手日が一致する結合点を結んだものであるため，A→C→F→Gとなり，1日の作業遅れがプロジェクトの所要日数に影響する作業は4個となる。

よって，ウが正解である。

日程計画	ランク	1回目	2回目	3回目
	A	／	／	／

■平成28年度　第10問

下表は，あるプロジェクト業務を行う際の各作業の要件を示している。CPM（Critical Path Method）を適用して，最短プロジェクト遂行期間となる条件を達成したときの最小費用を，下記の解答群から選べ（単位：万円）。

作業名	先行作業	所要期間	最短所要期間	単位当たり短縮費用（万円）
A	―	5	5	―
B	A	4	3	90
C	A	5	2	50
D	B，C	8	3	120

〔解答群〕

ア　650

イ　730

ウ　790

エ　840

| 解答 | ウ |

■解説

CPM（Critical Path Method）に関する問題である。

与えられた情報から，アローダイアグラムを作成しクリティカルパスを検討する。作業B，C，Dについて最短所要期間に短縮することを考える。作業Dの先行作業は作業B，および作業Cである。作業Bの最短所要期間は3，作業Cの最短所要期間は2であるため，作業Dの開始が最遅となる経路は作業Bを通る経路となる。つまり，作業Bを4→3に短縮，作業Cを5→3に短縮することになる。（作業Cを5→2に短縮しても作業Bが完了するまで待ち時間が発生するため採用しない。）作業Dは特別な考慮なく8→3に短縮することができる。

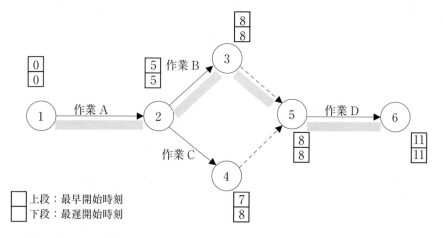

※点線矢印はダミー作業を示す。

クリティカルパスは上図の①→②→③→⑤→⑥を通る経路となる。
各作業の短縮費用は以下のようになる。

  作業B：4→3：短縮期間1 × 短縮費用　90 =　90万円
  作業C：5→3：短縮期間2 × 短縮費用　50 = 100万円
  作業D：8→3：短縮期間5 × 短縮費用 120 = 600万円

合計すると 90 + 100 + 600 = 790万円となる。
よって，ウが正解である。

日程計画	ランク	1回目		2回目		3回目	
	A	/		/		/	

■平成30年度　第6問

　下表に示される作業A～Fで構成されるプロジェクトについて，PERTを用いて日程管理をすることに関する記述として，最も適切なものを下記の解答群から選べ。

作業	作業日数	先行作業
A	3	なし
B	4	なし
C	3	A
D	2	A
E	3	B，C，D
F	3	D

〔解答群〕

　ア　このプロジェクトのアローダイアグラムを作成するためには，ダミーが2本必要である。

　イ　このプロジェクトの所要日数は8日である。

　ウ　このプロジェクトの所要日数を1日縮めるためには，作業Fを1日短縮すればよい。

　エ　作業Eを最も早く始められるのは6日後である。

解答	エ

■解説

　PERTを用いた日程管理についての問題である。問題で与えられた表をもとにアローダイアグラムを作成する。

　クリティカルパスは最早結合点時刻と最遅結合点時刻が等しい経路である。このプロジェクトのクリティカルパスは「①→②→④→⑤」となる。

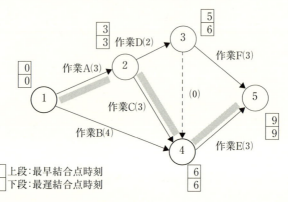

※点線矢印はダミー作業を示す。

ア：不適切である。上記アローダイアグラムより，ダミーは1本必要である。

イ：不適切である。所要日数はクリティカルパス「①→②→④→⑤」上の作業日数の和となる。作業A（3日）→作業C（3日）→作業E（3日）より，このプロジェクトの所要日数は9日である。

ウ：不適切である。所要日数を1日縮めるためには，クリティカルパス上の作業を短縮する必要がある。よって，作業A，作業C，作業Eのいずれかを短縮すればよい。

エ：適切である。上記アローダイアグラムより，作業Eを最も早く始められるのは6日後である。

よって，エが正解である。

第2章　生産のプランニング

日程計画	ランク	1回目		2回目		3回目	
	B	／		／		／	

■令和2年度　第11問

　下表は，あるプロジェクト業務を行う際の各作業の要件を示している。CPM
（Critical Path Method）を適用して，最短プロジェクト遂行期間となる条件を達成し
たときの最小費用として，最も適切なものを下記の解答群から選べ（単位：万円）。

作業名	先行作業	所要期間	最短所要期間	単位時間当たりの短縮費用（万円）
A	－	5	4	10
B	A	6	2	50
C	B	7	3	90
D	A	9	7	30
E	C,D	5	3	40

〔解答群〕

　ア　440

　イ　510

　ウ　530

　エ　610

　オ　710

123

解答	ウ

■解説

PERT／CPM（Critical Path Method）に関する問題である。与えられた情報から，アローダイアグラムを作成しクリティカルパスを検討する。

まず，所要期間をもとにアローダイアグラムを作成すると次のようになる。

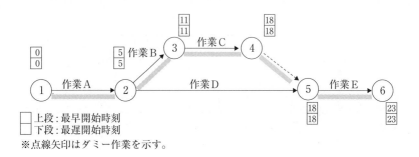

クリティカルパスは，上図の①⇒②⇒③⇒④⇒⑤⇒⑥を通る経路となる。

続いて，最短所要期間をもとにアローダイアグラムを作成すると次のようになる。

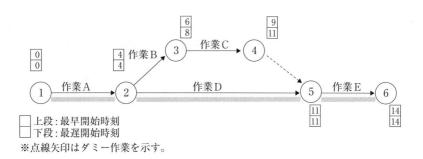

クリティカルパスは上図の①⇒②⇒⑤⇒⑥を通る経路となり，必要な期間は14となる。

ここで，作業A，作業D，作業Eはクリティカルパス上の作業のため，それぞれ最短所要期間に短縮する必要があるが，作業B，作業Cの経路は，結合点⑤に期間11で到達すればよく，短縮費用が最小になるように期間短縮を検討する。

第2章　生産のプラニング

　経路①⇒②⇒③⇒④⇒⑤で，結合点⑤に期間11で到達するために作業B，および作業Cをどれたけ短縮するかを検討する。

　作業Aは最短所要期間4に短縮するため，作業B，作業Cの合計所要期間は11－4＝7となればよい。

　短縮前の作業B，作業Cの合計所要期間は6＋7＝13であるため，必要な短縮期間は13－7＝6となる。

　単位時間当たりの短縮費用は，作業Bが50万円，作業Cが90万円であるため，費用を最小化するためには，作業Bを優先して短縮する。よって，作業Bを6⇒2に4短縮，作業Cを7⇒5に2短縮することで短縮費用を最小として実現できる。

　上記を整理すると次のようになる。

　　作業A：5⇒4に短縮　短縮費用：(5－4) × 10＝10
　　作業B：6⇒2に短縮　短縮費用：(6－2) × 50＝200
　　作業C：7⇒5に短縮　短縮費用：(7－5) × 90＝180
　　作業D：9⇒7に短縮　短縮費用：(9－7) × 30＝60
　　作業E：5⇒3に短縮　短縮費用：(5－3) × 40＝80

短縮費用を合計すると，
　　10＋200＋180＋60＋80＝530となる。

よって，ウが正解である。

125

	ランク	1回目	2回目	3回目
日程計画	B	/	/	/

■平成 30 年度　第 7 問

1 台の工作機械で 2 種類の製品 A, B を加工している職場における基準日程計画について考える。計画作成上の前提条件は以下に示すとおりである。

＜計画作成上の前提条件＞
・製品 A のロットサイズは 40 個で，加工時間は 0.5 時間／個である。
・製品 B のロットサイズは 60 個で，加工時間は 1.0 時間／個である。
・1 期当たりの製造可能時間の上限は 60 時間である。
・ロット分割はできない。
・各製品の生産は 1 期しか前倒しができない。

この条件の下で，1 期から 6 期までの予測需要量と 1 期目の期首在庫量から，生産能力を考慮しない場合の製品 A, B それぞれの各期の生産量と必要生産時間を求めた。このときの期別の必要生産時間を下図に示す。

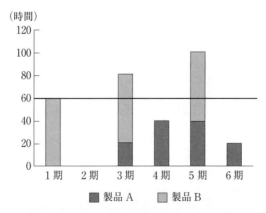

各製品の生産が 1 期前倒しできることを考慮して，実行可能となる基準日程計画を作成した。このときの 1 期から 6 期までの製品 B の必要生産時間として，最も適切なものはどれか。

第 2 章　生産のプラニング

ア

1 期	2 期	3 期	4 期	5 期	6 期
60	60	0	0	0	60

イ

1 期	2 期	3 期	4 期	5 期	6 期
60	60	0	60	0	0

ウ

1 期	2 期	3 期	4 期	5 期	6 期
60	20	40	0	20	40

エ

1 期	2 期	3 期	4 期	5 期	6 期
60	20	40	0	0	60

127

解答	イ

■解説

与えられた前提条件のもとでの需要予測量を満たす生産について問われている。

「ロット分割はできない」,「製品 B のロットサイズは 60 個で, 加工時間は 1.0 時間 / 個」の前提条件から, 製品 B の生産を開始すると 60 時間を要することになる。

また,「1 期当たりの製造可能時間の上限は 60 時間」であるため, 同一期に製品 A, 製品 B を生産することはできないことがわかる。

これらを踏まえて, 需要予測のグラフと選択肢の内容を確認する。需要予測のグラフから製品 B の需要量(必要な生産時間)は 1 期, 3 期, 5 期に 60 時間である。

ア:不適切である。1 期の需要を 1 期に生産, 3 期の需要を 2 期の前倒し生産で
    それぞれ満たすが, 6 期の生産では 5 期の需要を満たすことができない。

イ:適切である。1 期の需要を 1 期に生産, 3 期の需要を 2 期に前倒し生産, 5
    期の需要を 4 期に前倒し生産で対応し, 需要を満たす。前提条件を満たして
    おり実行可能である。

ウ:不適切である。製品 B の生産時間として 20 時間, 40 時間という期が存在す
    るが, 前述のとおり製品 B の生産は必ず 60 時間を要するため不適切である。

エ:不適切である。ウと同様で不適切である。

よって, イが正解である。

第2章　生産のプラニング

日程計画	ランク	1回目		2回目		3回目	
	B	／		／		／	

■令和元年度　第9問

　2工程のフローショップにおけるジョブの投入順序を考える。各ジョブ各工程の加工時間が下表のように与えられたとき，生産を開始して全てのジョブの加工を完了するまでの時間（メイクスパン）を最小にする順序として，最も適切なものを下記の解答群から選べ。

ジョブ	J1	J2	J3
第1工程	3時間	5時間	1時間
第2工程	2時間	4時間	6時間

〔解答群〕

　ア　J1 → J2 → J3

　イ　J1 → J3 → J2

　ウ　J2 → J1 → J3

　エ　J3 → J2 → J1

129

解答	エ

■解説

ジョブショップスケジューリングに関する問題である。本問題の場合，2工程であるためジョンソンルールの順序づけ法が利用できる。

ジョンソンルールによる順序づけの手順は次の要領で行う。

1. 最小の処理時間を選択する。
2. 選択したものが前工程の処理であればそのジョブを前から並べ，後工程の処理であればそのジョブを後ろから並べる。
3. 未割り当てのジョブがなくなるまで繰り返す。

問題の内容をもとに，上記の手順で順序を求める。

① すべての処理時間の中から最小のものを選択する

加工時間1時間である第1工程のJ3が最小となる。

② 配置する

J3の最小値は第1工程の処理であるため先頭に配置する。

③ 次に小さいものを選択する

加工時間2時間である第2工程のJ1が選択される。

④ 配置する

J1の最小値は第2工程の処理であるため最後尾に配置する。

⑤ 残ったJ2を先頭から2番目に配置する。

以上より，「J3 → J2 → J1」の順となる。よって，エが正解である。

	0	2	4	6	8	10	12	14	16	18
第1工程	J3	J2		J1						
第2工程		J3			J2		J1			

第 2 章　生産のプラニング

日程計画	ランク	1回目	2回目	3回目
	B	／	／	／

■平成 30 年度　第 4 問

　ある職場では 3 種類の製品 A，B，C を製造している。この職場の作業条件は以下
に示すとおりである。

＜作業条件＞

・各製品は第 1 工程と第 2 工程で同じ順序で加工される。

・各工程では一度加工が始まったら，その製品が完成するまで同じ製品を加工する。

・工程間の運搬時間は 0 とする。

・各製品の各工程における作業時間と納期は下表に示される。

製品	A	B	C
第 1 工程	4	1	3
第 2 工程	5	6	3
納期	17	11	10

　また，第 1 工程において製品を A，B，C の順に投入した場合のガントチャートは
下図のように示され，総所要時間は 18 時間となる。

	0	2	4	6	8	10	12	14	16	18
第 1 工程		A		B	C					
第 2 工程					A		B		C	

　この職場に製品が A，C，B の順で到着した場合の，第 1 工程における投入順序決
定に関する記述として，最も適切なものはどれか。

　　ア　3 つの製品を SPT 順に投入すると，総所要時間は 15 時間である。

　　イ　3 つの製品を到着順に投入すると，総所要時間は 14 時間である。

　　ウ　3 つの製品を到着順に投入すると，納期遅れはなくなる。

　　エ　3 つの製品を納期順に投入すると，納期遅れはなくなる。

131

解答	ア

■解説

スケジューリング手法に関する問題である。作業条件に基づき，選択肢で示される作業順序で投入した場合のガントチャートを作成する。

ア：適切である。SPT とは Shortest Processing Time：処理時間が最小の作業のことである。第1工程の投入順序を SPT 順にすると，第1工程の作業時間が短い順「製品B→製品C→製品A」で投入することになる。ガントチャートは以下のようになる。

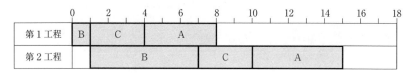

上図より，総所要時間は15時間となり適切である。

イ：不適切である。3つの製品を到着順に投入すると，問題文より「製品A→製品C→製品B」の順で投入することになる。ガントチャートは以下のようになる。

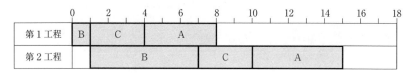

上図より，総所要時間は18時間となり不適切である。

ウ：不適切である。3つの製品を到着順に投入したガントチャートは前述の選択肢イと同じである。完成と納期を整理すると以下のとおりとなる。

　　製品A：完成 9，納期 17
　　製品B：完成 18，納期 11（納期遅れ）
　　製品C：完成 12，納期 10（納期遅れ）

上記より，3つの製品を到着順に投入すると，製品Bと製品Cで納期遅れ

が発生するため不適切である。

エ：不適切である。3つの製品を納期順に投入すると，「製品C→製品B→製品
A」の順で投入することになる。ガントチャートは以下のようになる。

	0	2	4	6	8	10	12	14	16	18
第1工程	C		B	A						
第2工程				C		B		A		

完成と納期を整理すると以下のとおりとなる。

製品A：完成17，納期17

製品B：完成12，納期11（納期遅れ）

製品C：完成6，納期10

上記より，3つの製品を納期順に投入すると，製品Bで納期遅れが発生する
ため不適切である。

よって，アが正解である。

133

第 2 章　生産のプラニング

日程計画	ランク	1 回目		2 回目		3 回目	
	B	╱		╱		╱	

■平成 28 年度　第 1 問

　ある機械加工職場における生産リードタイムの短縮を目指した改善活動に関する記述として，最も不適切なものはどれか。

　　ア　処理を開始してすべての処理を完了するまでの総所要時間を短くするために，ディスパッチングルールを変更した。

　　イ　流れ線図を作成し，「設備間の距離×物流量の総和」を計算してレイアウトを変更した。

　　ウ　納期管理を徹底するために，PERT を使ってロットサイズを変更した。

　　エ　マンマシンチャートを作成し，作業者の作業手順を変更した。

135

解答	ウ

■解説

生産リードタイムの短縮を目指した改善活動に関する問題である。

ア：適切である。ディスパッチングルールとは，「待ちジョブのなかから，次に優先して加工するジョブを決めるための規則」と JIS 定義されている。作業の順序を事前に決めておくのではなく，優先度に応じて次に実行する仕事を選択し，処理していくことで全体の所要時間を短縮するものである。代表的なディスパッチングルールとして，先着順規則，最小作業時間規則，最早納期規則，最小スラック規則などがある。

イ：適切である。流れ線図とは，設備や建屋の配置図に工程図記号を記入したもので，各工程図記号の位置関係が示されたものである。流れ線図を利用し「設備間の距離×物流量の総和」が小さくなるような効率的なレイアウトを検討，変更することで生産リードタイムの短縮を図ることができる。

ウ：不適切である。PERT とは，順序関係が存在する複数のアクティビティで構成されるプロジェクトを，能率よく実行するためのスケジューリング手法である。プロジェクトの始点から終点までを結ぶ，最も長いアクティビティの連鎖であるクリティカルパスを明確にすることで，納期管理の重点を明らかにすることができる。選択肢に記述されているロットサイズの変更とは関係がない。

エ：適切である。マンマシンチャートとは作業者と機械の時間的経過の関連性を分析し，チャートにしたものである。機械稼働率の向上，作業者の手待ち時間の削減等を考慮し，作業者の作業手順を変更することで生産リードタイムの短縮を図ることができる。

よって，ウが正解である。

136

第 2 章　生産のプラニング

能力と負荷	ランク	1回目	2回目	3回目
	B	╱	╱	╱

■平成 28 年度　第 11 問

　工数計画およびそれに対応した余力管理に関する記述として，<u>最も不適切なものは</u><u>どれか。</u>

　ア　各職場・各作業者について手持仕事量と現有生産能力とを調査し，これらを比較対照したうえで手順計画によって再スケジュールをする。

　イ　工数計画において，仕事量や生産能力を算定するためには，一般的に作業時間や作業量が用いられる。

　ウ　工数計画において求めた工程別の仕事量と日程計画で計画された納期までに完了する工程別の仕事量とを比較することを並行的に進めていき，生産能力の過不足の状況を把握する。

　エ　余力がマイナスになった場合に，就業時間の延長，作業員の増員，外注の利用，機械・設備の増強などの対策をとる。

137

解答	ア

■**解説**

　工数計画と余力管理に関する問題である。

　工数計画とは生産計画によって決められた製品別の納期と生産量（何を，いつ，何個作るべきか）に対して，仕事量（それを成し遂げるために人員や機械設備がどれくらい必要であるか）を具体的に決定し，それを現有の人や機械の能力と対照して，両者の調整を図っていくことである。

　余力管理とは「各工程又は個々の作業者について，現在の負荷状態と現有能力とを把握し，現在どれだけの余力又は不足があるかを検討し，作業の再配分を行って能力と負荷を均衡させる活動。余力とは能力と負荷との差である。工数管理ともいう」とJIS定義されている。余力管理は，人員や機械設備の能力と負荷を調整して手待ち時間をなくすこと，および進度の適正化を図る業務である。

　　ア：不適切である。余力管理とは現在どれだけの余力または不足があるかを検討し，作業の再配分を行って再スケジュールを行う活動である。選択肢の手順計画とは，「製品を生産するにあたり，その製品の設計情報から，必要作業，工程順序，作業順序，作業条件を決める活動」とJIS定義されている。余力管理活動の中で用いられるものではない。

　　イ：適切である。作業時間とは，「各作業ステーションに割り付けられた要素時間の総和」，作業量とは「作業密度と作業時間の積（同じ作業でも，作業者の能力が異なれば作業密度に差が現れる）」とそれぞれJIS定義されている。工数計画において，仕事量や生産能力の算定には，一般的に作業時間や作業量が用いられる。作業量の単位には人日（man day），人時（man hour）などが用いられる。

　　ウ：適切である。選択肢のとおり，静的な性格をもつ「工数計画」にて求めた工程別の仕事量と，動的な性格をもつ「日程計画」で計画された納期までに完了する工程別の仕事量とを比較することを並行的に進め，生産能力の過不足の状況を把握する。

　　エ：適切である。余力がマイナスになった場合，納期遅延が生じる恐れがある。対応策としては選択肢のとおり就業時間の延長，作業員の増員，外注の利用，機械・設備の増強などがある。

　よって，アが正解である。

第2章　生産のプラニング

6. 資材調達・外注管理

▶▶ 出題項目のポイント

　ここでは購買管理，外注管理の基礎が問われる。発注方式は特に重要で，定量発注方式と定期発注方式については十分な理解が必要である。

　企業経営においては在庫を適正に管理し，費用を最小限に抑えることが必要である。そのために生産部門や販売部門では，何を，いつ，どれくらい発注するかを決定する。この決め方を発注方式という。

〈定量発注方式〉

　在庫量が一定の量（発注点）に達した場合，あらかじめ設定した一定量（経済的発注量）を発注する方式。発注間隔・時期はばらつくが発注量は常に一定である。一度発注量を決めると，その後はただ在庫量だけを捉えていればよく，運用，管理が容易であることがメリットである。

　需要変動の激しいものには不向き，調達期間が長いものには不向きといったデメリットがある。

〈定期発注方式〉

　一定の期間ごとに，その時点での需要量を予測し，それに基づいて発注する方式。発注量はばらつくが発注サイクルは一定となる。定量発注に比べ柔軟な対応が可能で，在庫量を抑えた精度の高い管理ができる，需要変動が激しいものにも対応できる，といったメリットがある。

　一方，発注の都度，需要予測に基づく発注量計算を行う必要があり手間がかかる，発注サイクルや調達リードタイムが長いと，安全在庫が多くなるといったデメリットが存在する。

▶▶ 出題の傾向と勉強の方向性

　購買管理の領域からは，平成27年度第11問，平成29年度第19問，平成30年度第17問で経済的発注量について出題されている。与えられた条件から計算させる問題もあり，発注費・在庫保管費との関係についてはしっかり押さえておきたい。

　発注方式については，基本を十分理解し，繰り返し過去問題で復習してほしい。

139

また，外注管理については，平成23年度第11問，平成28年度第12問，平成29年度第11問で出題されている。平成28年度第20問では計算問題も出題された。外注管理は2次試験でも扱われる論点であり，外注利用のメリット・デメリット，内外製区分の考え方など，基本的な内容については押さえておきたい。

■取組状況チェックリスト

6. 資材調達・外注管理				
購買管理				
問題番号	ランク	1回目	2回目	3回目
平成27年度 第11問	A	／	／	／
令和元年度 第10問	C*	／	／	／
平成30年度 第13問	C*	／	／	／
平成29年度 第19問（設問1）	B	／	／	／
平成29年度 第19問（設問2）	B	／	／	／
平成30年度 第17問（設問1）	C*	／	／	／
平成30年度 第17問（設問2）	C*	／	／	／
令和2年度 第10問	C*	／	／	／
令和2年度 第13問	B	／	／	／
平成24年度 第10問	C*	／	／	／
外注管理				
問題番号	ランク	1回目	2回目	3回目
平成23年度 第11問	C*	／	／	／
平成28年度 第12問	C*	／	／	／
平成29年度 第11問	C*	／	／	／
平成28年度 第20問	C*	／	／	／

＊ランクCの問題と解説は，「過去問完全マスター」のHP（URL：https://jissen-c.jp/）よりダウンロードできます。

第 2 章　生産のプラニング

購買管理	ランク	1 回目		2 回目		3 回目	
	A	／		／		／	

■平成 27 年度　第 11 問

　1 個当たりの在庫保管費（円／個），1 回当たりの発注費（円／回），安全余裕および総需要量が経済的発注量に及ぼす影響に関する記述として，最も適切なものはどれか。

　　ア　安全余裕が増加すると経済的発注量は減少する。

　　イ　在庫保管費（円／個）が増加すると経済的発注量は増加する。

　　ウ　総需要量が減少すると経済的発注量は増加する。

　　エ　発注費（円／回）が減少すると経済的発注量は減少する。

141

解答	エ

■解説

　経済的発注量についての問題である。経済的発注量（EOQ：Economic Order Quantity）とは一定期間の在庫関連費用を最小にする1回当たりの発注量のことである。一般的には，発注費と保管費の和を最小にする発注量を指す。ここで，発注量をQとすると，期間在庫費用，および期間発注費用は次式で表すことができる。

　期間在庫費用＝平均在庫費用×1個1期当たりの保管費

$$= \frac{Q}{2} \times h \qquad \cdots 式①$$

　　（h：1個1期当たりの保管費）

　期間発注費用＝1回の発注費用×発注回数

$$= c \times \frac{R}{Q} \qquad \cdots 式②$$

　　（R：1期当たりの推定需要量，c：1回の発注費）

　発注量と保管費の和を最小にする発注量は，式①＝式② としてQについて整理したものとなり，これが経済的発注量となる。

$$\frac{Q}{2} \times h = c \times \frac{R}{Q}$$

　経済的発注量 $Q = \sqrt{\dfrac{2Rc}{h}} \qquad \cdots 式③$

　ア：不適切である。上記式③のとおり，安全余裕（安全在庫）については，経済的発注量と直接関係がない。

　イ：不適切である。上記式③より，在庫保管費（h）が増加すると経済的発注量は減少する。

　ウ：不適切である。上記式③より，総需要量（R）が減少すると経済的発注量は減少する。

　エ：適切である。上記式③より，発注費（c）が減少すると経済的発注量は減少する。

　よって，エが正解である。

第 2 章　生産のプラニング

購買管理	ランク	1 回目		2 回目		3 回目	
	B	╱		╱		╱	

■平成 29 年度　第 19 問（設問 1）

　食材の加工・販売を行う食品会社において，ある食材の経済的発注量を検討することを考える。当日に納入された食材は，注文に応じて販売分だけを加工して客に提供される。食材は翌日以降に持ち越して販売することはできない。食材の仕入れ単価は 80 円 / 個，加工単価は 40 円 / 個，加工食材の販売単価は 460 円 / 個である。また，販売できずに売れ残った食材は，飼料会社によって 20 円 / 個で買い取られていく。

　以下の設問に答えよ。

（設問 1）

　この食品会社において，「食材を需要量よりも 1 個多く発注したときの売れ残り損失」と「食材を需要量よりも 1 個少なく発注したときの品切れ損失」の組み合わせとして，最も適切なものはどれか。ただし，品切れが発生したときの信用損失は考慮しないものとする。

　　ア　売れ残り損失：　60 円　　　品切れ損失：340 円

　　イ　売れ残り損失：　60 円　　　品切れ損失：460 円

　　ウ　売れ残り損失：100 円　　　品切れ損失：340 円

　　エ　売れ残り損失：100 円　　　品切れ損失：460 円

143

解答	ア

■解説

経済的発注量の計算問題である。与えられた条件から，売れ残り損失と品切れ損失を求める。

①売れ残り損失

- 食材の仕入れ単価は80円/個
- 売れ残った食材は，飼料会社によって20円/個で買い取られていく。

上記の条件より，

1個あたりの売れ残り損失＝仕入れ単価80円/個－買取20円/個

　　　　　　　　　　　　＝60円/個

②品切れ損失

販売できた場合に得られた利益額が品切れ損失となる。

- 加工単価は40円/個
- 加工食材の販売単価は460円/個

上記条件より，

1個あたりの利益額（1個あたりの品切れ損失）

　　　　＝販売単価460円/個－（仕入れ単価80円/個＋加工単価40円/個）

　　　　＝460円/個－120円/個

　　　　＝340円/個

以上より，売れ残り損失：60円，品切れ損失：340円となる。

よって，アが正解である。

第2章　生産のプランニング

	ランク	1回目	2回目	3回目
購買管理	B	/	/	/

■**平成29年度　第19問（設問2）**

　食材の加工・販売を行う食品会社において，ある食材の経済的発注量を検討することを考える。当日に納入された食材は，注文に応じて販売分だけを加工して客に提供される。食材は翌日以降に持ち越して販売することはできない。食材の仕入れ単価は80円/個，加工単価は40円/個，加工食材の販売単価は460円/個である。また，販売できずに売れ残った食材は，飼料会社によって20円/個で買い取られていく。

　以下の設問に答えよ。

（設問2）

　食材の過去100日の需要量の分布を調べたところ，表1のようなデータが得られた。表2は，この需要分布のもとで，食材の1日当たりの発注量を変化させたときの平均損失額を計算したものである（一部は空欄になっているので注意すること）。表2を利用して1日当たりの平均損失額を最小化する発注量を求めることを考えるとき，最適発注量の値として最も適切なものを下記の解答群から選べ。

表1　過去100日の需要量の分布

需要量（個）	度数（日）	累積度数（日）
48	10	10
49	20	30
50	40	70
51	20	90
52	10	100
合計	100	

表2　各発注量のもとでの平均損失額

		発注量（個）				
		48	49	50	51	52
需要量（個）	48	0	6	12	18	24
	49	68	0	12	24	
	50	272		0	24	48
	51	204	136	68	0	12
	52	136	102	68	34	0
平均損失額（円）		680		160	100	

〔解答群〕

　ア　49個

　イ　50個

　ウ　51個

　エ　52個

145

解答	ウ

■解説

経済的発注量の計算問題である。与えられた表の空欄の値を求め，最適発注量を求める。下表は，表2の空欄を求め，記入したものである。

		発注量（個）				
		48	49	50	51	52
需要量（個）	48	0	6	12	18	24
	49	68	0	12	24	③ 36
	50	272	① 136	0	24	48
	51	204	136	68	0	12
	52	136	102	68	34	0
平均損失額（円）		680	② 380	160	（最小値）100	④ 120

上表の空欄①～④の求め方は次のとおりとなる。

①：需要量50個に対して，発注量49個であり，1個の品切れが発生する。

表1より，需要量50個となる確率は0.4であるため，品切れ損失は次式で求められる。

品切れ損失＝340円×1個×0.4＝136円

（設問1より，1個あたりの品切れ損失は340円）

②：平均損失額を求める。

平均損失額＝6＋0＋136＋136＋102＝380円

③：需要量49個に対して，発注量52個であり，3個の売れ残りが発生する。

表1より，需要量49個となる確率は0.2であるため，売れ残り損失は次式で求められる。

売れ残り損失＝60円×3個×0.2＝36円

（設問1より，1個あたりの売れ残り損失は60円）

④：平均損失額を求める。

平均損失額＝24＋36＋48＋12＋0＝120円

上表より，発注量が51個のとき，1日当たりの平均損失額が最小値の100円となる。よって，ウが正解である。

146

第2章　生産のプラニング

	ランク	1回目	2回目	3回目
購買管理	B	／	／	／

■令和2年度　第13問

発注方式に関する記述として，最も適切なものはどれか。

ア　あらかじめ定めた一定量を発注する方式は定量発注方式と呼ばれる。

イ　定期的に発注する方式は適用が容易であり，ABC分析におけるC品目でよ
　　く用いられる。

ウ　毎回の発注量を2ロット（ビン）ずつに固定する発注方式はダブルビン方式
　　と呼ばれる。

エ　毎月第1月曜日に発注するなど発注する時点が固定される発注方式は発注点
　　方式と呼ばれる。

147

解答	ア

■解説

発注方式に関する問題である。

ア：適切である。定量発注方式は，在庫量が一定の量（発注点）に達した場合，あらかじめ設定した一定量（経済的発注量）を発注する方式である。

イ：不適切である。定期発注方式は一定の期間ごとに，その時点での需要量を予測し，それに基づいて発注する方式である。手間をかけても在庫を極力削減したい単価の高い品目や，需要変動が大きい重点管理品目で利用する。

ウ：不適切である。ダブルビン方式は「同容量の在庫が入った2つのビン（箱，容器）を用意しておき，一方のビンが空になり，他方の在庫を使用しはじめたときに1つのビンの容量を発注する方法」と定義される。発注点と発注量が等しく，在庫調査の必要がないため管理が容易である。ABC分析におけるC品目でよく用いられる。

エ：不適切である。発注する時点が固定される発注方式は発注点方式ではなく，定期発注方式である。

よって，アが正解である。

第3章
生産のオペレーション

1. 品質管理

▶▶ 出題項目のポイント

この項目では QC 手法として，QC 七つ道具，新 QC 七つ道具等が出題される。

各手法の概要，使用する図表についての特徴はテキスト等でしっかりと理解していただきたい。

〈QC 七つ道具〉

①パレート図
②チェックシート
③ヒストグラム
④散布図
⑤管理図
⑥特性要因図
⑦層別

〈新 QC 七つ道具〉

①親和図法
②連関図法
③系統図法
④アローダイアグラム
⑤ PDPC 法（Process Decision Program Chart）
⑥マトリックス図法
⑦マトリックスデータ解析法

第3章 生産のオペレーション

▶▶ 出題の傾向と勉強の方向性

QC七つ道具，新QC七つ道具については繰り返し出題されている。それぞれの手法について基礎的な内容はしっかりと理解しておくことが重要である。管理図については細かい論点が出題されており，対応は困難である（平成24年度第12問，平成29年度第17問）。余裕があれば，押さえておきたい。

TQM（総合的品質管理）については，平成23年度第13問，平成25年度第13問，平成26年度第13問と続けて出題されている。過去問で出題論点を確認されたい。

その他品質管理に関する事項としての出題があるが，範囲が多岐にわたるため深入りはせず，過去の出題を復習する程度としたい。

151

■取組状況チェックリスト

1. 品質管理

QC 手法

問題番号	ランク	1回目		2回目		3回目	
平成 24 年度 第 12 問	C*	/		/		/	
平成 29 年度 第 17 問	C*	/		/		/	
平成 27 年度 第 12 問	B	/		/		/	
令和元年度 第 11 問	B	/		/		/	
平成 30 年度 第 9 問	B	/		/		/	
令和 2 年度 第 6 問	B	/		/		/	
平成 23 年度 第 12 問	C*	/		/		/	
平成 25 年度 第 12 問	C*	/		/		/	

TQM

問題番号	ランク	1回目		2回目		3回目	
平成 23 年度 第 13 問	C*	/		/		/	
平成 25 年度 第 13 問	C*	/		/		/	
平成 26 年度 第 13 問	B	/		/		/	

その他品質管理に関する事項

問題番号	ランク	1回目		2回目		3回目	
平成 25 年度 第 5 問	C*	/		/		/	
平成 28 年度 第 13 問	B	/		/		/	
令和 2 年度 第 4 問	B	/		/		/	
平成 23 年度 第 7 問	C*	/		/		/	
平成 30 年度 第 16 問 (設問 1)	C*	/		/		/	
平成 30 年度 第 16 問 (設問 2)	C*	/		/		/	
令和 2 年度 第 14 問	C*	/		/		/	

＊ランク C の問題と解説は，「過去問完全マスター」の HP （URL：https://jissen-c.jp/）よりダウンロードできます。

第 3 章　生産のオペレーション

QC 手法	ランク	1回目	2回目	3回目
	B	／	／	／

■平成 27 年度　第 12 問
新 QC 7 つ道具に関する記述として，最も適切なものはどれか。

ア　2 つの事象を行と列に設定し，交差するところに存在する情報を記号化して
　　データの傾向をつかむために，マトリックス図法を用いた。

イ　効果的な日程管理を行うために，PDPC 法を用いた。

ウ　目標達成プロセスの過程で想定外の問題が生じたとき，できるだけ早く目標
　　に向かって軌道修正するために，連関図法を用いた。

エ　問題の因果関係を明らかにすることで，問題の原因の絞り込み，問題解決の
　　手がかりの発見，問題の本質的な原因の発見に役立てるために，系統図法を
　　用いた。

153

解答	ア

■解説

ア：適切である。マトリックス図法とは，問題としている事象の中から関連を分析したい2つの要素を行と列の2次元に配置し，要素と要素の交点に関連の有無や，関連の度合いなどを表示することで問題解決への着眼点を得る手法である。

イ：不適切である。効果的な日程管理を行うためにはアローダイアグラム法を用いる。アローダイアグラムは矢線を用いて各作業間の従属関係を表現した図であり，複雑な関係をもつ作業工程やプロジェクトなどにおいて，最適な日程計画を立て効率よく進捗管理するために用いられる。

ウ：不適切である。本肢の記述は PDPC 法（過程決定計画図）の説明である。PDPC 法は，目標達成プロセスの過程において予想される障害を事前に想定し，問題の最終的な解決までの一連の手段を模索する手法である。PDPC 法は，常に先を予測して最適ルートを求める場合に有効である。

エ：不適切である。本肢の記述は連関図法の説明である。連関図は，原因−結果，目的−手段などが複雑に絡み合う問題に対して，その因果関係を論理的につないでいくことで問題点を整理するものである。原因を洗い出し，さらにその原因を抽出する，ということを繰り返して因果関係や原因相互の関係を矢線で結び明確にする。

よって，アが正解である。

第3章　生産のオペレーション

QC 手法	ランク	1回目		2回目		3回目	
	B	／		／		／	

■令和元年度　第11問

QC7つ道具に関する記述として，最も適切なものはどれか。

ア　管理図は，2つの対になったデータを XY 軸上に表した図である。

イ　特性要因図は，原因と結果の関係を魚の骨のように表した図である。

ウ　パレート図は，不適合の原因を発生件数の昇順に並べた図である。

エ　ヒストグラムは，時系列データを折れ線グラフで表した図である。

155

解答	イ

■**解説**

QC7 つ道具に関する問題である。

ア：不適切である。選択肢は散布図の説明である。散布図は「2 つの特性を横軸と縦軸とし，観測値を打点して作るグラフ表示」と定義されている。

イ：適切である。特性要因図は，問題とする特性とそれに影響すると思われる要因との関係を整理する際に用いられる。

ウ：不適切である。パレート図は，不適合の原因を発生件数の昇順ではなく，降順に並べた図である。

エ：不適切である。選択肢は管理図の説明である。管理図は「連続した観測値もしくは群のある統計量の値を，通常は時間順またはサンプル番号順に打点した，上側管理限界線，および下側管理限界線を持つ図」と定義されている。

よって，イが正解である。

QC 手法	ランク	1回目	2回目	3回目
	B	/	/	/

■平成 30 年度　第9問

品質改善に関する次の文章の空欄 A～C に入る QC7 つ道具として，最も適切なものの組み合わせを下記の解答群から選べ。

ある職場において不適合品が多発している。重要項目を絞り込むため不適合の種類と発生数を調べ ☐ A ☐ を作成した。その結果，重量に関する不適合が最も大きな割合を占めていることが分かった。そこで重量の ☐ B ☐ を作成した。その結果，重量のバラツキが大きいため，不適合が発生していることが分かった。この重量に影響を及ぼす要因について，過去の知見を特性要因図として整理し，加工速度に着目することとなった。そこで加工速度と重量の関係を調べるため ☐ C ☐ を作成した。

〔解答群〕

ア　A：パレート図　　　B：散布図　　　　C：ヒストグラム

イ　A：パレート図　　　B：ヒストグラム　　C：散布図

ウ　A：ヒストグラム　　B：散布図　　　　C：パレート図

エ　A：ヒストグラム　　B：パレート図　　　C：散布図

解答	イ

■解説

QC7つ道具に関する問題である。

空欄A：パレート図

　重要項目を絞り込むために用いるのはパレート図である。パレート図は，最も重要な問題に的を絞って問題解決にあたる重点思考の考え方を実践するための手法である。「項目別に層別して，出現頻度の大きさの順に並べるとともに，累積和を示した図。例えば，不適合品を不適合の内容の別に分類し，不適合品数の順に並べてパレート図を作ると不適合の重点順位がわかる」とJIS定義されている。

空欄B：ヒストグラム

　重量のバラツキを把握するために用いたものは，ヒストグラムである。データの分布状態つまりバラツキを把握するために用いられる。ヒストグラムは「計量特性の度数分布のグラフ表示の一つ。測定値の存在する範囲をいくつかの区間に分けた場合，各区間を底辺とし，その区間に属する測定値の度数に比例する面積を持つ長方形を並べた図」とJIS定義されている。

空欄C：散布図

　加工速度と重量の関係といった2つの特性を調べるために用いたものは散布図である。散布図は「2つの特性を横軸と縦軸とし，観測値を打点して作るグラフ表示」とJIS定義されている。

　上記のとおり，A：パレート図，B：ヒストグラム，C：散布図の組み合わせが適切であり，イが正解である。

QC手法	ランク	1回目	2回目	3回目
	B	/	/	/

■令和2年度　第6問

工場での加工品の長さを測定して，そのヒストグラムを作成した結果，下図の①～③が得られた。その原因を調べたところ，おのおのについて以下のa～cの事実が明らかになった。

【原因】と【結果】の組み合わせとして，最も適切なものを次ページの解答群から選べ。

【原因】
　a　2つの機械で生産した加工品が混合していた。
　b　規格を超えている加工品について手直しをしていた。
　c　一部の工具に破損が見られた。

【結果】

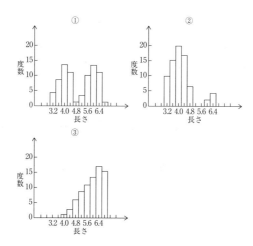

〔解答群〕

　ア　aと①　　bと②　　cと③
　イ　aと①　　bと③　　cと②
　ウ　aと②　　bと③　　cと①
　エ　aと③　　bと①　　cと②
　オ　aと③　　bと②　　cと①

解答	イ

■解説

　QC7つ道具の1つである，ヒストグラムについての問題である。

　ヒストグラムはデータの分布状態，つまりバラツキを把握するために用いられる。

　ヒストグラムは「計量特性の度数分布のグラフ表示の1つ。測定値の存在する範囲をいくつかの区間に分けた場合，各区間を底辺とし，その区間に属する測定値の度数に比例する面積を持つ長方形を並べた図」と定義されている。

　ヒストグラムでは，左右対称の釣鐘を伏せた形が安定した正常な形状である。

　　　原因a：2つの機械で生産した加工品が混合していた場合のヒストグラムは，左右対称の釣鐘形状の山が2つとなる。よって結果①が適切である。

　　　原因b：規格を超えている加工品について手直しをしていた場合，ヒストグラム上は規格を超えた数量がゼロとなり，その結果左右の分布に偏りが見られるはずである。よって結果③が適切である。

　　　原因c：一部の工具の破損といった工程の異常や，測定ミスがある場合，ヒストグラムは複数の離れた山を持つ形状となる。よって結果②が適切である。

　上記より，aと①，bと③，cと②の組み合わせが適切である。よって，イが正解である。

第 3 章　生産のオペレーション

	ランク	1回目		2回目		3回目	
TQM	B	／		／		／	

■平成 26 年度　第 13 問

TQM（総合的品質管理）の活動要素は，次の 3 つに大別される。

① 新製品開発管理・プロセス保証

② 方針管理・小集団改善活動・品質管理教育

③ 標準化・日常管理

TQM の手法と関連性の強い活動要素の組み合わせとして，最も適切なものはどれか。

ア　QC 七つ道具　　　　　　－　③　標準化・日常管理

イ　改善の手順　　　　　　　－　②　方針管理・小集団改善活動・品質管理教育

ウ　品質機能展開　　　　　　－　②　方針管理・小集団改善活動・品質管理教育

エ　プロセスフローチャート　－　①　新製品開発管理・プロセス保証

161

解答	イ

■解説

　TQM とは，「顧客の満足する品質を備えた品物やサービスを適時に適切な価格で提供できるように，企業の全組織を効果的・効率的に運営し，企業目的の達成に貢献する体系的活動」とされ，経営者だけでなく，管理者，作業者など全員参加で実施する品質管理のことである。

　ア：不適切である。近代的品質管理において「事実に基づく管理」は非常に重要視されており，これを具現化する基礎的手法として QC 七つ道具がある。パレート図，特性要因図，ヒストグラム，グラフ・管理図，チェックシート，散布図，層別のことをいう。これらは「②　方針管理・小集団改善活動・品質管理教育」との関連性が強いといえる。

　イ：適切である。改善の手順とは，いわゆる PDCA サイクルに基づくもので問題解決手順として知られる。改善は次の手順で実行される。「問題点の把握」→「改善目標の設定」→「要因の解析」→「改善策の検討」→「改善計画の実施」→「改善成果の評価」→「定着」。これらの活動は「②　方針管理・小集団改善活動・品質管理教育」と関連性が強い。

　ウ：不適切である。品質機能展開とは「製品に対する品質目標を実現するために，さまざまな変換および展開を用いる方法論」とされる。顧客が満足する製品の設計品質を設定し，それを各機能部品や個々の構成部品の品質，製造工程の要素までに展開するという方法のことで，これは「①　新製品開発管理・プロセス保証」と関連性が強い。

　エ：不適切である。プロセスフローチャートとは業務の流れを視覚的に示したもので，業務全体の把握や，業務課題の改善のためなどに用いられる。つまり業務の最適化，標準化につながるもので「③　標準化・日常管理」との関連性が強いといえる。

　よって，イが正解である。

第3章　生産のオペレーション

その他品質管理に関する事項	ランク	1回目	2回目	3回目
	B	／	／	／

■平成 28 年度　第 13 問

品質保証活動の中で用いられる品質展開に関する記述として，最も不適切なものは
どれか。

ア　顧客の要求や設計者の意図を生産部門まで確実に伝えるために，品質展開を
　　行った。

イ　顧客の要求を技術的な品質特性に変換するために，品質特性展開表を作成し
　　た。

ウ　顧客の要求を整理するために，要求品質展開表と構成部品展開表から品質表
　　を作成した。

エ　他社製品との比較や自社製品のセールスポイントを設定するために，品質展
　　開の結果を活用した。

163

解答	ウ

■解説

品質保証活動の中で用いられる品質（機能）展開に関する問題である。

品質機能展開とは，顧客・市場のニーズを製品・サービスの設計品質を表す代用特性へ変換し，さらに構成品部品の特性や工程の要素・条件へと順次系統的に展開していく方法である。顧客・市場のニーズは日常用語によって表現されるものが少なくなく，これを設計者や技術者の言葉である工学的特性に置き直すことが必要である。このプロセスを，展開表（系統図を表の形にしたもの）・二元表（関連の強さを◎，○，△などで示したもの）を組み合わせて目に見える形にしたのが品質機能展開である。

ア：適切である。上記のとおり，顧客の要求や設計者の意図を生産部門まで確実に伝えるために品質展開を行うのは適切な活動である。

イ：適切である。品質特性展開表とは製品・サービスに関する工学的特性を整理した表のことである。選択肢のとおり，顧客の要求を技術的な品質特性に変換するために用いられる。

ウ：不適切である。要求品質展開表とは顧客・市場のニーズを系統図的に整理したものである。これと選択肢イの解説にある品質特性展開表を用いて，両者の関係を二元表を用いて表したものが品質表である。

エ：適切である。品質展開の結果から顧客・市場のニーズ，製品・サービスの品質が整理でき，自社製品，他社製品の優位点を分析することができる。選択肢のとおり他社製品との比較や自社製品のセールスポイント設定の，品質展開の結果を活用するのは適切である。

よって，ウが正解である。

その他品質管理に 関する事項	ランク	1回目		2回目		3回目	
	B	/		/		/	

■令和２年度　第４問

品質表に関する以下の文章において，空欄 A～C に入る用語の組み合わせとして，最も適切なものを下記の解答群から選べ。

下表は，スマートフォンについて作成した品質表である。この表において表側 a は　A　，表頭 b は　B　を表す。それらの対応関係は，◎と○で示される。

新製品を開発する状況において，　A　に重要度を付けて　B　に変換する場合，◎を5点，○を3点とすると，最も重要な　B　は　C　となる。

a ＼ b	データ容量	充電性	形状寸法	質量	重要度
いろいろな用途に使える	○				1
操作しやすい			○		4
長時間楽しめる	○	◎		○	3
運びやすい			○	◎	2
頑丈である			◎	○	5

〔解答群〕

ア　A：品質特性　　B：要求品質　　C：形状寸法

イ　A：品質特性　　B：要求品質　　C：充電性

ウ　A：要求品質　　B：品質特性　　C：形状寸法

エ　A：要求品質　　B：品質特性　　C：質量

オ　A：要求品質　　B：品質特性　　C：充電性

解答	ウ

■解説

　品質機能展開（Quality Function Deployment：QFD）の手法における品質表に関する問題である。品質機能展開とは顧客・市場のニーズを製品・サービスの設計品質を表す代用特性へ変換し，さらに構成品部品の特性や工程の要素・条件へと順次系統的に展開していく品質管理手法である。

　品質表は，顧客要求から開発仕様（設計品質）に変換するために用いられるもので，要求品質と品質特性の関係を可視化した二次元の表である。

【要求品質】

　要求品質とは，製品に対する要求事項の中で，品質に関するもので，顧客・市場が求めている顕在的，潜在的品質を総称した言葉である。要求品質の表現はできるだけ消費者の立場に立って記述すべきとされ，重要なポイントとして，①簡潔かつ具体的に記述する，②消費者の立場からの品質記述とする，③品質の特性としての記述は避ける，④否定的表現ではなく肯定的記述とする，⑤希望的表現ではなく状態を記述する，などが挙げられる。よって，表側 a は「要求品質」となる。

【品質特性】

　品質特性とは，品質を構成する要素のことを意味する。「要求事項に関連する製品，プロセスまたはシステムに本来備わっている特性」と定義される。よって，表頭 b の「データ容量」「充電性」「形状寸法」「質量」はスマートフォンの品質特性である。

【最も重要な品質特性】

　品質表から品質特性ごとの点数について，重要度の重みを考慮して計算する。

　　データ容量：（3 点× 1）＋（3 点× 3）＝12 点

　　充電性　　：（5 点× 3）＝15 点

　　形状寸法　：（3 点× 4）＋（3 点× 2）＋（5 点× 5）＝43 点

　　質量　　　：（3 点× 3）＋（5 点× 2）＋（3 点× 5）＝34 点

　よって，最も重要な品質特性は「形状寸法」である。

　　上記より，　A ：要求品質，　B ：品質特性，　C ：形状寸法となり，適切な組み合わせはウである。よって，ウが正解である。

166

第3章　生産のオペレーション

2. 物の流れ（資材・在庫・運搬）の管理

▶▶ 出題項目のポイント

この項目では，在庫管理，マテリアルハンドリングの論点がポイントとなる。

〈在庫管理〉

在庫管理の目的は，企業経営の円滑な運営と経済効率の両面から，部品，仕掛品，製品などの在庫を適正に維持することである。

在庫に関する論点として，「エシェロン在庫」がたびたび出題されている。エシェロン在庫とは，多段階システムの在庫量を表現するために用いられる在庫量の数え方である。ある在庫点でのエシェロン在庫とは，そこから川下に存在するすべての在庫の総和である。サプライチェーンマネジメントなど多段階システムの管理と最適化において重要な概念となる。

なお，発注方式については前述，第2章「6. 資材調達・外注管理」を参照されたい。

〈マテリアルハンドリング〉

マテリアルハンドリングとは，生産拠点や物流拠点内の原材料や仕掛品，完成品のすべての移動に関わる取り扱いのことである（物の移動，積み下ろし，取り付け，取り外し，納める，蓄える，取り出すなど）。

▶▶ 出題の傾向と勉強の方向性

在庫管理の論点からの出題が多い。定量発注方式における発注点，経済的発注量の算出方法，定期発注方式における発注量の求め方についてしっかり理解しておきたい。

マテリアルハンドリングについても出題頻度は高い。出題された論点は，マテリアルハンドリングの原則（平成26年度第20問），運搬活性示数（平成29年度第13問）となっている。

167

■取組状況チェックリスト

2. 物の流れ（資材・在庫・運搬）の管理

現品管理

問題番号	ランク	1回目		2回目		3回目	
平成30年度 第14問	B	/		/		/	
平成25年度 第14問	B	/		/		/	
平成26年度 第12問	B	/		/		/	

在庫管理

問題番号	ランク	1回目		2回目		3回目	
平成23年度 第14問	C*	/		/		/	
平成27年度 第13問	B	/		/		/	
令和2年度 第2問	B	/		/		/	
平成29年度 第12問	C*	/		/		/	
平成27年度 第14問	C*	/		/		/	

マテリアルハンドリング

問題番号	ランク	1回目		2回目		3回目	
平成29年度 第13問	B	/		/		/	
平成26年度 第20問	C*	/		/		/	

分析手法

問題番号	ランク	1回目		2回目		3回目	
平成26年度 第14問	A	/		/		/	
平成29年度 第6問	A	/		/		/	
平成30年度 第10問	A	/		/		/	
令和2年度 第7問	A	/		/		/	
令和元年度 第13問	A	/		/		/	
平成24年度 第8問	B	/		/		/	
令和元年度 第3問	B	/		/		/	
平成27年度 第17問	C*	/		/		/	

第3章 生産のオペレーション

その他物の流れの管理に関する事項							
問題番号	ランク	1回目		2回目		3回目	
令和元年度 第12問	B	／		／		／	
平成25年度 第7問	C*	／		／		／	

＊ランクCの問題と解説は，「過去問完全マスター」のHP（URL：https://jissen-c.jp/）よりダウンロードできます。

第 3 章　生産のオペレーション

	ランク	1回目		2回目		3回目	
現品管理	B	／		／		／	

■平成 30 年度　第 14 問

JIS で定義される現品管理の活動として，最も不適切なものはどれか。

ア　受け入れ外注品の品質と数量の把握

イ　仕掛品の適正な保管位置や保管方法の設定

ウ　製品の適正な運搬荷姿や運搬方法の検討

エ　利用資材の発注方式の見直し

171

解答	エ

■**解説**

　現品管理の活動の定義に関する問題である。現品管理は「資材，仕掛品，製品などの物について運搬・移動や停滞・保管の状況を管理する活動。現品の経済的な処理と数量・所在の確実な把握を目的とする。現物管理ともいう」と JIS 定義されている。

　　ア：適切である。定義の「保管の状況」，「現品の経済的な処理と数量の把握」より，受け入れ外注品の品質と数量の把握は現品管理活動である。

　　イ：適切である。定義の「所在の把握」，「保管の状況を管理」より，仕掛品の適正な保管位置や保管方法の設定は現品管理活動である。

　　ウ：適切である。定義の「運搬・移動や停滞・保管の状況を管理」より，製品の適正な運搬荷姿や運搬方法の検討は現品管理活動である。

　　エ：不適切である。定義より，利用資材の発注方式の見直しは現品管理活動に含まれない。

　よって，エが正解である。

第3章　生産のオペレーション

現品管理	ランク	1回目		2回目		3回目	
	B	／		／		／	

■平成 25 年度　第 14 問

生産統制における現品管理の目的として，最も不適切なものはどれか。

ア　運搬や保管の容易化

イ　運搬ロットの最小化

ウ　過剰仕掛品の防止

エ　品質の維持

解答	イ

■**解説**

本問は現品管理に関する問題である。

　生産統制とは，工程管理の一環で計画に対応するものであり，進度管理，余力管理，現品管理，資料管理の機能から構成される。つまり生産計画によって決められた日程計画どおりの生産を達成できるように，進度管理，余力管理，現品管理などによって工程を管理することである。

　現品管理とは，「資材，仕掛品，製品などの物について運搬・移動や停滞・保管の状況を管理する活動。現品の経済的な処理と数量，所在の確実な把握を目的とする」とJIS定義されている。

　　ア：適切である。運搬や保管の容易化は，何が，どこに，何個あるのかを確実に把握し，所定の数量の現品を管理する上で重要である。

　　イ：不適切である。前述のとおり，現品管理は運搬・移動や停滞・保管の状況を管理する活動である。運搬ロットを最小化することは，現品の管理が煩雑になることにつながる。よって不適切である。

　　ウ：適切である。現品の数量，確実な所在の把握ができるため，在庫の過不足の発生を抑えられる。過剰仕掛品の防止につながる。

　　エ：適切である。現品の管理を行うことで，実際に保管されている現品の品質を確認することができ，損傷や品質劣化等の問題を発見することができ，出荷前の対策が可能となる。これは品質の維持につながる。

　よって，イが正解である。

第 3 章　生産のオペレーション

	ランク	1回目	2回目	3回目
現品管理	B	／	／	／

■平成 26 年度　第 12 問

材料，部品などを常備品として管理するための要件として，最も適切なものはどれ
か。

　　ア　継続的に消費され共通的に使用される。

　　イ　単価が高く在庫費用の負担が重い。

　　ウ　長期間保存した場合に品質が劣化する。

　　エ　調達期間が短く消費が少ない。

175

解答	ア

■解説

　常備品とは常に一定の量を保管しておく材料，部品，製品のことをいう。
　常備品の対象となる要件として，次のようなものがある。

①継続的に消費される
②共通的に使用され，一定量の消費がある
③調達に長期間を要する
④長期間保管した場合でも品質が劣化しない
⑤単価が安く在庫費用の負担が軽い

　上記より，選択肢のうち最も適切なものはアである。
　よって，アが正解である。

第3章　生産のオペレーション

在庫管理	ランク	1回目		2回目		3回目	
	B	／		／		／	

■平成 27 年度　第 13 問

ものの流れの管理に関する記述として，最も不適切なものはどれか。

ア　ある在庫点から見て，ものの流れにおける上流側の在庫点の在庫の総和によって定義される在庫量をエシェロン在庫という。

イ　"顧客－小売業－卸売業－製造業－部品・資材サプライヤ"などの供給活動の連鎖構造を，サプライチェーンという。

ウ　サプライチェーンの上流に行くほど発注量の変動が大きくなる現象を，ブルウィップ効果という。

エ　多段階生産・在庫システムにおける見込生産と受注生産の分岐点を，デカップリングポイントという。

解答	ア

■**解説**

ア：不適切である。エシェロンとは「階層」という意味であり，エシェロン在庫
には物流センター，配送センターや小売店舗などのそれぞれの在庫総数に加
えてトラックや航空機，船舶などで輸送途中にある「流通在庫」も含まれる。
在庫管理を緻密に行う場合，拠点別に出荷量を調整するよりも，サプライチ
ェーン全体での流れを観察・分析し，下流へのものの流れを読みながら管理
するほうが精度が高くなる。エシェロン在庫とは，ものの流れにおける上流
側の在庫点の在庫の総和ではなく，下流側の在庫の総和のことである。

イ：適切である。本肢の記述のとおり，サプライチェーンとは，"顧客−小売業
−卸売業−製造業−部品・資材サプライヤ"などの供給活動の連鎖構造をい
う。サプライチェーンのプロセスでは自社だけでなく他企業との連携が不可
欠となる。なお，サプライチェーンマネジメントとは，1つの企業内に限定
することなく複数の企業間で統合的な物流システムを構築し，経営の成果を
高めるためのマネジメント手法である。

ウ：適切である。ブルウィップ効果とは，川下の需要変動が川上にいくほど増幅
していく需要変動増幅現象のことである。この現象により川下のごくわずか
な需要変動が，その振幅を広げつつ川上へ伝達されていくことになる。よっ
て川上の工程ほど多くの在庫や加工能力が要求される。

エ：適切である。受注生産は，受注してから設計を始め，部品調達→加工・組立
→物流と進めて顧客に納品する。原則として在庫は持たないため納期は長く
なる。一方，見込生産は需要予測に基づいて生産し最終製品を在庫とするの
もので，顧客納期は最短となるが売れ残りによる死蔵在庫のリスクがある。
そこで，受注組立生産（ATO：Assemble to Order）のように，部品や半製
品などは見込生産で進め，受注後に最終製品の生産を行う形態がとられるこ
とがある。このような上流側の見込生産と，下流側の受注生産がぶつかる点
をデカップリングポイントという。

よって，アが正解である。

在庫管理	ランク	1回目	2回目	3回目
	B	/	/	/

■**令和2年度　第2問**

ある工場では，下図に示すように，3つの配送センターを経由して6つの店舗に製品を配送している。工場，配送センター，店舗の上の数値は，それぞれの拠点にある現時点の在庫量を示し，矢印の上の数値は現時点における配送中の製品量を示している。

配送センターBの現時点におけるエシェロン在庫量として，最も適切なものを下記の解答群から選べ。

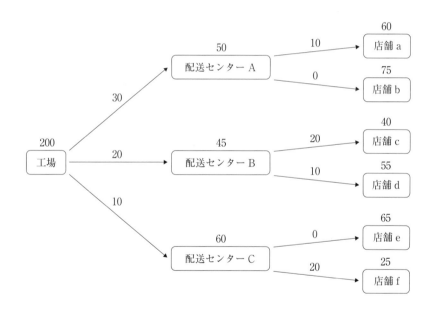

〔解答群〕

　ア　45

　イ　75

　ウ　170

　エ　265

　オ　390

解答	ウ

■解説

　エシェロン在庫を求める問題である。エシェロン在庫とは，ある階層から小売店頭に至るまでの在庫の総量のことである。配送センターＢの現時点におけるエシェロン在庫量は，配送センターＢの下流側の在庫の総和となる。

　よって，エシェロン在庫は以下のように求めることができる。

$$45 + 20 + 40 + 10 + 55 = 170$$

　よって，ウが正解である。

第3章　生産のオペレーション

マテリアル ハンドリング	ランク	1回目		2回目		3回目	
	B	／		／		／	

■平成29年度　第13問

工場内でのマテリアルハンドリングに関する記述として，最も不適切なものはどれか。

ア　運搬活性示数は，置かれている物品を運び出すために必要となる取り扱いの手間の数を示している。

イ　運搬管理の改善には，レイアウトの改善，運搬方法の改善，運搬制度の改善がある。

ウ　運搬工程分析では，モノの運搬活動を「移動」と「取り扱い」の2つの観点から分析する。

エ　平均活性示数は，停滞工程の活性示数の合計を停滞工程数で除した値として求められる。

181

解答	ア

■解説

　マテリアルハンドリングに関する問題である。マテリアルハンドリング（マテハン）とは，生産拠点や物流拠点内の原材料，仕掛品，完成品の全ての移動にかかわる取扱いのことである。自動化設備内での物品の搬送機器や工程を意味することが多い。

　　ア：不適切である。運搬活性示数とは，「まとめる」「起こす」「持ち上げる」「動かす」の4つの「置かれている物品を移動する際に生じる手間」のうち，既に取り除かれている手間の数を示す指標である。手間の数ではない。運搬の改善では，活性示数が大きくなるような取扱い方法を検討することになる。

状態	取り扱いの手間				必要な手間	運搬活性示数
	まとめる	起こす	持ち上げる	動かす		
床にバラ置き	○	○	○	○	4	0
容器または束	×	○	○	○	3	1
パレット置き	×	×	○	○	2	2
台車	×	×	×	○	1	3
コンベア	×	×	×	×	0	4

　　イ：適切である。運搬管理の改善には，レイアウトの改善，運搬方法の改善，運搬制度の改善がある。それぞれの主な検討項目として次のものがあげられる。

改善	主な検討項目
レイアウトの改善	運搬距離の短縮化，移動線の逆行・交差・屈曲の排除，原材料・製品・仕掛品の保管場所は適切かなど。
運搬方法の改善	保管方法（置き方，活性示数）は適当か，物品の載せ替えや，多数回の取り扱いがないかなど。
運搬制度の改善	効率的な運搬のための制度改善。一回の積載量，運搬頻度などの標準を設定し，運搬作業標準を制度化するなど。

　　ウ：適切である。運搬工程分析とは，加工対象品が製品へと変化していく過程を系統的に調べて図表を作り，物流過程の問題点の発見や，運搬システムの改善に必要な資料の取得に用いられる。運搬工程分析では運搬工程を「移動」と「取扱い」に分けて分析する。「移動」とは分析対象（物・人・運搬機器）の位置が変化すること，「取扱い」とは分析対象（物・容器）の支持方法が変化することを意味する。

　　エ：適切である。平均活性示数は，停滞工程の活性示数の合計を停滞工程数で除した値として求められる。平均活性示数の値が大きいほど，物品の置かれ方がよく，運ぶ際の手間が取り除かれていることを示す。

　よって，アが正解である。

マテリアル ハンドリング	ランク	1回目		2回目		3回目	
	B	/		/		/	

■平成26年度　第20問

マテリアルハンドリングを合理化するための原則に関する記述として，最も不適切なものはどれか。

ア　原材料の運搬量や運搬回数を削減するために，必要量以上の原材料を製造ラインに払い出さないようにした。これは「自重軽減の原則」にかなう改善である。

イ　工場の床面とトラックの荷台の高さを揃えることで，フォークリフトを使ってトラックから直接原材料を搬入できるようにした。これは「継ぎ目の原則」にかなう改善である。

ウ　作業者が個別に運搬を行ってきた複数種類の原材料を，運搬用パレットを準備してフォークリフトで一度に運べるようにした。これは「ユニット化の原則」にかなう改善である。

エ　倉庫の床に直接置いていた製品をパレット上で保管するようにした。これは「活性荷物の原則」にかなう改善である。

解答	ア

■解説

マテリアルハンドリングにおける運搬原則として次のようなものがある。

・荷物の大きさの原則：荷物をできるだけ大きくまとめ，移動回数と取扱いの手間を少なくする。

・最大荷物の原則：できるだけ大きな単位で運搬し，運搬回数を減らす。

・単位荷物方式（ユニット化の原則）：荷物をまとめた形にし，運搬回数を減らし，貯蔵にも便利なようにする。

・活性荷物の原則：荷物は，バラ置きよりも箱に入れ，パレットに載せて，車の上に置くようにし，品物を運び出しやすいように保つ。

・再取扱いの原則：一度降ろしてまた積むなど，二度手間をかけない。

・継ぎ目の原則：運搬の過程で，移動の終点と次の移動の始点との間で，取扱いの手間を少なくする。

・自重軽減の原則：運搬容器等の重さをできるだけ減らす。

ア：不適切である。「自重軽減の原則」は運搬容器等の重さをできるだけ減らすという考え方である。本肢にある運搬量や運搬回数を削減するための製造管理とは関連がない。

イ：適切である。上記の説明のとおり，継ぎ目の原則に該当する。

ウ：適切である。上記の説明のとおり，単位荷物方式（ユニット化の原則）に該当する。

エ：適切である。上記の説明のとおり，活性荷物の原則に該当する。

よって，アが正解である。

第3章　生産のオペレーション

分析手法	ランク	1回目		2回目		3回目	
	A	／		／		／	

■平成 26 年度　第 14 問

工程分析に関する記述として，最も適切なものはどれか。

ア　工程図記号における基本図記号は，4つの要素工程（加工，運搬，停滞，検査）を示すために用いられる。

イ　工程分析における工程図は，生産対象物に変化を与える要素工程のレイアウトを示すために用いられる。

ウ　作業者と製品の流れを同時に分析するために，作業者工程分析を用いる。

エ　要素工程の複数の機能または状態を示すために，基本図記号を並べて用いる。

185

解答	ア

■解説

ア：適切である。工程図記号における基本図記号は，加工，運搬，停滞，検査で構成される。なお，工程図記号は基本図記号と補助図記号に分類される。

イ：不適切である。工程図は生産する工程を図示するために用いられる。要素工程のレイアウトを示すものではない。

ウ：不適切である。物や人の流れの分析には，流れ線図（フローダイヤグラム）が用いられる。作業者工程分析の分析対象は作業者であり，作業者の行動を系統的に記述し分析するものである。

エ：不適切である。複数の機能または状態を示すには複合記号を用いる。「品質検査を主として行いながら，数量検査を行う」「加工を主として行いながら，数量検査を行う」などの例がある。

よって，アが正解である。

第3章　生産のオペレーション

分析手法	ランク	1回目	2回目	3回目
	A	／	／	／

■平成29年度　第6問

下表は，ある職場で製品Aに関する工程分析を行った結果から得られた各工程分析記号の出現回数を示している。この分析結果に関するa～cの記述の正誤の組み合わせとして，最も適切なものを下記の解答群から選べ。

a　加工の割合は約53.6%である。

b　数量検査の出現回数は1である。

c　滞留の出現回数は3である。

工程分析記号	回数
◯	7
○	15
▽	3
D	0
□	1
◇	2
合計	28

〔解答群〕

ア　a：正　　b：正　　c：誤

イ　a：正　　b：誤　　c：正

ウ　a：誤　　b：正　　c：誤

エ　a：誤　　b：誤　　c：正

解答	ウ

■解説

工程分析の基本図記号に関する問題である。工程分析とは，「生産対象物が製品に
なる過程，作業者の作業活動，運搬過程を系統的に，対象に適合した図記号で表して
調査・分析する手法」とJIS定義されている。また，生産対象物に変化を与える過程
を工程図記号で系統的に示した図を工程図という。この図を構成する個々の工程は，
形状性質に変化を与える加工工程と，位置に変化を与える運搬工程，数量または品質
の基準に対する合否を判定する検査工程，貯蔵または滞留の状態を表す停滞工程に大
別される。

工程分析の基本図記号は以下のとおりである。

工程分析記号	工程名称	意　　味
◯	加工	原料，材料，部品または，製品の形状，性質に変化を与える過程
○	運搬	原料，材料，部品または，製品の位置に変化を与える過程
▽	貯蔵	原料，材料，部品または，製品を計画により蓄えている過程
D	滞留	原料，材料，部品または，製品が計画に反して滞っている状態
□	数量検査	原料，材料，部品または，製品の量，または個数をはかり，その結果を基準と比較して，差異を知る過程
◇	品質検査	原料，材料，部品または，製品の品質特性を試験し，その結果を基準と比較して，ロットの合格，不合格，または個品の良，不良を判定する過程

a：不適切である。加工の回数は7回であり，割合は $7 / 28 \times 100$ （％）より25.0
　％である。

b：適切である。上記より，数量検査の出現回数は1回である。

c：不適切である。上記より，滞留の出現回数は0回である。

これより，a：誤，b：正，c：誤となる。

よって，ウが正解である。

分析手法	ランク	1回目	2回目	3回目
	A	/	/	/

■平成 30 年度　第 10 問

ある製品について行った製品工程分析の結果を下図に示す。この図から読み取ることができる記述として，最も適切なものを下記の解答群から選べ。

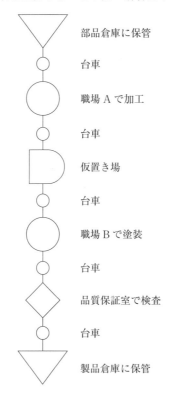

〔解答群〕

ア　作業者が 4 名いる。

イ　製品検査に抜取検査を採用している。

ウ　台車を自動搬送機にすることにより，運搬記号の数を減らすことができる。

エ　停滞を表す工程が 3 カ所ある。

解答	エ

■解説

工程分析の基本図記号に関する問題である。生産対象物に変化を与える過程を工程図記号で系統的に示した図を工程図という。工程図を構成する個々の工程は，「形状性質に変化を与える加工工程」，「位置に変化を与える運搬工程」，「数量又は品質の基準に対する合否を判定する検査工程」，「貯蔵又は滞留の状態を表す停滞工程」に大別される。工程分析の基本図記号は以下のとおりである。

要素工程	工程名称	工程分析記号	意　　味
加工	加工	◯	原料，材料，部品または製品の形状，性質に変化を与える過程
運搬	運搬	◯	原料，材料，部品または，製品の位置に変化を与える過程
停滞	貯蔵	▽	原料，材料，部品または，製品を計画により蓄えている過程
	滞留	D	原料，材料，部品または，製品が計画に反して滞っている状態
検査	数量検査	□	原料，材料，部品または，製品の量，または個数をはかり，その結果を基準と比較して，差異を知る過程
	品質検査	◇	原料，材料，部品または，製品の品質特性を試験し，その結果を基準と比較して，ロットの合格，不合格，または個品の良，不良を判定する過程

ア：不適切である。工程分析図からは，作業者の数は把握できない。

イ：不適切である。工程分析図において，品質検査工程が1カ所あるが，抜取検査であるのか全数検査であるのかは判断できない。

ウ：不適切である。台車を自動搬送機に変更しても，運搬の工程自体が削減されることはないため，運搬記号の数は減らせない。

エ：適切である。停滞は貯蔵と滞留に分けられる。工程分析図より貯蔵は2カ所，滞留は1カ所あり，合計3カ所の停滞工程がある。

よって，エが正解である。

第3章　生産のオペレーション

分析手法	ランク	1回目	2回目	3回目
	A	/	/	/

■令和2年度　第7問

　ある製品の生産の流れは，部品倉庫に保管された部品が第1工程に運ばれて切削をされ，その後，第2工程に運ばれて穴あけをされ，製品倉庫に運ばれる。各工程の後では，質の検査が行われる。

　この生産の流れに対して製品工程分析を行った場合の工程図として，最も適切なものはどれか。

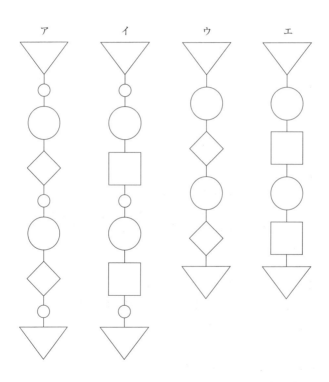

解答	ア

■解説

　工程分析の基本図記号に関する問題である。工程分析記号は以下のとおりである。

　本問では，数量検査と品質検査の記号がポイントとなっており，しっかりと記憶しておきたい。

要素工程	工程名称	工程分析記号	意　　味
加工	加工	◯	原料，材料，部品または，製品の形状，性質に変化を与える過程
運搬	運搬	○	原料，材料，部品または，製品の位置に変化を与える過程 記号◯の代わりに記号⇨を用いてもよい
停滞	貯蔵	▽	原料，材料，部品または，製品を計画により蓄えている過程
	滞留	D	原料，材料，部品または，製品が計画に反して滞っている状態
検査	数量検査	□	原料，材料，部品または，製品の量，または個数をはかり，その結果を基準と比較して，差異を知る過程
	品質検査	◇	原料，材料，部品または，製品の品質特性を試験し，その結果を基準と比較して，ロットの合格，不合格，または個品の良，不良を判定する過程

　設問文から工程の順序を整理すると，次のようになる。

　「貯蔵」⇒「運搬」⇒「加工（切削）」⇒「品質検査」⇒「運搬」⇒「加工（穴あけ）」⇒「品質検査」⇒「運搬」⇒「貯蔵」

　これを工程図記号で表したものは，アである。

　よって，アが正解である。

第3章　生産のオペレーション

	ランク	1回目		2回目		3回目	
分析手法	A	／		／		／	

■令和元年度　第13問

工程分析に関する記述として，最も適切なものはどれか。

　ア　「加工」を表す工程分析記号は◇である。

　イ　「加工」を主として行いながら「運搬」することを表す複合記号が存在する。

　ウ　「検査」には「計量検査」と「計数検査」の2種類がある。

　エ　「停滞」は「貯蔵」と「滞留」に分類されるが，相違点は停滞している時間の長さである。

193

	解答	イ

■解説

　工程分析の基本図記号に関する問題である。基本図記号，および基本図記号を組み合わせて用いる複合記号の例を以下に示す。

要素工程	工程名称	工程分析記号	意　　味
加工	加工	○	原料，材料，部品または，製品の形状，性質に変化を与える過程
運搬	運搬	○ (小)	原料，材料，部品または，製品の位置に変化を与える過程 記号 ○ の代わりに記号 ⇨ を用いてもよい
停滞	貯蔵	▽	原料，材料，部品または，製品を計画により蓄えている過程
	滞留	D	原料，材料，部品または，製品が計画に反して滞っている状態
検査	数量検査	□	原料，材料，部品または，製品の量，または個数をはかり，その結果を基準と比較して，差異を知る過程
	品質検査	◇	原料，材料，部品または，製品の品質特性を試験し，その結果を基準と比較して，ロットの合格，不合格，または個品の良，不良を判定する過程

複合記号	意　　味
◇內□	品質検査を主として行いながら数量検査もする
□內◇	数量検査を主として行いながら品質検査もする
○內□	加工を主として行いながら数量検査もする
○內⬡	加工を主として行いながら運搬もする

　　ア：不適切である。上記のとおり「加工」を表す工程分析記号は○である。

　　イ：適切である。上記のとおり「加工」を主として行いながら「運搬」もする複合記号が存在する。

　　ウ：不適切である。「検査」には「数量検査」と「品質検査」の2種類がある。

　　エ：不適切である。「貯蔵」と「滞留」の相違点は計画により蓄えている過程か，計画に反して滞っている状態かの違いである。

　よって，イが正解である。

第3章　生産のオペレーション

分析手法	ランク	1回目	2回目	3回目
	B	/	/	/

■平成 24 年度　第 8 問
物の流れの分析手法に関する記述として，最も不適切なものはどれか。

ア　P－Q チャートは，横軸に製品種類 P をとり，縦軸に生産量 Q をとって，生産量 Q の大きい順に並べて作成される。

イ　運搬活性示数は，対象品の移動のしやすさを示す数で，バラ置きの対象品を移動する場合，①まとめる，②起こす，③移動する，という 3 つの手間が必要となる。

ウ　流れ線図（フローダイヤグラム）では，物や人の流れ，逆行した流れ，隘路，無用な移動，配置の不具合が視覚的に把握できる。

エ　流入流出図表（フロムツウチャート）は，多品種少量の品物を生産している職場の，機械設備および作業場所の配置計画をするときに用いられる。

195

解答	イ

■解説

ア：適切である。P-Qチャートの生産量の多い上位グループは製品別レイアウト，下位グループは機能別レイアウト，中間はグループテクノロジーの手法を用いて共通ライン化を図るのが一般的とされる。

イ：不適切である。バラ置きの対象品を移動する場合，①まとめる，②起こす，③持ち上げる，④移動する，の4つの手間が必要となる。

ウ：適切である。流れ線図（フローダイヤグラム）とは，設備や建屋の配置図に工程図記号を記入したもので，位置関係を示すものである。物や人の流れ，逆行した流れ，隘路，無用な移動などが視覚的に把握できる。

エ：適切である。流入流出図表（フロムツウチャート）は，機械設備および作業場所における製品の流れについて「どこから（From）」「どこへ（To）」を表形式で表した図表である。機械設備や作業場所の配置・レイアウトを検討する際に用いられる。

よって，イが正解である。

第3章　生産のオペレーション

分析手法	ランク	1回目		2回目		3回目	
	B	／		／		／	

■令和元年度　第3問

　ある工場でA～Eの5台の機械間における運搬回数を分析した結果，次のフロムツゥチャートが得られた。この表から読み取れる内容に関する記述として，最も適切なものを下記の解答群から選べ。

From ＼ To	A	B	C	D	E
A		12	5	25	
B			11		4
C				2	
D	11				
E		27			

〔解答群〕

　ア　機械Aから他の全ての機械に品物が移動している。

　イ　逆流が一カ所発生している。

　ウ　他の機械からの機械Bへの運搬回数は12である。

　エ　最も運搬頻度が高いのは機械A・D間である。

解答	エ

■解説

　フロムツウチャート（流出流入図表）に関する問題である。フロムツウチャートは，生産ラインの前工程（From）と後工程（To）の関係を定量的に表し，配置されている機械設備間の物の流れを分析するものである。縦軸を前工程（From），横軸を後工程（To）とするため，通常の物の流れは対角線の上部に現れる。逆戻りの流れは対角線の下部に現れることになる。

　　ア：不適切である。図表より，機械Aから機械Eには品物は移動していないことがわかる。

　　イ：不適切である。対角線の下部に着目し，機械D→機械A，機械E→Bの2カ所で逆流が発生している。

　　ウ：不適切である。機械Bへの運搬回数は，機械A→機械Bの12回，機械E→機械Bの27回の計39回発生している。

　　エ：適切である。図表より，機械A・D間は，機械A→機械D：25回，機械D→機械A：11回の計36回発生しており，最も運搬頻度が高い。次いで機械B・E間で31回（機械B→機械E：4回，機械E→機械B：27回）であることがわかる。

　よって，エが正解である。

第 3 章　生産のオペレーション

その他物の流れの 管理に関する事項	ランク	1回目		2回目		3回目	
	B	／		／		／	

■令和元年度　第 12 問

工場内の運搬に関する施策として，最も適切なものはどれか。

　ア　工程間の運搬頻度を考慮してレイアウトを見直した。

　イ　工程間の距離情報のみを用いて運搬手段を選択した。

　ウ　離れた工程間を時折運搬する手段としてベルトコンベアを採用した。

　エ　隣接した工程へ頻繁に物を運搬するためにフォークリフトを導入した。

199

解答	ア

■解説

　工場内の運搬の改善に関する問題である。運搬の改善には基本的な方策として次のようなものがある。

① レイアウトの改善（運搬距離の短縮）
② 運搬方法の改善（取扱方法の改善および荷役・運搬機器の利用）
③ 運搬制度の改善（運搬係の専門化）

ア：適切である。レイアウトを見直して工程間の運搬頻度を下げ，運搬距離を短縮することで改善につながる。

イ：不適切である。工程間の距離情報だけでなく，頻度，運搬対象物の重量，取扱の難易など総合的に考慮する必要がある。

ウ：不適切である。ベルトコンベアはエンドレスで動くベルトを使用し，その上に物を載せて運搬するものである。高頻度で運搬する場合に適しており，時折運搬する手段としては不適切である。

エ：不適切である。隣接した工程へ頻繁に物を運搬するのに適しているのはベルトコンベアである。フォークリフトは離れた工程間を時折運搬するのに適している。

よって，アが正解である。

第3章　生産のオペレーション

3. 人の動きの管理

▶▶ 出題項目のポイント

　この項目は，作業管理，作業研究，分析手法といった論点からの出題となる。いわゆる IE：経営工学（Industrial Engineering）の分野で非常に重要な論点が多い。

〈作業管理〉

　作業管理とは，作業の設計・計画と実施，統制，評価を行う活動のことである。メイナードは作業管理の内容を次の4項目にまとめている。

　①経済的な作業方法の発見（作業改善のこと）

　②作業方法等の標準化

　③新しい作業方法等の指導（標準作業の維持）

　④作業時間および標準時間の設定

〈作業の標準化〉

　作業の標準化は，方法研究，時間研究を中心とする作業研究（Work Study）によって決められる。

　・方法研究

　　方法研究（Method Study）とは，仕事の方法について研究し標準作業を設定することである。「作業または製造方法を分析して，標準化，総合化によって作業方法または製造工程を設計・改善するための方法体系」であると JIS 定義されている。方法研究は一般に，①工程分析→②作業分析→③動作分析の順に行われる。

　・時間研究

　　時間研究（Time Study）とは，「作業を要素作業または単位作業に分割し，その分割した作業を遂行するのに要する時間を測定する方法」と JIS 定義されている。時間測定の方法としてはストップウォッチによる直接時間測定などの方法がある。

〈標準作業〉

　標準作業を行うためには，作業条件を整備するとともに標準作業を標準時間で行えるよう作業者に対し教育・訓練を行う必要がある。また標準作業を維持するには，作業標準書（マニュアル）の整備などの方法もある。

201

〈標準時間〉

　標準時間とは，決められた方法と設備を用いて，決められた標準作業条件のもとで，その作業に対して要求される普通の熟練度を持った作業者が，普通程度の努力ベースで1単位の作業量を完成するに必要な所要時間をいう。つまり，決められた標準作業のやり方で，一人前の作業者が，標準の速さで作業を行うときに必要な時間である。

▶▶ 出題の傾向と勉強の方向性

　この項目については，運営管理の生産管理分野の中で最も出題頻度が高く，最重要論点といえる。

　作業管理の論点から，標準時間の設定に関する出題が平成26年度第15問，平成27年度第15問，平成29年度第10問，平成30年度第15問と頻出している。作業研究の論点からは平成25年度第16問，平成26年度第16問，平成28年度第16問，平成29年度第7問，第14問，第16問，令和元年度第14問と高頻度で出題，分析手法の論点もほぼ毎年出題され，平成26年度第17問では作業者工程分析，平成28年度第17問ではサーブリッグ分析，平成27年度第16問では連合作業分析についてやや応用的な問題が出題されている。

　「IE：経営工学は毎年必ず複数問が出題される論点である」と認識し，体系的に理解することが非常に重要である。

第3章　生産のオペレーション

■取組状況チェックリスト

3. 人の動きの管理

作業管理

問題番号	ランク	1回目		2回目		3回目	
平成24年度 第1問	A	/		/		/	
平成23年度 第15問	C*	/		/		/	
平成29年度 第10問	A	/		/		/	
令和2年度 第17問	A	/		/		/	
平成27年度 第15問	C*	/		/		/	
平成30年度 第15問	A	/		/		/	
令和元年度 第16問	B	/		/		/	
平成26年度 第15問	A	/		/		/	
平成28年度 第14問	C*	/		/		/	
平成25年度 第15問	C*	/		/		/	

作業研究

問題番号	ランク	1回目		2回目		3回目	
平成26年度 第16問	C*	/		/		/	
平成28年度 第15問	C*	/		/		/	
平成25年度 第16問	B	/		/		/	
平成29年度 第7問	B	/		/		/	
平成28年度 第16問	B	/		/		/	
平成29年度 第16問	B	/		/		/	
令和元年度 第14問（設問1）	B	/		/		/	
令和元年度 第14問（設問2）	B	/		/		/	
平成30年度 第18問	C*	/		/		/	
平成29年度 第14問	B	/		/		/	

分析手法

問題番号	ランク	1回目		2回目		3回目	
平成23年度 第16問	C*	/		/		/	
平成28年度 第17問	B	/		/		/	

平成 26 年度　第 17 問	B	／		／		／	
令和 2 年度　第 18 問	B	／		／		／	
平成 23 年度　第 17 問	C *	／		／		／	
平成 25 年度　第 17 問	C *	／		／		／	
平成 24 年度　第 16 問	B	／		／		／	
平成 30 年度　第 8 問	B	／		／		／	
平成 27 年度　第 16 問	B	／		／		／	

＊ランク C の問題と解説は，「過去問完全マスター」の HP（URL：https://jissen-c.jp/）よりダウンロードできます。

第 3 章　生産のオペレーション

作業管理	ランク	1回目		2回目		3回目	
	A	／		／		／	

■平成 24 年度　第 1 問

生産管理における作業時間に関する記述として，最も適切なものはどれか。

ア　間接作業時間には，作業現場における伝票処理の時間は含まれない。

イ　主体作業時間は，直接作業時間の一部であり，主作業時間と付随作業時間と
　から構成される。

ウ　直接作業時間には，準備段取時間は含まれない。

エ　余裕時間は，標準時間を構成する要素であり，管理余裕時間と職場余裕時間
　に分類される。

解答	イ

■解説

ア：不適切である。間接作業時間とは，生産に直接関係しない作業に費やす時間
のことである。生産現場での伝票処理などの事務作業は間接作業に該当する。

イ：適切である。主体作業時間とは「作業サイクルごと，または一定周期ごとに
発生する作業時間で，主作業時間と付随作業時間とに分けることができる」
と JIS で定義されている。

ウ：不適切である。直接作業時間は，「加工する時間」と「準備する時間」に分
けることができる。よって，準備段取時間は直接作業時間に含まれる。

エ：不適切である。余裕時間は「作業を遂行するために必要と認められる遅れの
時間」と JIS 定義される。余裕時間は，不規則・偶発的に発生する「管理余
裕時間」と，作業者の生理的に必要な発生としての「人的余裕時間」に分け
られる。

よって，イが正解である。

第3章　生産のオペレーション

作業管理	ランク	1回目		2回目		3回目	
	A	／		／		／	

■平成 29 年度　第 10 問

標準時間に関する記述として，<u>最も不適切なものはどれか</u>。

ア　PTS 法ではレイティングを行う必要はない。

イ　内掛け法では，正味時間に対する余裕時間の割合で余裕率を考える。

ウ　主体作業時間は，正味時間と余裕時間を合わせたものである。

エ　人的余裕は，用達余裕と疲労余裕に分けられる。

207

| 解答 | イ |

■解説

標準時間に関する問題である。標準時間とは「その仕事に適性をもち，習熟した作業者が，所定の作業条件のもとで，必要な余裕をもち，正常な作業ペースによって仕事を遂行するために必要とされる時間」と JIS 定義されている。

　ア：適切である。PTS 法は，「人間の作業を，それを構成する基本動作にまで分解し，その基本動作の性質と条件に応じて，あらかじめ決められた基本となる時間値から，その作業時間を求める方法」と JIS 定義されている。PTS 法はストップウォッチを使わないで作業時間を求める方法であり，レイティングを行う必要はない。

　イ：不適切である。内掛け法では，正味時間と余裕時間の合計に対する余裕時間の割合で余裕率を求める。内掛け法，外掛け法の余裕率はそれぞれ下記の式で表される。

$$内掛け法の余裕率 = \frac{余裕時間}{正味時間 + 余裕時間}$$

$$外掛け法の余裕率 = \frac{余裕時間}{正味時間}$$

　ウ：適切である。標準時間の構成は，製品を製造するうえで部品や材料に直接加工を行うために必要な時間である主体作業時間と，それに伴って発生する 2 次的な時間である準備段取作業時間に分けられる。さらに，主体作業時間，準備段取作業時間はそれぞれ正味時間と余裕時間に区分される。

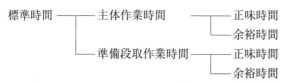

　エ：適切である。余裕は大きく管理余裕（作業余裕，職場余裕）と人的余裕（用達余裕，疲労余裕）に分けられる。人的余裕とは，作業中に発生する作業者の生理的欲求，疲労によるペースダウンを補償するための余裕のことである。

よって，イが正解である。

第 3 章　生産のオペレーション

作業管理	ランク	1回目		2回目		3回目	
	A	／		／		／	

■令和 2 年度　第 17 問
　標準時間の設定に関する記述として，最も適切なものの組み合わせを下記の解答群
から選べ。

　　a　作業を遂行するために必要と認められる遅れの時間が余裕時間で，観測時間
　　　　に占める余裕時間の割合が余裕率である。

　　b　正常なペースと観測対象作業のペースを比較してレイティング係数を求め，
　　　　ストップウオッチを用いて観測された観測時間の代表値をレイティング係数
　　　　で割ることによって正味時間を求める。

　　c　PTS 法では，人間の作業を基本動作に分解し，その基本動作の性質と条件
　　　　に応じてあらかじめ決められた時間値を組み合わせて作業の標準時間を算出
　　　　する。

　　d　その仕事に適性をもち習熟した作業者が，所定の作業条件のもとで，必要な
　　　　余裕をもち，正常な作業ペースによって仕事を遂行するために必要とされる
　　　　時間が標準時間である。

〔解答群〕

　　ア　a と b

　　イ　a と c

　　ウ　a と d

　　エ　b と c

　　オ　c と d

解答	オ

■解説

標準時間の設定に関する問題である。

a：不適切である。余裕時間は，作業を遂行するために必要と認められる遅れの時間である。余裕率は，標準時間に占める余裕時間の割合のことである。観測時間ではない。

b：不適切である。正味時間は観測時間の代表値にレイティング係数を掛けて求める。レイティングとは「時間観測時の作業速度を基準とする作業速度と比較・評価し，レイティング係数によって観測時間の代表値を正味時間に修正する一連の手続き」と定義される。正味時間は，レイティング係数を用いて次の式で表される。

　　レイティング係数＝基準とする作業ペース／観測作業ペース

　　正味時間＝観測時間の代表値×レイティング係数

c：適切である。PTS 法は，「人間の作業を，それを構成する基本動作にまで分解し，その基本動作の性質と条件に応じて，あらかじめ決められた基本となる時間値から，その作業時間を求める方法」と JIS 定義されている。PTS 法はストップウオッチを使わないで作業時間を求める方法であり，レイティングを行う必要はない。

d：適切である。標準時間とは「その仕事に適性をもち，習熟した作業者が，所定の作業条件のもとで，必要な余裕をもち，正常な作業ペースによって仕事を遂行するために必要とされる時間」と JIS 定義されている。

c と d の組み合わせが適切である。よって，オが正解である。

第 3 章　生産のオペレーション

	ランク	1回目		2回目		3回目	
作業管理	A	╱		╱		╱	

■平成 30 年度　第 15 問

新製品を組み立てるための標準時間を PTS（Predetermined Time Standard）法を利用して算定することにした。標準時間を設定するための準備に関する記述として，最も適切なものの組み合わせを下記の解答群から選べ。

a　PTS 法で算定された標準時間を組立作業を行う作業者の習熟度に応じて調整するために，作業者の組立職場での就業年数を調査した。

b　設備による加工時間を別途付与するために，設備で試加工を実施して加工時間を計測した。

c　標準時間を見積もるための基礎資料を整備するために，既存製品の組立作業に対して時間分析を実施した。

d　試作品を組み立てるための模擬ラインを敷設して，製品組立の標準作業を決定した。

〔解答群〕

ア　a と b

イ　a と d

ウ　b と c

エ　b と d

211

解答	エ

■解説

　PTS法を用いた標準時間の設定に関する問題である。PTS法とは，「人間の作業を，それを構成する基本動作にまで分解し，その基本動作の性質と条件に応じて，あらかじめ決められた基本となる時間値から，その作業時間を求める方法」とJIS定義されている。作業者を直接計測する必要がなく，繰り返しの多い作業に適した手法である。

　　a：不適切である。PTS法では作業を基本動作まで分解した上で標準時間を算定するもので，組立作業者の習熟度に応じた調整（レイティング）は不要である。作業者の組立職場での就業年数を調査する必要はない。

　　b：適切である。PTS法は，作業者の動作を分解して標準時間を算定するもので，機械・設備によって制御される時間は対象とならない。よって設備による加工時間は別途計測する必要がある。新製品の組み立てであるため，設備で試加工を実施し，その加工時間を計測することは適切である。

　　c：不適切である。PTS法は同じ作業であれば，誰がいつ行っても同一の標準時間になるという考え方である。作業者の動作分析は必要だが，既存製品の組立作業に対する時間分析は必要ない。「標準時間を見積もるための基礎資料の整備」とは標準時間資料法に関する記述である。標準時間資料法は，作業時間のデータを分類・整理して，数式や図表などにまとめたものを用いて標準時間を設定する方法である。過去に測定された作業単位ごとに資料化された時間値を，作業条件に合わせて合成し標準時間を求めるものである。

　　d：適切である。PTS法は，作業者の動作を分解して標準時間を算定するものであり，作業者の作業を分析する必要がある。標準作業が決定すると，その作業を基本動作に分解し，そこから標準時間を算定することができる。試作品を組み立てるための模擬ラインを敷設して，製品組立の標準作業を決定するという記述は適切である。

　よって，bとdの組み合わせが適切であり，エが正解である。

第 3 章　生産のオペレーション

	ランク	1回目		2回目		3回目	
作業管理	B	／		／		／	

■令和元年度　第 16 問

PTS（Predetermined-Time Standard）法に関する記述として，最も適切なものはどれか。

ア　機械によってコントロールされる時間および躊躇や判断を必要とする作業時間も含めて，ほとんどの作業時間を算出することができる。

イ　個人的判断によらない正確かつ公平な時間値を設定する方法である。

ウ　人の行う全ての作業を，それを構成する要素作業に分解し，その要素作業の性質と条件に応じて，前もって定められた時間値を当てはめる手法である。

エ　標準時間を構成する余裕時間を算出する方法である。

213

解答	イ

■解説

　PTS（Predetermined-Time Standard）法に関する問題である。PTS 法とは，「人間の作業を，それを構成する基本動作にまで分解し，その基本動作の性質と条件に応じて，あらかじめ決められた基本となる時間値から，その作業時間を求める方法」とJIS 定義されている。作業者を直接計測する必要がなく，繰り返しの多い作業に適した手法である。

　　ア：不適切である。定義より，PTS 法は人間の作業を基本動作にまで分解して
　　　　作業時間を求めるものである。機械によってコントロールされる時間や，躊
　　　　躇や判断を必要とする作業時間は含まれない。

　　イ：適切である。同じ作業に対して標準時間は同一にならなければならない。一
　　　　貫した基準が必要である。そこで個人的判断によらないで一貫した基準を与
　　　　え，正確かつ公正な時間値を設定する方法として開発されたのがPTS 法で
　　　　ある。

　　ウ：不適切である。要素作業に分解するのではなく，基本動作（要素動作，基礎
　　　　動作，微細動作，動素）に分解し，それぞれの基本動作にあらかじめ時間値
　　　　が設定されている。

　　エ：不適切である。PTS 法は標準時間を算出するものである。

　よって，イが正解である。

第3章　生産のオペレーション

	ランク	1回目		2回目		3回目	
作業管理	A	╱		╱		╱	

■平成 26 年度　第 15 問

　ある作業における余裕率を算定するために，非作業時間を除く 1 日の仕事時間の中で，余裕の発生頻度を計測するワークサンプリングを実施した。余裕率（%）は，全計測数に対する余裕の発生回数が占める割合として求められる。この余裕率を用いた作業の標準時間の計算式として，最も適切なものはどれか。

ア　$正味時間 \times \left(1 + \dfrac{余裕率}{100} \right)$

イ　$正味時間 \times \left(\dfrac{1 + 余裕率}{100} \right)$

ウ　$正味時間 \times \left(\dfrac{1}{1 - \dfrac{余裕率}{100}} \right)$

エ　$正味時間 \times \left(1 - \dfrac{1}{\dfrac{余裕率}{100}} \right)$

215

解答	ウ

■解説

余裕率の算出方法は2種類存在する。標準時間に占める余裕時間の割合，つまり正味時間と余裕時間の合計に占める余裕時間の割合として算出する内掛け法と，正味時間に占める余裕時間の割合として算出する外掛け法である。標準時間を求める際にはどちらの方法による余裕率であるかを明示する必要がある。

設問では，余裕率はワークサンプリングで全計測数に対する余裕の発生回数が占める割合として算出しており，標準時間に対して算出する内掛け法であると判断できる。

内掛け法での標準時間は次のとおりである。

$$
\begin{aligned}
標準時間 &= 正味時間 \times \frac{1}{1 - 余裕率(\%)} \\
&= 正味時間 \times \frac{1}{1 - \dfrac{余裕率}{100}}
\end{aligned}
$$

よって，ウが正解である。

第3章 生産のオペレーション

作業研究	ランク	1回目	2回目	3回目
	B	／	／	／

■平成25年度　第16問

　機械設備を利用した金属加工職場で作業研究を実施した。発生事象の分類の仕方として，最も不適切なものはどれか。

　　ア　運搬作業者が金属材料を運搬する作業を「主作業」に分類した。

　　イ　機械設備の金型交換を行う段取作業を「付随作業」に分類した。

　　ウ　機械設備への注油や工具の交換を「作業余裕」に分類した。

　　エ　供給業者からの部品待ちや突発的な設備停止を「職場余裕」に分類した。

217

解答	イ

■解説

本問は作業研究に関する問題である。

ア：適切である。主作業とは，「仕事の直接的な目的である材料，部品の変形，変質など，対象の変化そのものに直接寄与しているもの」とJIS定義される。本肢の「運搬作業者が金属材料を運搬する作業」は，運搬作業者の仕事である「運搬する」という直接的な目的であるため主作業に当たる。

イ：不適切である。付随作業とは，「主作業に付随して規則的に発生するが，材料の取付け，取外しなど，仕事の目的に対し間接的に寄与するもの」とJIS定義される。機械設備の金型交換を行う段取作業は，「準備段取作業」に分類される。準備段取作業とは，「主体作業を行うために必要な準備，段取，作業終了後の後始末，運搬などの作業」とJIS定義されている。

ウ：適切である。作業余裕とは，作業をするうえで，不規則，偶発的に発生する作業要素であるものと，その作業特有の避けることのできない作業の中断のことである。機械設備への注油や工具の交換は，作業を行うためにどうしても発生するものであり，作業余裕に分類できる。

エ：適切である。職場余裕とは，本来の作業とは無関係に発生する職場に特有な遅れのことである。同じ職場の作業者であれば同じように影響を受ける性質を持つ。供給業者からの部品待ちや突発的な設備停止は，職場余裕に分類できる。

よって，イが正解である。

第3章　生産のオペレーション

作業研究	ランク	1回目		2回目		3回目	
	B	／		／		／	

■平成29年度　第7問

　下表は，ある職場で加工に用いられている機械Aについてワークサンプリングを行った結果を示している。主作業以外の作業を改善対象として抽出するため，対象となる作業のパレート分析を行った。80％を超えない範囲でできるだけ多くの作業を改善対象とするとき，その作業の数として，最も適切なものを下記の解答群から選べ。

作業	観測回数
機械加工	1,320
加工部材の着脱作業	251
段取替え	205
着脱作業待ち	189
段取替え待ち	155
加工部材待ち	124
故障	76
合計	2,320

〔解答群〕

　ア　3

　イ　4

　ウ　5

　エ　6

219

解答	イ

■解説

ワークサンプリングに関する問題である。

パレート分析では，パレート図を用いて，構成要素のうちの上位の一部要素が全体のどの程度を占めるのかを分析し，重点的に管理するものを決定する。

問題文より，「主作業以外の作業を改善対象として抽出する」とあるため，主作業を除外する必要がある。主作業とは，製品を製造する上で，部品や材料を直接的に変質変形させる作業のことである。本問では「機械加工」が該当する。よって，「機械加工」を除いて改善対象を抽出することになる。

下表は機械加工を除外し，上位の累積比率を示したものである。

No	作業	観測回数	累積	累積比率
1	加工部材の着脱作業	251	251	25.1%
2	段取替え	205	456	45.6%
3	着脱作業待ち	189	645	64.5%
4	段取替え待ち	155	800	**80.0%**
5	加工部材待ち	124	924	92.4%
6	故障	76	1,000	100.0%
	合計	1,000	—	—

問題文より，「80％を超えない範囲でできるだけ多くの作業を改善対象とする」とあるため，1〜4の4つの作業「加工部材の着脱作業」，「段取替え」，「着脱作業待ち」，「段取替え待ち」が対象となる。

よって，イが正解である。

第3章　生産のオペレーション

作業研究	ランク	1回目		2回目		3回目	
	B	/		/		/	

■平成28年度　第16問

　1人の作業者が電気部品の組み立てを行っている工程でワークサンプリング法を実施した結果が下表に示されている。この実施結果から算出される「主体作業」と「職場余裕」の時間構成比率の組み合わせとして，最も適切なものを下記の解答群から選べ。

作業項目	度数
ハンダ付け	120
基盤への部品の取り付け	90
基盤のネジ止め	80
組立作業完了後の製品検査（全数）	60
ロット単位での完成部品の運搬	33
不良品の手直し	30
ネジ・ハンダの補充（不定期）	22
部品不足による手待ち	24
打ち合わせ	19
朝礼	12
水飲み	5
用便	5
合計	500

〔解答群〕

ア　主体作業：58%　　職場余裕：11%

イ　主体作業：58%　　職場余裕：12%

ウ　主体作業：70%　　職場余裕：11%

エ　主体作業：70%　　職場余裕：12%

221

| 解答 | ウ |

■解説

　標準時間の構成要素に関する問題である。与えられた情報から，作業項目を分類し「主体作業」と「職場余裕」の時間構成比率を求める。

【主体作業の定義に関して】
　主体作業は標準時間の構成要素である。標準時間とは，「その仕事に適性をもち，習熟した作業者が，所定の作業条件のもとで，必要な余裕をもち，正常な作業ペースによって仕事を遂行するために必要とされる時間」とJIS定義されている。標準時間の構成は次のとおりである。

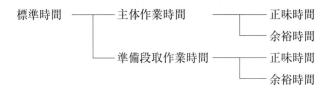

　上図の主体作業時間とは，「作業サイクルごとに発生する作業時間」である。また，主体作業はさらに主作業と付随作業に分けることができる。主作業は，「仕事の直接的な目的である材料，部品の変形，変質など，対象の変化そのものに直接的に寄与している作業」のことであり，付随作業は「主作業に付随して規則的に発生するが，材料の取付け，取外しなど，仕事の目的に対し間接的に寄与する作業」のことである。
　準備段取作業時間とは，「ロットごと，始業の直後及び終業の直前に発生する準備，後始末，段取，運搬などの作業時間」をいう。

【職場余裕の定義に関して】
　余裕とは，「作業に関して不規則的・偶発的に発生する必要な行動で，作業を遂行するうえでの避けられない遅れ」とJIS定義されている。余裕は大きく管理余裕と人的余裕に分かれている。余裕の構成は次のとおりである。

第3章　生産のオペレーション

作業余裕：不規則，偶発的に発生する作業要素。機械調整，機械への注油，作業域の整理，工具の研磨や交換など，作業を行うためにどうしても起こる遅れ。

職場余裕：朝礼，連絡打ち合わせ，伝票扱い（伝票記入，伝票送付など），始終業時の職場掃除，材料・製品運搬，作業指導など管理のやり方で発生するもの。

用達余裕：用便，水飲み，汗拭きなど人間の生理的・心理的欲求を満たすための余裕。

疲労余裕：作業による疲労を回復するための余裕。

上記の定義をもとに，与えられた表の作業項目を分類すると，次のようになる。

作業項目	度数	分類
ハンダ付け	120	主体作業
基盤への部品の取り付け	90	主体作業
基盤のネジ止め	80	主体作業
組立作業完了後の製品検査（全数）	60	主体作業
ロット単位での完成部品の運搬	33	準備段取作業
不良の手直し	30	作業余裕
ネジ・ハンダの補充（不定期）	22	作業余裕
部品不足による手待ち	24	職場余裕
打ち合わせ	19	職場余裕
朝礼	12	職場余裕
水飲み	5	用達余裕
用便	5	用達余裕
合計	500	

【主体作業の時間構成比率】

$(120+90+80+60) \div 500 \times 100$

$= 350 \div 500 \times 100$

$= 70\%$

【職場余裕の時間構成比率】

$(24+19+12) \div 500 \times 100$

$= 55 \div 500 \times 100$

$= 11\%$

よって，ウが正解である。

作業研究	ランク	1回目		2回目		3回目	
	B	／		／		／	

■平成 29 年度　第 16 問

　ある作業者が第 1 作業として穴あけ作業，第 2 作業として曲げ作業を行う金属加工工程において，時間分析とワークサンプリングを実施した。時間分析は正味時間を計測する目的で行われ，下表はその結果を示している。また，ワークサンプリングは余裕率を算定する目的で行われ，延べ 500 回の計測の中で余裕に該当するサンプルが 50 個得られた。

　この工程で 1 個の部品を製造するための標準時間（分 / 個）として，最も適切なものを下記の解答群から選べ。

表　時間分析の結果

作業内容	レイティング前の 平均作業時間（分／個）	レイティング値
穴あけ作業	1.2	110
曲げ作業	1.5	80

〔解答群〕

ア　2.80

イ　2.97

ウ　3.00

エ　3.08

解答	ア

■解説
　与えられた情報から，標準時間を求める問題である。
以下の手順で求める。
　（1）各作業の正味時間を求める
　（2）余裕率を算出する
　（3）正味時間，余裕率から標準時間を算出する

（1）各作業の正味時間を求める
　正味時間は次式で表される。
　　　正味時間＝観測時間の代表値×レイティング係数
　ここで，レイティング係数＝基準時間／測定時間×100（％）
　である。測定速度が基準速度より速い場合，レイティング係数は100より大きくなる。各作業の正味時間の和が，部品1個を製造するための正味時間となる。

【穴あけ作業】
正味時間＝観測時間の代表値（レイティング前の平均作業時間）×レイティング係数
　　　　＝1.2分×110/100＝1.32分……①
【曲げ作業】
正味時間＝観測時間の代表値（レイティング前の平均作業時間）×レイティング係数
　　　　＝1.5分×80/100＝1.2分……②

よって1個の部品を製造するための正味時間は次のとおりとなる。（①＋②）
　　　正味時間＝1.32分＋1.2分＝2.52分

（2）余裕率を算出する
　次に余裕率を求める。問題文から，ワークサンプリングにより500回の計測の中で余裕が50個得られたことから，余裕率（内掛け法）は次のようになる。
　　　余裕率（内掛け法）＝余裕のサンプル数／全体のサンプル
　　　　　　　　　　　　＝50/500

第3章　生産のオペレーション

$$= 0.1$$

（3）正味時間，余裕率から標準時間を算出する

　1個の部品を製造するための標準時間は，以下のように求められる。（内掛け法）

$$
\begin{aligned}
標準時間 &= 正味時間 \times \frac{1}{1 - 余裕率} \\
&= 2.52 \times \frac{1}{1 - 0.1} \\
&= 2.52 \times \frac{1}{0.9} \\
&= 2.80
\end{aligned}
$$

よって，アが正解である。

第3章　生産のオペレーション

作業研究	ランク	1回目		2回目		3回目	
	B	／		／		／	

■令和元年度　第14問（設問1）

　ある工程では1人の作業者が製品の箱詰めを行っている。この工程の標準時間を算出するため，作業内容を以下のように作業1と作業2に分割して，時間観測を行うこととした。

　　作業1　箱を組み立てる。
　　作業2　製品を5個箱に詰め，テープで封をする。

　作業者が「作業1→作業2」のサイクルを5回繰り返したときの各作業の終了時刻を，ストップウオッチ（単位DM，ただし1分＝100DM）を使って観測した。その結果を観測用紙に記入したものが下表である。ただし，観測開始時点のストップウオッチの目盛りは5DMであった。

　作業1に関する下記の設問に答えよ。

作業名	作業内容	1	2	3	4	5
作業1	箱を組み立てる。					
		15	36	56	75	100
作業2	製品を5個箱に詰め，テープで封をする。					
		26	47	65	89	110

　観測時間の平均値（単位：秒）として，最も適切なものはどれか。ただし，観測時間の平均は算術平均を用いる。

　　ア　　6
　　イ　　10
　　ウ　　11
　　エ　　56

解答	ア

■解説

標準時間の算出に関する問題である。設問1ではストップウオッチによる観測値について問われている。

下記の手順で観測時間の平均値（単位：秒）を求める。

① 設問文，および与えられた表から，作業1の所要時間を求める。

「観測開始時点のストップウオッチの目盛りは5DMであった。」の記述より作業1の1回目は15－5＝10DM … (1) となる。

以降，下表 (2) ～ (10) について終了時と開始時の差を求め，作業の所要時間を求める。

整理すると次のようになる。

作業名	作業内容	1	2	3	4	5
作業1	箱を組み立てる。	(1) 10	(3) 10	(5) 9	(7) 10	(9) 11
		15	36	56	75	100
作業2	製品を5個箱に詰め，テープで封をする。	(2) 11	(4) 11	(6) 9	(8) 14	(10) 10
		26	47	65	89	110

② 次に作業1について平均を求める。

観測時間の平均値 ＝ (10+10+9+10+11) ÷ 5

＝ 10（DM）

単位を秒に変換する。1分＝100DMであるから，1DMは60/100秒，つまり0.6秒である。よって10DMは，0.6秒×10＝6秒となる。

よって，アが正解である。

作業研究	ランク	1回目		2回目		3回目	
	B	/		/		/	

■令和元年度　第14問（設問2）

　ある工程では1人の作業者が製品の箱詰めを行っている。この工程の標準時間を算出するため，作業内容を以下のように作業1と作業2に分割して，時間観測を行うこととした。

　　作業1　箱を組み立てる。

　　作業2　製品を5個箱に詰め，テープで封をする。

　作業者が「作業1→作業2」のサイクルを5回繰り返したときの各作業の終了時刻を，ストップウオッチ（単位DM，ただし1分＝100DM）を使って観測した。その結果を観測用紙に記入したものが下表である。ただし，観測開始時点のストップウオッチの目盛りは5DMであった。

　作業1に関する下記の設問に答えよ。

作業名	作業内容	1	2	3	4	5
作業1	箱を組み立てる。					
		15	36	56	75	100
作業2	製品を5個箱に詰め，テープで封をする。					
		26	47	65	89	110

　レイティング係数が90と観測され，余裕率を5％と設定したときの標準時間（単位：秒）として，最も適切なものはどれか。

　（筆者注）作業1の観測時間の平均値は，設問1で求めた値（6秒）を用いる。

　　ア　5.1

　　イ　5.7

　　ウ　6.4

　　エ　7.1

解答	イ

■**解説**

標準時間の算出に関する問題である。下記の手順で標準時間を求める。

① レイティング係数，および設問1で求めた観測時間の平均値から正味時間を算出する。

正味時間＝観測時間の平均値×レイティング係数/100
        ＝6秒× 90/100
        ＝5.4秒

② 正味時間に余裕を加えて標準時間を求める。

外掛け法：
標準時間＝正味時間×（1＋余裕率）
        ＝5.4 ×（1+0.05）
        ＝5.67
        ≒5.7秒

内掛け法：
標準時間＝正味時間／（1－余裕率）
        ＝5.4 ／（1-0.05）
        ＝5.68
        ≒5.7秒

よって，イが正解である。

第3章　生産のオペレーション

	ランク	1回目	2回目	3回目
作業研究	B	／	／	／

■平成29年度　第14問

　標準時間を用いた作業改善のPDCAサイクルにおける各要素とその内容の組み合わせとして，最も適切なものを下記の解答群から選べ。

＜各要素の内容＞

　①標準時間の順守を徹底するとともに，生産の合理化に向けて作業改善を行う。

　②実際の作業時間と標準時間の差異を確認し，その原因を追求する。

　③対象となる作業の標準作業を設定して，標準時間を算定する。

　④実際に作業を実施して，その作業時間を測定する。

〔解答群〕

　ア　P：②　　D：①　　C：③　　A：④

　イ　P：②　　D：④　　C：③　　A：①

　ウ　P：③　　D：①　　C：④　　A：②

　エ　P：③　　D：④　　C：②　　A：①

233

解答	エ

■解説

　作業改善の PDCA サイクルに関する問題である。PDCA サイクルは，Plan（計画），Do（実行），Check（評価），Act（改善）のプロセスを順に実施するものである。最後の Act では Check の結果から，最初の Plan の内容を継続・修正・破棄のいずれかにして，次回の Plan に結び付ける。このプロセスを繰り返すことで，品質の維持・向上，および継続的な業務改善活動を推進するマネジメント手法である。

　P：Plan（計画）　　：従来の実績や将来の予測などをもとにして業務計画を作成する。
　D：Do（実行）　　　：計画に沿って業務を行う。
　C：Check（評価）：業務の実施が計画に沿っているかどうかを評価する。
　A：Act（改善）　　：実施が計画に沿っていない部分を調べて改善をする。

①合理化に向けた作業改善であるので「Act（改善）」に該当する。

②実際の作業時間と標準時間の差異を確認し，原因を追求する活動は「Check（評価）」に該当する。

③標準作業を設定し，これから標準時間の算定活動を行うことになるため「Plan（計画）」に該当する。

④作業を実施して，その作業時間を測定することは「Do（実行）」に該当する。

上記より，P：③，D：④，C：②，A：①となる。
よって，エが正解である。

第3章　生産のオペレーション

分析手法	ランク	1回目		2回目		3回目	
	B	／		／		／	

■平成28年度　第17問

サーブリッグ分析で用いられる記号は，次の3つに分類される。

第1類：仕事を行ううえで必要な動作要素

第2類：第1類の作業の実行を妨げる動作要素

第3類：作業を行わない動作要素

下表は，「部品容器から左手で取り出した部品を右手に持ち換えた後，ある定められた位置に部品を定置する動作」をサーブリッグ分析したものである。この動作の中で第1類に分類される左手の動作要素の数と右手の動作要素の数の組み合わせとして，最も適切なものを下記の解答群から選べ。

部品を取り置く動作のサーブリッグ分析の結果

左手				右手		
部品に手を伸ばす	TE	⌣	⌒	UD	避け得ぬ遅れ
部品を選ぶ	ST	→	⌒	UD	避け得ぬ遅れ
部品をつかむ	G	∩	⌒	UD	避け得ぬ遅れ
部品を運ぶ	TL	⌣	⌒	UD	避け得ぬ遅れ
部品を保持する	H	⌂	∩	G	部品をつかむ
部品をはなす	RL	○	⌂	H	部品を保持する
手元に手を戻す	TE	⌣	⌣	TL	部品を運ぶ
避け得ぬ遅れ	UD	⌒	9	P	部品を位置決めする
避け得ぬ遅れ	UD	⌒	○	RL	部品をはなす
避け得ぬ遅れ	UD	⌒	⌣	TE	手元に手を戻す

〔解答群〕

ア　左手：3個　　右手：2個

イ　左手：4個　　右手：3個

ウ　左手：5個　　右手：4個

エ　左手：6個　　右手：5個

解答	ウ

■解説

サーブリッグ分析に関する問題である。

　サーブリッグ分析とは，人間が行う作業動作を改善する補助手段として，あらゆる作業に共通と考えられる基本動作を 18 に分類し，これにサーブリッグという名称を与え記号化したものである。サーブリッグ記号は次の 3 種類に大別される。

第 1 類：仕事をするうえで必要な動作要素
　「手を伸ばす」「つかむ」「運ぶ」「組み合わす」「使う」「分類する」「放す」「調べる」
第 2 類：第 1 類の作業の実行を妨げる動作要素
　「探す」「見出す」「位置決め」「選ぶ」「考える」「前置き」
第 3 類：作業を行わない動作要素
　「保持」「休む」「避けられない遅れ」「避けられる遅れ」

左手				右手			
部品に手を伸ばす	TE	⌣	第1類	第3類	UD	⌐⌐	避け得ぬ遅れ
部品を選ぶ	ST	→	第2類	第3類	UD	⌐⌐	避け得ぬ遅れ
部品をつかむ	G	∩	第1類	第3類	UD	⌐⌐	避け得ぬ遅れ
部品を運ぶ	TL	ᴗ	第1類	第3類	UD	⌐⌐	避け得ぬ遅れ
部品を保持する	H	⌓	第3類	第1類	G	∩	部品をつかむ
部品をはなす	RL	o	第1類	第3類	H	⌓	部品を保持する
手元に手を戻す	TE	⌣	第1類	第1類	TL	ᴗ	部品を運ぶ
避け得ぬ遅れ	UD	⌐⌐	第3類	第2類	P	9	部品を位置決めする
避け得ぬ遅れ	UD	⌐⌐	第3類	第1類	RL	o	部品をはなす
避け得ぬ遅れ	UD	⌐⌐	第3類	第1類	TE	⌣	手元に手を戻す

　上表より，第 1 類に分類される左手の動作要素の数は 5 個，右手の動作要素の数は 4 個となる。よって，ウが正解である。

第3章　生産のオペレーション

分析手法	ランク	1回目		2回目		3回目	
	B	／		／		／	

■平成26年度　第17問

以下の①～④に示す事象に対して作業者工程分析を行った。「作業」に分類された事象の数として，最も適切なものを下記の解答群から選べ。

① 対象物を左手から右手に持ち替える。

② 機械設備での対象物の加工を作業者が監視する。

③ 対象物を加工するための前準備や加工後の後始末をする。

④ 出荷のために対象物の数量を確認する。

〔解答群〕

　　ア　1個

　　イ　2個

　　ウ　3個

　　エ　4個

237

解答	イ

■**解説**

　作業者工程分析では，作業者の行動を作業，検査，移動，手待ちで分析し，製品工程分析と同じ工程図記号を用いて記述する。作業者工程分析の分析対象は作業者（人）であり，材料，部品，製品などの物を分析の対象としてはならない。

①　対象物を左手から右手に持ち替える。
　「作業」に該当する。

②　機械設備での対象物の加工を作業者が監視する。
　機械加工の監視は「手待ち」に該当する。

③　対象物を加工するための前準備や加工後の後始末をする。
　加工の前準備，後始末は「作業」に該当する。

④　出荷のために対象物の数量を確認する。
　数量を確認は「検査」に該当する。

上記より「作業」に分類されるものは2個である。
よって，イが正解である。

第3章　生産のオペレーション

分析手法	ランク	1回目	2回目	3回目
	B	／	／	／

■令和2年度　第18問

　下表は，作業分析手法に対応した作業の分割区分に基づいて「旋盤を用いてワークを切削する」作業を展開したものである。

　この表に関する記述として，最も適切なものを下記の解答群から選べ。

作業の 分割区分	【1】	【2】	【3】	【4】
作業内容	旋盤に運ぶ 待ち 切削 待ち 検査場に運ぶ 検査	┌ワーク取付 ├ 外形削り ├ 仕上げ削り ├ 測定 └ワーク取外し	スイッチを押して 始動する バイトをワーク に当てる ├切削する └バイトを戻す	右手をハンドルに 伸ばす ├ハンドルをつかむ ├ハンドルを回す └ハンドルを放す
分析手法	[　　] 分析	[　　] 分析		[　　] 分析

〔解答群〕

　ア　工程分析の対象となるのは分割区分【1】で，各作業を加工・組立・検査・運搬の4つに大別して記号化する。

　イ　時間分析の対象となるのは分割区分【3】や【4】で，各作業を遂行するのに要する時間を，ストップウオッチを用いて直接測定する。

　ウ　動作要素は分割区分【4】で，作業を行う身体部位として手と腕を対象とし，その動きに着目して分析することで，より少ない無駄のない動きに改善することを目的としている。

　エ　分割区分【1】に対応する分析手法には，対象が作業者の場合と物の場合があり，それによって図記号が表す意味が異なる。

239

解答	エ

■**解説**

作業分析手法に関する問題である。

ア：不適切である。工程分析では，各作業工程は加工・運搬・検査・停滞の４つに大別される。組立ではない。

イ：不適切である。時間分析の対象となるのは分割区分【3】【4】ではなく，分割区分【2】【3】が適切である。

ストップウオッチによる直接時間測定は狭義の時間研究といわれる。時間研究とは，「作業を要素作業または単位作業に分割し，その分割した作業を遂行するのに要する時間を測定する方法」と定義される。

ウ：不適切である。手を伸ばす，つかむ，ハンドルを回す，放すといった内容から，サーブリッグ分析であることがわかる。サーブリッグ分析は作業動作の実態を詳しく分析し，動作の順序，方法の問題点，手待ちやムリ，ムダな動作などを見つけ改善していく方法である。手と腕のみを対象としているというものではない。

エ：適切である。工程分析は作業者工程分析，製品工程分析に大別される。工程分析記号としては，作業者工程分析では「作業」「検査」「移動」「手待ち」で表す。一方の製品工程分析では「加工」「運搬」「検査」「停滞」で表す。

よって，エが正解である。

第3章　生産のオペレーション

分析手法	ランク	1回目		2回目		3回目	
	B	／		／		／	

■平成24年度　第16問

連合作業分析に関する記述として，最も適切なものはどれか。

ア　連合作業分析では，作業を単独作業，連合作業，連続作業の3つに分類して作業分析を実施する。

イ　連合作業分析では，作業を要素動作の単位に分割して分析を実施する。

ウ　連合作業分析は，配置人員を検討する際に利用できる。

エ　連合作業分析は，複数の素材を組み合わせて製品を製造するプロセスを分析するための手法である。

241

解答	ウ

■解説

　連合作業分析とは,「人と機械, 2人以上の人が共同して作業を行うとき, その共同作業の効率を高めるための分析手法」とJIS定義される。連合作業分析の目的は, 人や機械の手待ちロスや停止ロスを明確にして, 改善の法則などを適用してそのロスを減少させながら, 作業サイクルタイムの短縮, 人や機械の稼働率向上, 機械持ち台数の適正化, 配置人員の削減を図ることである。

　　ア：不適切である。上記説明のとおり, 連合作業分析とは共同作業の分析を対象とするもので, 作業を単独作業, 連合作業, 連続作業に分類して分析するものではない。

　　イ：不適切である。作業を要素動作の単位に分割して分析する分析手法は, 両手動作分析である。

　　ウ：適切である。前述の説明のとおりである。

　　エ：不適切である。「人と機械」「人と人」の関連作業を分析するもので, 素材を組み合わせて製品を製造するプロセスを分析するものではない。

　よって, ウが正解である。

第3章　生産のオペレーション

	ランク	1回目		2回目		3回目	
分析手法	B	/		/		/	

■平成 30 年度　第 8 問

　NC 工作機械 5 台を 2 人の作業者でオペレーションしている。ワークの着脱作業は作業者が行う。作業者によってワークが取りつけられプログラムが入力されれば自動的に加工が行われ，終了すると自動的に停止する。現在，この職場では作業者の稼働率が高く，機械が段取待ちで停止していることが多く発生している。

　この職場における改善活動に関する記述として，最も適切なものはどれか。

　　ア　各機械の稼働率を調べるため，管理図を作成した。

　　イ　機械の停止時間を短くするため，加工時間を短縮する加工方法の検討を行った。

　　ウ　作業者の持ち台数を検討するため，マン・マシンチャートを作成した。

　　エ　製品の平均スループットタイムを短くするため，MTM 法による分析を行った。

243

解答	ウ

■解説

　改善活動に関する問題である。工作機械と作業者の作業効率に関する内容であり，連合作業分析が主題であることがわかる。

　ア：不適切である。管理図とは「連続した観測値もしくは群のある統計量の値を，通常は時間順またはサンプル番号順に打点した，上側管理限界線，および下側管理限界線を持つ図」とJIS定義されている。データが管理限界内に入っているかどうかを把握し，工程が安定な状態にあるかどうかを調べたり，工程を安定した状態に維持するために用いられる。機械の稼働率を調べるために用いるものではない。

　イ：不適切である。問題文より，加工はプログラム入力により自動的に行われており，加工時間の短縮が機械の停止時間を短くするものではない。作業者がワークの着脱作業を行っているため，作業者の稼働率が高くなっており，この着脱作業時間の短縮を検討すべきである。

　ウ：適切である。マン・マシンチャートとは作業者と機械の時間的経過の関連性を分析し，図表化したものである。作業者の持ち台数の削減による機械稼働率の向上，作業者の手待ち時間の削減等の改善に有効である。

　エ：不適切である。MTM法（Methods Time Measurement）とは作業を10の基本動作に分類し，動作の種類と動作距離および条件から，予め設定した時間値を用いて標準時間を算定するものである。製品の平均スループットタイムを短くするために用いるものではない。

　よって，ウが正解である。

第 3 章　生産のオペレーション

分析手法	ランク	1回目		2回目		3回目	
	B	／		／		／	

■平成 27 年度　第 16 問

　複数個の同一製品を，同じ機能を持った設備 A または B を利用して加工処理している工程がある。この工程には 1 名の作業者がおり，次のような手順で製品を加工処理している。

　＜製品の処理手順＞

1. 手空きになっている（加工処理が行われていない）いずれかの設備に，作業者によって製品がセットされる。セットには 5 秒かかる。

2. セットされた製品は，直ちに設備で自動的に加工処理される。加工処理には 20 秒かかる。

3. 加工が終わった製品は，作業者によって設備から取り出される。製品の取り出しには 5 秒かかる。

4. 取り出された製品は，作業者によって検査が行われて製品の処理が完了する。検査には 5 秒かかる。

　次ページの表は，この工程で 4 つの製品が処理される過程を連合作業分析した結果である。この作業において 90 秒の総作業時間を短縮するために，連合作業分析表の 1 列目（作業者の欄）に示された作業番号④，⑤，⑥，⑦，⑧の作業を⑦→⑤→⑧→④→⑥の順序に変更することを考える。この変更によって短縮される時間の最大値として，最も適切なものを次ページの解答群から選べ。なお，作業者と設備 A，B のそれぞれは，同時に複数個の製品を処理することはできない。

245

連合作業分析表

経過時間 （秒）	作業者	設備 A	設備 B
	①製品1を設備Aにセット	製品1のセット	
10	②製品2を設備Bにセット		製品2のセット
20		製品1の加工	製品2の加工
30	③製品1の取り出し	製品1の取り出し	
	④製品1の検査		
40	⑤製品2の取り出し		製品2の取り出し
	⑥製品2の検査		
50	⑦製品3を設備Aにセット	製品3のセット	
	⑧製品4を設備Bにセット		製品4のセット
60		製品3の加工	製品4の加工
70			
	⑨製品3の取り出し	製品3の取り出し	
80	⑩製品3の検査		
	⑪製品4の取り出し		製品4の取り出し
90	⑫製品4の検査		

〔解答群〕

ア　5秒

イ　10秒

ウ　15秒

エ　20秒

第3章　生産のオペレーション

解答	ウ

■解説

　人と機械の組み合わせを対象とした，連合作業分析表による分析についての問題である。「人・機械図表」とも呼ばれる。

　連合作業分析とは，「人と機械，二人以上の人が協同して作業を行うとき，その協同作業の効率を高めるための分析手法」とJIS定義される。

　問題文に記述されている製品の処理手順を考慮し，作業番号④，⑤，⑥，⑦，⑧の作業を，⑦→⑤→⑧→④→⑥の順序に変更した連合作業分析表を作成する。

経過時間（秒）	作業者	設備A	設備B
	①製品1を設備Aにセット	製品1のセット	
10	②製品2を設備Bにセット		製品2のセット
20		製品1の加工	製品2の加工
30	③製品1の取り出し	製品1の取り出し	
	⑦製品3を設備Aにセット	製品3のセット	
40	⑤製品2の取り出し		製品2の取り出し
	⑧製品4を設備Bにセット	製品3の加工	製品4のセット
50	④製品1の検査		
	⑥製品2の検査		製品4の加工
60	⑨製品3の取り出し	製品3の取り出し	
	⑩製品3の検査		
70	⑪製品4の取り出し		製品4の取り出し
	⑫製品4の検査		
80			

　上図より，総作業時間は75秒となることがわかる。変更により短縮される時間は90秒−75秒＝15秒となる。

　よって，ウが正解である。

247

4. 設備管理

▶▶ 出題項目のポイント

この項目では，設備管理の基本知識として設備保全が出題のポイントとなる。

〈設備保全〉

設備保全とは，「設備性能を維持するために，設備の劣化防止，劣化測定および劣化回復の諸機能を担う，日常的または，定期的な計画，点検，検査，調整，整備，修理，取替えなどの諸活動の総称」と JIS 定義される。つまり，設備の技術的な性能を完全な状態に維持し，正常な生産に寄与するための活動を総称したものである。

〈保全活動の体系〉

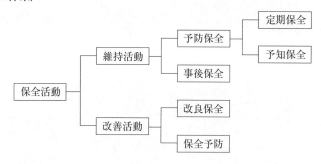

・予防保全
　計画的に点検，検査，部品交換，給油，取り替え等を行い，設備の異常や故障の発生を事前に防止する保全方式。
・事後保全
　設備が故障停止したり，性能が低下してから修理する保全方式。
・改良保全
　故障が発生したとき，その原因を分析し，故障が再発しないように設備自体を改善する保全方式。
・保全予防
　改良保全をさらに前進させた方式で，新設備の計画や設計・製作のとき，保全に関する情報や技術を考慮し，信頼性・保全性・経済性等の高い設備を設計し，保

全費や劣化損失を低下させる保全方式。

▶▶ 出題の傾向と勉強の方向性

設備保全に関する出題の頻度が高い。具体的には，保全活動の基本（平成30年度第19問，令和元年度第18問），MTBF・MTTR・可用率の計算問題（平成24年度第17問，平成28年度第18問），バスタブ曲線（平成23年度第18問，平成26年度第4問），信頼性（平成26年度第18問）などが出題されている。

勉強の方向性としては保全活動の体系をしっかりと理解し，稼働率や設備効率の計算問題についても対応できるようにしておきたい。

■取組状況チェックリスト

4. 設備管理

保全

問題番号	ランク	1回目		2回目		3回目	
平成26年度 第4問	C*	/		/		/	
平成27年度 第18問	A	/		/		/	
平成23年度 第18問	A	/		/		/	
令和元年度 第18問	B	/		/		/	
令和2年度 第19問	B	/		/		/	
平成30年度 第19問	B	/		/		/	
平成24年度 第17問	B	/		/		/	
平成28年度 第18問	B	/		/		/	
平成26年度 第18問	C*	/		/		/	

評価と更新

問題番号	ランク	1回目		2回目		3回目	
平成26年度 第19問	C*	/		/		/	
令和2年度 第20問	B	/		/		/	
平成29年度 第18問	B	/		/		/	
平成28年度 第19問	C*	/		/		/	

経済性工学

問題番号	ランク	1回目		2回目		3回目	
平成 24 年度　第 18 問	C *	／		／		／	
令和元年度　第 19 問	C *	／		／		／	

TPM

問題番号	ランク	1回目		2回目		3回目	
平成 25 年度　第 19 問	C *	／		／		／	
令和元年度　第 20 問	B	／		／		／	

＊ランク C の問題と解説は，「過去問完全マスター」の HP（URL：https://jissen-c.jp/）よりダウンロードできます。

第 3 章　生産のオペレーション

	ランク	1回目		2回目		3回目	
保全	A	／		／		／	

■平成 27 年度　第 18 問

保全活動に関する記述として，最も適切なものはどれか。

　ア　改良保全は，設備故障の発生から修復までの時間を短縮する活動である。

　イ　保全活動は，予防保全，改良保全，保全予防の 3 つに分けられる。

　ウ　保全予防は，設備の計画・設計段階から，過去の保全実績等の情報を用いて
　　　不良や故障に関する事項を予測し，これらを排除するための対策を織り込む
　　　活動である。

　エ　予防保全は，定期保全と集中保全の 2 つに分けられる。

| 解答 | ウ |

■解説

保全活動に関する問題である。保全活動の分類は次のとおりである。

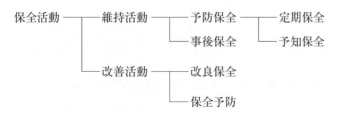

ア：不適切である。改良保全とは，故障や不良を起こしにくい設備に改善し，性能を向上させることを目的とした保全活動全体のことである。故障の発生から修復までの時間を短縮する活動ではない。

イ：不適切である。保全活動は，設計時の技術的性能を維持するための「維持活動」と，性能に劣化がみられたときにそれを修復・改善する「改善活動」の2つに大別される。

ウ：適切である。保全予防とは，設備の計画・設計段階から過去の保全実績等の情報を用いて不良や故障に関する事項を予知・予測し，これらを排除するための対策を織り込む活動である。

エ：不適切である。予防保全は，定期保全と予知保全の2つに分類される。本肢の記述にある集中保全とは，保全活動の組織形態の1類型である。保全活動の組織形態には集中か分散かによって集中保全と部門保全に分類される。集中保全とは，設備保全の業務を専門とする保全部門をおき，集中して設備保全の活動を実施することである。一方の部門保全とは，設備の保全業務を設備の運転部門（主に製造部門）が部門別に分散して実施することである。

よって，ウが正解である。

第3章　生産のオペレーション

保全	ランク	1回目		2回目		3回目	
	A	/		/		/	

■平成 23 年度　第 18 問

生産保全の観点から見た保全活動の実施に関する記述として，最も不適切なものは
どれか。

　　ア　偶発故障期にある設備の保全体制として，定期保全を実施する。

　　イ　初期故障期にある設備の保全体制として，改良保全を実施する。

　　ウ　新設備の初期故障期における故障発生を抑制するために，保全予防を実施す
　　　　る。

　　エ　摩耗故障期にある設備の保全体制として，予知保全を実施する。

253

解答	ア

■**解説**

本問は，バスタブ曲線（寿命特性曲線）の内容である。

設備の使用開始直後は設備設計・生産時の不具合に起因する初期故障が高い確率で発生する（初期故障期）。その後，安定稼働し，偶発的な故障の発生のみとなる（偶発故障期）。その後，設備の寿命に近づくに伴い，部品などの劣化の進行とともに再び故障率が上昇していく（摩耗故障期）。

ア：不適切である。偶発故障期は故障率が安定しているため，定期保全ではなく経済性を考慮して事後保全が適している。

イ：適切である。改良保全とは，「故障が起こりにくい設備への改善，または性能向上を目的とした保全活動」とJIS定義される。初期故障期に実施することで，故障率の低下が期待できる。

ウ：適切である。保全予防とは，「設備の計画・設計段階から過去の保全実績または情報を用いて不良や故障に関する事項を予知・予測し，これらを排除するための対策を織り込む活動」とJIS定義される。

エ：適切である。予知保全とは，「設備の劣化傾向を設備診断技術など（センサーなど）によって管理し，故障に至る前の最適な時期に最善の対策を行う予防保全の方法」とJIS定義される。劣化により故障率が上昇する摩耗故障期での効果が高い。

よって，アが正解である。

第 3 章　生産のオペレーション

	ランク	1回目		2回目		3回目	
保全	B	／		／		／	

■**令和元年度　第 18 問**

　生産保全の観点から見た保全活動の実施に関する記述として，最も適切なものはどれか。

　　ア　偶発故障期にある設備の保全体制として，部品の寿命が来る前に部品を交換
　　　　し，故障の未然防止を図る必要があるため，予知保全体制を確立することが
　　　　重要である。

　　イ　初期故障期にある設備では，設計ミスや潜在的な欠陥による故障が発生する
　　　　可能性が高く，調整・修復を目的とした予防保全を実施する。

　　ウ　設備の故障率は使用開始直後に徐々に増加し，ある期間が過ぎると一定とな
　　　　り，その後劣化の進行とともに故障率は減少する。

　　エ　定期保全とは，従来の故障記録などから周期を決めて周期ごとに行う保全方
　　　　式で，初期故障期にある設備に対して実施される。

255

解答	イ

■解説

　保全活動に関する問題である。生産保全とは「生産目的に合致した保全を経営的視点から実施する，設備の性能を最大に発揮させるための最も経済的な保全方式。備考：生産保全の目的は，設備の計画，設計・製作から運用・保全をへて廃棄，再利用に至る過程で発生するライフサイクルコストを最小にすることによって経営に貢献することである」と定義されている。

　保全活動は下記のように分類される。

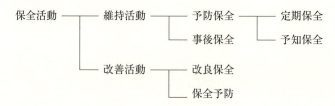

ア：不適切である。選択肢の記述は偶発故障期ではなく摩耗故障期の説明である。設備は使用時間の経過に従い，設備寿命に近づく。それに伴い劣化の進行とともに故障率が上昇していく期間が摩耗故障期である。予知保全は「設備の劣化傾向を設備診断技術などによって管理し，故障に至る前の最適な時期に最善の対策を行う予防保全の方法」と定義されている。

イ：適切である。初期故障期では設備設計，生産時の不具合に起因する初期故障が高い確率で発生する。予防保全の基本的な考え方には，生産停止または性能低下をもたらす状態を発見するための点検・診断，および初期段階に行う調整・修復の2つの側面がある。選択肢の記述は適切である。

ウ：不適切である。寿命特性曲線（バスタブ曲線）のことを記しているが，故障率は使用開始直後は「増加」，劣化の進行とともに「減少」という記述が逆である。使用開始直後は初期故障が高い確率で発生し，ある期間が過ぎると偶発的な故障の発生のみとなり，その後劣化の進行とともに故障率が上昇する。

エ：不適切である。定期保全は「従来の故障記録，保全記録の評価から周期を決め，周期ごとに行う保全方式」と定義されている。選択肢の記述の前半は適切であるが，初期故障期は設備設計，生産時の不具合に起因する初期故障が高い確率で発生する期間のため，故障，保全記録の評価から周期を決めて保全することは難しい。初期故障期に実施される予防保全は前述の解説のように予知保全が適切である。

　よって，イが正解である。

第3章　生産のオペレーション

	ランク	1回目	2回目	3回目
保全	B	／	／	／

■令和2年度　第19問

保全体制と保全費に関する記述として，最も適切なものの組み合わせを下記の解答群から選べ。

a　故障が頻発しているような状況では費用の多くが故障の修復に使われるため，保全費のうちでは改良のための費用の比率が高い。

b　設備が安定稼働するようになると状態監視保全によって不具合の原因を事前に処置できるようになるため，事後保全費が下がる。

c　状態監視保全の結果の解析が進むと，時間計画保全の周期が短くなり，保全費全体は減少する。

d　設備保全活動に必要な費用で，設備の修理費，点検・検査にかかる保守費用，保全予備品の在庫費用等の総称が保全費である。

〔解答群〕

ア　aとb

イ　aとc

ウ　aとd

エ　bとc

オ　bとd

解答	オ

■解説

設備の保全方法に関する問題である。設備保全方法の分類（JIS Z 8115-2000）を以下に示す。保全活動は予防保全と事後保全に大別される。

時間計画保全：必要の有無とは関係なく，定められた時間計画に従って設備を点検，または交換する保全手法。

状態監視保全：対象となる設備を一定の監視下におき，その故障兆候に基づいて必要に応じて保全を行うことで安全を確保する保全手法。

a：不適切である。突発的な故障に対する緊急な修理は緊急保全と呼ばれ，故障が頻発しているような状況ではこの緊急保全のための費用比率が高くなる。

b：適切である。設備の劣化兆候を監視することで，事前の整備が可能となり故障の発生が少なくなる。そのため事後保全費は下がる。よって適切である。

c：不適切である。状態監視保全の結果の解析が進むと，設備の劣化兆候を監視して整備を行うため効率的な保全を行うことができる。定期的に設備を点検する時間計画保全は，周期を短くするのではなく長くすることができ，保全の頻度を下げることができる。

d：適切である。保全費とは設備保全活動に必要な費用で，設備の新増設，更新，改造などの固定資産に繰り入れるべき支出を除いたものである。会計上の修理費のほかに，保全予備品の在庫管理費用を含む。

bとdの組み合わせが適切である。よって，オが正解である。

第3章　生産のオペレーション

保全	ランク	1回目		2回目		3回目	
	B	／		／		／	

■平成 30 年度　第 19 問

　JIS で定義される設備故障とその保全活動に関する記述として，最も適切なものはどれか。

　ア　機能停止型故障を抑制するために，事後保全を実施した。

　イ　寿命特性曲線上での設備の初期故障を抑制するために，保全予防を実施した。

　ウ　設備故障の状態は，「設備が規定の機能を失う状態」と「設備が規定の性能を満たせなくなる状態」の 2 つに分類される。

　エ　設備の信頼性を表す故障強度率は，$1 - \dfrac{故障停止時間の合計}{負荷時間の合計}$ によって計算される。

259

解答	イ

■**解説**

設備の故障，保全活動に関する問題である。

ア：不適切である。事後保全とは「設備に故障が発見された段階で，その故障を取り除く方式の保全」と JIS 定義されており，故障を抑制するための保全活動ではない。機能停止型故障を抑制するには，事後保全ではなく予防保全を行う。予防保全とは「故障に至る前に寿命を推定して，故障を未然に防止する方式の保全。備考：予防保全の基本的な考え方には，生産停止又は性能低下をもたらす状態を発見するための点検・診断，初期段階に行う調整・修復の 2 側面がある」と JIS 定義されている。

イ：適切である。設備の初期故障は設計時や製作時の不備，またオペレータの操作ミスなどによって起こる故障である。初期故障を抑制するために，故障や操作ミスのない設備に仕上げる保全予防が実施される。保全予防とは「設備，系，ユニット，アッセンブリ，部品などについて，計画・設計段階から過去の保全実績又は情報を用いて不良や故障に関する事項を予知・予測し，これらを排除するための対策を織り込む活動」と定義されている。

ウ：不適切である。設備故障の状態は，設備が次のいずれかの状態になる変化であると JIS 定義されている。
   a）設備が規定の機能を失う状態
   b）設備が規定の性能を満たせなくなる状態
   c）設備による産出物や作用が規定の品質レベルに達しなくなる状態
   上記のとおり，設備故障の状態は 3 つに分類される。

エ：不適切である。故障強度率は，単に故障率ともいい「故障のため設備が停止した割合」と JIS 定義されており，次式で表される。
   故障率＝（故障停止時間の合計／負荷時間の合計）× 100

よって，イが正解である。

	ランク	1回目	2回目	3回目
保全	B	/	/	/

■平成24年度　第17問

初期導入された設備を300時間利用したときの稼働および故障修復について，下図のような調査結果が得られた。この設備の①MTBF（平均故障間隔），②MTTR（平均修復時間），③アベイラビリティー（可用率）の値として，最も適切なものの組み合わせを下記の解答群から選べ。

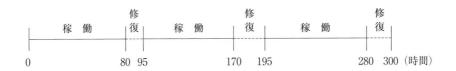

〔解答群〕

ア　①：20　②：80　③：0.2

イ　①：20　②：80　③：0.8

ウ　①：80　②：20　③：0.2

エ　①：80　②：20　③：0.8

解答	エ

■解説

① MTBF（Mean Time Between Failure：平均故障間隔）

　MTBF は「故障設備が修復されてから，次に故障するまでの動作時間の平均値のこと」と JIS 定義される。この値は大きいほどよい。一定期間の設備の稼働時間を，その期間の故障回数で割って求める。

　　稼働時間 $= 80 + (170 - 95) + (280 - 195) = 80 + 75 + 85 = 240$ 時間

　　故障回数 $= 3$ 回

　　MTBF $= 240 \div 3 = 80$ 時間

② MTTR（Mean Time To Repair：平均修復時間）

　MTTR は「故障した設備を運用可能な状態へ修復するために必要な時間の平均値」と JIS 定義される。つまり修復に要した時間の平均値で，短いほうがよい。

　　修理時間 $= (95 - 80) + (195 - 170) + (300 - 280) = 15 + 25 + 20 = 60$ 時間

　　故障回数 $= 3$ 回

　　MTTR $= 60 \div 3 = 20$ 時間

③アベイラビリティー（可用率）

　可用率とは対象となる設備が稼働している確率のことである。稼働率ともいう。可用率は MTBF と MTTR を用いて次のように求める。

　　可用率 $=$ MTBF $\div$ (MTBF $+$ MTTR)

　　　　　$= 80 \div (80 + 20)$

　　　　　$= 80 \div 100$

　　　　　$= 0.8$

　以上により，①：80，②：20，③：0.8 の組み合わせ，エが正解である。

保全	ランク	1回目	2回目	3回目
	B	╱	╱	╱

■平成 28 年度　第 18 問

　下表は，ある設備の故障状況に関して，故障後の設備修復が終わってから再び故障に至るまでの故障間隔とその頻度を度数分布表にまとめたものである。設備の修復時間をある一定時間以下に短縮することにより，90％以上のアベイラビリティ（可用率）を達成したい。これを達成するための設備の平均修復時間の最大値として，最も適切なものを下記の解答群から選べ（単位：時間）。

故障間隔の階級値（時間）	度数
70	3
80	5
90	13
100	7
110	2

〔解答群〕

　ア　6

　イ　8

　ウ　10

　エ　12

解答	ウ

■解説

可用率（アベイラビリティ）に関する問題である。

可用率とは対象となる設備が，必要なときに使用中または運転可能である確率のことである。可用率は次の式で表すことができる。

$$可用率 = \frac{平均故障間隔（MTBF）}{平均故障間隔（MTBF）+平均修復時間（MTTR）}$$

・平均故障間隔（MTBF：Mean Time Between Failures）
　設備の故障が修復されてから，次に故障するまでの稼働時間の平均値。

・平均修復時間（MTTR：Mean Time To Repair）
　故障した設備を修復するために必要な時間の平均値。

　与えられたデータから加重平均を算出し，平均故障間隔（MTBF）を求める。

$$
\begin{aligned}
平均故障間隔（MTBF） &= \frac{(70 \times 3)+(80 \times 5)+(90 \times 13)+(100 \times 7)+(110 \times 2)}{3+5+13+7+2} \\
&= \frac{2700}{30} \\
&= 90（時間）
\end{aligned}
$$

90％の可用率を達成するための平均修復時間の最大値をxとすると，可用率の式は次のようになる。

$$可用率：\frac{90}{90+x} = 0.9$$

これを解くと x ＝ 10 （時間）となる。

よって，ウが正解である。

第3章　生産のオペレーション

評価と更新	ランク	1回目		2回目		3回目	
	B	/		/		/	

■令和2年度　第20問

設備総合効率に関する記述として，最も適切なものはどれか。

ア　作業方法を変更して段取時間を短縮すると，性能稼働率が向上する。

イ　設備の立ち上げ時間を短縮すると，時間稼働率が低下する。

ウ　チョコ停の総時間を削減すると，性能稼働率が向上する。

エ　不適合率を改善すると，性能稼働率が低下する。

265

| 解答 | ウ |

■解説

　設備総合効率に関する問題である。設備総合効率とは「設備の使用効率の度合を表す指標」と定義される。設備効率を阻害する停止ロスの大きさを時間稼働率，性能ロスの大きさを性能稼働率，不良ロスの大きさを良品率で示すと，
　　設備総合効率＝時間稼働率×性能稼働率×良品率と表される。
　設備総合効率の7大ロスと設備総合効率の関係を以下に示す。

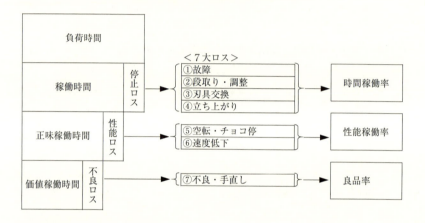

ア：不適切である。段取時間（上図②）を短縮すると，停止ロスが少なくなり時間稼働率が向上する。

イ：不適切である。設備の立ち上げ時間（上図④）を短縮すると，停止ロスが少なくなり時間稼働率が向上する。

ウ：適切である。チョコ停（上図⑤）とは，設備の部分的な停止，または設備の作用対象の不具合による停止で，短時間に回復できる故障のことである。チョコ停の総時間を削減すると，性能ロスが少なくなり，性能稼働率が向上する。

エ：不適切である。不適合率（上図⑦）を改善すると，不良ロスが少なくなり良品率が向上する。

　よって，ウが正解である。

	ランク	1回目		2回目		3回目	
評価と更新	B	／		／		／	

■平成 29 年度　第 18 問

　基準サイクルタイムが 2 分 / 個に設定されている加工機械について，1,000 時間の負荷時間内での設備データを収集したところ下表が得られた。この機械の設備総合効率の値として，最も適切なものを下記の解答群から選べ。

設備データの内容	値
稼働時間	800 時間
加工数量（不適合品を含む）	18,000 個
不適合品率	20%

〔解答群〕

　ア　0.48

　イ　0.50

　ウ　0.52

　エ　0.54

解答	ア

■解説

設備総合効率に関する問題である。設備総合効率とは「設備の使用効率の度合を表す指標。備考：設備効率を阻害する停止ロスの大きさを時間稼働率，性能ロスの大きさを性能稼働率，不良ロスの大きさを良品率で示すと，設備総合効率は，次の式で表される。設備総合効率＝時間稼働率×性能稼働率×良品率」と JIS 定義されている。

ここで，時間稼働率，性能稼働率，良品率はそれぞれ下記の計算式で表される。

$$時間稼働率 = \frac{負荷時間 - 停止時間}{負荷時間}$$

$$性能稼働率 = \frac{基準サイクルタイム \times 加工数量}{稼働時間}$$

$$良品率 = \frac{加工数量 - 不良数量}{加工数量}$$

問題文より，それぞれを求めると次のようになる。

$$時間稼働率 = \frac{800}{1,000} = 0.8$$

$$性能稼働率 = \frac{2 \times 18,000}{48,000} = 0.75$$

（稼働時間 800 時間 ＝ 48,000 分）

$$良品率 = \frac{1,800 - (1,800 \times 0.2)}{1,800} = \frac{1 - 0.2}{1} = 0.8$$

$$設備総合効率 = 時間稼働率 \times 性能稼働率 \times 良品率$$
$$= 0.8 \times 0.75 \times 0.8$$
$$= 0.48$$

よって，アが正解である。

第3章 生産のオペレーション

	ランク	1回目		2回目		3回目	
TPM	B	/		/		/	

■令和元年度　第20問

TPM に関する記述として，最も適切なものの組み合わせを下記の解答群から選べ。

a　製品のライフサイクル全体を対象とし，災害ロス・不良ロス・故障ロス等あらゆるロスを未然に防止するしくみを構築する。

b　設備効率化を阻害している7大ロスを時間的ロスの面から検討し，設備の使用率の度合いを表した指標が設備総合効率である。

c　経営トップから現場の作業員まで全員参加の重複小集団活動を行うことが特徴で，職制にとらわれない自主的なサークル活動である。

d　ロスを発生させないために行う活動の1つが計画保全活動で，設備が停止した場合の損失影響度を複数の角度から設備評価基準に基づいて評価し，最適保全方式を決める。

〔解答群〕

ア　aとb

イ　aとc

ウ　aとd

エ　bとc

オ　bとd

269

解答	オ

■**解説**

　TPM（Total Productive Maintenance）は次のように定義されている。

「①生産システム効率化の極限追求（総合的効率化）をする企業の体質づくりを目標にして，

②生産システムのライフサイクルを対象とし，災害ゼロ・不良ゼロ・故障ゼロなどあらゆるロスを未然防止する仕組みを現場現物で構築し，

③生産部門をはじめ，開発，営業，管理などの全部門にわたって，

④トップから第一線従業員に至るまで全員が参加し，

⑤重複小集団活動によって，ロス・ゼロを達成する生産保全活動」

　a：不適切である。定義②より「災害ロス・不良ロス・故障ロス」ではなく「災害ゼロ・不良ゼロ・故障ゼロ」である。

　b：適切である。設備総合効率は生産の効率を阻害するロスと関連付けて説明される。設備の故障，段取りなどの停止ロスを時間稼働率で，チョコ停，速度低下などの性能ロスの大きさを性能稼働率で，不良，手直しの不良ロスを良品率でとらえ，それらの積で総合的に表される。

　c：不適切である。「経営トップから現場の作業員まで全員参加」という記述は適切であるが，職制にとらわれない活動ではない。経営トップ集団には経営責任を，中間管理職集団は管理責任を，一人ひとりの従業員には作業責任をもって役割を果たすといった，職制に沿った活動である。1つの小集団のリーダーは，上位小集団のメンバーでもあるという重複小集団活動により，上位方針を自分たちの課題に置き換えて下方に展開し，メンバーの意見や実態は上方に展開するといった活動がなされる。

　d：適切である。TPMの活動は次の8つの活動に細分化される（TPM展開の8本柱と呼ばれる）。①個別改善，②自主保全，③計画保全，④製品・設備開発管理，⑤品質保全，⑥教育・訓練，⑦管理・間接，⑧安全・衛生・環境。計画保全とは，保全部門を中心として設備の劣化診断と復元，改良保全による寿命延長など計画的に行う活動である。

　上記よりbとdの組み合わせが正しい。よって，オが正解である。

第3章　生産のオペレーション

5. 生産の合理化・改善

▶▶ 出題項目のポイント

　ここでは，3S，5S，ECRS の原則（改善の原則）といった生産の合理化・改善のための考え方や，QC サークル活動，ZD 運動等の自主管理活動について出題される。

〈3S〉

　3S とは，生産の合理化における基本原則のこと。次の 3 つの頭文字を並べたものである。

　①単純化：Simplification 製品や仕事の種類を減らして生産を簡略化すること

　②標準化：Standardization 種類や方法を統一して標準的にすること

　③専門化：Specialization 機種・品種の限定や仕事の分担等，専業化すること

〈5S〉

　5S とは次の 5 つの項目をローマ字表記した頭文字を並べたものである。

　①整理：必要と不要を区別し，不要なものを排除すること

　②整頓：決められた場所にものを準備すること

　③清掃：異物を除去すること

　④清潔：上記の 3 つが繰り返し行われ，きれいな状態に保つこと

　⑤躾（しつけ）：決められたことを守ること

〈ECRS の原則〉

　工程・作業・動作を対象とした改善の指針のことである。一般的に，次に示す①〜④の順番で検討する。

　① E：Eliminate（排除）なくせないか

　② C：Combine（結合）一緒にできないか

　③ R：Rearrange（交換）順序の変更はできないか

　④ S：Simplify（簡素化）簡素化できないか

▶▶ 出題の傾向と勉強の方向性

　原理・原則として，3S（平成 26 年度第 6 問），5S（平成 25 年度第 18 問，平成 19 年度第 7 問，令和元年度第 17 問），ECRS の原則（平成 24 年度第 19 問，平成 29 年度第 15 問），動作経済の原則（平成 27 年度第 20 問，令和元年度第 21 問）が出題されている。

　生産合理化・改善における基本的な考え方であるため，確実に押さえておきたい。

271

■取組状況チェックリスト

5. 生産の合理化・改善							
原理原則							
問題番号	ランク	1回目		2回目		3回目	
平成 25 年度 第 18 問	B	／		／		／	
令和元年度 第 17 問	B	／		／		／	
平成 24 年度 第 19 問	B	／		／		／	
平成 29 年度 第 15 問	B	／		／		／	
平成 26 年度 第 6 問	A	／		／		／	
令和 2 年度 第 21 問	A	／		／		／	
平成 27 年度 第 19 問	C*						
令和元年度 第 21 問	B	／		／		／	
平成 27 年度 第 20 問	C*						

＊ランク C の問題と解説は，「過去問完全マスター」の HP（URL：https://jissen-c.jp/）よりダウンロードできます。

	ランク	1回目		2回目		3回目	
原理原則	B	／		／		／	

■平成25年度　第18問

職場管理における5S（整理，整頓，清掃，清潔，躾）（JIS Z 8141-5603）に関する記述として，最も適切なものはどれか。

ア　整理：必要なものを必要な時にすぐ使用できるように，決められた場所に準備しておくこと。

イ　整頓：必要なものと不必要なものを区分し，不必要なものを片づけること。

ウ　清掃：必要なものについた異物を除去すること。

エ　清潔：清掃が繰り返され，汚れのない状態を維持していること。

解答	ウ

■解説

本問は職場管理における 5S の問題である。

5S とは，「職場の管理の前提となる整理，整頓，清掃，清潔，しつけ（躾）について，日本語のローマ字表記で頭文字をとったもの」と JIS 定義されている。

「整理」：必要なものと不要なものを区分し，不必要なものを片付けること。
「整頓」：必要なものを必要なときにすぐ使用できるよう，決められた場所に置くこと。
「清掃」：必要なものについた異物を除去すること。
「清潔」：整理・整頓・清掃が繰り返され，汚れのない状態を維持していること。
「しつけ（躾）」：決めたことを必ず守ること。

ア：不適切である。整理ではなく，整頓のことである。

イ：不適切である。整頓ではなく，整理のことである。

ウ：適切である。「必要なものについた異物を除去すること」は清掃の定義である。

エ：不適切である。清掃だけが繰り返されるのではなく，整理・整頓・清掃が繰り返され，汚れのない状態を維持していることである。

よって，ウが正解である。

第 3 章　生産のオペレーション

	ランク	1回目		2回目		3回目	
原理原則	B	／		／		／	

■令和元年度　第 17 問

　以下の a～e の記述は，職場管理における 5S の各内容を示している。5S を実施する手順として，最も適切なものを下記の解答群から選べ。

　　a　問題を問題であると認めることができ，それを自主的に解決できるように指
　　　　導する。

　　b　必要なものが決められた場所に置かれ，使える状態にする。

　　c　必要なものと不必要なものを区分する。

　　d　隅々まで掃除を行い，職場のきれいさを保つことにより，問題点を顕在化さ
　　　　せる。

　　e　職場の汚れを取り除き，発生した問題がすぐ分かるようにする。

〔解答群〕

　ア　a → b → c → d → e

　イ　b → e → d → c → a

　ウ　c → b → d → e → a

　エ　d → b → c → a → e

解答	ウ

■**解説**

　5S の実施手順についての問題である。5S とは職場の管理の前提となる整理，整頓，清掃，清潔，躾（しつけ）について，日本語ローマ字表記の頭文字をとったものである。実施する順序は整理，整頓，清掃，清潔，躾の順である。

　それぞれの定義，および問題の記述 a〜e との対応は以下のようになる。

整理：必要なものと不必要なものを区分し，不必要なものを片付けること
　　　⇒ c が該当する
整頓：必要なものを必要なときにすぐに使用できるように，決められた場所に準備しておくこと⇒ b が該当する
清掃：必要なものについた異物を除去すること⇒ d が該当する
清潔：整理・整頓・清掃が繰り返され，汚れのない状態を維持していること
　　　⇒ e が該当する
躾　：決められたことを必ず守ること⇒ a が該当する

　上記より，整理 c →整頓 b →清掃 d →清潔 e →躾 a が適切であり，ウが正解である。

補足：d，e の記述内容から「清掃」，「清潔」を明確に区別することは困難であるが，5S 最初の手順である「整理」は c であることが明確である。解答群の中で c が最初となる選択肢はウの１つしかなく，これが正解であることがわかる。

第3章 生産のオペレーション

	ランク	1回目		2回目		3回目	
原理原則	B	／		／		／	

■平成24年度　第19問

仕事を改善するための基本原則である「ECRSの原則」が適用できる分析手法として，最も不適切なものはどれか。

ア　製品工程分析

イ　流動数分析

ウ　両手動作分析

エ　連続稼働分析

解答	イ

■解説

　ECRS の原則は，E（Eliminate：なくせないか），C（Combine：一緒にできないか），R（Rearrange：順序の変更はできないか），S（Simplify：単純化できないか）の問いかけを，この順に行って効果の高い改善を目指すための原則である。

ア：適切である。製品工程分析とは材料，部品などが加工されながら完成品となる工程の流れを分析する方法であり，物の流れに関する問題を解決するために ECRS の原則が適用できる。

イ：不適切である。流動数分析とは，入庫数の累積と出庫数の累積を日時で比較し，その差から在庫量や過少過多，停滞時間などを把握するものである。量と時間の観点で生産統制を行うもので，ECRS の原則は適用できない。

ウ：適切である。両手動作分析とは，両手の動作の順序や，仕方を両手と関連付けて把握するものである。「作業方法が一定しない」「作業者により作業時間がばらつく」といった問題の解決に用いるもので，ECRS の原則が適用できる。

エ：適切である。連続稼働分析とは，観測対象の作業内容や稼働状況を継続的に観測する分析手法である。継続して観測することで発見できる問題点に対して改善を施す際，ECRS の原則が適用できる。

　よって，イが正解である。

第3章　生産のオペレーション

原理原則	ランク	1回目		2回目		3回目	
	B	／		／		／	

■平成 29 年度　第 15 問

　次の 4 つの手法で分析した結果から改善案を検討する際に,「ECRS の原則」が利用できる手法の数として, 最も適切なものを下記の解答群から選べ。

＜分析手法＞

　① ABC 分析

　②連合作業分析

　③事務工程分析

　④流動数分析

〔解答群〕

　ア　1

　イ　2

　ウ　3

　エ　4

279

解答	イ

■解説

　ECRS の原則の理解度を問われる問題である。ECRS の原則とは「工程，作業，動作を対象とした分析に対する改善の指針として用いられる，E（Eliminate：なくせないか），C（Combine：一緒にできないか），R（Rearrange：順序の変更はできないか），S（Simplify：単純化できないか）による問いかけ」と JIS 定義されている。

① ABC 分析

　ABC 分析は「多くの在庫品目を取り扱うときそれを品目の取り扱い金額又は量の大きい順に並べて，A，B，C の 3 種類に区分し，管理の重点を決めるのに用いる分析」と JIS 定義されている。工程，作業，動作を対象とした分析手法ではなく，ECRS の原則は利用できない。

②連合作業分析

　連合作業分析は「人と機械，二人以上の人が協同して作業を行うとき，その協同作業の効率を高めるための分析手法」と JIS 定義されている。工程，作業，動作を対象とした分析手法であり，ECRS の原則が利用できる。

③事務工程分析

　事務工程分析とは，特定の事務手続きに対して，各種の帳票，帳票と現品などの相互関連について情報の流れを調べ，事務処理の方法や制度・組織を改善するための手法である。工程，作業，動作を対象とした分析手法であり，ECRS の原則が利用できる。

④流動数分析

　物の流れの管理における分析手法であり，進度管理や問題のある工程の特定などに利用される。前工程からの受入数と，次工程への払出数の差から停滞期間や仕掛中の数量を把握することができる。工程，作業，動作を対象とした分析手法ではないため，ECRS の原則は利用できない。

　上記より，ECRS の原則が利用できる分析手法は，②連合作業分析，③事務工程分析の 2 つである。よってイが正解である。

第3章　生産のオペレーション

	ランク	1回目	2回目	3回目
原理原則	A	/	/	/

■平成26年度　第6問

工程管理で用いられる用語および略号に関する記述として，最も適切なものはどれか。

ア　改善を行うときの問いかけとして，「なくせないか，一緒にできないか，順序の変更はできないか，標準化できないか」があり，これらを総称して「ECRSの原則」と呼ぶ。

イ　職場の管理の前提として，「整理，整頓，清掃，習慣，躾」があり，これらを総称して「5S」と呼ぶ。

ウ　生産活動を効率的に行うための考え方として，「単純化，専門化，標準化」があり，これらを総称して「3S」と呼ぶ。

エ　生産管理が対象とするシステムの構成要素として，「Man, Machine, Management」があり，これらを総称して「3M」と呼ぶ。

281

解答	ウ

■**解説**

ア：不適切である。「ECRS の原則」は「なくせないか，一緒にできないか，順序の変更はできないか，簡素化できないか」という改善の 4 原則である。本肢にある「標準化できないか」ではなく「簡素化できないか」が正しい。

イ：不適切である。「5S」とは「整理，整頓，清掃，清潔，躾」である。本肢にある「習慣」ではなく「清潔」が正しい。

ウ：適切である。「3S」とは生産の合理化における基本原則で，「単純化，専門化，標準化」のことである。

エ：不適切である。生産の 3 要素「3M」とは材料（Material）、機械設備（Machine）、作業者（Man）である。また，作業方法（Method）を加えて「4M」という場合もある。

よって，ウが正解である。

282

第3章　生産のオペレーション

原理原則	ランク	1回目		2回目		3回目	
	A	/		/		/	

■**令和2年度　第21問**

生産の合理化に関する記述として，最も適切なものはどれか。

　ア　ECRS の原則とは，作業を改善する際に，より良い案を得るための指針として用いられる問いかけの頭文字をつなげたもので，最後にする問いかけは Standardization である。

　イ　合理化の 3S とは，標準化，単純化，専門化で，これは企業活動を効率的に行うための基礎となる考え方である。

　ウ　単純化とは，生産において分業化した各工程の生産速度や稼働時間，材料の供給時刻などを一致させる行為である。

　エ　動作経済の原則とは，作業を行う際に最も合理的に作業を行うための経験則で，この原則を適用した結果としてフールプルーフの仕組みが構築できる。

283

解答	イ

■解説

生産の合理化・改善に関する問題である。

ア：不適切である。ECRS の原則とは，工程，作業，動作を対象とした分析に対する改善の指針として用いられる，E（eliminate：なくせないか），C（combine：一緒にできないか），R（rearrange：順序の変更はできないか），S（simplify：単純化できないか）による問いかけのことである。最後にする問いかけは「simplify：単純化できないか」である。

イ：適切である。3S とは，合理化における基本原則のことで，標準化（Standardization），単純化（Simplification），専門化（Specialization）の頭文字をとったものである。一般に生産の合理化という意味で用いられるが，広義では企業活動の効率化の基礎となる考え方ともいえる。

ウ：不適切である。単純化（Simplification）とは，設計，品種構成，構造，組織，手法，職務，システムなどの複雑さを減らし，生産を単純化（簡略化）することである。

エ：不適切である。フールプルーフとは，機器の設計などについての考え方の1つで，利用者が操作や取り扱い方を誤っても危険が生じない，あるいは，そもそも誤った操作や危険な使い方ができないような構造や仕掛けを設計段階で組み込むこと，また，そのような仕組みや構造のことをいう。動作経済の原則は，作業者が作業を行うとき，最も合理的に作業を行うために適用される経験則のことであるが，この原則を適用した結果としてフールプルーフの仕組みが構築できるわけではない。

よって，イが正解である。

第3章　生産のオペレーション

	ランク	1回目		2回目		3回目	
原理原則	B	╱		╱		╱	

■**令和元年度　第21問**

　動作経済の原則に基づいて実施した改善に関する記述として，最も適切なものの組み合わせを下記の解答群から選べ。

　　a　機械が停止したことを知らせる回転灯を設置した。

　　b　径の異なる2つのナットを2種類のレンチで締めていたが，2種類の径に対応できるように工具を改良した。

　　c　2つの部品を同時に挿入できるように保持具を導入した。

　　d　プレス機の動作中に手が挟まれないようにセンサを取り付けた。

〔解答群〕

　　ア　aとb

　　イ　aとd

　　ウ　bとc

　　エ　bとd

　　オ　cとd

285

解答	ウ

■解説

　動作経済の原則とは，作業者が作業を行うとき，最も合理的に作業を行うために適用される経験則のことである。動作経済の原則は，(1) 身体の使用に関する原則，(2) 作業場の配置に関する原則，(3) 設備・工具の設計に関する原則に大別される。

　　a：不適切である。トヨタ生産方式における「見える化」の考え方である。「目で見る管理」により問題点を顕在化させる改善である。

　　b：適切である。(3) 設備・工具の設計に関する原則の1つ，「工具はできるだけ組み合わせること」の内容にあたる。

　　c：適切である。(3) 設備・工具の設計に関する原則の1つ，「治具や取付具，または足操作の装置を用いたほうがいっそう有効にできる仕事では，手を用いないこと」の内容にあたる。

　　d：不適切である。フールプルーフの考え方による改善である。フールプルーフとは，利用者が操作や取り扱い方を誤っても危険が生じない仕組みや構造，もしくは，そもそも誤った操作や危険な使い方ができないような構造や仕掛けを設計段階で組み込むことをいう。

　上記よりbとcの組み合わせが適切である。よって，ウが正解である。

第3章　生産のオペレーション

6. 廃棄物等の管理

▶▶ 出題項目のポイント

　この項目では，環境保全に関する法規，廃棄物の処理，ISO14000 等に関する問題が出題される。

　これらの環境保全に関する項目としては，環境法の体系を押さえ，各法規の基本事項を把握しておくことが重要となる。

　また廃棄物の処理に関して，循環型社会形成推進基本法の基本知識がポイントとなる。循環型社会の基本概念は，次に示す 3R にある。

　①リデュース（Reduce）：廃棄物の発生抑制（ごみを出さない）

　②リユース（Reuse）　：廃棄物の再使用（そのまま使用し，新たに資源を使わない）

　③リサイクル（Recycle）：廃棄物の再資源化（別の用途，別の新たな資源として再利用する）

　この順に資源を有効活用するという考え方である。

　平成 26 年度ではマテリアルフローコスト会計の論点が出題された。マテリアルフローコスト会計とは，製造プロセスにおける原材料や資材のロス，またエネルギーのロス等に着目し，それらを「負の製品のコスト」として総合的にコスト評価を行う原価計算，分析の手法である。

▶▶ 出題の傾向と勉強の方向性

　環境保全に関する法規については，ほぼ毎年出題されるが対応が非常に困難である。過去の出題を見ると，省エネルギー法（平成 24 年度第 20 問），資源有効利用促進法（平成 27 年度第 21 問）が出題されている。

　家電リサイクル法，容器包装リサイクル法等のリサイクル関連や環境技術について学習しておきたい。ただし，前述のとおり対応困難な場合が多いため，あまり深入りすることなく基本事項を押さえる程度でよい。

287

■取組状況チェックリスト

6. 廃棄物等の管理						

環境保全に関する法規

問題番号	ランク	1回目		2回目		3回目	
平成 24 年度 第 20 問	C *	/		/		/	
令和 2 年度 第 22 問	C *	/		/		/	

資源の有効活用

平成 27 年度 第 21 問	C *	/		/		/	

ISO14000

問題番号	ランク	1回目		2回目		3回目	
平成 25 年度 第 21 問	B	/		/		/	
平成 26 年度 第 21 問	C *	/		/		/	

＊ランク C の問題と解説は，「過去問完全マスター」の HP（URL：https://jissen-c.jp/）よりダウンロードできます。

第 3 章　生産のオペレーション

	ランク	1回目		2回目		3回目	
ISO14000	B	/		/		/	

■平成 25 年度　第 21 問

ISO14040 で規定される LCA（ライフサイクルアセスメント）に関する記述として，最も適切なものはどれか。

ア　LCA は，製品の原材料の取得から製造および使用に至るまでの過程を通じて，製品の環境への影響を調査・評価する環境マネジメントの手法である。

イ　「ライフサイクルインベントリ分析」では，多様な環境影響をひとつの数値にまとめる特性化を実施する。

ウ　「ライフサイクル影響評価」は必ずしも行う必要はない。

エ　「ライフサイクル解釈」では，実施された LCA が要求された規格や原則を満たしているかどうかを検証する。

289

解答	ウ

■解説

　本問は LCA（ライフサイクルアセスメント）に関する問題である。

　LCA とは，その製品に関する資源の採取から製造，使用，廃棄，輸送などすべての段階を通して環境影響を定量的，客観的に評価する手法である。LCA は国際標準化機構（ISO）においても国際標準化が行われており，ISO14040 は LCA の一般原則に関する規格となっている。

ア：不適切である。LCA が対象とするのは，製品の原材料の取得から製造および使用までではなく，製品の原材料の取得から廃棄，リサイクルまでである。

イ：不適切である。「ライフサイクルインベントリ分析」とは，製品やサービス等を「資源採取から原料製造，製品製造，運搬，使用，廃棄，リサイクル」のライフサイクル全体を対象として，各工程の資源消費量や大気，水質や土壌への環境排出物質を項目毎に計算する。分析の結果として，消費された資源や環境中への排出物が一覧表（inventory）で表される。

ウ：適切である。「ライフサイクル影響評価」とは，インベントリ分析の結果を各環境影響カテゴリーに分類し，項目ごとに環境への影響の大きさと重要度を評価する段階のことである。この，ライフサイクル影響評価は必ずしも行う必要はない。

エ：不適切である。「ライフサイクル解釈」とは，インベントリ分析，及びライフサイクル影響評価の結果を評価，解釈する段階である。実施された LCA が要求された規格や原則を満たしているかどうかを検証する段階ではない。

　よって，ウが正解である。

第4章
その他生産管理に関する事項

第 4 章　その他生産管理に関する事項

1. 各種法規等

▶▶ 出題項目のポイント

　生産に関する法規等として製造物責任法（PL 法），HACCP（食品の衛生管理システム）に関する出題があった。

　製造物責任法（PL 法）とは，製造物に欠陥があった場合にメーカーに無過失責任を負わせ，消費者が直接メーカーに対して損害賠償を請求できることを定めた法律である。

　HACCP とは，「食品の安全性」を確保するための管理システムである。原料の入荷から製造・出荷までの全工程において，健康に危害を及ぼす要因を予測し，防止するためのポイントを定め，継続的に監視・記録する。異常が認められた場合は，対策を行い不良製品の出荷を未然に防ぐというシステムである。

　その他，平成 24 年度に労働災害におけるハインリッヒの法則が出題された。ハインリッヒの法則とは労働災害における経験則の 1 つで，1 つの重大事故の背景には，29 の軽微な事故があり，その背景には 300 の事故寸前のヒヤリハット（ヒヤリとしたり，ハッとする危険な状態）が存在するというものである。1：29：300 の法則とも呼ばれる。

▶▶ 出題の傾向と勉強の方向性

　平成 24 年度にハインリッヒの法則，平成 23 年度に製造物責任法（PL 法）が出題された。また，平成 23 年度第 21 問，平成 27 年度第 22 問，平成 29 年度第 42 問，平成 30 年度第 38 問では食品の衛生管理システムである HACCP（Hazard Analysis and Critical Control Point），平成 28 年度第 22 問では労働安全衛生法（産業用ロボット関連）に関して出題された。

　今後，生産に関する法規として出題される内容は不確実である。そのため勉強の方向性としては過去問題の復習，および経営法務等の他の科目で学習する内容を押さえ，柔軟に対応できるようにしておきたい。

293

■取組状況チェックリスト

1. 各種法規等						

各種法規等						
問題番号	ランク	1回目		2回目		3回目
平成 23 年度第 20 問	C*	/		/		/
平成 23 年度第 21 問	B	/		/		/
平成 27 年度第 22 問	C*	/		/		/
平成 30 年度第 38 問	A	/		/		/
平成 29 年度第 42 問	B	/		/		/
平成 24 年度第 21 問	C*	/		/		/
平成 28 年度第 22 問	C*	/		/		/

＊ランク C の問題と解説は，「過去問完全マスター」の HP（URL：https://jissen-c.jp/）よりダウンロードできます。

第4章　その他生産管理に関する事項

各種法規等	ランク	1回目	2回目	3回目
	B	／	／	／

■平成23年度　第21問

　食品の衛生管理システムであるHACCP（Hazard Analysis and Critical Control Point）の12手順が以下に示されている。空欄A～Cと記述群の①～③の組み合わせとして，最も適切なものを下記の解答群から選べ。

〈HACCPの12手順〉

1. 専門家チームを編成する。
2. 製品の仕様，特性について記述する。
3. 食べ方，使用法について確認する。
4. ［　A　］
5. 製造工程を現場で確認する。
6. 危害分析を行う。
7. ［　B　］
8. 管理基準を設定する。
9. ［　C　］
10. 改善措置の方法を設定する。
11. 検証方法を設定する。
12. 記録の維持管理方法を決める。

【空欄に入る記述群】

① モニタリング方法を設定する。
② 製造工程をフローダイヤグラムに書く。
③ 重要管理点（CCP：Critical Control Points）を決定する。

〔解答群〕

ア　A：①　　B：②　　C：③

イ　A：②　　B：①　　C：③

ウ　A：②　　B：③　　C：①

エ　A：③　　B：②　　C：①

295

解答	ウ

■解説

HACCP は，食品の安全性を管理する国際標準である。以下に HACCP の 12 手順を示す。

＜危害要因分析のための準備段階＞

手順1　HACCP 専門家チームを編成する

手順2　製品の仕様，特性について記述する

手順3　意図する用途（食べ方，使用法）について確認する

手順4　製造工程一覧図（フローダイヤグラム）を作成する（記述群②）

手順5　製造工程一覧図（フローダイヤグラム）を現場で確認する

＜危害要因分析，HACCP プランの作成＞

手順6　危害要因を分析する　　　　　　　　　　　　（原則1）

手順7　重要管理点（CCP）を決定する（記述群③）（原則2）

手順8　管理基準を設定する　　　　　　　　　　　　（原則3）

手順9　モニタリング方法を設定する（記述群①）　（原則4）

手順10　改善措置の方法を設定する　　　　　　　　（原則5）

手順11　検証方法を設定する　　　　　　　　　　　（原則6）

手順12　記録の維持管理方法を決める　　　　　　　（原則7）

後半の 7 手順については特に重要とされ，HACCP7 原則とも呼ばれる。

よって上記より，ウが正解である。

各種法規等	ランク	1回目	2回目	3回目
	A	／	／	／

■平成 30 年度　第 38 問

　食品衛生管理方法である HACCP（Hazard Analysis and Critical Control Point）に関する 12 手順が以下に示されている。空欄 A ～ C と記述群①～③の組み合わせとして，最も適切なものを下記の解答群から選べ。

＜ HACCP の 12 手順＞

手順 1	HACCP のチーム編成
手順 2	製品説明書の作成
手順 3	意図する用途及び対象となる消費者の確認
手順 4	製造工程一覧図の作成
手順 5	製造工程一覧図の現場確認
手順 6	危害要因分析の実施
手順 7	A
手順 8	B
手順 9	モニタリング方法の設定
手順 10	改善措置の設定
手順 11	C
手順 12	記録と保存方法の設定

＜空欄に入る記述群＞

①重要管理点（CCP）の決定
②管理基準（CL）の設定
③検証方法の設定

〔解答群〕

ア　A：①　　B：②　　C：③　　　イ　A：①　　B：③　　C：②

ウ　A：②　　B：①　　C：③　　　エ　A：②　　B：③　　C：①

オ　A：③　　B：①　　C：②

解答	ア

■解説

HACCP の 12 の手順については平成 23 年度第 21 問で出題されており，ほぼ同じ内容となっている。

＜ HACCP 導入のための 7 原則 12 手順＞

手順 1 HACCP のチーム編成：製品を作るために必要な情報を集められるよう，各部門から担当者を集める。

手順 2 製品説明書の作成：製品の安全について特徴を示す。

手順 3 意図する用途及び対象となる消費者の確認：用途は製品の使用方法（加熱の有無等）を，対象は製品を提供する消費者を確認。

手順 4 製造工程一覧図の作成：受入から製品の出荷もしくは食事提供までの流れを工程ごとに書き出す。

手順 5 製造工程一覧図の現場確認：製造工程図ができたら，現場での人の動き，モノの動きを確認して必要に応じて工程図を修正。

手順 6 【原則 1】危害要因分析の実施（ハザード）：工程ごとに原材料由来や工程中に発生しうる危害要因を列挙し，管理手段を挙げていく。

手順 7 【原則 2】 重要管理点（CCP）の決定：危害要因を除去・低減すべき特に重要な工程を決定（加熱殺菌，金属探知等）。

手順 8 【原則 3】 管理基準（CL）の設定：危害要因分析で特定した CCP を適切に管理するための基準を設定。（温度，時間，速度等々）

手順 9 【原則 4】モニタリング方法の設定：CCP が正しく管理されているかを適切な頻度で確認し，記録する。

手順10 【原則 5】改善措置の設定：モニタリングの結果，CL が逸脱していた時に講ずべき措置を設定する。

手順11 【原則 6】 検証方法の設定：HACCP プランに従って管理が行われているか，修正が必要かどうか検討する。

手順12 【原則 7】記録と保存方法の設定：記録は HACCP を実施した証拠であると同時に，問題が生じた際には工程ごとに管理状況を遡り，原因追及の助けとなる。

引用・修正：公益社団法人日本食品衛生協会ホームページ
「HACCP（HACCP 導入のための 7 原則 12 手順）」　http://www.n-shokuei.jp/eisei/haccp_sec05.html

第4章　その他生産管理に関する事項

	ランク	1回目		2回目		3回目	
各種法規等	B	/		/		/	

■平成 29 年度　第 42 問

　厚生労働省が HACCP 導入のため平成 27 年 10 月に公表している手引書による
HACCP に関する基本的な用語とその説明の組み合わせとして，最も適切なものを下
記の解答群から選べ。

【用語】

　1　PRP

　2　SSOP

　3　CCP

　4　CL

【用語の説明】

　a　HACCP システムを効果的に機能させるための前提となる食品取扱施設の衛生
　　　管理プログラム

　b　衛生管理に関する手順のことで，その内容を「いつ，どこで，だれが，何を，
　　　どのようにするか」がわかるように文書化したもの

　c　特に厳重に管理する必要があり，かつ，危害の発生を防止するために，食品中
　　　の危害要因を予防もしくは除去，または，それを許容できるレベルに低減する
　　　ために必須な段階

　d　HACCP プランに従って実施されているかどうか，HACCP プランに修正が必
　　　要かどうかを判定するために行う方法，手続き，試験検査

〔解答群〕

　ア　1とb

　イ　2とa

　ウ　3とc

　エ　4とc

　オ　4とd

299

解答	ウ

■解説

　HACCPとは，食品の製造・加工工程のあらゆる段階で発生するおそれのある微生物汚染等の危害をあらかじめ分析し，製造工程のどの段階でどのような対策を講じればより安全な製品を得ることができるかという重要管理点を定め，これを連続的に監視することにより製品の安全を確保する衛生管理の手法である。平成23年度第21問，平成27年度第22問と併せて確認してほしい。

1　PRP（Prerequisite Programs：一般的衛生管理）…HACCPを効果的に運用するために，食品を衛生的に製造する一般的衛生管理やその他の前提条件のこと。PRPには，ハード面では施設・設備の保守管理事項，ソフト面では衛生作業に関する衛生管理事項，従業員の衛生管理と教育訓練，製品の回収プログラム等がある。
　　⇒aに該当

2　SSOP（Sanitation Standard Operating Procedures：衛生標準作業手順）…衛生管理に関する手順のことで，「いつ，どこで，だれが，何を，どのようにするか」がわかるように文書化する。使用水の衛生管理，機械器具の洗浄殺菌，交差汚染の防止，手指の消毒・殺菌，従事者の健康管理，有毒・有害物質・金属異物などの食品への混入，そ族（ネズミ等のこと）・昆虫の防除などがある。⇒bに該当

3　CCP（Critical Control Point：重要管理点の決定）…重要な危害要因を管理するために必須の工程をCCP（重要管理点）に決め，管理基準（CL）を設定し，逸脱していないかモニタリングを行うことで危害の発生を防ぎ，逸脱が発生した場合に速やかに改善措置をとる。たとえば，加工食品の完成品を金属探知機で検査し，金属片の混入を防ぐといった，以降の過程では検査の機会がなく，この段階で必ずクリアしなければならない過程をCCPに設定することが多い。⇒cに該当

4　CL（Critical Limit：管理基準の設定）…逸脱すると製品の安全性が確保できなくなる値（パラメーター）の基準をCLという。温度，時間，pH，水分，塩分，官能検査指標などが用いられる。たとえば，前述の加工食品の完成品を金属探知機で検査する場合，「ステンレス：3.5mm以上，鉄：2.5mm以上を感知し，排除できること」などが管理基準として設定される。⇒該当する用語説明なし

　※　用語説明dはVerification（検証）である。

　上記より，用語と説明の適切な組み合わせは「3とc」である。よって，ウが正解である。

Ⅱ．店舗・販売管理

第1章

店舗・商業施設

1. 店舗施設に関する法律知識

▶▶ 出題項目のポイント

　この項目では，店舗施設そのものや，その運営に関する主要な法律について確認していく。店舗施設に関する法律は多岐にわたるが，中小企業診断協会発表の1次試験の「試験科目設置の目的と内容」においては，都市計画法，大規模小売店舗立地法，中心市街地活性化法，建築基準法，消防法に分けられている。

　さまざまな出題があるが，特に「まちづくり三法」と呼ばれる①大規模小売店舗立地法（大店立地法），②（改正）中心市街地活性化法，③（改正）都市計画法の3つの法律と建築法についてよく出題されている。建築法に関しては範囲が広く，細かい数値を問うなど，大半の受験生がカバーしていない論点に関する出題がある。

▶▶ 出題の傾向と勉強の方向性

　毎年出題される項目であるが，近年出題される法律の種類，出題内容に大きく変化がみられる。過去，建築基準法などの細かい数値等が出題され，知らなければもはや勘で答えるしかない，という出題が多かった。近年は，まちづくり三法からの出題が多く，その他法律も過去問や社会動向などを踏まえると正答を絞れるタイプの出題が増えている。

　まちづくり三法に関しては，都市計画法，大店立地法，中心市街地活性化法とそれぞれ分類されて出題されることが多い。しかし，選択肢内に複数の法律が登場する総合的な問題もある（平成30年度第21問）。細かい内容までカバーしないと正答できない問題も多いが，各法律の目的，成立の流れなどを把握していればなんとか選択肢を絞れる問題もある。細かい論点別にランクを分けたため，多くがCランクになっているが，以前出題された論点が選択肢を絞るヒントになる問題もあるので，電子版も参照してほしい。

　中小企業診断士試験要綱においては消防法なども出題項目となっている。消防法は実際のところ問題のテーマとしては平成13年度以降出題されていなかったが，平成24年度，平成28年度，令和元年度に出題された。

　さらに法律知識という点で考えると，ここ数年は店舗施設そのものの規制に関する法律だけではなく，個人情報保護法，省エネ法，そして各種表示に関する規制など運営に関する問題も出題されている。特に個人情報保護法に関してはすでに平成26年

第1章　店舗・商業施設

度時点で3回出題されており，ランクAとなっている。なお，個人情報保護法に関しては，「第4章　流通情報システム」に分類している。省エネ法に関しては，生産管理のパートに分類している。

■取組状況チェックリスト

1. 店舗施設に関する法律知識

都市計画法

問題番号	ランク	1回目		2回目		3回目	
平成 29 年度 第 23 問	A	/		/		/	
平成 27 年度 第 23 問	B	/		/		/	
平成 25 年度 第 22 問	A	/		/		/	
平成 23 年度 第 22 問	A	/		/		/	
令和元年度 第 23 問	B	/		/		/	
令和元年度 第 24 問	B	/		/		/	
令和 2 年度 第 24 問	B	/		/		/	

大規模小売店舗立地法

問題番号	ランク	1回目		2回目		3回目	
平成 29 年度 第 26 問	A	/		/		/	
平成 26 年度 第 22 問	C*	/		/		/	
平成 25 年度 第 23 問	A	/		/		/	
平成 24 年度 第 22 問	A	/		/		/	
令和 2 年度 第 23 問	A	/		/		/	
平成 23 年度 第 23 問	C*	/		/		/	

中心市街地活性化法

問題番号	ランク	1回目		2回目		3回目	
平成 24 年度 第 23 問	C*	/		/		/	
平成 26 年度 第 23 問	C*	/		/		/	
平成 28 年度 第 23 問	C*	/		/		/	
平成 30 年度 第 21 問	A	/		/		/	

305

建築基準法

問題番号	ランク	1回目		2回目		3回目	
令和2年度 第27問	C*	／		／		／	
平成27年度 第24問	C*	／		／		／	

消防法

問題番号	ランク	1回目		2回目		3回目	
令和元年度 第25問	C*	／		／		／	
平成24年度 第24問	C*	／		／		／	
平成28年度 第24問	C*	／		／		／	

＊ランクCの問題と解説は,「過去問完全マスター」のHP（URL：https://jissen-c.jp/）よりダウンロードできます。

第1章　店舗・商業施設

都市計画法	ランク	1回目		2回目		3回目	
	A	/		/		/	

■平成29年度　第23問

都市計画法に関する次の文中の空欄A～Dに入る語句の組み合わせとして，最も適切なものを下記の解答群から選べ。

都市計画区域は，自然的，社会的条件や人口，土地利用，交通量などの現況および推移を勘案して，一体の都市として総合的に整備，開発および保全する必要がある区域であり，　A　が指定するものである。都市計画区域において，無秩序な市街化を防止し計画的な市街化を図るために市街化区域と市街化調整区域との区分を定めることを　B　という。

　C　とは都市計画法により，都市の環境保全や利便性の向上を目的として，ある地域における建物の用途に一定の制限を行う地域のことである。例えば，床面積が1万㎡を超える店舗の出店が可能な地域は，原則として近隣商業地域，商業地域，　D　の地域である。

〔解答群〕

ア　A：市町村　B：区域区分　C：用途制限地域　D：準工業地域

イ　A：市町村　B：区分設定　C：用途地域　D：工業地域

ウ　A：都道府県　B：区域区分　C：用途制限地域　D：準工業地域

エ　A：都道府県　B：区域区分　C：用途地域　D：準工業地域

オ　A：都道府県　B：区分設定　C：用途制限地域　D：工業地域

307

解答	エ

■解説

　都市計画法に関する問題である。法律に関する問題はこれまでは論点がバラバラであったが，近年「大規模集客施設」「用途地域」などの論点がよく出題されるようになっている。本問もこれまでに出てきた論点のため，必ず正答したい問題である。近年の傾向を踏まえ，ランク（頻出度）Aとした。特に，床面積が1万㎡を超える大型店が出店が可能な地域は，原則として近隣商業地域，商業地域，準工業地域という論点は，問われ方を変えつつ何度も出題されている。

　都市計画区域の指定については原則都道府県（＝空欄A）が行う。この論点は，平成22年第21問選択肢ウに出題されている。また，この区域指定において市街化区域と市街化調整区域との区分を定めることを区域区分（＝空欄B）という。

　都市計画法により，都市の環境保全や利便性の向上を目的として，ある地域における建物の用途に一定の制限を行う地域を，用途地域（＝空欄C）という。用途地域に関しては，平成25年度第22問，平成27年第23問で出題されており近年の頻出論点となっている。

　床面積が1万㎡を超える店舗，いわゆる大型店が出店が可能な地域は，原則として近隣商業地域，商業地域，準工業地域（＝空欄D）である。この論点に関しても平成27年度第23問にて詳しく解説しているので参照すること。

　よって，エが正解である。

第 1 章　店舗・商業施設

都市計画法	ランク	1 回目		2 回目		3 回目	
	B	／		／		／	

■平成 27 年度　第 23 問

　都市計画法および建築基準法による用途地域に関する説明として，最も適切なもの
はどれか。

　　ア　床面積が 1,000 ㎡の店舗の場合，第一種低層住居専用地域に出店することが
　　　　できる。

　　イ　床面積が 2,000 ㎡の店舗の場合，第二種中高層住居専用地域に出店すること
　　　　ができる。

　　ウ　床面積が 5,000 ㎡の店舗の場合，第一種住居地域に出店することができる。

　　エ　床面積が 12,000 ㎡の店舗の場合，準住居地域に出店することができる。

　　オ　床面積が 15,000 ㎡の店舗の場合，近隣商業地域に出店することができる。

309

解答	オ

■解説

　用途地域に関する問題である。用途地域は平成25年度第22問でも問われていたが，各選択肢の数値が細かいため自信を持って対応できた受験生は少ないであろう。しかし，平成25年第22問選択肢エの解説を参照してもらうとわかるが，延床面積が1万㎡を超える大規模集客施設は基本的に「商業」「近隣商業」「準工業」の3種の地域のみ出店可能である，という過去出題論点を押さえておけば，選択肢オが正解である，と絞ることができる。用途地域は現在13種類あり（2019年改正），すべてを把握するのは負担になるであろうが，過去問をしっかり押さえたい。

　　ア：不適切である。第一種低層住居専用地域には基本的に商業施設のような店舗を出店することができない（店舗と住宅を兼ねた兼用住宅で非住宅部分として店舗を出すことは可能。また幼稚園，診療所などは建築できる）。

　　イ：不適切である。第二種中高層住居専用地域は，中高層住宅の他，病院や大学，1,500㎡までの一定の店舗や事務所を出店することができる。

　　ウ：不適切である。第一種住居地域には3,000㎡までの店舗や事務所，ホテルなどが出店することができる。

　　エ：不適切である。準住居地域とは道路の沿道などおいて設定される地域で，住宅のほか，1万㎡以下の店舗や事務所，小規模倉庫などを建設できる。

　　オ：適切である。上記のように，床面積が15,000㎡の店舗の場合，近隣商業地域に出店することができる。

　よって，オが正解である。

第1章　店舗・商業施設

	ランク	1回目		2回目		3回目	
都市計画法	A	／		／		／	

■平成 25 年度　第 22 問

都市計画法に関する説明として，<u>最も不適切なもの</u>はどれか。

ア　映画館やアミューズメント施設などにも，大規模集客施設として，大規模小
　　売店舗と同様の出店制限がある。

イ　商業地域とは，商業その他の業務の利便を増進するために定めた地域である
　　が，住宅や小規模の工場も建てられる。

ウ　店舗の床面積が150㎡以下の小規模店舗であれば，第1種低層住居専用地域
　　へ出店することができる。

エ　床面積が1万㎡を超える店舗の出店が可能な地域は，原則として近隣商業地
　　域・商業地域・準工業地域の3地域である。

311

解答	ウ

■解説

　都市計画法に関する出題である。自信を持って答えられる受験生は少なかったと思われる。しかし，過去の出題を踏まえて学習していれば，ある程度選択肢を絞ることはできたであろう。

ア：適切である。大規模小売店舗のみならず，大規模集客施設として，1万㎡を超える，スタジアム，映画館，飲食店，娯楽施設なども規制対象となる。

イ：適切である。商業地域は，危険性や環境悪化のおそれが高い工場，火薬などの危険物の貯蔵量が多い倉庫などの一部建築物を除き，店舗や住居，ホテル・旅館，娯楽施設等に加え小規模工場を原則建築できる。

ウ：不適切である。基本的に店舗は建築できない。第1種低層住居専用地域とは，都市計画法第9条で定められる「低層住宅に係る良好な住居の環境を保護するため定める地域」のことである。建築物の高さが制限され，店舗・事務所，遊戯施設，病院，大学，ホテル・旅館等は建築できないなどの規制がある（兼用住宅で非住宅部分として店舗を立てることはできるが，基本的に床面積にかかわらず店舗は出店できない）。住宅や幼稚園，小学校，中学校，高等学校，診療所等は建築できる。

エ：適切である。都市計画法の改正をふくむ「まちづくり三法」によって，大規模店舗などの大規模集客施設の出店は大きく規制されることとなった。延床面積が1万㎡を超える大規模集客施設は「商業」「近隣商業」「準工業」の3種の地域のみ出店可能で，「第二種住居」「準住居」「工業」地域では原則として出店不可であり，「市街化調整区域」や「白地地域」などにも原則として出店不可である（ただし，地域指定自体を変更すれば出店は可能となる）。

　よって，ウが正解である。

参考文献：用途地域による建築物の用途制限の概要
http://www4.city.kanazawa.lg.jp/29013/kentiku/kenchikukakuninsinsei/kisei_youto.html

第 1 章　店舗・商業施設

都市計画法	ランク	1回目		2回目		3回目	
	A	／		／		／	

■平成 23 年度　第 22 問

　都市計画法の用途地域において立地可能な集客施設の例として，最も不適切なもの はどれか。

　　ア　準工業地域に計画された床面積 20,000㎡のショッピングモール

　　イ　準住居地域に計画された床面積 10,000㎡のショッピングセンター

　　ウ　商業地域に計画された床面積 3,000㎡のシネマコンプレックス

　　エ　第一種住居地域に計画された床面積 5,000㎡の総合スーパー

313

解答	エ

■解説

　都市計画法の用途地域内の建築物に関する細かい問題であり，自信を持って解答できた受験生は少ないのではないかと思われる。法律改正等で変動する部分が多い分野で，数値などを詳しく覚えることは大変だが，まずは法律の概要や地区の特徴を押さえてほしい。

　用途地域とは，都市計画法における地域地区の1つで，土地の用途を住居用，工業用，商業用などに分け，市街地における適正な土地利用を図る目的がある。用途地域の種類は現在13種類あり（2019年改正），実際の規制に関しては建築基準法と連動して建物の用途，面積などに制限を加えている。

> ア：適切である。準工業地域に計画された床面積 20,000 ㎡ のショッピングモール
> 　　は建築可能である。準工業地域は環境悪化の恐れがない工場等を建築でき，
> 　　店舗なども建築可能である。

> イ：適切である。準住居地域に計画された床面積 10,000 ㎡ のショッピングセンタ
> 　　ーは建築可能である。準住居地域は，幹線道路等の近くに設定されることが
> 　　多く，住居地域よりも工場，店舗，倉庫建設等の規制が緩い。10,000 ㎡ 以下
> 　　の一定条件下の店舗，ホテル，工場等が建設できる（10,000 ㎡ のものは建て
> 　　られる）。

> ウ：適切である。商業地域に計画された床面積 3,000 ㎡ のシネマコンプレックス
> 　　は建築可能である。商業地域は都心の繁華街やオフィスビル群がある地域に
> 　　設定されており，一部危険物などを取り扱う工場などに対し規制はあるが，
> 　　基本的に商業施設であれば建築可能（容積率等の規制は存在する）である。

> エ：不適切である。第一種住居地域に計画された床面積 5,000 ㎡ の総合スーパー
> 　　は建築できない。第一種住居地域は住居の環境を保護するための地域で，
> 　　3,000 ㎡ 以下の場合に店舗，ホテル，事務所などが建築できる。

　よって，エが正解である。

第 1 章　店舗・商業施設

都市計画法	ランク	1回目		2回目		3回目	
	B	/		/		/	

■令和元年度　第23問

　都市計画法および建築基準法で定められている用途地域と建築物について，床面積が2,000㎡のスーパーマーケットを建築できる用途地域の組み合わせとして，最も適切なものはどれか。

　　ア　工業専用地域と商業地域

　　イ　第一種住居地域と商業地域

　　ウ　第一種住居地域と第二種中高層住居専用地域

　　エ　第二種中高層住居専用地域と近隣商業地域

　　オ　第二種低層住居専用地域と準工業地域

315

解答	イ

■解説

　都市計画法と建築基準法に関する問題である。平成27年度第23問，平成23年度第22問などを学習していれば選択肢は絞られ，正答できる問題である。

ア：不適切である。工業専用地域は工業の業務の利便性を増進するための地域で，住居，物販店，飲食店などは建築できない。

イ：適切である。第一種住居地域は，住居の環境を保護するための地域で，床面積3,000㎡以下の店舗，事務所等が建築できる。平成23年度第22問選択肢エで出題されている論点である。商業地域は，店舗に対する面積の制限はない。

ウ：不適切である。第一種住居地域には，建築できる。しかし，第二種中高層住居専用地域には建築できない。第二種中高層住居専用地域とは，都市計画法にて主として中高層住宅に係る良好な住居の環境を保護するため定める地域とされる。建築できるものとして，以下のものがある。

- 住宅，共同住宅，寄宿舎，下宿，図書館
- 幼稚園，小学校，中学校，高校，大学，専修学校，病院，公衆浴場，老人ホーム
- 店舗（2階以下かつ<u>1,500平方メートル以下</u>のものに限る）
- 事務所（1,500平方メートル以下のものに限る）
- 2階以下で作業場の面積が50平方メートル以下のパン屋等の工場　等

なお，ホテル，旅館，倉庫などは建築できない。

エ：不適切である。上記のとおり，第二種中高層住居専用地域には建築できない。近隣商業地域においては店舗の面積制限はない。

オ：不適切である。第二種低層住居専用地域には建築できない。この地域は，都市計画法において主として低層住宅に係る良好な住居の環境を保護するため定める地域とされる。「低層」とあるように，建築物の高さが10m（または12m）以下に制限されていることが大きな特徴である。ここに建築できるものとして以下のものがある。

- 住宅，共同住宅，寄宿舎，下宿，図書館
- 幼稚園，小学校，中学校，高校，公衆浴場，老人ホーム
- 店舗（2階以下，床面積150平方メートル以下の日用品販売店舗，喫茶店，理髪店等のみ）
- 2階以下で作業場の面積が50平方メートル以下のパン屋等の工場　等

準工業地域に店舗に対する床面積の制限はない。

第1章　店舗・商業施設

都市計画法	ランク	1回目	2回目	3回目
	B	/	/	/

■令和元年度　第24問

　都市再生特別措置法においては，市町村は，都市計画法に規定される区域について，都市再生基本方針に基づき，住宅および都市機能増進施設の立地の適正化を図るための計画（立地適正化計画）を作成することができることとされている。

　下図は，国土交通省が平成28年に公表した『都市計画運用指針における立地適正化計画に係る概要』で説明されている立地適正化計画の区域について，その基本的な関係を表したものである。図中のA～Cに該当する語句の組み合わせとして，最も適切なものを下記の解答群から選べ。

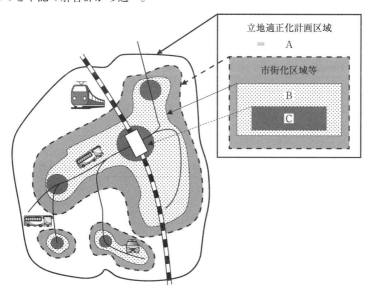

〔解答群〕

　ア　A：市街化調整区域　　B：居住誘導区域　　　　C：都市機能誘導区域
　イ　A：市街化調整区域　　B：線引き都市計画区域　C：非線引き都市計画区域
　ウ　A：市街化調整区域　　B：都市機能誘導区域　　C：居住誘導区域
　エ　A：都市計画区域　　　B：居住誘導区域　　　　C：都市機能誘導区域
　オ　A：都市計画区域　　　B：都市機能誘導区域　　C：居住誘導区域

解答	エ

■解説

　都市再生特別措置法は2002年に，①都市再生緊急整備地域，②民間都市再生事業計画の認定・支援，③都市計画の特例，④都市再生整備計画に基づく事業等を実施する市町村に対して，国が交付金を交付すること等を定め，市街地を緊急・重点的に整備するための特例を創設する狙いで制定された。近年では，都市内部で空き地・空き家等の低未利用地が時間的・空間的にランダムに発生する「都市のスポンジ化」が進行していることを踏まえた改正が行われている。

　出題された図は国土交通省の資料「改正都市再生特別措置法等について」(https://www.mlit.go.jp/common/001091253.pdf)，「都市計画運用指針における立地適正化計画に係る概要」(https://www.mlit.go.jp/common/001148083.pdf) 等において掲載されている図である。

　出題された順に各用語をまとめると，

➢ 市街化調整区域：市街化を抑制すべき地域

➢ 居住誘導区域：人口減少の中にあっても一定エリアにおいて人口密度を維持することにより，生活サービスやコミュニティが持続的に確保されるよう，居住を誘導すべき区域

➢ 都市機能誘導区域：医療・福祉・商業等の都市機能を都市の中心拠点や生活拠点に誘導し，集約することにより，これらの各種サービスの効率的な提供を図る区域

➢ 線引き都市計画区域：市街化区域内と市街化調整区域を定めた都市計画区域。

➢ 非線引き都市計画区域：市街化区域と市街化調整区域を定めない都市計画区域。

➢ 都市計画区域：都道府県が指定し，市街地を中心として，一つのまとまった都市として総合的に整備・開発または，保全する必要がある区域

　以上より，最も大きな枠組みが都市計画区域，次に市街化区域，居住誘導区域，都市機能誘導区域，となる。したがって，A：都市計画区域，B：居住誘導地域，C：都市機能誘導区域となる。

　よって，エが正解である。

引用・参照：国土交通省HP「都市計画運用指針における立地適正化計画に係る概要」
https://www.mlit.go.jp/common/001148083.pdf

第 1 章　店舗・商業施設

都市計画法	ランク	1 回目		2 回目		3 回目	
	B	／		／		／	

■令和 2 年度　第 24 問

市町村は，都市計画法に規定される区域について，都市再生基本方針に基づき，住宅および都市機能増進施設の立地適正化を図るための計画を作成することができる。

国土交通省が平成 28 年に公表している『都市計画運用指針における立地適正化計画に係る概要』における立地適正化計画に関する記述として，最も適切なものはどれか。

ア　居住調整区域とは，住宅地化を抑制するために定める地域地区であり，市街化調整区域に定める必要がある区域である。

イ　居住誘導区域とは，医療・福祉・商業等の都市機能を都市の中心拠点や生活拠点に誘導し集約することにより，これらの各種サービスの効率的な提供を図る区域である。

ウ　都市機能誘導区域における誘導施設とは，当該区域ごとに，立地を誘導すべき都市機能増進施設である。

エ　立地適正化計画では，原則として，市街化区域全域を居住誘導区域として設定する必要がある。

オ　立地適正化計画では，原則として，都市機能誘導区域の中に居住誘導区域を定める必要がある。

319

解答	ウ

■**解説**

『都市計画運用指針における立地適正化計画に係る概要』については，令和元年度第 24 問で出題された。本問は細かい論点ではあるが，「居住誘導区域」など前年出題の用語もあるため，ある程度選択肢を絞ることは可能である。

ア：不適切である。居住調整区域とは，住宅化を抑制するための地域のことである。市街化調整区域には定めることができない。

イ：不適切である。居住誘導区域とは人口減少の中にあっても一定エリアにおいて人口密度を維持することにより，生活サービスやコミュニティが持続的に確保されるよう居住を誘導すべき区域である。この論点は令和元年度に出題された。なお，「医療・福祉・商業等の都市機能を都市の中心拠点や生活拠点に誘導し集約することにより，これらの各種サービスの効率的な提供を図る区域」は，「都市機能誘導区域」である。

ウ：適切である。記述のとおり，都市機能誘導区域における誘導施設とは，当該区域ごとに，立地を誘導すべき都市機能増進施設である。まちづくりの方向性を見据えたうえで必要とされる機能を定め，医療施設，福祉施設，教育施設などが設定される。

エ：不適切である。立地適正化計画では，原則として，居住誘導区域は，市街化区域全域ではなく，市街化区域等の内部に設定する必要がある。令和元年度第 24 問の出題の図をイメージできれば判断できる。

オ：不適切である。立地適正化計画では，原則として，居住誘導区域の中に，都市機能誘導区域を定める必要がある。こちらも前年にあたる令和元年度第24 問の出題図をきちんと学習していれば判断できる。

よって，ウが正解である。

第1章　店舗・商業施設

大規模小売店舗立地法	ランク	1回目		2回目		3回目	
	A	／		／		／	

■平成 29 年度　第 26 問

大規模小売店舗立地法に関する記述として，最も適切なものはどれか。

ア　大規模小売店舗の設置者が配慮すべき基本的な事項の1つは，地域商業の需給調整である。

イ　大規模小売店舗立地法が適用対象とする小売業には，飲食店が含まれる。

ウ　大規模小売店舗立地法が適用対象とする小売店舗は，敷地面積が1,000㎡を超えるものである。

エ　大規模小売店舗立地法の施行に伴い，地域商業の活性化を図ることを目的とし大規模小売店舗法の規制が緩和された。

オ　都道府県は大規模小売店舗の設置者が正当な理由がなく勧告に従わない場合，その旨を公表することができる。

321

解答	オ

■解説

　大規模小売店舗立地法に関する基本的な問題である。平成21年度第21問（掲載なし），平成24年第22問等と似た論点が出題された。

ア：不適切である。大規模小売店舗の設置者が配慮すべき基本的な事項については平成24年度第22問と全く同じ論点である。配慮すべき基本的事項の具体的な内容については「大規模小売店舗を設置する者が配慮すべき事項に関する指針」（平成19年2月1日経済産業省告示16号）の中で定めている。その中で，駐車需要の充足等の交通に関わる事項，廃棄物に関わる事項，街並みづくり等への配慮，騒音への配慮などが挙げられているが，「地域商業の需給調整への配慮」は入っていない。詳しくは平成24年度第22問解説を参照のこと。

イ：不適切である。大規模小売店舗立地法が適用対象とする小売業には，大規模小売店舗立地法第2条（定義）に，「この法律において『店舗面積』とは，小売業（<u>飲食店業を除くもの</u>とし，物品加工修理業を含む。以下同じ。）を行うための店舗の用に供される床面積をいう。」と規定されている。

ウ：不適切である。大規模小売店舗立地法が適用対象とする小売店舗は，<u>敷地面積</u>が1,000㎡を超えるものではなく，<u>店舗面積</u>が1,000㎡を超えるものである。同法において店舗面積とされる売場は小売業を行うための店舗の用に供される部分をいう。すなわち，食堂やトイレなどのスペースは店舗面積に含まれない。

エ：不適切である。中小商業の保護を目的としていた大規模小売店舗法では解決できなかった騒音や周辺渋滞等の社会的問題を改善するため，大規模小売店舗立地法が施行され，大規模小売店舗法は廃止されている。

オ：適切である。都道府県は大規模小売店舗の設置者が正当な理由がなく勧告に従わない場合，その旨を公表することができる。この論点は，平成25年度第23問選択肢エに出てくる。

　よって，オが正解である。

第1章　店舗・商業施設

大規模小売店舗 立地法	ランク	1回目		2回目		3回目	
	A	／		／		／	

■平成 25 年度　第 23 問

大規模小売店舗立地法に関する説明として，<u>最も不適切なもの</u>はどれか。

ア　大規模小売店舗法と異なり，大規模小売店舗立地法は小売店舗が営利活動を
　　営んでいるかどうかを問題としないため，生協や農協の大規模店舗も同法の
　　対象となる。

イ　建物の設置者が配慮すべき駐車場の収容台数や荷捌き施設の位置などの具体
　　的な事項は，大規模小売店舗立地法に基づく指針で定められている。

ウ　都道府県は，地元市町村や地元住民の意見を聴取するための協議会を設置す
　　ることが義務づけられている。

エ　都道府県は，建物の設置者が勧告に従わない場合，その旨を公表することが
　　できるが，従わない者への罰則規定はない。

323

解答	ウ

■**解説**

大規模小売店舗立地法（以下，大店立地法）に関する問題である。

ア：適切である。大店立地法において「小売業を行う」というのは，小売業を営利を持って行うか否かではなく，物品を継続反復して消費者に販売する行為がその業務の主たる部分を占めるものをいう。よって，農協や生協など組合原則に従って組合員に物資の供給事業を行うものも対象となる。

イ：適切である。大店立地法の大きな目的の１つである，店舗周辺地域の生活環境の保持を図るうえで，「駐車場の収容台数や荷捌き施設の位置」などは重要な事項であり，その他，歩行者の通路や駐輪場，廃棄物に関する項目が「大規模小売店舗を設置する者が配慮すべき事項に関する指針」に設定されている。詳しくは平成24年度第22問参照のこと。

ウ：不適切である。同法第8条において都道府県は，対象大規模小売店舗の新設日の公告をしたときは，速やかに市町村に通知し，市町村から意見を聴かなければならないとされる。すなわち新設店舗に関する説明会の開催義務はあるが，協議会の設置は義務付けられていない。また，大規模小売店舗新設等の届出内容について，周辺の生活環境の保持という見地からの意見を有する者は，その住所，所属，自然人，法人の如何を問わず，都道府県に対し，意見書を提出し，意見を述べることができるとされる。

エ：適切である。同法第9条において，建物の設置者に対し必要な措置を取ることを勧告するとともに，正当な理由がなくこの勧告に従わない場合は公表することができると制定されている。

よって，ウが正解である。

参考文献：経済産業省HP「大規模小売店舗を設置する者が配慮すべき事項に関する指針」の解説〔再改定指針対応版〕
http://www.meti.go.jp/policy/economy/distribution/daikibo/downloadfiles/sisin-kaisetu-ver070612.pdf
経済産業省HP　大規模小売店舗立地法の解説〔第4版〕
http://www.meti.go.jp/policy/economy/distribution/daikibo/downloadfiles/rittiho-kaisetu-ver070501.pdf

第 1 章　店舗・商業施設

大規模小売店舗 立地法	ランク	1 回目		2 回目		3 回目	
	A	/		/		/	

■平成 24 年度　第 22 問

　大規模小売店舗立地法は，大規模小売店舗の設置者に対し，特に周辺地域の生活環境の保持のため，その施設の配置および運営方法について合理的な範囲で配慮を求めている。大規模小売店舗を設置する者が配慮すべき事項として，<u>最も不適切なものはどれか</u>。

ア　騒音の発生に係る事項への配慮

イ　地域商業の需給調整への配慮

ウ　駐車需要の充足等交通に係る事項への配慮

エ　廃棄物に係る事項等への配慮

オ　街並みづくり等への配慮

325

解答	イ

■解説

　大規模小売店舗立地法における大規模小売店舗を設置する者が配慮すべき事項に関する問題である。平成23年度に続いて大規模小売店舗立地法から出題となった。

　大規模小売店舗立地法について概要を理解しておけば，細かい論点を覚えていなくても消去法で解答を絞ることは可能であった。

　同法第4条において，「大規模小売店舗を設置する者が配慮すべき事項に関する指針」についての規定があり，具体的な内容を「大規模小売店舗を設置する者が配慮すべき事項に関する指針」（平成19年2月1日経済産業省告示16号）の中で定めている。その中では，駐車需要の充足等の交通に関わる事項や，廃棄物に関わる事項，街並みづくり等への配慮，騒音への配慮などが挙げられているが，「地域商業の需給調整への配慮」は入っていない。

　よって，イが正解である。

　ここまで把握していなくても，中小商業の保護を目的としていた大規模小売店舗法（大店法）が廃止され，周辺住民や環境への影響（交通渋滞，騒音などの社会的な問題に関する規制）に目を向けた法律として同法が制定されたことを理解していれば正答へたどり着ける。

　選択肢を見ると，いわゆる「社会的な問題」にあたるものが並ぶ中で，ほかの選択肢に比べ選択肢イ「地域商業の需給調整への配慮」は中小商業の保護にあたり，周辺住民への直接的な影響があるとは言い難い。このような法の廃止，制定の流れを理解していれば，選択肢イと判断することもできたであろう。

大規模小売店舗 立地法	ランク	1回目		2回目		3回目	
	A	/		/		/	

■令和2年度　第23問

大規模小売店舗立地法に関する記述として，最も適切なものはどれか。

ア　この法律では，店舗に設置されている消火器具や火災報知設備などの機器点検は，6か月に1回行わなければならないと定められている。

イ　この法律の主な目的は，大規模小売店舗における小売業の事業活動を調整することにより，その周辺の中小小売業の事業活動の機会を適正に確保することである。

ウ　この法律の対象は店舗面積が500㎡を超える小売業を営むための店舗であり，飲食店は含まれない。

エ　市町村は，大規模小売店舗の設置者が正当な理由がなく勧告に従わない場合，その旨を公表することができる。

オ　大規模小売店舗を設置するものが配慮すべき事項として，交通の渋滞や交通安全，騒音，廃棄物などに関する事項が挙げられている。

解答	オ

■解説

やや細かい論点もあるが，過去の出題を押さえておけば正答可能な問題である。

ア：不適切である。小売店舗における消火器具や火災報知設備などについて規定しているのは「消防法」である。火災に係る機器点検の規定については前年に当たる令和元年度第 25 問で消防法から出題された内容である。

イ：不適切である。この法律は，大規模小売店舗の立地に関し周辺地域の生活環境保持のため大規模小売店舗の設置者が配慮すべき事項として，立地することに伴う交通渋滞，騒音，廃棄物等に関する事項などの施設の配置や運営などについて定めることで，小売業の健全な発展等を目的としている。選択肢の記述にあるような事業活動の機会の調整ではない（なお，これは 2000 年に大規模小売店舗立地法により廃止された「大規模小売店舗法」の目的である）。

参考：第 1 条「この法律は，大規模小売店舗の立地に関し，その周辺の地域の生活環境の保持のため，大規模小売店舗を設置する者によりその施設の配置及び運営方法について適正な配慮がなされることを確保することにより，小売業の健全な発達を図り，もって国民経済及び地域社会の健全な発展並びに国民生活の向上に寄与することを目的とする。」

ウ：不適切である。この法律の対象は店舗面積が 500㎡ を超える小売業ではなく，店舗面積が 1,000㎡ を超える小売業である。なお，本法律における対象が「小売業を行うための店舗の用に供する床面積（飲食店業は含まない，物品加工修理業は含む）」の合計が，「1,000㎡」を超える小売業という論点は，平成 21 年度や平成 29 年度第 26 問で出題されている。

エ：不適切である。市町村ではなく，「都道府県」が大規模小売店舗の設置者が正当な理由がなく勧告に従わない場合，その旨を公表することができる。

オ：適切である。記述のとおり，大規模小売店舗を設置するものが配慮すべき事項として，交通の渋滞や交通安全，騒音，廃棄物などに関する事項が挙げられている。

よって，オが正解である。

中心市街地活性化法	ランク	1回目	2回目	3回目
	A	/	/	/

■平成 30 年度　第 21 問

　次の文章は，いわゆる「まちづくり三法」のねらいに関する記述である。空欄 A
～ C に入る語句として，最も適切なものの組み合わせを下記の解答群から選べ。

　中心市街地活性化法は，都市中心部の衰退化現象に歯止めをかけるべく，都市中心
部に対して政策的に資源を集中しようとするものであり，従来の　A　政策の系譜
の中での取り組みである。　B　ではゾーニング的手法によって商業施設の立地を
計画的に誘導することが期待され，　C　では施設周辺の生活環境を保持する観点か
らチェックが行われる。

〔解答群〕

　　ア　A：競争　　B：大規模小売店舗立地法　　C：都市計画法

　　イ　A：競争　　B：都市計画法　　　　　　　C：大規模小売店舗立地法

　　ウ　A：振興　　B：大規模小売店舗立地法　　C：都市計画法

　　エ　A：振興　　B：都市計画法　　　　　　　C：大規模小売店舗立地法

解答	エ

■解説

　従来のまちづくり三法の基本的論点であり，過去出題もあった論点のため必ず正解したい。まちづくり三法としてまとめて出題された問題として，平成20年度第22問（掲載なし）がある。

　まちづくり三法とは，①大規模小売店舗立地法，②中心市街地活性化法，③都市計画法の3つを指す。

①大規模小売店舗立地法：中小商業の保護を目的としていた大規模小売店舗法では解決できなかった騒音や周辺渋滞等の社会的問題を改善するため，大規模小売店舗立地法が施行された。よって，「施設周辺の生活環境を保持する観点」からチェックが行われるのは「大規模小売店舗立地法」（空欄C）である。

②中心市街地活性化法：本法は，都市機能が無秩序に拡大し，市街地の中心地が空洞化してきたことが問題となり制定された。都市中心地が競争原理によって空洞化し，その進行を防ぐため都市中心地の「振興」（空欄A）を目的としたものである。

③都市計画法：都市計画法は土地の使用用途などを「用途地域」という分類によって規制する法律である。まちづくり三法の1つとしての都市計画法は，大型店等の郊外立地にブレーキをかける目的が強い。大規模集客施設は広域的に都市機能やインフラ整備等に影響を及ぼすため，広く立地が可能とされてきた従来の原則を転換し，立地を制限したうえで，その立地について都市計画の手続きを要することとした。よって，用途地域としてゾーニング的手法で商業施設の計画的誘導を行っているのは「都市計画法」（空欄B）である。都市計画法の改正にともない，並行して建築基準法の改正も行われ，出店規制を強めている。現在では，1万㎡を超える大規模集客施設の立地可能な用途地域を，商業地域，近隣商業地域，準工業地域の3地域に限定し，第二種住居地域などに今後，原則として出店できなくなっている。

　よって，エが正解である。

第1章　店舗・商業施設

2. 店舗立地と出店

▶▶ 出題項目のポイント

　店舗の立地条件や商圏分析に関する項目であるが，1次試験の「試験科目設置の目的と内容」においては立地条件，商圏分析，出店評価の3つに分かれている。出題傾向から，本書では立地条件と商圏分析の2つに分類した。

　立地条件に関して押さえてほしいものとしてライリー・コンバースの公式などがある。また，コラム1にて買回品等の基本用語解説を行っている。ここに分類された問題以外でも頻出の用語なので解説を参照してほしい。

▶▶ 出題の傾向と勉強の方向性

　過去に出題された論点としては小売商店の立地傾向などがあるが，全体的に頻出問題ではない。従来までの商圏をこえた内容として，ここでは買い物弱者（平成23年度第26問，平成28年度第26問）をテーマとした問題も学習する。本書に掲載はないが，商業施設の計画段階におけるマーケティング調査分析に関する問題（平成18年度第22問）も出されている。

■取組状況チェックリスト

2. 店舗立地と出店						
立地条件						
問題番号	ランク	1回目		2回目		3回目
平成23年度 第26問	B	/		/		/
平成28年度 第26問	B	/		/		/
平成23年度 第24問	C*	/		/		/
商圏分析						
問題番号	ランク	1回目		2回目		3回目
平成30年度 第23問	A	/		/		/
平成25年度 第24問	A	/		/		/
令和2年度 第25問	A	/		/		/

331

平成 28 年度 第 25 問（設問 1)	C*	/		/		/		
平成 28 年度 第 25 問（設問 2)	C*	/		/		/		
平成 29 年度 第 24 問	C*	/		/		/		

＊ランク C の問題と解説は，「過去問完全マスター」の HP（URL：https://jissen-c.jp/）よりダウンロードできます。

〈コラム 1〉

最寄品と買回品

	最寄品	買回品
購買頻度	高い	低い
価格	低価格	高め
計画性	低め	高め
比較購買への努力	小さい	大きい
販売方法	幅広い	少数店舗で選択的に販売
プロモーション	生産者によるマス・プロモーション中心	生産者と小売業者による広告，人的販売
例	一般食品，歯ブラシなどの日用雑貨，雑誌，薬など	テレビなどの大型家電，衣料品，家具，おもちゃ，眼鏡など（※ただし，「中間品」という呼び方もあり，同じ衣料品でも高級スーツなどは買回品，実用衣料は「中間品」とすることもある。)
さらに細かい分類（※名称はさまざまある）	必需品…消費者が生活する上で必ず必要であり，定期的に購入するものを指す。衝動品…比較検討や購入計画などの努力をせず，情緒的に購入されるものを指す（ガム，雑誌など）。緊急品…不測の事態が発生したことにより購入されるものを指す。（急に大雨が降ってきた時の傘，発熱時の解熱剤など）	同質品…品質が類似しているが，価格に比較検討する余地のある差が存在する（家電など）。異質品…商品の特徴・サービスなどに違いがあって，価格よりもそれらが決定的な購買要因となりえる（既製服など）。

※最寄品等に関する問題として平成 19 年度第 30 問がある（本書掲載なし）。

332

第1章　店舗・商業施設

	ランク	1回目		2回目		3回目	
立地条件	B	／		／		／	

■平成 23 年度　第 26 問

　食料品等の日常の買い物が困難な状況におかれる人々が増加している。これらの人々を一般に「買い物弱者」という。このような状況が発生した背景として，最も不適切なものはどれか。

　　ア　商圏内人口が減少したことによって，中小小売業だけでなく大規模小売業においても経営が成り立ちにくくなったこと。

　　イ　地域公共交通機関の廃止や運行本数の削減により，交通機能が弱体化したこと。

　　ウ　中小小売業者の高齢化や後継者難などにより，閉店する店舗が増加したこと。

　　エ　日本の食料品自給率が，他の先進国に比べて低いこと。

333

解答	エ

■解説

　経済産業省では買い物弱者を「流通機能や交通網の弱体化とともに，食料品等の日常の買い物が困難な状況に置かれている人々」と定義している。過疎地だけでなく，高度経済成長期に立てられた大規模団地など中心部においても，人口の郊外移動が進みスーパーが撤退する，公共交通機関が廃止されるなどが原因で買い物弱者が増加傾向にある。

　なお，経済産業省の対策マニュアルにおいては「買い物難民」という表現も使用されている。

　ア：適切である。小売業は人口減少等によって売上が減り，閉店・撤退をするケースが増えてきている。大きな商業施設は郊外に分散し，上記したように中心部であっても身近な場所での買い物が難しくなってきている地域を生み出している。

　イ：適切である。日常的に自家用車を利用する人が増え，公共交通機関の利用者数が減ったことで，地域公共交通機関の廃止や運行本数の削減が起きている。そのため特に自家用車が運転できない高齢者や，山間部などの坂の多い地域に住む人々の日常の買い物や通院等に影響を与えている。

　ウ：適切である。本肢のとおりである。なお，商店街に関する問題ではあるが，平成26年度第25問において商店街店舗の退店・廃業理由として最も多いものが「商店主の高齢化・後継者の不在」である，という論点が出題されている。

　エ：不適切である。買い物弱者の問題は，国内産の食料品の買い物に限定して定義されず，自給率の低さと直接的に関係があるわけではない。

　以上より，エが正解である。

参考文献：経済産業省HP　「買い物弱者対策支援について」
http://www.meti.go.jp/policy/economy/distribution/kaimonoshien2010.html

第1章　店舗・商業施設

立地条件	ランク	1回目		2回目		3回目	
	B	／		／		／	

■平成 28 年度　第 26 問

　経済産業省の『買物弱者応援マニュアル Ver.3.0』における「買物弱者」に対する流通業者やサービス業者の取り組みとして，最も不適切なものはどれか。

　ア　郊外での大型店の出店・開発

　イ　消費者からの注文に応じて商品を届ける宅配サービス

　ウ　消費者の居住地域での仮設店舗の出店

　エ　商品を積載した車による移動販売

　オ　来店手段となるバス等の運行

335

解答	ア

■解説

　買物弱者に関する問題である。直接的に『買物弱者応援マニュアル Ver.3.0』を知らなくとも，平成23年度第26問等で買物弱者について学習し，その発生の要因や内容について学習していれば容易に答えられるため，必ず正答してほしい。買物弱者の定義等については平成23年度第26問解説を参照のこと。

　当マニュアルで示されている「買物弱者」に対する流通業者やサービス業者の取組みとしては，

① 　家まで商品を届ける　…選択肢イに該当

② 　近くにお店を作る　…選択肢ウ，エに該当。また，選択肢アに反するため，選択肢アが不適切となる。

③ 　家から出かけやすくする　…選択肢オに該当

④ 　コミュニティ形成

⑤ 　物流の改善・効率化の取組み

があげられている。

　よって，アが正解である。

商圏分析	ランク	1回目	2回目	3回目
	A	/	/	/

第1章　店舗・商業施設

■平成 30 年度　第 23 問

　商圏分析として，A市およびB市がその中間に位置するX町から吸引する購買額の割合を，ライリーの法則に基づいて求めたい。その計算に必要な比率として，最も適切なものの組み合わせを下記の解答群から選べ。

　　a　「A市の人口」と「B市の人口」の比率

　　b　「A市の面積」と「B市の面積」の比率

　　c　「A市とX町の距離」と「B市とX町の距離」の比率

　　d　「A市とX町の住民の総所得の差」と「B市とX町の住民の総所得の差」の比率

〔解答群〕

　　ア　aとc

　　イ　aとd

　　ウ　bとc

　　エ　bとd

解答	ア

■解説

　ライリーの法則に関する出題で，小売吸引力のモデルとして有名であり，平成 21 年度第 21 問（本書掲載なし）で出題があったので正答したい。さかのぼれば，平成 18 年度第 23 問でも出題されている。

　ライリーの法則は，「2 つの都市がその間にある都市から顧客を吸引する割合は，その 2 つの都市の人口に比例し，距離の 2 乗に反比例する」という 2 都市間の商圏分岐点を算出するものである。

　よって，アが正解である。

第1章 店舗・商業施設

商圏分析	ランク	1回目		2回目		3回目	
	A	/		/		/	

■平成25年度　第24問

　小売吸引力に関して，次の文中の空欄A～Cに入る語句として最も適切なものの組み合わせを下記の解答群から選べ。

　小売吸引力とは，小売店が顧客を引き付ける力を意味し，市場地域特性，個別消費者特性，立地点特性，店舗特性，マーケティング特性などによって規定される。引力モデルで有名なハフは，ある目的地の効用はその地点にある小売施設の規模に　A　し，消費者がその目的地に到着するのに必要な時間に　B　すると指摘した。また，小売吸引力によって，小売店が顧客を引き付ける地域を　C　という。

〔解答群〕

　　ア　A：反比例　　B：比例　　　C：商圏

　　イ　A：反比例　　B：比例　　　C：ポジショニング

　　ウ　A：比例　　　B：反比例　　C：ポジショニング

　　エ　A：比例　　　B：反比例　　C：商圏

339

解答	エ

■解説

　ハフに関しては，平成21年度第23問の選択肢アにおいて「ハフ・モデル」として登場している。このハフ・モデルであるが，これは消費者がある店舗で買物をする確率を求めるものである。食品や日用品などの最寄り品であればできるだけ近くで購入したい，品質や価格を比較検討して購入する家電や衣料品などの買回品であれば遠くまで出かけて探す，という消費者の特性を踏まえている。

　店舗の売場面積に「比例」（空欄A）し（広ければ広いほど消費者にとって魅力的である），そこまでの距離に「反比例」（空欄B）する（遠ければ遠いほど魅力的でなくなる）とするモデルである。小売吸引力によって，小売店が顧客を引き付ける地域を「商圏」（空欄C）という。商圏とは，個々の店舗や商業集積の商売の対象となる地域のことで，店舗の営業が成立するかなどを判断する上で大事な基準となる。その他，商圏に関する法則として，「ライリーの法則」「コンバースの法則」「ライリー・コンバースの法則」をお手持ちのテキスト等で再確認してほしい。

　〈参考〉商圏の分け方
　①商品特性から見た場合
　　・最寄品商圏…最寄品を主に購入する顧客が住んでいる地域
　　・買回品商圏…買回品を主に購入する顧客が住んでいる地域
　②顧客の吸引率から見た場合（数値等の定義はさまざまある）
　　・第1次商圏…その店舗あるいは商業集積を利用する顧客数や可能販売額の
　　　60％程度以上を占める顧客が居住する地理的範囲
　　・第2次商圏…その店舗あるいは商業集積を利用する顧客数や可能販売額の
　　　30％程度以上を占める顧客が居住する地理的範囲
　　・第3次商圏…残りの5％程度の顧客が居住する地理的範囲
　　　　※なお，さらに第1次商圏から第3次商圏外にあって，影響を受ける地域を「影
　　　　響圏」としている論者もいる。

　　　参考文献：経済産業省HP　http://www.meti.go.jp/report/downloadfiles/ji04_10_12.pdf

340

商圏分析	ランク	1回目	2回目	3回目
	A	/	/	/

■令和2年度　第25問

A市とB市との2つの市の商圏分岐点を求めたい。

下図で示す条件が与えられたとき，ライリー＆コンバースの法則を用いて，B市から見た商圏分岐点との距離を求める場合，最も適切なものを下記の解答群から選べ。

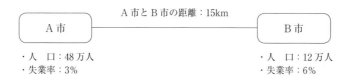

〔解答群〕

ア　2.5km

イ　3km

ウ　5km

エ　7.5km

オ　10km

解答	ウ

■解説

　平成30年度第23問にて「ライリーの法則」が出題されているので，ぜひ正答したい問題である。「ライリー・コンバースの法則」は，「2つの都市がその間にある都市から顧客を吸引する割合は，その2つの都市の人口に比例し，距離の2乗に反比例する」という法則で，2都市間の商圏分岐点を算出するものである。過去に平成18年度第23問で出題されている法則であるが，実際に計算させる問題は近年出題されていなかった。

　商圏分岐点とは，上記のように人口と距離によって，互いの都市に吸収される販売額が1：1となる地点である。よって，商圏分岐点の算出には失業率は関係がない。

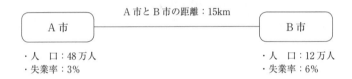

　ライリー・コンバースの法則の公式は以下のとおりである。
Da：A市からの商圏分岐点までの距離
Dab：A市とB市の距離
Pa：A市の人口
Pb：B市の人口

$$Da = \frac{Dab}{1+\sqrt{\frac{Pb}{Pa}}} = \frac{15}{1+\sqrt{\frac{12万人}{48万人}}} = \frac{15}{1.5} = 10\text{km}$$

　これはA市からの距離のため，B市から見た商圏分岐点は15km－10km＝5kmの地点となる。

　よってウが正解である。

第1章　店舗・商業施設

3. 商業集積

▶▶ 出題項目のポイント

　1次試験の「試験科目設置の目的と内容」においては，商業集積として，ショッピングセンター，商店街，共同店舗に分けられている項目である。商業集積は小売店，サービス店等が集まったものを指すが，他にも自然発生的に生じた商店街や，計画的に建設されたショッピングセンター，共同店舗などがある。

▶▶ 出題の傾向と勉強の方向性

　ここ数年，ショッピングセンターと商店街に関する出題が連続している。最新の状況に関する出題，また細かい論点が出題ごとに異なるため，Cランクにしているものが多いが，ショッピングセンター（SC）と商店街は頻出論点であるため，Cランクの問題にも目を通してほしい。SCに関しては一般社団法人日本ショッピングセンター協会発表の「全国のSC数・概況」，商店街に関しては3年に1度発表される「商店街実態調査報告書」からの出題が比較的多いため，目を通しておくとよいだろう。

　近年売上が伸びているインターネットショッピングモールの発達などにも，留意しておくとよい。全体的に商業集積自体をテーマにした問題は少ないが，言葉の定義などはさまざまな問題で利用されるので，業態について暗記が必要である。

　共同店舗に関しては，直近は出題されていないため掲載していないが，平成16年度第20問で共同店舗化をテーマに出題されている。

343

■取組状況チェックリスト

3. 商業集積							

ショッピングセンター

問題番号	ランク	1回目		2回目		3回目	
平成 29 年度 第 25 問	C*	/		/		/	
平成 27 年度 第 27 問	C*	/		/		/	
平成 26 年度 第 24 問	C*	/		/		/	
平成 25 年度 第 25 問	C*	/		/		/	
平成 24 年度 第 25 問	C*	/		/		/	
令和元年度 第 22 問	A	/		/		/	

商店街

問題番号	ランク	1回目		2回目		3回目	
令和 2 年度 第 26 問	A	/		/		/	
平成 29 年度 第 22 問	A	/		/		/	
平成 26 年度 第 25 問	C*	/		/		/	
平成 30 年度 第 22 問	C*	/		/		/	
平成 30 年度 第 25 問	C*	/		/		/	
令和元年度 第 27 問	C*	/		/		/	

＊ランク C の問題と解説は，「過去問完全マスター」の HP（URL：https://jissen-c.jp/）よりダウンロードできます。

ショッピングセンター	ランク	1回目	2回目	3回目
	A	／	／	／

第1章　店舗・商業施設

■令和元年度　第22問

わが国のショッピングセンター（SC）の現況について，一般社団法人日本ショッピングセンター協会が公表している「全国のSC数・概況（2018年末時点で営業中のSC）」から確認できる記述として，最も適切なものはどれか。

なお，立地については，以下のように定義されている。

　中心地域：人口15万人以上の都市で，商業機能が集積した中心市街地

　周辺地域：上記中心地域以外の全ての地域

ア　1SC当たりの平均テナント数は約200店である。

イ　2013年と2018年の業種別テナント数の割合を比較すると，物販店の割合は減少し，サービス店の割合は増加している。

ウ　SCを立地別に分類した場合，周辺地域よりも中心地域のほうが多い。

エ　新規オープン1SC当たりの平均店舗面積は，2001年以降，年単位で一貫して増加している。

オ　ディベロッパー業種・業態別SC数において，小売業で最も多いものは，百貨店である。

345

解答	イ

■解説

　近年出題されているショッピングセンターの動向であるが，令和元年度も出題となった。出題論点自体は毎年変わるが「一般社団法人日本ショッピングセンター協会」の発表するSCの現況については必ず試験前に確認してほしい。

　ア：不適切である。下表のとおり，1SC当たりの平均テナント数は50店である。

　　＊SCの概況

総SC数	3,220
総テナント数	161,960店
平均テナント	50店
総キーテナント数	2,928店
店総店舗面積	53,193,597㎡
1SC平均店舗面積	16,520㎡

　　　引用：日本ショッピングセンター協会ホームページ（http://www.jcsc.or.jp/sc_
　　　　　data/data/overview）

　イ：適切である。下表のとおり，物販店の割合は減少し，サービス店の割合は増加している。

	2013年		2018年	
	テナント数	構成比（%）	テナント数	構成比（%）
物販店	97,539	64.9	100,486	62.9
サービス	25,377	16.9	30,380	19.0

　　　参照：日本ショッピングセンター協会ホームページ（http://www.jcsc.or.jp/sc_
　　　　　data/data/overview）より一部抜粋

　ウ：不適切である。周辺地域よりも中心地域のほうが少ない。

中心地域	周辺地域	総数
473	2,747	3,220

　　　参照：日本ショッピングセンター協会ホームページ（http://www.jcsc.or.jp/sc_
　　　　　data/data/overview）より一部抜粋

　エ：不適切である。新規オープン1SC当たりの平均店舗面積は，2001年以降，変動がある。

　オ：不適切である。ディベロッパー業種・業態別SC数において，小売業で最も多いものは，総合スーパーで，2018年は構成比24%となっている。

　よって，イが正解である。

第 1 章　店舗・商業施設

商店街	ランク	1回目		2回目		3回目	
	A	／		／		／	

■**令和 2 年度　第 26 問**

　中小企業庁『平成 30 年度商店街実態調査報告書』から確認できる記述として，最も適切なものはどれか。

　　ア　1 商店街当たりのチェーン店舗数は，前回調査（平成 27 年度調査）よりも減少している。

　　イ　1 商店街当たりの店舗数は，前回調査（平成 27 年度調査）よりも増加している。

　　ウ　外国人観光客の受け入れについては，過半数の商店街が取り組みを行っている。

　　エ　商店街組織の専従事務職員は，0 名の商店街の割合が最も低い。

　　オ　商店街の業種別店舗数では，飲食店の割合が最も高い。

347

解答	オ

■**解説**

　近年頻出している『商店街実態調査報告書』からの出題である。言葉の定義や近年の傾向など毎年若干論点が変わっているが，最新版の『商店街実態調査報告書』は一読しておくことが望ましい（3年に1度，調査を実施。中小企業庁のホームページから確認できる）。なお，今回の出題に関しては報告書すべてを読み込まなくても，「調査結果のポイント」としてまとめられた部分だけ理解していても正答可能である。

参考：中小企業庁ホームページ
https://www.chusho.meti.go.jp/shogyo/shogyo/2019/190426shoutengai.htm

ア：不適切である。1商店街当たりのチェーン店舗数は，前回調査（平成27年度調査）よりも増加している（1商店街あたりのチェーン店舗数　前回調査4.1店→今回調査5.7店）。

イ：不適切である。1商店街当たりの店舗数は，前回調査（平成27年度調査）よりも減少している（前回調査54.3店→今回調査50.7店）。

ウ：不適切である。外国人観光客の受け入れについては，取り組んでいない商店街が多い（行っていない商店街は77.6％。行っている商店街は8.7％）。過半数は間違いである。

エ：不適切である。商店街組織の専従事務職員は，0名の商店街の割合が最も高い（商店街組織の専従事務職員（パート，アルバイト含む）は0名の商店街が74.8％）。

オ：適切である。商店街の業種別店舗数では，飲食店の割合が32.2％で最も高くなっている。次いで衣料品・身の回り品店等（20.1％），最寄品小売店（15.8％）である。

よって，オが正解である。

第 1 章　店舗・商業施設

商店街	ランク	1回目		2回目		3回目	
	A	/		/		/	

■平成 29 年度　第 22 問

　中小企業庁「平成 27 年度商店街実態調査報告書」から確認できる記述として，最も適切なものはどれか。

　　ア　最近 3 年間に商店主が退店（廃業）した理由として最も回答が多いものは「大型店の進出」である。

　　イ　最近 3 年間の商店街への来街者数の変化について，「減った」と回答した商店街の割合は平成 24 年度調査よりも増加している。

　　ウ　商店街の最近の景況について，「衰退している」と回答した商店街の割合は平成 24 年度調査よりも増加している。

　　エ　商店街の全体の平均店舗数は平成 24 年度調査よりも増加している。

解答	エ

■解説

　商店街に関する問題で，平成26年第25問でも出題された「商店街実態調査報告書」より，商店街の動向に関する問題である。3年に1度調査されるため，前回出題された平成26年度は平成24年度の報告書から出題されている。商店街に関する出題は今後もあると思われるので，各論点や動向をチェックしてほしい。

　　ア：不適切である。この論点は平成26年時も問われており，退店・廃業した理由は，下記のとおりであり，最も大きな理由は「商店主の高齢化・後継者の不在」である。
　　　　「商店主の高齢化・後継者の不在」66.6％
　　　　「他の地域への移転」23.8％
　　　　「同業種との競合」12.9％
　　　　「商店街に活気がない」12.8％
　　　　よって，退店・廃業の一番の理由は，大型店の出店ではない。
　　イ：不適切である。最近3年間の商店街への来街者数の変化については，「減った」と回答した商店街は56.6％で，前回調査（72.6％）と比べると16.0ポイント減少している。一方，「増えた」と回答した商店街は11.2％で，前回調査（6.7％）と比べると，増加した。なお，来街者数の増加要因としては，集客イベントの実施や商店街の情報発信によるものとの回答が多かった。
　　ウ：不適切である。商店街の最近の景況は，「衰退している」と回答した商店街が最も多いが，前回調査より7.9ポイント減少となり，「繁栄している」，「繁栄の兆しがある」はそれぞれ前回調査より増加している。
　　エ：適切である。商店街の平均店舗数は54.3店で，平成24年度調査の平均店舗数（52.9店）と比べると1.4店増加している。

　よって，エが正解である。

　　　　　　　　　参考文献：中小企業庁ホームページ『平成27年度商店街実態調査報告書』
　　　　　　　　　http://www.chusho.meti.go.jp/shogyo/shogyo/2016/160322shoutengaiB.pdf

第1章　店舗・商業施設

4. 店舗施設

▶▶ 出題項目のポイント

　以前は非常に出題が多く，過去問題数としてもボリュームがあったが，近年の傾向
では減少気味の論点である。実際に店舗をイメージしながら学習すると覚えやすい。
1次試験の「試験科目設置の目的と内容」においては店舗構造，店舗設備・什器，照
明と色彩に分けられている。

　色彩は，近年出題がなく本書には過去問が収録されていない。色彩に関する知識と
しては，「色の三要素」と呼ばれる色相，明度，彩度について理解しておくことが重
要である。なお，平成27年度第26問，平成29年度第30問で「視認性」などに関す
る出題があった。

▶▶ 出題の傾向と勉強の方向性

　店舗構造に関しては，「パラペット」などの店舗外装の名称等が出題されたことが
あるが，近年出題されていない。

　売場レイアウトと陳列は，売上向上に直結するため，出題も多い。近年，陳列は運
営管理の中でも最頻出項目の1つである。陳列の名称とその効果をセットで覚えるこ
とが得点につながる。

　照明に関しては，平成14，15，16年度と連続して出題され，近年は2年に一度の
ペースで出題されていたが，平成24年度，平成25年度，平成26年度は出題されな
かった。平成27年度と平成30年度には出題されたが，過去論点にもあった，照明に
関する単位であるルーメンや色温度等の基本的用語をカバーできれば十分である。近
年では，環境問題への配慮からLED電球への切り替えなども問題の中に登場してい
る。

　色彩に関しては，平成16年度以降出題がなかったが，平成25年度で1問出題され
た。「色相」「明度」「彩度」が何を指すのか，といったことは確認しておくとよい。
本書には掲載されていないが，平成16年度第22問も，余裕のある方は確認をされた
い。

351

■取組状況チェックリスト

4. 店舗施設					

店舗構造

問題番号	ランク	1回目		2回目		3回目	
平成 23 年度 第 25 問	C *	/		/		/	

店舗設備・什器

問題番号	ランク	1回目		2回目		3回目	
平成 26 年度 第 26 問	C *	/		/		/	

照明と色彩

問題番号	ランク	1回目		2回目		3回目	
平成 30 年度 第 24 問	B	/		/		/	
平成 27 年度 第 25 問	B	/		/		/	
平成 25 年度 第 26 問	C *	/		/		/	
平成 27 年度 第 26 問	B	/		/		/	
平成 29 年度 第 30 問	B	/		/		/	

＊ランク C の問題と解説は，「過去問完全マスター」の HP（URL：https://jissen-c.jp/）よりダウンロードできます。

第1章 店舗・商業施設

	ランク	1回目	2回目	3回目
照明と色彩	B	／	／	／

■平成 30 年度　第 24 問

次の文章は，照明の基礎知識に関する解説である。空欄 A ～ C に入る語句または数値として，最も適切なものの組み合わせを下記の解答群から選べ。

照度とは自然光や人工照明で照らされた場所の明るさを意味する用語であり，一般的に ☐ A ☐ の単位で表される。JIS では維持照度の推奨値が示されている。例えば，商店（一般共通事項）の重要陳列部は 750 ☐ A ☐ であり，大型店（デパートや量販店など）の重要陳列部は ☐ B ☐ ☐ A ☐ である。

照明された物の色の見え方を表す光源の性質を客観的に示すために，JIS では ☐ C ☐ が用いられている。例えば，商店（一般共通事項）および大型店（デパートや量販店など）の重要陳列部の推奨最小値は 80 である。

〔解答群〕

ア　A：ルクス　　B：　500　　　C：平均光色評価数

イ　A：ルクス　　B：2,000　　　C：平均演色評価数

ウ　A：ルクス　　B：2,000　　　C：平均光色評価数

エ　A：ワット　　B：　500　　　C：平均演色評価数

オ　A：ワット　　B：2,000　　　C：平均演色評価数

353

解答	イ

■解説

　照明に関する基本的な問題で，ぜひ正答したい。平成27年度第25問，平成20年度第24問（本書掲載なし）でカバーできる問題である。

・照度の一般的な単位はルクス（lx）
・照明された物の色の見え方を表す光源の性質を客観的に示す数値が平均演色評価数という基本事項を押さえていれば，重要陳列部の具体的なルクス数がわからなくても選択肢が絞れた。ただし，大型店で買い物をしたことのある方は，小さい店舗よりも一般的に明るい照明であると推察できたであろう。

　上記より，

　照度とは自然光や人工照明で照らされた場所の明るさを意味する用語であり，一般的に ルクス （空欄A）の単位で表される。JISでは維持照度の推奨値が示されている。たとえば，商店（一般共通事項）の重要陳列部は750ルクスであり，大型店（デパートや量販店など）の重要陳列部は 2,000ルクス（空欄A・B) である。

　照明された物の色の見え方を表す光源の性質を客観的に示すために，JISでは 平均演色評価数 （空欄C）が用いられている。たとえば，商店（一般共通事項）および大型店（デパートや量販店など）の重要陳列部の推奨最小値は80である。

　よって，イが正解である。

354

第1章 店舗・商業施設

照明と色彩	ランク	1回目		2回目		3回目	
	B	/		/		/	

■平成27年度　第25問

　店舗施設の売場を演出する照明の説明に関して，次の文中の空欄A～Cに入る語句として，最も適切なものの組み合わせを下記の解答群から選べ。

　照明光の性質を知る代表的なものとして，光源に照らされた明るさを表す　A　，光源の色みを表す　B　がある。また，光で照明された物体の色の見え方を　C　という。

［解答群］

　ア　A：演色　　　B：光色　　　C：照度

　イ　A：光色　　　B：演色　　　C：照度

　ウ　A：光色　　　B：照度　　　C：演色

　エ　A：照度　　　B：演色　　　C：光色

　オ　A：照度　　　B：光色　　　C：演色

355

解答	オ

■**解説**

　3年ぶりに出題された照明に関する問題であるが，基本的な問題かつ過去に出題された論点であるので必ず正答してほしい。

　光源に照らされた明るさを表すのはＡ：「照度」，光源の色みを表すものはＢ：「光色」，光で照明された物体の色の見え方をＣ：「演色」という。

　よって，オが正解である。

　発展として，関連する代表的な単位記号を押さえておくといいだろう。照度に関する単位記号は「照度：ルクス（lx）」，光色に関する単位記号は「色温度：ケルビン（K）」，演色に関する単位記号は「平均演色評価数：アールエイ（Ra）」などがある。

356

第1章　店舗・商業施設

	ランク	1回目	2回目	3回目
照明と色彩	B	／	／	／

■平成 27 年度　第 26 問

　店舗施設の案内表示や店の看板，売場を演出する色彩の説明に関して，次の文中の空欄 A〜C に入る語句として，最も適切なものの組み合わせを下記の解答群から選べ。

　周囲の環境の中から特に目を引く効果を　A　という。店舗施設における注意や禁止，危険なものを伝達しなければならない情報の視覚表示においては，これを高めることが望ましい。

　案内表示などには，文字や数字を理解しやすくするための　B　と，図形の細部を知覚しやすくするための　C　を高めることが要求される。

〔解答群〕

　　ア　A：可読性　B：誘目性　C：明視性

　　イ　A：視認性　B：可読性　C：誘目性

　　ウ　A：誘目性　B：視認性　C：可読性

　　エ　A：誘目性　B：可読性　C：明視性

　　オ　A：誘目性　B：明視性　C：視認性

357

解答	エ

■解説

　店舗施設の案内板等に関する問題である。言葉の意味を漢字から予測できれば正答できるが，知識がないとやや悩ましいだろう。まず，選択肢の用語を解説する。

- ・視認性…目でみて確認できる度合いのことである。可視性ともいう。たとえば，この文章は白地に黒のインクで文字が印刷されているため，何かが書いてあるとわかりやすい＝視認性が高い。しかし，もしこの字が白で書かれていた場合，非常に見づらくなる＝視認性が低い，ということである。なお，視認性と可読性は似ているが，一般的に，視認性は何かが書いてあることが，ぱっと見てわかりやすいこと，可読性はその何か書いてあることの内容が読取りやすい，ということである。

- ・可読性…読めるかどうか＝読みやすさの度合いを表す。たとえば，計器類の数値が見やすいことや，文字や文章が読みやすいことを示す。

- ・明視性…図形が伝える意味の理解のしやすさを示す。「トイレ」「非常口」「インフォメーション」といった場所を表すピクトグラムのように，その図形の持つ意味がすぐにわかるか，ということである。なお，視認性が対象物の見つけやすさを表し，一方，明視性は発見した対象物の中にある図形の意味がすぐに理解できるかどうかを表す。可読性は，図形で章はなく，発見した対象物の中にある文字の理解のしやすさを表す。

- ・誘目性…この用語は，陳列方法やISMの解説の中で触れることも多いが，どれだけ視線を集めるか，目を引くか，という意味である。

　以上より，「周囲の環境の中から特に目を引く効果を A: 誘目性 という。店舗施設における注意や禁止，危険なものを伝達しなければならない情報の視覚表示においては，これを高めることが望ましい。

　案内表示などには，文字や数字を理解しやすくするための B：可読性 と，図形の細部を知覚しやすくするための C：明視性 を高めることが要求される。」

　よって，エが正解である。

第1章　店舗・商業施設

照明と色彩	ランク	1回目		2回目		3回目	
	B	／		／		／	

■平成29年度　第30問

　売場や商品を演出する色彩に関する次の文中の空欄AとBに入る語句として，最も適切なものの組み合わせを下記の解答群から選べ。

　色には，見やすさに大きく影響するいくつかの性質がある。注意を向けている人に遠くからでも見つけやすく，周囲から際立って見えるような色や配色を「　A　」が高い」とう。また，見つけた対象物の形や細部が認めやすく，意味や情報が細かく判別できるような色や配色を「　B　」が高い」という。

〔解答群〕

　　ア　A：視認性　B：識別性

　　イ　A：視認性　B：明視性

　　ウ　A：誘目性　B：識別性

　　エ　A：誘目性　B：明視性

359

解答	イ

■**解説**

　平成 16 年度以来出題が少なかった分野の問題であるが，平成 27 年度第 26 問をきちんと学習していれば正答できる問題である。平成 27 年度は「可読性」という用語も出題されいてるので併せて確認してほしい。

　・視認性…目でみて確認できる度合いのことである。可視性ともいう。たとえば，この文章は白地に黒のインクで文字が印刷されているため，何かが書いてあるとわかりやすい＝視認性が高い。しかし，もしこの字が白で書かれていた場合，非常に見づらくなる＝視認性が低い，ということである。なお，視認性と可読性は似ているが，一般的に，視認性は何かが書いてあることが，ぱっと見てわかりやすいこと，可読性はその何か書いてあることの内容が読取りやすい，ということである。

　・識別性…複数の対象の区別のされやすさを示す。たとえば道路にある信号は赤・黄・緑（青）のように，識別性の高い色の組み合わせとなっている。

　・明視性…図形が伝える意味の理解のしやすさを示す。「トイレ」「非常口」「インフォメーション」といった場所を表すピクトグラムのように，その図形の持つ意味がすぐにわかるか，ということである。なお，視認性が対象物の見つけやすさを表し，一方，明視性は発見した対象物の中にある図形の意味がすぐに理解できるかどうかを表す。可読性は，図形で章はなく，発見した対象物の中にある文字の理解のしやすさを表す。

　・誘目性…この用語は，陳列方法や ISM の解説の中で触れることも多いが，どれだけ視線を集めるか，目を引くか，という意味である。道路の標識など目立つ必要があるものに考慮される。

　よって，注意を向けている人に遠くからでも見つけやすく，周囲から際立って見えるような色や配色を「視認性（＝空欄 A）が高い」という。また，見つけた対象物の形や細部が認めやすく，意味や情報が細かく判別できるような色や配色を「明視性（＝空欄 B）が高い」という。

　よって，イが正解である。

第2章

商品仕入・販売
（マーチャンダイジング）

第 2 章　商品仕入・販売

1. 商品予算計画

▶▶ 出題項目のポイント

　1 次試験の「試験科目設置の目的と内容」においては，商品予算計画は販売予算，仕入予算，在庫予算に分けられる。

　実務上でも，財務上の戦略を行うためには欠かせないものであり，中小企業診断士試験においても毎年必ず何かしら出題されている重要な項目である。基本的な公式を暗記して計算問題を解けるようになる必要がある。

　差がつきやすい問題に出てくる公式としては GMROI，交差主義比率などがある。これらは過去頻出論点であったが，近年出題が減っており，傾向が変わりつつあるといえる論点である。過去には計算問題として出題されていたが，近年ではその指標の意味が問われる問題が多くなってきた。お手持ちのテキスト等を参照して，公式に登場する平均在庫高が，原価なのか，売価なのかに注意しながら取り組んでほしい。

▶▶ 出題の傾向と勉強の方向性

　公式を覚えただけで解ける問題もあれば，やや難解な問題もある。差がつくところなので，公式を覚えるだけでなく，何度も過去問を解くことが重要である。

　1 次試験の「試験科目設置の目的と内容」において商品予算計画は販売予算，仕入予算，在庫予算に分けられているが，本書では頻出論点をわかりやすくするため，販売予算，在庫予算，GMROI に分けて収録している。

　GMROI（商品投下資本粗利益率）に関しては，平成 23 年度第 32 問選択肢イ・選択肢ウ，（本書に掲載なし：平成 16 年度第 24 問，平成 14 年度第 19 問，平成 13 年度第 20 問）などがある。GMROI の計算は頻出だったが近年出題が減っているため，平成 27 年度第 32 問，令和 2 年度第 32 問以外は C ランクとした。過去の頻出論点のため，電子版をきちんと確認されたい。値入率，相乗積などの基本的な問題は確実に解けるようにしたい。平成 24 年度，25 年度，29 年度，令和元年度と相乗積が出題されているので計算できるようになってほしい。

363

■取組状況チェックリスト

1. 商品予算計画							

販売予算

問題番号	ランク	1回目		2回目		3回目	
平成25年度 第31問	A	／		／		／	
令和元年度 第28問	A	／		／		／	
平成24年度 第27問	A	／		／		／	
平成29年度 第27問	A	／		／		／	
令和2年度 第30問	A	／		／		／	
平成27年度 第28問	A	／		／		／	
平成28年度 第31問	A	／		／		／	
平成26年度 第28問	A	／		／		／	
平成23年度 第32問	A	／		／		／	
平成25年度 第27問	A	／		／		／	
平成30年度 第28問（設問1）	A	／		／		／	
平成30年度 第28問（設問2）	A	／		／		／	
平成26年度 第30問	C*	／		／		／	
平成29年度 第28問	B	／		／		／	
平成30年度 第26問	B	／		／		／	

在庫予算

問題番号	ランク	1回目		2回目		3回目	
平成28年度 第28問	A	／		／		／	
平成23年度 第29問	A	／		／		／	
平成25年度 第28問	A	／		／		／	

GMROI・交差主義比率

問題番号	ランク	1回目	2回目	3回目	
令和2年度 第32問	A	／	／	／	
平成27年度 第32問	A	／	／	／	
平成24年度 第26問	C*	／	／	／	

＊ランクCの問題と解説は，「過去問完全マスター」のHP（URL：https://jissen-c.jp/）よりダウンロードできます。

第 2 章　商品仕入・販売

販売予算	ランク	1回目		2回目		3回目	
	A	/		/		/	

■平成 25 年度　第 31 問

　小売業では，部門別などのグループごとに売上や粗利益などを管理する。そのひとつの指標として相乗積（利益相乗積係数）がある。小売店舗における相乗積に関する記述として，最も不適切なものはどれか。

　　ア　ある部門の相乗積は，店舗全体の粗利益高に占める当該部門の粗利益高の割合を示す。

　　イ　ある部門の相乗積は，当該部門の売上高構成比と粗利益率の積である。

　　ウ　すべての部門の相乗積の和は，店舗全体の粗利益率に等しくなる。

　　エ　部門ごとの相乗積を比較すると，最も利益を生み出している部門が分かる。

365

解答	ア

■解説

　平成 24 年度第 27 問に引き続き，相乗積の問題が出題された。相乗積自体は頻出用語ではなかったが，前年度の出題ということでチェックしていた受験生は多いだろう。相乗積という言葉自体は，もともと 2 つ以上の数を掛け合わせて得られる値のことをさすが，特に小売業においては「粗利の構成比」を表す用語として使われる。

　　　相乗積＝粗利益率×売上高構成比

であり，部門ごとに相乗積を計算して合計したものが全体の粗利益率と一致する。

　相乗積が大きい部門ほど粗利貢献度が高い部門と判断でき，粗利益率の改善などに利用できる指標である。粗利益率の高い商品と低い商品とを組み合わせて販売し一定の粗利益率と客単価の確保を狙う手法のことをマージンミックスと呼ぶが，この手法を取る際にも「一定の粗利益率」を事前に決めて（たとえば全体で 15％等），対象商品の相乗積の合計が目標値（この場合 15％）に達するように，商品を組み合わせるなどの利用法もある。

　　ア：不適切である。相乗積は，店舗全体の粗利益高に占める当該部門の粗利益高の割合を示すのではない。相乗積は店舗全体の売上高に対する各部門の粗利益高の割合を示す。なお，部門ごとに相乗積を計算して合計したものが，全体の粗利益率と一致する。

　　イ：適切である。相乗積の公式を覚えていれば判断できる。

　　ウ：適切である。相乗積の特徴である。

　　エ：適切である。各部門の相乗積の合計が店舗全体の粗利益率となるため，粗利益率への貢献の程度がわかる。

　よって，アが正解である。

第 2 章　商品仕入・販売

	ランク	1回目		2回目		3回目	
販売予算	A	/		/		/	

■**令和元年度　第 28 問**

　店舗 X のある月の営業実績は下表のとおりである。この表から計算される相乗積
に関する記述として，最も適切なものを下記の解答群から選べ。

商品カテゴリー	販売金額 （万円）	販売金額構成比 （％）	粗利益率 （％）
カテゴリー A	500	25	20
カテゴリー B	300	15	20
カテゴリー C	200	10	30
カテゴリー D	600	30	40
カテゴリー E	400	20	50
合計	2,000	100	

〔解答群〕

　ア　カテゴリー A～E の合計の販売金額が 2 倍になると，各カテゴリーの相乗積の
　　　合計も 2 倍になる。

　イ　カテゴリー A の相乗積は 50％ である。

　ウ　カテゴリー A の販売金額も粗利益率も変わらず，他のカテゴリーの販売金額
　　　が増加すると，カテゴリー A の相乗積は減少する。

　エ　カテゴリー B はカテゴリー C よりも相乗積が大きい。

　オ　相乗積が最も大きいカテゴリーは，カテゴリー E である。

	解答	ウ

■解説

近年頻出している相乗積の出題であり，必ず正答したい問題である。

相乗積＝粗利益率×売上高構成比 という式を覚えておく必要がある。右側に相乗積を計算した結果を追加すると次のようになる。

商品カテゴリー	販売金額 （万円）	販売金額構成比 （%）	粗利益率 （%）	相乗積 （%）
カテゴリーA	500	25	20	5
カテゴリーB	300	15	20	3
カテゴリーC	200	10	30	3
カテゴリーD	600	30	40	12
カテゴリーE	400	20	50	10
合計	2,000	100		33

ア：不適切である。相乗積は粗利益率×売上高構成比のため，カテゴリーA～E
　　の販売金額が変わると粗利益率も変動し，相乗積が変動する可能性はある。
　　カテゴリーA～Eの合計の販売金額が2倍になるということは，2,000 × 2
　　＝4,000万円になる，ということだが，どのカテゴリーがどれだけ販売金額
　　が増えた結果（＝粗利益率も増える可能性はある），販売金額合計額が2倍
　　になるのかが不明である。よって，判断ができないため不適切である。

イ：不適切である。カテゴリーAの相乗積は5%である。

ウ：適切である。カテゴリーAの販売金額も粗利益率も変わらず，他のカテゴ
　　リーの販売金額が増加するということは，カテゴリーAの「売上構成比」
　　が小さくなるということである。よって，カテゴリーAの相乗積＝粗利益
　　率×売上高構成比は小さくなる。

エ：不適切である。カテゴリーBの相乗積は3%，カテゴリーCの相乗積も3%
　　である。

オ：不適切である。相乗積が最も大きいカテゴリーは，カテゴリーDである。

よって，ウが正解である。

販売予算	ランク	1回目		2回目		3回目	
	A	／		／		／	

■平成 24 年度　第 27 問

　ある小売店舗は 3 つの部門から構成されている。A 部門の粗利益率は 25％で売上高構成比は 40％，B 部門の粗利益率は 30％で売上高構成比は 40％，C 部門の粗利益率は 35％で売上高構成比は 20％である。この店舗の相乗積の値として最も適切なものはどれか。

　　ア　28％

　　イ　29％

　　ウ　30％

　　エ　31％

　　オ　32％

解答	イ

■解説

　相乗積に関する問題である。相乗「積」という言葉から何かを掛け合わせたものだと予想し，数字を組み合わせていけば登場する数字が少ないので，時間はかかるが解答にたどり着くことも可能である。

　相乗積という言葉自体は，もともと2つ以上の数を掛け合わせて得られる値のことを指すが，特に小売業においては「粗利の構成比」を表す用語として使われる。

　相乗積＝粗利益率×売上高構成比

であり，部門ごとに相乗積を計算して合計したものが全体の粗利益率と一致する。相乗積が大きい部門ほど粗利貢献度が高い部門と判断でき，粗利益率の改善などに利用できる指標である。粗利益率の高い商品と低い商品とを組み合わせて販売し一定の粗利益率と客単価の確保を狙う手法のことをマージンミックスと呼ぶが，この手法をとる際にも「一定の粗利益率」を事前に決めて（全体で15％等），対象商品の相乗積の合計が目標値（この場合15％）に達するように，商品を組み合わせるなどの利用法もある。

　本問では「店舗の相乗積」を求めるようになっている。A部門の粗利益率は25％で売上高構成比は40％，B部門の粗利益率は30％で売上高構成比は40％，C部門の粗利益率は35％で売上高構成比は20％である。よって，各部門の相乗積は以下のようになる。

部門	粗利益率	売上高構成比	相乗積（%）
A	0.25	0.4	10
B	0.3	0.4	12
C	0.35	0.2	7

　売上高構成比が0.4＋0.4＋0.2＝1のため，この店舗は部門A，B，Cで構成されている。よって，店舗の相乗積は10＋12＋7＝29％である。すなわち，この店舗の粗利益率は29％といえる。

　よって，イが正解である。

第 2 章　商品仕入・販売

販売予算	ランク	1回目		2回目		3回目	
	A	／		／		／	

■平成 29 年度　第 27 問

　店舗 X における商品カテゴリー別の売上高と粗利高を示した次の表を見て，この店舗における今後の販売計画を検討する際の考え方に関する記述として最も適切なものを，下記の解答群から選べ。

　ただし，値引きや廃棄ロスを考慮せず，商品カテゴリーごとの粗利益率は変動しないものとする。

商品カテゴリー	売上高	売上構成比	粗利益	粗利益率	相乗積
カテゴリー a	1,500 万円	30.0%	600 万円	40.0%	12.0%
カテゴリー b	1,000 万円	20.0%	250 万円	25.0%	5.0%
カテゴリー c	600 万円	12.0%	300 万円	50.0%	6.0%
カテゴリー d	1,200 万円	24.0%	360 万円	30.0%	7.2%
カテゴリー e	700 万円	14.0%	315 万円	45.0%	6.3%
全体	5,000 万円	100.0%	1,825 万円	36.5%	

〔解答群〕

　ア　カテゴリー b の売上高が表の数値の 2 倍になり，他のカテゴリーの売上高が変わらない場合，カテゴリー b の相乗積はカテゴリー a より高くなる。

　イ　カテゴリー c の売上高が表の数値の 2 倍になり，他のカテゴリーの売上高が変わらない場合，カテゴリー c の相乗積は 2 倍になる。

　ウ　カテゴリー e の売上高が表の数値の 2 倍になり，他のカテゴリーの売上高が変わらない場合，店舗全体の粗利益率は高まる。

　エ　すべてのカテゴリーの売上高が表の数値からそれぞれ 10％ずつ増えた場合，相乗積がもっとも増加するのはカテゴリー c である。

　オ　すべてのカテゴリーの売上高が表の数値からそれぞれ 100 万円ずつ増えた場合，カテゴリーそれぞれの相乗積は変わらない。

371

解答	ウ

■解説

　相乗積は平成24年度第27問，平成25年度第31問に続き出題されている。詳しい解説は上記過去問を参照のこと。正解の選択肢ウは実は計算しなくともわかるが，気づかなくても，選択肢エ，オを計算せずに正誤判断できると解答時間の短縮になるだろう。なお，相乗積＝粗利益率×売上高構成比 である。

　ア：不適切である。カテゴリーｂの売上高が2倍になり，他のカテゴリーの売上高が変わらない場合，売上構成比は2000万円÷6000万円×100＝33.3…％，粗利は500万円となり，相乗積は25％×33.3％＝8.3％となりカテゴリーａより小さい。

商品カテゴリー	売上高	売上構成比	粗利益	粗利益率	相乗積
カテゴリーａ	1,500万円	25.0％	600万円	40.0％	10.0％
カテゴリーｂ	2,000万円	33.3％	500万円	25.0％	8.3％
全体	6,000万円	100.0％	2,075万円	34.6％	

　イ：不適切である。カテゴリーｃの売上高が2倍になり，他のカテゴリーの売上高が変わらない場合，売上構成比は1,200万円÷5,600万円×100＝21.4％，粗利は1,200万円×50.0％＝300万円となり，相乗積は21.4％×50％＝10.7％となる。

商品カテゴリー	売上高	売上構成比	粗利益	粗利益率	相乗積
カテゴリーｃ	1,200万円	21.4％	600万円	50.0％	10.7％
全体	5,600万円	100.0％	2,125万円	37.9％	

　ウ：適切である。元の粗利益率は36.5％に対し，カテゴリーｅは粗利益率がより大きい45.0％のため，カテゴリーｅの売上が上がると自動的に全体の粗利益率も上昇すると気づけば計算不要で正答できる。計算する場合は，全体の粗利益率は2,140万円÷5,700万円×100＝37.54％となる。

商品カテゴリー	売上高	売上構成比	粗利益	粗利益率	相乗積
カテゴリーｅ	1,400万円		630万円	45.0％	
全体	5,700万円	100.0％	2,140万円	37.5％	

　エ：不適切である。売上が増加しても粗利益率は変化しない。相乗積＝粗利益率×売上高構成比 であり，各カテゴリーで等しく10％増えるため売上構成比も変化せず，相乗積は変化しない。

　オ：不適切である。選択肢エと異なり，100万円ずつ増えた場合，粗利益率はかわらなくとも，売上構成比が変化するため，相乗積も変化する。

第 2 章　商品仕入・販売

	ランク	1回目		2回目		3回目	
販売予算	A	／		／		／	

■令和 2 年度　第 30 問

　下表の 5 種類の商品を仕入れて販売することを計画している。

　商品 A～E の中で，同じ売価に設定される商品が 2 つある。この 2 つの商品について，仕入れた数量をすべて設定した売価で販売したときの粗利益額の合計として，最も適切なものを下記の解答群から選べ。なお，それぞれの商品の売価は，売価値入率により設定されるものとする。

	仕入単価	仕入数量	売価値入率
商品 A	480 円	50 個	20%
商品 B	300 円	60 個	40%
商品 C	300 円	100 個	50%
商品 D	800 円	30 個	20%
商品 E	600 円	40 個	50%

〔解答群〕

ア　12,000 円

イ　36,000 円

ウ　42,000 円

エ　60,000 円

オ　90,000 円

	解答	イ

■解説

　売価設定と粗利益額の計算に関する問題である。計算自体は基本問題のため，必ず正答したい。

　まずは，対象となる2つの種類の商品を特定するため，売価を計算する。

　売価＝仕入単価÷（1－売価値入率）より，各売価は以下のとおりとなる。

	仕入単価	仕入数量	売価値入率	売価
商品A	480 円	50 個	20%	600 円
商品B	300 円	60 個	40%	500 円
商品C	300 円	100 個	50%	600 円
商品D	800 円	30 個	20%	1,000 円
商品E	600 円	40 個	50%	1,200 円

　よって，商品Aと商品Cが売価が同じものとなる。「この2つの商品について，仕入れた数量をすべて設定した売価で販売したときの粗利益額の合計」を算出すると，

　商品Aを600円で販売した場合の粗利額：（600-480）×50個＝6,000円

　商品Cを600円で販売した場合の粗利額：（600-300）×100個＝30,000円

　粗利合計額は，6,000円＋30,000円＝36,000円である。

　よって，イが正解である。

第 2 章　商品仕入・販売

販売予算	ランク	1回目		2回目		3回目	
	A	／		／		／	

■平成 27 年度　第 28 問

　小売業の販売価格決定に関する次の文中の空欄 A と B に入る数値として，最も適切なものの組み合わせを下記の解答群から選べ。ただし，消費税は考慮しないものとする。

　仕入単価 700 円の商品 X を売価値入率 30％で価格設定した。このときの商品 X の販売価格は 　A 　円である。しばらくすると，この商品 X の売れ行きが悪くなってきたため，商品 X を 3 個で 1 セットとして，1 セットの販売価格を 2,500 円に設定した。この商品 X のセットの売価値入率は 　B 　％である。

[解答群]

　　ア　A：　910　　B：16

　　イ　A：　910　　B：20

　　ウ　A：1,000　　B：16

　　エ　A：1,000　　B：20

375

解答	ウ

■解説

値入率に関する問題である。平成26年度第28問など同じような問題が出ているので，ボックス図などを利用して必ず解けるようになってほしい。

原価＝仕入単価 700 円	売価 100% ？？円
値入（30%） ？？円	

売価値入率30%なので，原価は売価の70%となり，700円÷0.7＝1,000円。
売価は1,000円となる。

3個1セットで2,500円で販売すると，

原価 700 円	販売価格＝100% 2,500 円
原価 700 円	
原価 700 円	
値入 ⇒ 2,500 円－2,100 円＝400 円	

原価は700円×3＝2,100円。販売価格は2,500円なので，値入額は400円。
売価値入率は400円÷2,500円×100＝16%

よって，空欄A：1,000，空欄B：16となる。

よって，ウが正解である。

376

第2章　商品仕入・販売

販売予算	ランク	1回目	2回目	3回目
	A	／	／	／

■平成28年度　第31問

　下表の条件で3種類の商品を仕入れ，販売単価を設定したとき，3商品全体の売価値入率（小数点第2位を四捨五入）として，最も適切なものを下記の解答群から選べ。

	仕入単価 （円）	販売単価 （円）	仕入数量 （個）
商品 A	60	100	300
商品 B	70	140	100
商品 C	90	120	200

〔解答群〕

　ア　36.8%

　イ　38.3%

　ウ　61.7%

　エ　63.2%

	解答	ア

■解説

売価値入率に関する基本的な問題である。本問では，商品単位ではなく3商品全体の値入率を求められていることに注意したい。

	仕入単価 （円）	販売単価 （円）	仕入数量 （個）
商品 A	60	100	300
商品 B	70	140	100
商品 C	90	120	200

全体の仕入額は，$60 \times 300 + 70 \times 100 + 90 \times 200 = 43{,}000$ 円

全体の販売額は，$100 \times 300 + 140 \times 100 + 120 \times 200 = 68{,}000$ 円

値入額は，$68{,}000 - 43{,}000 = 25{,}000$ 円

売価値入率なので，値入額が売価の何パーセントかを計算する。

$25{,}000 \div 68{,}000 \times 100 = 36.76 \cdots \Rightarrow 36.8\%$

よって，アが正解である。

第 2 章　商品仕入・販売

販売予算	ランク	1回目		2回目		3回目	
	A	／		／		／	

■平成 26 年度　第 28 問

　仕入単価 80 円で 1,000 個仕入れた商品の販売価格を売価値入率 20 ％で設定した。この商品を 800 個販売したところで，売れ行きが悪くなってきた。そこで，残りの 200 個を当初の販売価格から 10 ％値下げしてすべて販売した。この結果の粗利益率（小数点第 2 位を四捨五入）として，最も適切なものはどれか。なお，消費税は考慮しないものとする。

　　ア　15.4 ％

　　イ　16.4 ％

　　ウ　17.4 ％

　　エ　18.4 ％

　　オ　19.4 ％

379

解答	エ

■解説

　粗利益率を算出する問題である。落ち着いて1つずつ売価を出していけば解ける問題であるので，時間はかかるかもしれないが，ぜひ正答してほしい。

　粗利益率＝粗利益÷売上高×100 であるので，まずは粗利益の算出が必要である。粗利益の算出のためには，売上＝売価が必要となる。

　ボックス図は次のようになる。なお，売価値入率とは，「値入率が売価に対してどのくらいの比率か」ということなので，売価値入率20％＝「売価が100％に対して値入額が20％であり，原価が80％（100％−20％）」ということである。

原価　80円	売価（100%） ？？円 ⇒ 80 ÷ 0.8 ＝ 100 売価は100円
値入率は売価 に対し20% ⇒100 × 0.2 ＝ 20円	

原価は80円なので，売価は100円となる。
この売価で800個販売したので，販売額は100円×800個＝80,000円となる。その後，100円から10%値下げして販売したため，新価格は100 ×（100%−10%）＝100×0.9＝90円となる。90円で200個売れたので売上は90円×200個＝18,000円となる。

　したがって，総販売額は80,000＋18,000円＝98,000円，仕入額は80円×1,000個＝80,000円となる。これより粗利益額は98,000円−80,000円＝18,000円。

　粗利益率の公式に代入し，

　粗利益率＝粗利益÷売上高×100＝18,000 ÷ 98,000円×100＝0.18367…×100

　小数点第2位を四捨五入し，18.4％となる。

　よって，エが正解である。

第 2 章　商品仕入・販売

	ランク	1回目		2回目		3回目	
販売予算	A	/		/		/	

■平成 23 年度　第 32 問

商品予算計画に関する算出数値として，最も不適切なものはどれか。

ア　1,800 円で仕入れた商品を売価値入率 25 ％で販売する場合，販売価格は 2,400 円である。

イ　ある小売店の 1 年間の粗利益高が 1,300 万円，年間平均在庫高（原価）が 500 万円である場合，GMROI は 260 ％である。

ウ　ある商品の売上高粗利益率が 30 ％であり，商品回転率が 6 回転である場合に，交差主義比率は 5 ％である。

エ　期首商品棚卸高 600 万円，期末商品棚卸高 400 万円，年間売上高 3,000 万円の場合に，商品回転率を求めると，6 回転である。

381

解答	ウ

■解説

　商品予算計画に関するさまざまな計算を必要とする問題であるが，落ち着いて取り組めば1つひとつは基本的な問題であり，得点可能である。焦らず確実に計算してほしい。

　　ア：適切である。原価値入率の公式を利用し，

$$原価値入率（\%）＝\frac{売価値入率（\%）}{100\%－売価値入率（\%）}＝\frac{25\%}{75\%}＝\frac{1}{3}$$

$$値入額＝原価 × 原価値入率（\%）＝1,800 × \frac{1}{3}＝600$$

$$売価＝原価＋値入額＝1,800＋600＝2,400$$

　　　　よって，販売価格2,400円となり正しい。

　　　　ボックス図は次のようになる。なお，売価値入率とは，「値入率が売価に対してどのくらいの比率か」ということなので，売価値入率25％＝「売価が100％に対して値入額が25％であり，原価が75％（100％－25％）」ということである。

原価（75％） 1,800 円	売価（100％） ？？円 ⇒1,800＋600＝ 2,400 円
値入率（25％） 1,800×25/75＝ 600 円	

　　イ：適切である。GMROI の公式をここで確認する。

$$GMROI（\%）＝\frac{売上総利益（粗利）}{平均在庫高（原価）} × 100$$

$$＝売上総利益率（粗利益率）（\%） × 商品投下資本回転率$$

$$＝売上総利益率（\%） × \frac{売上高}{平均在庫高(売価)×(1－売価値入率)}$$

$$＝売上総利益率（\%） × \frac{商品回転率(売価)}{1－売価値入率}$$

この問題では最も基本的な式で対応可能である。

$$\text{GMROI} = \frac{売上総利益}{平均在庫高（原価）} \times 100 = \frac{1,300}{500} = 260\%$$

なお，平均在庫高 $= \dfrac{期首在庫高＋期末在庫高}{2}$ である。

ウ：不適切である。交差主義比率は交差比率ともいわれ，販売面での生産性を表す指標で，商品在庫投資の管理を売価基準で考える。公式に登場する平均在庫高が売価であることに注意されたい。

交差主義比率＝売上総利益率（粗利益率）（％）×商品回転率

$$= \frac{売上総利益}{売上高} \times \frac{売上高}{平均在庫高（売価）} \times 100$$

$$= \frac{売上総利益}{平均在庫高（売価）} \times 100 = 30\% \times 6 = 180\%$$

※なお，本肢では，商品回転率が売価基準で計算されたものなのか，原価基準で計算されたものなのかが示されていない。よって，もし原価基準で算出して6回転の場合は，値入率が示されていないため売価基準の平均在庫高等を使う交差比率を検証することができない。また，上記のように商品回転率を売価基準として考えても数値が不適切である。

〈参考〉GMROIと交差比率の関係は以下のようになる。
GMROI＝交差比率÷(1−売価値入率)
交差比率＝GMROI×(1−売価値入率)

エ：適切である。本肢でも棚卸高が売価基準か原価基準なのかどうかが示されていない。売価基準であると考えた場合，

平均商品棚卸高 $= (600 + 400) \div 2 = 500$

$$商品回転率 = \frac{売上高}{平均商品棚卸高} = \frac{3,000}{500} = 6 \text{ 回}$$

※原価基準での棚卸高の場合，回転率の算出に売上原価が必要となり，本肢では値入率，売上原価ともに示されていないため検証できない。

よって，ウが正解である。

┌─〈コラム2〉─────────────────────

商品予算計画に関する公式

　運営管理における計算問題は商品予算計画に関するものが多い。公式を覚えて
おけば解ける問題が多く，また公式を変形することでさまざまな数値を算出する
ことができる。ここでは，解答に利用された基本的な公式の一例をあげる。

●相乗積＝粗利益率 × 売上高構成比

●原価値入率（％）＝ $\dfrac{売価値入率（％）}{100\% - 売価値入率（％）}$

●売価値入率＝ $\dfrac{原価値入率}{100\% + 原価値入率}$

●平均在庫高＝ $\dfrac{期首在庫高 + 期末在庫高}{2}$

●GMROI＝交差比率 ÷（1 - 売価値入率）

●交差主義比率＝GMROI×（1 - 売価値入率）

●交差主義比率＝

$\dfrac{売上総利益（粗利）}{平均在庫高（売価）} \times 100 = \dfrac{売上総利益（粗利）}{売上高} \times \dfrac{売上高}{平均在庫高（売価）} \times 100$

＝売上高総利益率（粗利益率）（％）× 商品回転率

●年間商品回転率＝売上原価 ÷ 平均在庫高（原価）

第 2 章　商品仕入・販売

	ランク	1回目		2回目		3回目	
販売予算	A	／		／		／	

■平成 25 年度　第 27 問

　商品 A は売価 1,000 円，売価値入率 30％であり，商品 B は売価 1,500 円，売価値入率 20％である。商品 A と商品 B の売上を伸ばすために，2つの商品のバンドル販売を企画した。商品 A と商品 B のセットを売価値入率5％にしたとき，このセットの売価として，最も適切なものはどれか。ただし，消費税は考慮しないものとする。

　　ア　1,800 円

　　イ　1,900 円

　　ウ　2,000 円

　　エ　2,375 円

　　オ　2,500 円

385

解答	ウ

■解説

　売価値入率をしっかり理解し，落ち着いて取り組めば解ける問題である。バンドル（組合せ販売）にした時の，売価を算出しなければならないが，それには原価を知る必要がある。そこで，商品Aと商品Bの原価をそれぞれ算出する。

【商品A】

原価（70%） 1,000 × 0.7 = 700円	売価（100%） 1,000 円
値入 30%	

売価値入率が30%なので原価は売価に対し70%となり，原価 = 1,000円 × 0.7 = 700円

【商品B】

原価（80%） 1,500 円 × 0.8 = 1,200 円	売価（100%） 1,500 円
値入 20%	

売価値入率が20%なので原価は売価に対し80%となり，原価 = 1,500円 × 0.8 = 1,200円

【商品A＋商品B】

原価（95%） 1,900 円	売価（100%） ？？円 ⇒ 1,900 円 ÷ 0.95 = 2,000 円
値入 5%	

バンドルにした時の原価 = 商品Aの原価 + 商品Bの原価 = 700円 + 1,200円 = 1,900円。売価値入率が5%なので，原価は売価に対し95%となり，1,900円 ÷ 0.95 = 2,000円

　よって，ウが正解である。

第2章　商品仕入・販売

	ランク	1回目		2回目		3回目	
販売予算	A	/		/		/	

■平成30年度　第28問（設問1）

次の文章を読んで，下記の設問に答えよ。

　ある店舗で下表の商品を用いて，福袋を作って販売することを計画している。福袋は全部で5個作り，売価は4,000円とする。また，下表のすべての商品を使い切り，1つの福袋に同じ商品が入ることもある。なお，消費税は考慮しないものとする。

商品	通常売価 （円／個）	仕入原価 （円／個）	個数 （個）	通常売価合計 （円）	仕入原価合計 （円）
商品 A	5,000	2,500	2	10,000	5,000
商品 B	3,000	1,800	2	6,000	3,600
商品 C	2,200	1,400	4	8,800	5,600
商品 D	1,200	400	6	7,200	2,400
合計			14	32,000	16,600

　最初に売れた1つの福袋の粗利益率は10％であった。この福袋に入っていた商品の組み合わせとして，最も適切なものはどれか。

　　ア　商品Aと商品Cがそれぞれ1個ずつ

　　イ　商品Aが1個と商品Dが2個

　　ウ　商品Bが1個と商品Dが2個

　　エ　商品Bと商品Cと商品Dがそれぞれ1個ずつ

　　オ　商品Cが2個と商品Dが1個

387

解答	エ

■解説

内容自体は頻出の原価計算であるが，計算量がやや多い問題である。1つ1つは難しくないので，ぜひ正答してほしい。

商品	仕入原価 （円／個）
商品 A	2,500
商品 B	1,800
商品 C	1,400
商品 D	400
合計	

福袋は売価 4,000 円，粗利益率 10％なので，売上原価は 4,000 円 ×（1 − 0.1）＝ 3,600 円となる。売上原価を各選択肢のパターンごとに算出し，売上原価が 3,600 円になる選択肢が正解である。

ア：商品 A と商品 C がそれぞれ 1 個ずつ：2,500＋1,400 ＝ 3,900 円。

イ：商品 A が 1 個と商品 D が 2 個：2,500＋400 × 2 ＝ 3,300 円。

ウ：商品 B が 1 個と商品 D が 2 個：1,800＋400 × 2 ＝ 2,600 円

エ：商品 B と商品 C と商品 D がそれぞれ 1 個ずつ：1,800＋1,400＋400 ＝ 3,600 円

オ：商品 C が 2 個と商品 D が 1 個：1,400 × 2＋400 ＝ 3,200 円

よって，エが正解である。

第 2 章　商品仕入・販売

	ランク	1回目		2回目		3回目	
販売予算	A	／		／		／	

■平成 30 年度　第 28 問（設問 2）

　ある店舗で下表の商品を用いて，福袋を作って販売することを計画している。福袋は全部で 5 個作り，売価は 4,000 円とする。また，下表のすべての商品を使い切り，1 つの福袋に同じ商品が入ることもある。なお，消費税は考慮しないものとする。

商品	通常売価 （円／個）	仕入原価 （円／個）	個数 （個）	通常売価合計 （円）	仕入原価合計 （円）
商品 A	5,000	2,500	2	10,000	5,000
商品 B	3,000	1,800	2	6,000	3,600
商品 C	2,200	1,400	4	8,800	5,600
商品 D	1,200	400	6	7,200	2,400
合計			14	32,000	16,600

　福袋の販売計画に関する次の文章の空欄 A ～ C に入る数値として，最も適切なものの組み合わせを下記の解答群から選べ。

　今の販売計画では，5 個の福袋を計画した売価ですべて売り切ったときの福袋販売全体の粗利益率は ┌─A─┐ ％である。粗利益率を 3 ポイント高めて ┌─B─┐ ％とするためには，福袋の売価設定を ┌─C─┐ 円とする必要がある。

〔解答群〕

　ア　A：17　　B：20　　C：4,120

　イ　A：17　　B：20　　C：4,150

　ウ　A：23　　B：26　　C：4,120

　エ　A：23　　B：26　　C：4,150

389

解答	イ

■解説

福袋の売価は 4,000 円で 5 つなので，売上合計は 4,000 × 5 ＝ 20,000 円となる。

現状の商品 A ～ D をすべて販売したときの原価，すなわち福袋の仕入原価合計は，16,600 円のため，粗利益は 20,000 円 － 16,600 円 ＝ 3,400 円。粗利益率 ＝ 粗利益 ÷ 売上高 ＝ 3,400 円 ÷ 20,000 円 × 100 ＝ 17％（空欄 A）。

3 ポイント高めた粗利益率は 17％ ＋ 3％ ＝ 20％（空欄 B）。

この粗利益率を達成するための販売額は，

売上高 ＝ 16,600 円 ÷ 0.8 ＝ 20,750 円。

福袋は 5 袋でこの売上高を上げなければならないため，1 点あたり 20,750 円 ÷ 5 ＝ 4,150 円（空欄 C）となる。

仕入原価 80％ 16,600 円	売上高 100％ ？？円 ↓ 20,750 円
利益 20％	

よって，イが正解である。

390

販売予算	ランク	1回目		2回目		3回目	
	B	/		/		/	

■平成 29 年度　第 28 問

　ある売場において，商品を 300 万円で仕入れ，10 日間ですべての商品を販売することを計画している。この売場で，2 人の従業員が毎日それぞれ 5 時間ずつ労働し，売上高が 500 万円であった場合，この期間の人時生産性として，最も適切なものはどれか。

ア　1 万円

イ　2 万円

ウ　3 万円

エ　4 万円

オ　5 万円

解答	イ

■**解説**

　人時生産性に関する問題である。人時とあるため，人と時間による生産性であるが，人時生産性においての「生産」は一般的に粗利益で考えるため，公式は以下のようになる（※粗利益を営業利益等で計算するケースもある）。

人時生産性＝粗利益÷労働時間

　人の労働量は，10日間で毎日5時間ずつ2名であるため，50時間×2名＝100時間分。

　売上は500万円，原価300万円なので，粗利益は200万円。よって，1時間当たりの生産性は200万円÷100時間＝2万円となる。

　よって，イが正解である。

第 2 章　商品仕入・販売

販売予算	ランク	1回目		2回目		3回目	
	B	／		／		／	

■平成 30 年度　第 26 問

　下表は，ある店舗における 1 カ月の営業実績をまとめたものである。

　人時生産性を改善するために，営業時間などを変えた販売計画を検討している。それぞれの販売計画に関する下記の解答群の記述のうち，現状の営業実績と比べて人時生産性を最も大きく改善できるものはどれか。

　　　○年○月　営業実績

売上高	900 万円
粗利益	270 万円
粗利益率	30%
人件費	120 万円
総労働時間	600 時間
人件費単価	2,000 円／人時

〔解答群〕

　ア　営業時間を延長して売上高を 20％増やす。ただし，総労働時間は 810 時間となり，粗利益率，人件費単価は変わらないものとする。

　イ　人件費以外の販売経費を 10％削減して営業利益を増加させる。ただし，総労働時間，粗利益率は変わらないものとする。

　ウ　総労働時間を 30 時間減らして人件費を削減する。ただし，売上高，粗利益はそれぞれ 5％減少し，人件費単価は変わらないものとする。

　エ　値引きロスを減らして粗利益率を 33％に改善する。ただし，売上高，人件費，総労働時間は変わらないものとする。

393

	解答	エ

■解説

　人時生産性に関する問題である。人時生産性は，平成 29 年第 28 問に続く出題である。人時生産性とは，労働の投下に対する時間当たりの収益性のことで，一般的には従業員 1 名の 1 時間当たり粗利益のことを指す。人時生産性＝粗利益÷総労働時間数である。

　本問の場合は，人時生産性＝270 万円÷600 時間＝4,500 円／時となる。また，粗利益の代わりに，他の収益性を表す数値で計算することもある。なお，売上高÷総労働時間数＝人時売上高となる。

　さて，本問は一見時間がかかりそうな問題であるが，選択肢エのみ分子に当たる粗利益率が向上し，分母の総労働時間数が変化しないことに気がつけば計算せずとも正答できる。

　参考までに，下記に選択肢にある変化が起きた場合の人時生産性の変化を示す。変化の計算は，人時生産性の算出に必要な粗利益と総労働時間の算出のみで対応できる。

	○年○月 営業実績	選択肢ア	選択肢イ	選択肢ウ	選択肢エ
売上高	900 万				
粗利益	270 万円	324 万円	変化なし	256.5 万円	297 万円
粗利益率	30%				33%
人件費	120 万円				
総労働時間	600 時間	810 時間	変化なし	570 時間	600 時間
人件費単価	2,000 円／人時				
人時生産性	4,500 円／時	4,000 円／時	変化なし	4,500 円／時	4,950 円／時

　よって，エが正解である。

第 2 章　商品仕入・販売

在庫予算	ランク	1回目		2回目		3回目	
	B	/		/		/	

■平成 28 年度　第 28 問

小売店の商品管理に関する記述として，最も適切なものはどれか。

ア　ある期間の商品回転率が 6 である場合，当該期間の売上高は期末在庫高の 6 倍である。

イ　売上高が減った場合でも，平均在庫高を一定に保てば商品回転率は維持できる。

ウ　売場に商品を補充する際，先入れ先出しをすると必ず商品回転率が高まる。

エ　売れ筋商品の品ぞろえを増やして売上高が増加すれば，平均在庫高が増えたとしても必ず商品回転率が高まる。

オ　需要期後に売れ残った季節商品を値引きや廃棄して処分すると，その処分をしないよりも商品回転率は高まる。

395

解答	オ

■解説

　商品回転率に関する問題である。商品回転率が何を表すものかを理解していれば簡単な問題のため，必ず正答したい。商品回転率とは，簡単にいうと仕入から販売までの期間または回転数（＝在庫が一定期間（1年や1か月の間）に何回入れ替わるか）を表すものである。基本的に高ければ在庫管理や販売管理が適切になされており，収益性が高い，と判断される。

　ア：不適切である。商品回転率の基本公式は「商品回転率＝売上÷平均在庫高」であるため，ある期間の商品回転率が6である場合，当該期間の売上高は期末在庫高ではなく，平均在庫高の6倍となる。

　イ：不適切である。売上高が減った場合，平均在庫高を一定に保つと商品回転率は低下する。

　ウ：不適切である。先入れ先出しは，あくまで仕入れた商品をどれから出すか，という方法のひとつに過ぎず，在庫高や売上高そのものを左右するものではない。よって，売場に商品を補充する際，先入れ先出しに変更しても商品回転率が必ず高まるというわけではない。

　エ：不適切である。売れ筋商品の品ぞろえを増やして売上高が増加すれば，確かに商品回転率は高まるが，平均在庫高の増加が売上高の増加割合より上回る場合，商品回転率は低下してしまう。よって，売れるからといってむやみやたらに仕入を行い平均在庫高を増やすと，かえって商品回転率が低下してしまうため，バランスが必要である。

　オ：適切である。需要期後に売れ残った季節商品を値引きや廃棄して処分すると，その処分をしないよりも商品回転率は高まる。これは，値引き販売や廃棄処分によって売上が上がり，かつ手持ちの在庫が減ることにより，商品回転率＝売上÷平均在庫高の「売上」が増え，「平均在庫高」が小さくなるからである。ただし，値引きや廃棄によるため収益性（粗利など）は低下する。

　よって，オが正解である。

第2章　商品仕入・販売

在庫予算	ランク	1回目		2回目		3回目	
	A	/		/		/	

■平成23年度　第29問

　ある小売店では，当月売上高予算250万円，年間売上高予算2,400万円，年間予定商品回転率が6回転である。この場合に，基準在庫法によって月初適正在庫高を算出するといくらになるか。最も適切なものを選べ。

　　ア　400万円

　　イ　450万円

　　ウ　500万円

　　エ　600万円

　　オ　650万円

解答	イ

■解説

　基準在庫法の公式である「月初適正在庫高＝当月売上高予算＋年間平均在庫高－月平均売上高予算」を覚えていれば解ける問題である。

　　　年間平均在庫高＝年間売上高予算÷年間商品回転率

　　　　　　　　　　＝2,400万円÷6回転＝400万円

　　　月平均売上高予算＝年間売上高予算÷12

　　　　　　　　　　　＝2,400÷12＝200万円

したがって，

　　　月初適正在庫高＝当月売上高予算＋年間平均在庫高－月平均売上高予算

　　　　　　　　　　＝250万円＋400万円－200万＝450万円

よって，イが正解である。

〈参考〉

　月初の適正在庫高を算出する代表的な方法として下記を参照のこと。

①基準在庫法（低回転率の買回品などに適する。目安は年間商品回転率 ≤ 6 [※]）

　　　月初適正在庫量(売価)＝当月売上高予算＋基準在庫高

$$＝当月売上高予算＋\frac{年間売上高予算}{年間予定商品回転率}－\frac{年間売上高予算}{12}$$

　　　　　　　　　　　　＝当月売上高予算＋年間平均在庫高－月平均売上高予算

　　　※年間予定商品回転率が12を超えると（年間平均在庫高－月平均売上高予算）の
　　　　値がマイナスになるため利用できない。

②百分率変異法（高回転率の最寄品などに適している。目安は年間商品回転率 ≥ 6）

$$月初適正在庫高(売価)＝\frac{年間売上高予算}{年間予定商品回転率}\times\frac{1}{2}\left[1+\frac{\dfrac{当月売上高予算}{年間売上高予算}}{12}\right]$$

$$＝年間平均在庫高\times\frac{1}{2}\left[1+\frac{当月売上高予算}{月平均売上高予算}\right]$$

第 2 章　商品仕入・販売

在庫予算	ランク	1回目		2回目		3回目	
	A	／		／		／	

■平成 25 年度　第 28 問

　ある小売店では，当月売上高予算 600 万円，年間売上高予算 6,000 万円，年間予定商品回転率が 8 回転である。この場合に，百分率変異法による月初適正在庫高として，最も適切なものはどれか。

　　　ア　600 万円

　　　イ　750 万円

　　　ウ　800 万円

　　　エ　825 万円

　　　オ　850 万円

399

解答	エ

■解説

　月初の適正在庫高の計算である。基本的な公式を押さえていれば解ける問題である。なかなか暗記しづらいかもしれないが，単純な問題を繰り返し解いて覚えてほしい。なお，月初の適正在庫高の算出には代表的な方法として基準在庫法と百分率変異法があるが，詳しくは平成23年度第29問の解説を参照のこと。

　ここでは百分率変異法でという指定があるので，こちらで算出する（※基本的に年間商品回転率が6程度以上の場合は百分率変異法で算出する）。

月初適正在庫高（売価）＝

$$\frac{年間売上高予算}{年間予定商品回転率} \times \frac{1}{2}\left[1+\frac{\dfrac{当月売上高予算}{年間売上高予算}}{12}\right]$$

$$=年間平均在庫高 \times \frac{1}{2}\left[1+\frac{当月売上高予算}{月平均売上高予算}\right]$$

$$=\frac{6,000}{8} \times \frac{1}{2}\left(1+\frac{\dfrac{600}{6,000}}{12}\right) \quad \text{※単位は百万円。}$$

$$=750\ 百万円 \times 1.1 = 825\ 百万円$$

　よって，エが正解である。

第 2 章　商品仕入・販売

在庫予算	ランク	1 回目		2 回目		3 回目	
	A	／		／		／	

■令和 2 年度　第 32 問

　以下は，土産物店の店主 X 氏と中小企業診断士（以下，「診断士」という。）との間で行われた会話である。会話の中の空欄 A～C に入る語句の組み合わせとして，最も適切なものを下記の解答群から選べ。

　　X 氏：「私が経営する店舗の商品在庫は適切なのでしょうか。」
　　診断士：「商品在庫量を管理する指標はいくつかあります。売上と在庫の関係を
　　　　　　表すものに　　A　　があります。数値が大きいほど在庫の効率が良いという
　　　　　　ことになります。」
　　X 氏：「同じ売上で在庫が少なければ，　　A　　が高まるということですね。それ
　　　　　　では，もっと在庫を減らすほうが良いですね。」
　　診断士：「単純に在庫を減らせば良いということではありません。在庫が少なす
　　　　　　ぎると欠品が起こりやすくなり，販売機会ロスが発生してしまいます。適度
　　　　　　な商品在庫を維持することが必要です。」
　　X 氏：「　　A　　以外に，どのような指標を参考にすれば良いでしょうか。」
　　診断士：「商品に投下した資本がどれだけ効率的に粗利益を出すことができたか
　　　　　　をみる指標に　　B　　があります。これは，期間中の粗利益額を原価の平均
　　　　　　在庫高で除した数値で，X さんの店の前期の数値を算出すると，業界として
　　　　　　適正な水準にあると思います。また，期間中の粗利益額を売価の平均在庫高
　　　　　　で除した数値を　　C　　といい，販売面での生産性を評価する指標です。」

〔解答群〕
　　ア　A：GMROI　　　　B：交差比率　　　　C：商品回転率
　　イ　A：交差比率　　　B：GMROI　　　　　C：商品回転率
　　ウ　A：交差比率　　　B：商品回転率　　　C：GMROI
　　エ　A：商品回転率　　B：GMROI　　　　　C：交差比率
　　オ　A：商品回転率　　B：交差比率　　　　C：GMROI

401

解答	エ

■解説

　在庫予算に係る問題で，企業経営理論などでみられる診断士と経営者の会話形式での出題である。会話形式は，店舗運営においてはめずらしい出題のパターンであるが，内容的には基本的な問題であり正答したい。GMROI などに関して，過去は実際に公式を覚えて計算をさせる問題が頻出していたが，近年では「GMROI」や「交差比率」が「何を表す指標なのか」「どういったことを測る指標なのか」を問う傾向がある（平成 24 年度第 40 問選択肢内など）。まずは何を表す指標なのか，何に利用されるのか，そのためにどういう公式になるのか，ということを理解する必要がある。

- 空欄 A：売上と在庫の関係を表す，数値が大きいほど在庫の効率がよい，同じ売上で在庫が少なければこの数値がよくなる，ということから「商品回転率」である。
  なお，商品回転率の公式は，
  商品回転率＝期間中の売上原価÷期間中の平均在庫金額（原価）である。
  　※金額ベース，原価ベースの場合

- 空欄 B：商品に投下した資本がどれだけ効率的に粗利益を出すことができたかをみる指標は，「GMROI」である。GMROI は「商品投下資本粗利益率」のことである。
  なお，計算の公式は，
  GMROI（％）＝｛売上総利益（粗利）÷平均在庫高（原価）｝× 100 である。

- 空欄 C：期間中の粗利益額を売価の平均在庫高で除した数値は「交差比率」である。交差比率は，記述のとおり，販売面での生産性を評価する指標である。
  なお，交差比率の公式は，
  交差比率＝売上総利益（粗利）÷平均在庫高（売価）× 100 である。
  　※代入して商品回転率などを使用する場合もある

　よって，エが正解である。

第 2 章　商品仕入・販売

GMROI・ 交差主義比率	ランク	1 回目	2 回目	3 回目
	A	／	／	／

■平成 27 年度　第 32 問

　商品予算計画に関する以下の用語とその算出方法の組み合わせとして，最も適切な
ものを下記の解答群から選べ。

<用語>

① GMROI

② 交差主義比率

③ 商品回転率

<算出方法>

a　粗利益÷平均商品在庫高（原価）

b　粗利益率×商品回転率

c　年間売上高÷平均商品在庫高（売価）

[解答群]

ア　①：a　　②：b　　③：c

イ　①：a　　②：c　　③：b

ウ　①：b　　②：a　　③：c

エ　①：b　　②：c　　③：a

オ　①：c　　②：a　　③：b

403

解答	ア

■解説

　数年間出題がなかった GMROI が出題されたが，公式そのものを選ぶ問題であり，もし把握できていなくとも「商品回転率」などその他の公式から消去法でも解答できる問題である。また，公式を覚えていなくとも，GMROI が「売上と在庫の関係」，「投下資本の収益性」などを表し，交差主義比率が「販売面での生産性」，「商品に投下した資本の回収の早さ」などを表すことを覚えていれば選択肢を絞れる。ぜひ正答してほしい。

① GMROI ＝粗利益÷平均商品在庫高（原価）…a が該当
② 交差主義比率＝粗利益率×商品回転率…b が該当
③ 商品回転率＝年間売上高÷平均商品在庫高（売価）…c が該当

　よって，アが正解である。

第2章　商品仕入・販売

2. 商品計画

▶▶ 出題項目のポイント

1次試験の「試験科目設置の目的と内容」において，商品計画は，業種業態，商品構成，品揃えに分けられている。

「商品計画」というテーマは，「商品仕入，販売（マーチャンダイジング）」の中の1つであるが，そもそもマーチャンダイジングとは何か，ということを把握する必要がある。

次に，業種業態においては，「業種」「業態」の意味を覚える必要がある。

・業種…「何を売るか」によって分類する。たとえば花屋，婦人服店，眼鏡店，精肉店など。

・業態…「誰に，何を，どのように売るのか」というストアコンセプトによって分類する。たとえば，最寄品を中心に低価格で販売するディスカウントストアなど。

品揃えを考える際には，商品ライン（品揃えの幅）と商品アイテム数（品揃えの深さ）をうまく組み合わせて展開することが必要である。さらにプライスライン計画も品揃えの際に考慮しなければならない。

また，「売れ筋」という用語についても近年さまざまな論点で登場しているので確認されたい。

▶▶ 出題の傾向と勉強の方向性

直接的な出題は少ないが，この項目に分類した問題に登場する「ABC分析」「最寄品」「業種」などの用語に関しては基本的用語としてさまざまな問題文中に使用されるので，確認されたい。特にABC分析については生産管理でも出題が多く必修事項である。品揃えに関わるものとしてプライスラインがあるが，これは令和2年度第33問と，価格政策に分類した平成23年度第30問を参照してほしい。

405

■取組状況チェックリスト

2. 商品計画							

業種業態							
問題番号	ランク	1回目		2回目		3回目	
平成24年度 第30問	C*	／		／		／	

品揃え							
問題番号	ランク	1回目		2回目		3回目	
平成27年度 第41問	A	／		／		／	
平成30年度 第27問	B	／		／		／	
平成24年度 第40問	C*	／		／		／	
令和2年度 第33問	C*	／		／		／	

＊ランクCの問題と解説は，「過去問完全マスター」のHP（URL：https://jissen-c.jp/）よりダウンロードできます。

第 2 章　商品仕入・販売

品揃え	ランク	1 回目		2 回目		3 回目	
	A	／		／		／	

■平成 27 年度　第 41 問

品揃えなどで用いられる ABC 分析に関する記述として，最も適切なものはどれか。

ア　2 つの数値属性を持つ特徴量の間の関連性を数値で表現する分析方法である。

イ　顧客を購買金額で 10 等分し，それぞれのグループの特徴などを分析する方法である。

ウ　商品 X と商品 Y を購買する顧客は，商品 Z も購買するというような関連性を発見する分析方法である。

エ　商品の売上を降順にソートし，その累積比率を利用してグループ分けする分析方法である。

407

解答	エ

■解説

　ABC分析が何か，ということがわかっていれば比較的簡単な問題である。

　ABC分析とは，「重点分析」とも呼ばれ，大事なものから順に並べ，優先順位をつけて管理していこうとするものである。製造業では原材料管理や製品管理，小売業では本問のような品揃え診断など，さまざまなシーンで活用できる管理手法の1つである。具体的には，管理したいものを金額や総量によってA：重要管理品目，B：中程度管理品目，C：一般管理品目に仕分けをする。重要管理品目であるAに対し，納品頻度を上げる，販売強化を行うなどの資源を投入する。何をAとするかなどに関しては決まった値はないが，A：10%，B：20%，C：70%のような割合で分類されることが多い。「POSデータとABC分析」自体の頻出度は低いが，ABC分析自体は生産管理パートにおいては過去より頻出のため，本問はAランクとした。

　ア：不適切である。2つの数値属性を持つ特徴量の間の関連性を数値で表現する分析方法は，「2変量分析（多変量解析）」である。

　イ：不適切である。顧客を購買金額で10等分し，それぞれのグループの特徴などを分析する方法は「デシル分析」である。デシル分析とは，たとえば1,000人の顧客がいた場合，上位金額から100人ずつ（＝10等分，100人なら10人）分類し，各ランク（デシル1〜10）の購入比率や売上高構成比を算出する。売上高貢献度の高い優良顧客層がどのようなグループなのかがわかりやすくなる。

　ウ：不適切である。商品Xと商品Yを購買する顧客は，商品Zも購買するというような関連性を発見する分析方法は，「（ショッピング）バスケット分析」である。平成22年第37問等を参照のこと。

　エ：適切である。商品の売上を降順にソートし，その累積比率を利用してグループ分けする分析方法が，「ABC分析」である。

　よって，エが正解である。

品揃え	ランク	1回目	2回目	3回目
	B	/	/	/

第2章　商品仕入・販売

■平成30年度　第27問

　小売店の品揃えの方針に関する記述として，最も適切なものの組み合わせを下記の解答群から選べ。

　　a　売れ筋商品を中心に品揃え商品数を絞り込むと，店全体の在庫回転率を高めやすい。

　　b　同じ商品カテゴリーの中で多数のメーカーの商品を品揃えすると，品揃えの総合化になる。

　　c　競合店にない独自商品を品揃えすれば，品揃え商品数を増やさなくても差別化ができる。

　　d　品揃えを専門化するためには，売れ筋商品に品揃え商品数を絞り込むことが重要である。

〔解答群〕

　ア　aとb

　イ　aとc

　ウ　bとc

　エ　bとd

　オ　cとd

解答	イ

■解説

　品揃えに関する基本的な問題である。「売れ筋」という用語については平成24年度第40問などで登場するので，併せて確認してほしい。

　a：適切である。「死に筋」を廃し，よく売れる，すなわち売上となる商品を中心にすると在庫がどんどん販売されていくことになるため，店全体の在庫回転率は高まる傾向となる。一方，売れ筋だからといって販売量以上に在庫を抱えると逆に在庫回転率を下げてしまうことになるが，選択肢として「高めやすい」という表現のため適切である。

　b：不適切である。同じ商品カテゴリーの中で多数のメーカーの商品を品揃えすると，品揃えの「専門化」になる。たとえば，「お酒」というカテゴリーの中で多数のメーカーを揃えると，「お酒」に関しては非常に専門的な品揃えになる。反対に，品揃えの総合化とは，スーパーのようにお酒，野菜，精肉，惣菜，グロサリーといったさまざまなカテゴリーの商品を揃えることで，取扱商品の幅が広がることを指す。

　c：適切である。この店でしか買えないような独自商品があると，品揃え商品数を増やさなくても他店との差別化ができる。

　d：不適切である。品揃えを専門化するためには，取扱商品を専門化したうえで「深く」する＝取扱商品数を増やすことが必要である。たとえば，酒店において，スーパーマーケットのような豊富なカテゴリーの商品の品揃えはないが，お酒に関しては通常の売れ筋品のほかにマニアック，専門的な品を揃えることで専門店としての魅力が増す。

　よって，イが正解である。

第2章　商品仕入・販売

3. 商品調達・取引条件

▶▶ 出題項目のポイント

　1次試験の「試験科目設置の目的と内容」において商品調達・取引条件は，仕入方法，仕入先の選定管理，取引条件に分けられている。

　仕入方法には大量仕入・当用仕入，集中仕入・分散仕入，本部集中仕入・店舗集中仕入，共同仕入・単独仕入などがあるが，特に中小企業診断士試験においては所有権による分類である買取仕入・委託仕入（販売）・消化仕入の分類が重要である。

　また，リベートや割引なども取引条件の交渉過程に登場する。

▶▶ 出題の傾向と勉強の方向性

　選択肢内の用語ではなく，取引条件そのものがテーマとして出題されたのは平成17年度以降は，平成18年度第29問のみだったが，平成28年度第27問，令和元年度第30問で出題された。消化・委託などの仕入形態はその他のテーマにおいても登場する用語である。

411

■取組状況チェックリスト

3. 商品調達・取引条件						
取引条件						
問題番号	ランク	1回目		2回目		3回目
平成28年度 第27問	A	／		／		／
令和元年度 第30問	A	／		／		／
平成24年度 第39問	C*	／		／		／

＊ランクCの問題と解説は，「過去問完全マスター」のHP（URL：https://jissen-c.jp/）よりダウンロードできます。

	ランク	1回目	2回目	3回目
取引条件	A	／	／	／

■平成 28 年度　第 27 問

小売店の商品仕入に関する記述として，最も適切なものはどれか。

　ア　委託仕入では，一定期間店頭で販売し，売れ残った商品だけ小売店が買い取る。

　イ　委託仕入では，商品の販売価格は原則として小売店が自由に設定する。

　ウ　委託仕入において，店頭在庫の所有権は小売店にある。

　エ　消化仕入では，商品の販売時に小売店に所有権が移転する。

　オ　消化仕入をすると，小売店の廃棄ロスが発生しやすい。

解答	エ

■解説

　取引条件に関する基本的な問題である。取引条件そのものが出題されるのは平成18年度第29問から10年ぶりであるが，「消化仕入」や「委託仕入」などの用語はその他のテーマにおいても出題されていたので，対応可能である。「消化」「委託」「買取」の3種類は必ず押さえてほしい。学習する際のポイントは，いつ仕入となるのか（所有権の移動・返品の有無等），盗難・売れ残りのリスク等をどのように負担するかである。

　　ア：不適切である。委託仕入では，一定期間店頭で販売し，販売分だけ仕入を計上する形である。よって，売れ残った商品は返品することが多い。

　　イ：不適切である。委託仕入では，商品の販売価格は原則として卸やメーカー側が設定する。小売店は「販売の委託」をされている形である。

　　ウ：不適切である。委託仕入において，店頭在庫の所有権を小売店は持たない。帳簿上の所有権は，消費者が購入した時点で，直接消費者に移る。小売店は，「販売に対する手数料」として，収益を得る形になる。

　　エ：適切である。消化仕入では，商品の販売時に小売店に一瞬だけではあるが所有権が移転する。小売店が消費者に販売した時点で仕入が成立する。

　　オ：不適切である。消化仕入は小売店が消費者に販売しない限り仕入が成立しないため，売れ残りは返品できるため廃棄ロスは発生しない。また，賞味期限などの理由で返品できないような生鮮食品等でも，売れ残りは仕入が成立していないため，たとえ廃棄したとしても「小売店の廃棄ロス＝廃棄による損失」にはならないし，廃棄ロスが発生しやすくなるわけではない。

　よって，エが正解である。

第 2 章　商品仕入・販売

	ランク	1回目		2回目		3回目	
取引条件	A	／		／		／	

■令和元年度　第 30 問

　商品の仕入方法のうち，委託仕入に関する記述の正誤の組み合わせとして，最も適切なものを下記の解答群から選べ。

　　a　中小企業と大企業の間で委託仕入を取引条件とした契約を締結することは禁止されている。

　　b　委託仕入の場合，小売店に納入された時点で当該商品の所有権が小売店に移転する。

　　c　委託仕入の場合，小売店は粗利益ではなく販売手数料を得ることになる。

　　d　委託仕入をした商品の売れ行きが悪い場合，小売店は原則自由に値下げして販売することができる。

〔解答群〕

　ア　a：正　b：誤　c：正　d：誤

　イ　a：正　b：誤　c：誤　d：正

　ウ　a：誤　b：正　c：誤　d：正

　エ　a：誤　b：正　c：誤　d：誤

　オ　a：誤　b：誤　c：正　d：誤

415

解答	オ

■解説

　委託仕入に関する問題である。平成 28 年度第 27 問，平成 24 年度第 39 問（消化仕入に関する出題）にて，同じような論点が出題されているため正答したい。

　a：誤である。中小企業と大企業の間で委託仕入を取引条件とした契約を締結することは可能である。

　b：誤である。小売店に納入された時点では，当該商品の所有権は移転しない。販売されたタイミングで購入者へ移転する。「委託仕入」といったときに，買取仕入に「返品条件」をつけた「条件つき買取仕入」をさすこともあるが，一般的に委託仕入の場合商品の所有権は移転しない。

　c：正である。委託仕入の場合，売買契約を小売店と仕入先は結ぶ形ではなく，販売に対する手数料という形で利益を得ることになる。

　d：誤である。所有権が小売店にないことからもわかるように，小売店が自由に値下げすることはできない。

　よって，オが正解である。

第2章　商品仕入・販売

4. 売場構成・陳列

▶▶ 出題項目のポイント

「試験科目設置の目的と内容」においては売場構成・陳列は，売場レイアウト，商品陳列に分けられている。数問出題されることも珍しくない頻出問題である。

また，第1章の「4. 店舗施設」における「店舗設備・什器」などの項目でも取り扱うテーマである。特にさまざまな陳列手法とその効果はきちんと把握する必要がある。よく出題される陳列手法としては以下のようなものがある。

・ジャンブル陳列…いわゆる投げ込み陳列。バスケットなどに特売品などを投げ込んで大量に陳列する。
・エンド陳列…ゴンドラやラックなどの什器の一番端をエンドといい，目立つ場所なので特売品や目玉商品をボリューム感を出して陳列する。マグネット効果が高い。
・島出し陳列…部分的に通路上にはみ出させて陳列する。特売品の陳列に向いているが，通路が狭くなるなどの欠点があるので注意する。

▶▶ 出題の傾向と勉強の方向性

基本的な論点が繰り返し出題されているので問題を解きながら学習をして，得点源としたい。また，陳列は第1章の店舗設備・什器や色彩・照明の知識を絡めて出題される可能性もある。

売場レイアウトと陳列に関しては，客動線をいかに伸ばすか，という手法がよく問われている。平成29年度第29問はセルフサービス店舗におけるワンウェイコントロールという論点のため頻出度Cにしているが，「客動線を伸ばして買上単価や買上個数を上げる」という手法は頻出のため，必ず電子版も確認してほしい。売場レイアウトと陳列はISM（インストアマーチャンダイジング）における重要な手法である。よって，本章の「6. 販売促進　ISM」内に分類した問題とも関連づけながら学習するとよい。

417

■取組状況チェックリスト

4. 売場構成・陳列						

売場レイアウト

問題番号	ランク	1回目		2回目		3回目
平成 27 年度 第 30 問	A	／		／		／
平成 29 年度 第 29 問	C*	／		／		／

商品陳列

問題番号	ランク	1回目		2回目		3回目
令和 2 年度 第 29 問	A	／		／		／
平成 26 年度 第 29 問	A	／		／		／
平成 24 年度 第 29 問	A	／		／		／
平成 23 年度 第 31 問	A	／		／		／
平成 24 年度 第 31 問	C*	／		／		／
平成 28 年度 第 29 問	C*	／		／		／
平成 30 年度 第 29 問	A	／		／		／
令和元年度 第 31 問	C*	／		／		／

＊ランク C の問題と解説は，「過去問完全マスター」の HP（URL：https://jissen-c.jp/）よりダウンロードできます。

売場レイアウト	ランク	1回目		2回目		3回目	
	A	/		/		/	

■平成 27 年度　第 30 問

小売店舗において客の動線長をのばすための施策として，最も適切なものはどれか。

　　ア　計画購買率の高い商品を店舗の奥に配置する。

　　イ　ゴールデンラインを複数設置する。

　　ウ　チラシ掲載の特売商品を店舗の入口付近に配置する。

　　エ　パワーカテゴリーを集中配置する。

解答	ア

■解説

　動線に関する基本的な問題である。基本的に動線長を伸ばす＝回遊性を高める＝非計画購買を促す＝売上 UP という流れになっており，動線長を伸ばすことは，売場レイアウトにおいて重要である。そのため動線長を伸ばす手法については，過去にも何度も問われており，正答してほしい。

ア：適切である。計画購買率の高い商品を店舗奥に置くことで，その商品を目当てに購入しにくる客を店舗奥へ誘導するのに効果的である。

イ：不適切である。ゴールデンラインとは，ゴールデンゾーンのことと考えられる（過去本試験では，ゴールデンゾーンという名称が用いられている）。平成 20 年度第 23 問においては，「ゴールデンゾーンとは，商品を最も取りやすい高さの範囲のことで，一般に男性は床より 80〜140cm，女性は 70〜130cm 程度の範囲をいう」とされ，平成 17 年度第 16 問においては，床から 70〜125㎝とされている。本選択肢における「ゴールデンラインを複数設置する」という意味がわかりにくいが，ここではこの棚では 80〜140㎝，あちらの棚では 70〜125㎝をゴールデンラインとして売れ筋等を置くようにする，という意味でとらえると，何がどこに置いてあるかがわかりにくくなり，客は目的の商品を探しにくくなる。結果，棚の前に立っている時間は長くなるであろう。しかし，動線自体は伸びない。

ウ：不適切である。チラシ掲載の特売商品を店舗の入口付近に配置してしまうと，その特売商品を目的で来店した人が店舗奥までくることなく，レジに行ってしまう可能性が高くなり，動線が短くなりやすい。

エ：不適切である。パワーカテゴリーとは購買頻度の高い商品群を指す。マグネット商品などと同じく，顧客を引き付ける力があるため，集中配置よりも，パワーカテゴリー群と非パワーカテゴリー群をうまく並べることでくまなく来店客が棚を回れるようにすると，動線が長くなる。

　よって，アが正解である。

420

第 2 章　商品仕入・販売

商品陳列	ランク	1回目	2回目	3回目
	A	/	/	/

■令和 2 年度　第 29 問

　店舗における売場づくりに関して，以下に示す【陳列手法】と【陳列の特徴】の組み合わせとして，最も適切なものを下記の解答群から選べ。

　【陳列手法】

　①　レジ前陳列

　②　ジャンブル陳列

　③　フック陳列

　【陳列の特徴】

　a　商品を見やすく取りやすく陳列でき，在庫量が把握しやすい。

　b　非計画購買を誘発しやすく，少額商品の販売に適している。

　c　陳列が容易で，低価格のイメージを演出できる。

〔解答群〕

　ア　①とa　　②とb　　③とc

　イ　①とa　　②とc　　③とb

　ウ　①とb　　②とa　　③とc

　エ　①とb　　②とc　　③とa

　オ　①とc　　②とa　　③とb

421

解答	エ

■解説

陳列に関する基本問題であり，確実に得点したい。

① レジ前陳列→bが該当

レジ前陳列とは，購買客が目にすることが多いレジ付近に商品を陳列することである。衝動買いを誘うために，高額商品よりも，ガムや飲料といった比較的低価格のものを並べることが多い。

- ・長所：商品を目にする機会が増える，レジ待ちの際に非計画購買や，ついで買いを誘発しやすいなど。
- ・短所：レジでの混雑を起こしやすくなる可能性がある，じっくり購買者が商品の検討ができないなど。

② ジャンブル陳列→cが該当

ジャンブル陳列とは，いわゆる投げ込み陳列のことで，バスケットなどに特売品などを投げ込んで大量に陳列する手法である。ジャンブル陳列は平成26年度第29問，平成24年度第29問などで出題された頻出用語である。

- ・長所：ディスプレイに手間がかからない，価格訴求できる，衝動買いを促しやすいなど。
- ・短所：商品が傷つきやすい，商品を複数入れると何の商品が入っているかわかりにくい，安いイメージが付きやすく高価格帯の商品には利用しにくいなど。

③ フック陳列→aが該当

フック陳列は吊り下げ陳列とも呼ばれ，フック型什器に吊り下げて陳列する方法で，多品種少量の商品群を目立たせるのに有効である。文房具や菓子類などの陳列に多く利用される手法である。フック陳列は平成24年度第29問でも出題されている。

- ・長所：一目で全体を見渡せることができ，商品が見つけやすい，比較購買しやすい，在庫量がわかりやすい，商品の前出し作業がしやすいなど。
- ・短所：大量の商品は置けない，大きな商品は置きにくい，フック用のパッケージが傷みやすい，商品フェイスの揃え方などに配慮が必要であるなど。

よって，エが正解である。

第 2 章　商品仕入・販売

商品陳列	ランク	1回目		2回目		3回目	
	A	／		／		／	

■平成 26 年度　第 29 問

店舗における商品陳列に関する記述として，最も不適切なものはどれか。

ア　アイランドタイプのショーケース陳列は，どの方向からでも商品を見ること
　　ができる。

イ　衣料品の陳列で用いられるボックス陳列は，商品のデザインが見えにくい。

ウ　カットケース陳列は，価格の安さを訴求しやすい。

エ　ジャンブル陳列は，商品が少なくなると売れ残りのイメージが出やすい。

オ　前進立体陳列は，前出し作業が不要である。

423

解答	オ

■解説

　商品陳列に関する基本的な問題である。繰り返し出題された陳列方法がほとんどなので確実に得点してほしい。

　ア：適切である。アイランドタイプのショーケース陳列では，どの方向からでも
　　　商品を見ることができる。

```
 ●   ●   ●   ●
 ●  ショーケース  ●
 ●   ●   ●   ●
```

●…消費者

　イ：適切である。ボックス陳列とは，中に仕切りを設けた箱型の什器に入れる陳
　　　列方法である。なおボックス陳列は平成22年度第24問で出題された（掲載
　　　なし）。主に衣料品などで利用され，カラーやサイズなどによって分類して
　　　陳列される。商品特性に沿ったフェイス割がしやすい，高級感や親近感など
　　　商品の特性をアピールできる，高級感を演出しやすいなどの特徴がある。一
　　　方で，記述どおり，商品のデザインが見えにくい，什器内に埃がたまりやす
　　　く暗くなりやすいため，清掃や照明の工夫が必要となるなどの短所がある。
　ウ：適切である。カットケース陳列は商品が入っているダンボール箱等を利用し
　　　て陳列する方法である。段ボールの一部をカットしてそのまま陳列する。長
　　　所としては，記述のとおり価格の安さを訴求できる，商品を什器へ並べ替え
　　　る手間がかからない，ボリューム感が出せる，大量陳列が可能，といった点
　　　がある。一方で，空箱の処理が必要，すべての商品に値札を貼ることが難し
　　　い，安売り店のイメージが付きやすいなどの欠点がある。平成24年第29問
　　　選択肢アの解説を参照のこと。
　エ：適切である。記述のとおりである。
　オ：不適切である。前進立体陳列とは，陳列棚の前面まで商品を置いてフェイス
　　　を前面に揃え，立体的に商品を積み上げて陳列する方法で，前出し作業が必
　　　要となる。前進立体陳列については，平成23年度第31問を参照のこと。

　よって，オが正解である。

第 2 章　商品仕入・販売

	ランク	1回目		2回目		3回目	
商品陳列	A	/		/		/	

■平成 24 年度　第 29 問

　商品陳列方法とそのメリットに関する記述として，<u>最も不適切なもの</u>はどれか。

　　ア　カットケース陳列には，高級感を出しやすいというメリットがある。

　　イ　ゴンドラ陳列には，フェイスをそろえやすいというメリットがある。

　　ウ　ジャンブル陳列には，ディスプレイに手間がかからないというメリットがあ
　　　　る。

　　エ　ショーケース陳列には，商品が汚れにくいというメリットがある。

　　オ　フック陳列には，陳列されている商品の在庫量が分かりやすいというメリッ
　　　　トがある。

425

解答	ア

■解説

ア：不適切である。高級感ではなく，割安感である。カットケース陳列とは，商品が入っているダンボール箱等を利用して陳列する方法である。スーパーなどで商品を梱包してある段ボールに入ったペットボトル飲料などを，段ボールの一部をカットしてそのまま陳列しているのを見たことがある方も多いだろう。長所：商品を什器へ並べ替える手間がかからない，ボリューム感が出せる，大量陳列が可能，安さの訴求ができる。短所：空箱の処理が必要，すべての商品に値札を貼ることが難しい，安売り店のイメージが付きやすいなど。

イ：適切である。ゴンドラ陳列とは，ゴンドラと呼ばれる什器を利用した陳列方法である。ゴンドラ什器とはスーパーマーケットやコンビニエンスストア等で見られる通常商品が入った棚のことで，陳列構成における最も基本的な陳列棚である。長所：商品がたくさん収納できる，フェイスが揃えやすいなど。短所：陳列が単調になりやすい，ゴールデン・ゾーンといわれる見やすい位置よりも高いもしくは低い位置にあると，商品が目立ちにくいなど。

ウ：適切である。ジャンブル陳列とは，いわゆる投げ込み陳列のことで，バスケットなどに特売品などを投げ込んで大量に陳列する手法である。長所：ディスプレイに手間がかからない，価格訴求できる，衝動買いを促しやすいなど。短所：商品が傷つきやすい，商品を複数入れると何の商品が入っているかわかりにくい，安いイメージが付きやすく高価格帯の商品には利用しにくいなど。

エ：適切である。ショーケース陳列とは，ショーケースといわれる什器を使用した陳列である。ショーケースとは，アクリルやガラスなどを使用して中身が見えるようにした箱状の陳列棚である。宝飾店やケーキ店などにみられる商品が入った棚である。長所：商品が汚れにくい，高級感を演出できる。短所：陳列や整理に時間がかかる，販売時に取り出す必要があり消費者が気軽に商品を手で確かめられない，商品全体が見えにくい，専門知識を持った販売員を置くことが多い（＝人件費や手間がかかる）など。

オ：適切である。フック陳列は吊り下げ陳列とも呼ばれ，フック型什器に吊り下げて陳列する方法で，多品種少量の商品群を目立たせるのに有効である。文房具や菓子類などの陳列に多く利用される手法である。長所：一目で全体を見渡せることができ，商品が見つけやすい，比較購買しやすい，在庫量がわかりやすい，商品の前出し作業がしやすい。短所：大量の商品は置けない，大きな商品は置きにくい，フック用のパッケージが傷みやすい，商品フェイスの揃え方などに配慮が必要であることなど。

よって，アが正解である。

第 2 章　商品仕入・販売

	ランク	1回目		2回目		3回目	
商品陳列	A	/		/		/	

■平成 23 年度　第 31 問

　商品の陳列は，大きく補充型陳列（オープンストック）と展示型陳列（ショーディ
スプレイ）に分けられる。補充型陳列と展示型陳列に関する記述として，最も不適切
なものはどれか。

ア　ゴンドラを用いて補充型陳列をする場合は，前進立体陳列や先入れ先出し法
　　を実施することが重要である。

イ　展示型陳列におけるスタンド陳列とは，マネキンに衣料などを着せて展示す
　　る陳列方法である。

ウ　展示型陳列におけるステージ陳列では，テーマにふさわしい商品を組み合わ
　　せて提案することが重要である。

エ　補充型陳列は，一般的に購買頻度が高い定番的な商品を効率的に補充し，継
　　続的に販売するための陳列方法である。

解答	イ

■解説

補充型陳列（オープンストック）とは，一般的に，使用頻度や購買頻度，消耗頻度の高い商品を継続的に販売するためのディスプレイ方法である。いわゆる定番商品等に利用されることが多く，誰にでも見やすい，取りやすいなどの特徴がある。たとえば，スーパーマーケットやコンビニエンスストアの通常商品を置いている商品棚をイメージしてほしい。

展示型陳列（ショーディスプレイ）とは，特定の商品を，テーマをもって陳列，訴求し，店舗全体のイメージを作るものである。百貨店，専門店などのショーウィンドウやステージなどをイメージしてほしい。

ア：適切である。ゴンドラを用いて補充型陳列をする場合は，前進立体陳列や先入れ先出し法を実施することが普通である。前進立体陳列とは，陳列棚の前面まで商品を置いてフェイスを前面に揃え，立体的に商品を積み上げて陳列する方法である。先入れ先出し法は，古い商品を前方に出して，新しい商品を後ろに置く方法である。なお，その他の陳列方法としては，前方を低くして後ろに多く積み上げる後方立体陳列，中央を盛り上げる中央立体陳列などがある。後方立体陳列は商品が崩れにくい，ボリューム感が出るなどの特徴があり，商品の量や崩れやすさなどを加味して，どのタイプの陳列にするかを選ぶ。

イ：不適切である。スタンド陳列とは，スタンド・ハンガーと呼ばれるハンガーを利用する展示型陳列の手法である。マネキンに衣料品を着せて陳列する方法は，着せつけ陳列といわれる。

ウ：適切である。本肢のとおりである。ステージ陳列では特殊な什器などを設置して展示することもある。展示型陳列では，補充型陳列に比べ置ける商品の量は少なくなるが，インパクトや店舗イメージを与えるなどの特徴を持つ。

エ：適切である。前述のとおりである。

よって，イが正解である。

参考文献：鈴木國朗著『陳列技術入門』商業界，2005，pp.120-126

第 2 章　商品仕入・販売

商品陳列	ランク	1回目		2回目		3回目	
	A	／		／		／	

■平成 30 年度　第 29 問

売場づくりの考え方に関する記述として，最も適切なものはどれか。

ア　売上数量が異なる商品でも売場ペースを均等に配分することで，欠品を減らし，商品ごとの商品回転率を均一化することができる。

イ　同じ商品グループを同じ棚段にホリゾンタル陳列すると，比較購買しやすい売場になる。

ウ　購買率の高いマグネット商品をレジ近くに配置することで，売場の回遊性を高めることができる。

エ　ゴールデンゾーンに商品を陳列する場合，それ以外の位置に陳列された商品より多フェイスにしなければ視認率は高まらない。

オ　棚割計画を立てる際，類似商品や代替性のある商品をまとめて配置することをフェイシングという。

429

解答	イ

■解説

　商品陳列における基本的問題であり，過去に何度も出題されている論点なので正答してほしい。

ア：不適切である。売上数量が異なる商品の場合，売場スペースを売上数量に応じて変化させることで，欠品を減らし，商品ごとの商品回転率を均一化することができる。すなわち，よく売れる商品は売場スペースを多めに割り当てることで店頭に置いてある商品数を増やし，欠品を防ぐ。

イ：適切である。同じ商品グループを同じ棚段にホリゾンタル陳列するというのは水平陳列のことで，同じ商品グループを水平に（横並びに）陳列することである。

ウ：不適切である。たしかに購買率の高いマグネット商品を適切に配置することで売場の回遊性を高められる。しかし，レジ付近にマグネット商品があると，マグネット商品のみを手にとって，そのまま回遊せずにレジに直行してしまう可能性が高くなるため，回遊性が下がる。また，マグネット商品がなくともレジはほとんどの客が向かうため，レジ付近にはガムなどの「ついで買い」商品を置くのが一般的である。

エ：不適切である。ゴールデンゾーンは陳列棚の中で，最も視認率の高いゾーンである。ゴールデンゾーンは顧客の手が届く範囲である「有効陳列範囲」のうち，最も手が届きやすい位置を指す。具体的な範囲数値は特にJISやISOなどの規格として決まっていないため文献によって異なるが，取りやすい，すなわち，見やすいという場所である。

オ：不適切である。棚割計画を立てる際，類似商品や代替性のある商品をまとめて配置することをグルーピングという。フェイシングとは売上数量や販売額に応じて商品の陳列フェイス（陳列の幅やサイズ，何列で置くかなど）を決定することである。フェイシングに関しては平成22年度第25問で出題されている。

　よって，イが正解である。

第 2 章　商品仕入・販売

5. 価格設定

▶▶ 出題項目のポイント

　1 次試験の「試験科目設置の目的と内容」においては，価格政策，価格決定手法，特売・値下げに分けられている項目である。

　小売業において価格設定は，単純に「この商品をいくらで売る」と決めることのみではない。価格は，店舗やブランドイメージを形成する際に重要な要因の 1 つであり，経営方針に基づいてマーケティングやマーチャンダイジング政策の計画を経て決定されるものである。よって，具体的な価格政策については，どういった業態がどのような価格政策をとるのか，マーケティング上どういった意味があるのか，などまで把握しておく必要がある。

▶▶ 出題の傾向と勉強の方向性

　頻出項目としては，EDLP などの店舗全体の方向性を決めるような価格政策や，ISP における手法がある。また，特に頻出ではないが，プライスポイントなどの用語は他教科で出題される可能性もあり，押さえておく必要がある。たとえば，企業経営理論平成 26 年度第 28 問において価格・プロモーション政策の中で出題されている。プライスラインに関する問題として，平成 23 年度第 30 問，令和 2 年度第 33 問（「品揃え」に分類）がある。価格決定手法に関する総合的な問題としては，平成 20 年度第 35 問（本書掲載なし）である。

431

■取組状況チェックリスト

| 5. 価格設定 | | | | | | |

価格政策

問題番号	ランク	1回目		2回目		3回目	
平成 29 年度 第 31 問	A	/		/		/	
平成 27 年度 第 29 問	B	/		/		/	
平成 23 年度 第 30 問	C*	/		/		/	

価格決定手法

問題番号	ランク	1回目		2回目		3回目	
平成 25 年度 第 30 問	C*	/		/		/	

＊ランク C の問題と解説は,「過去問完全マスター」の HP（URL：https://jissen-c.jp/）よりダウンロードできます。

第 2 章　商品仕入・販売

価格政策	ランク	1 回目	2 回目	3 回目
	A	／	／	／

■平成 29 年度　第 31 問

　小売業の商品政策・価格政策に関する記述として，最も適切なものはどれか。

　　ア　EDLP 政策では，CRM を強化するなど店舗のサービス水準を高めることが
　　　　必要である。

　　イ　小売業が自ら企画し，外部に生産を委託したプライベート・ブランド商品を
　　　　中心とした品揃えは，他店との差別化に有効であるが粗利益率を低下させる。

　　ウ　小規模な店舗で狭い商圏の顧客を囲い込むためには，特定の商品カテゴリー
　　　　で奥行きの深い品揃えを追求する。

　　エ　ハイ・ロープライシング政策で，来店促進のために利益が出ないほど安く販
　　　　売する目玉商品をロスリーダーという。

433

解答	エ

■解説

　商品政策，価格政策における基本的問題であり，過去に何度も出題されている論点なので正答してほしい。

　ア：不適切である。EDLP（Everyday Low Price）政策は，特に特売やセールとして特価のものを置くのではなく，いつ来ても価格が安い，という政策をとるため，どちらかというと CRM（顧客関係管理　Customer Relationship Management）を強化するなど店舗のサービス水準を高めるのではなく，余計なサービスを省略したり，簡素化することで販売コストを下げ，商品価格を下げる政策である。常に一定価格での提供を行うため，客数の平準化ができ，チラシなどの広告費なども削減できることが強みである。なお，CRM に関しては，平成 26 年度第 31 問の解説を参照のこと。

　イ：不適切である。確かにプライベートブランドは，その小売店舗に行かねば売っていない商品のため，差別化に有効である。しかし，プライベートブランドの利益率は様々で，必ずしも粗利益率を低下させるとは限らない。なお，プライベートブランドの利益率は一般的にナショナルブランドよりも高いとされている。一定程度の量を購入する前提で生産されるため，仕入原価を抑えたり，価格設定の自由度も高いためである。

　ウ：不適切である。小規模な店舗で狭い商圏の顧客を囲い込むためには，特定の商品カテゴリーで奥行きの深い品揃えを追及するよりも，狭い商圏の顧客の様々なニーズを満たすため，広いカテゴリーを揃えたほうが有効である。例えば，コンビニエンスストアのような形態である。特定の商品カテゴリーに絞り込むと，その特定カテゴリーに商圏内の顧客ニーズがある可能性が狭まるが，逆にニッチなニーズを獲得できる可能性があるため，広い商圏を見込める。

　エ：適切である。ハイ・ロープライシング政策は，特価商品による来客を目指し，定価や特価ではない商品（＝粗利が高い商品）を併せ買いしてもらい，全体では原価率を維持するという政策である。来店動機となる目玉商品として，利益が出ないほど安く販売することもあるが，この目玉商品をロスリーダーという。

　よって，エが正解である。

434

第 2 章　商品仕入・販売

価格政策	ランク	1 回目		2 回目		3 回目	
	B	/		/		/	

■平成 27 年度　第 29 問

小売業の販売方法に関する記述として，最も不適切なものはどれか。

ア　慣習価格を崩さずに商品の容量を減らすことは，顧客生涯価値を高めるのに役立つ。

イ　クーポンを発行して，レジで商品の価格を割り引いて販売することは，単なる値引きと比べて消費者の内的参照価格の低下を防ぐのに役立つ。

ウ　シーズン性のある商品をそのシーズンの終わりに価格を割り引いて販売することは，商品在庫の削減に役立つ。

エ　商品の価格を変更せずに容量を増やして販売することは，割安感を演出するのに役立つ。

オ　値引き後の販売価格と値引き前の通常販売価格を二重価格表示することは，割安感を演出するのに役立つ。

解答	ア

■解説

　割引などに関する問題である。用語自体は，ISM（インストアマーチャンダイジング）における ISP（インストアプロモーション）で出てくる「価格主導型 ISP」で学習済みであり，平成 24 年第 28 問（ISM），平成 25 年第 29 問（ISM）を押さえておけば，正答できる。

ア：不適切である。慣習価格を崩さずに商品の容量を減らすことは，単位量当たりの価格を高めていることとなり，顧客生涯価値を低めてしまう可能性が高い。たとえば，500ml のペットボトルを自動販売機で 160 円で買った，と思っていたが，よく見ると 400ml のペットボトルであった，という場合，消費者の効用が下がるケースが多い。

イ：適切である。クーポンを発行して，レジで商品の価格を割り引いて販売する場合，店頭表示価格自体はそのままであり，また，全体から〇〇円引き，や△%オフなどのクーポンの場合，どの商品が具体的に何円安くなっているかがわかりにくくなるため，単なる値引きと比べて消費者の内的参照価格の低下を防ぐのに役立つ。内的参照価格については，平成 25 年度第 29 問参照のこと。

ウ：適切である。たとえば，冬物シーズンの前に水着や半袖の衣料品，日焼け止めなどをセールすることは一般的で，商品在庫の削減に役立つ。

エ：適切である。いわゆる増量セールである。

オ：適切である。値引き後の販売価格と値引き前の通常販売価格を二重価格表示することは，割安感を演出するのに役立つ。しかし，二重価格表示については，その割安感演出力の強さから，不当な価格表示が行われるようになり，消費者庁にて二重価格表示に関する規制を行っている。詳しくは，消費者庁ホームページ「表示対策」参照のこと。

（http://www.caa.go.jp/representation/keihyo/nijukikaku.html）

　よって，アが正解である。

第2章　商品仕入・販売

6. 販売促進

▶▶ 出題項目のポイント

1次試験の「試験科目設置の目的と内容」においては，販売促進計画，店内プロモーション，店外プロモーションに分けられている項目である。

本書では，店外プロモーションに関する出題がないなどの出題傾向から，店内プロモーションに関わる ISM（インストア・マーチャンダイジング）と販売促進計画に分けた。

ISM とは，マーチャンダイジング部門において決定された計画と戦略を，店頭において実現しようとする活動のことである。具体的には，計画された商品構成と，それに基づき選定された商品を，実際の店頭で陳列・演出し，消費者に提示して効率的・効果的な方法で販売を促進しようとする活動を指す。簡単にいうと，従業員1人当たりや，売場面積当たりの売上や利益率を，資源を活用して最大限に高めようという活動である。陳列などの手法がクローズアップされることが多いが，スペース・アロケーション（商品群の配置など），プラノグラム（フェイス決定など），インストア・プロモーション（陳列や販売計画の作成など）等のさまざまな手法を含むものである。

▶▶ 出題の傾向と勉強の方向性

ISM に関してはよく出題されており，必修事項である。ISM の中でも，ISP（インストア・プロモーション）に関しては単独でも出題されたり，ISM と ISP という形で出題されたりしている。ISM 自体論点が非常に多いが，ISM の総論→ISM 実現のための手段などの各論という形で並べているので，本書の流れに沿って，一度にまとめて学習をしたほうがわかりやすいであろう。

437

■取組状況チェックリスト

6. 販売促進					

ISM					
問題番号	ランク	1回目		2回目	3回目
平成 27 年度 第 31 問	A	／		／	／
平成 26 年度 第 31 問	A	／		／	／
平成 24 年度 第 28 問	A	／		／	／
平成 25 年度 第 29 問	A	／		／	／
平成 30 年度 第 30 問	A	／		／	／
平成 28 年度 第 32 問	A	／		／	／

販売促進計画					
問題番号	ランク	1回目		2回目	3回目
平成 28 年度 第 30 問	A	／		／	／

	ランク	1回目	2回目	3回目
ISM	A	／	／	／

■平成 27 年度　第 31 問

インストアプロモーション（ISP）における目的とその施策に関する記述として，<u>最も不適切なものはどれか。</u>

　ア　売れ筋商品の利益率を向上させるために，価格プロモーションを実施する。

　イ　買上率を向上させるために，POP によって商品の価値を理解しやすくする。

　ウ　関連商品の同時購買を促進するために，クロス MD を実施する。

　エ　商品の魅力や機能を伝えるために，サンプリングを実施する。

解答	ア

■解説

ISM に関する基本的な問題である。必ず正答してほしい。

ア：不適切である。価格プロモーションは基本的に値下げを伴うことが多く，実施すると利益率が下がる。

イ：適切である。POP は商品の価値を顧客に伝えるための手法である。店員がいなくとも，パッケージや見ただけではわからない商品の魅力を伝え，商品の価値を理解しやすくする効果がある。

ウ：適切である。クロス MD は，関連商品の同時購買を促進する目的がある。クロス MD については，平成 24 年度第 28 問解答等を参照のこと。

エ：適切である。特に新製品など価格訴求よりも，商品の魅力や機能を伝えたい時にサンプリングは有効である。サンプリングについては，平成 24 年度第 28 問解答等を参照のこと。

よって，アが正解である。

第 2 章　商品仕入・販売

ISM	ランク	1 回目	2 回目	3 回目
	A	／	／	／

■平成 26 年度　第 31 問

　インストアマーチャンダイジングに関する次の文中の空欄 A と B に入る語句の組み合わせとして，最も適切なものを下記の解答群から選べ。

　客単価を上げるためには，インストアマーチャンダイジングを実践することが有効である。たとえば，　A　ためにはマグネットポイントの配置を工夫することが重要である。また，棚の前に立ち寄った客の視認率を上げるためには　B　ことが重要である。

［解答群］

　　ア　A：買上率を高める　B：CRM を実施する

　　イ　A：買上率を高める　B：プラノグラムを工夫する

　　ウ　A：客の動線長を伸ばす　B：CRM を実施する

　　エ　A：客の動線長を伸ばす　B：プラノグラムを工夫する

441

解答	エ

■解説

ISM に関する基本的な問題であるが，用語や ISM に関するきちんとした理解が必要となる。

まずは，マグネットポイントによって何をするのか，という点であるが，マグネットポイントとは顧客を引き付けるポイントのことである。エンド陳列などがそうであるが，顧客を引き付けることでマグネットポイントからマグネットポイントへ移動させるなど，顧客の<u>動線長</u>（空欄 A）を伸ばす作用がある。

また，棚に近寄った客の視認率を上げるには<u>プラノグラム</u>（空欄 B）を工夫することが必要となる。プラノグラムは Plan on Diagram の略称で，「棚割りシステム」などとも呼ばれる。商品，ブランド，包装形態，色などを考慮し，どの商品をどの位置に置き，組み合わせるかを実際にシミュレーションしたり，POS データを利用したりして最適な棚割りを導き出す，「従来の経験に基づいた棚割り」よりも高度で緻密な手法である。なお商品群をどの位置に，どのくらいのスペースをとって，どのように配置するのかを決定することをゾーニングというが，プラノグラムでは特定の棚の陳列を対象とする。簡単にいうと，商品をどう配置すればその棚の収益が最大になるかを考えることである。詳しくは平成 24 年度第 31 問（商品陳列に分類）を参照のこと。

すなわち，マグネットポイントにより顧客の動線を伸ばし，広く店内を回遊してもらう＝さまざまな棚を通ってもらう，そして，個々の棚においてはプラノグラムによって最適な商品を提案，示すことで客単価を上げようとする，ISM の流れを解説している文章である。

なお，CRM とは顧客関係管理（Customer Relationship Management）のことで，顧客それぞれの購入履歴・商談履歴等だけでなく，年齢，家族構成，趣味等の紐付けをした高度な情報を一括して管理し，販売戦略に活用する手法のことをいう。CRM に関連する問題としては，RFM 分析が近年よく出題されている。（平成 18 年度第 34 問（本書掲載なし），平成 25 年度第 41 問，令和 2 年度第 44 問など）。

よって，エが正解である。

	ランク	1回目		2回目		3回目	
ISM	A	／		／		／	

■平成24年度　第28問

インストアプロモーション（ISP）には価格主導型ISPと非価格主導型ISPがある。価格主導型ISPとして最も適切なものの組み合わせを下記の解答群から選べ。

a　クロスマーチャンダイジング

b　サンプリング

c　増量パック

d　バンドル販売

〔解答群〕

ア　aとc

イ　aとd

ウ　bとc

エ　bとd

オ　cとd

解答	オ

■解説

インストアプロモーション（ISP）に関する基本的な問題である。過去から何度も出ている論点であるので，必ず正解してほしい。

ISPとは，小売店舗の店頭において積極的な提案を行い，購買を促す活動であるISMを実現する手段の１つで，デモンストレーション販売，ノベルティなどの非価格主導型と，特売，クーポン券などの価格主導型に分かれる（エンド陳列などは価格主導型，非価格主導型両方の特性を持つとされることもある）。

ⅰ）価格主導型…チラシ，クーポンなど商品に関して割安感などの価格面に訴える

ⅱ）非価格主導型…ノベルティ，サンプリング，デモンストレーション販売など価格以外の面で消費者に商品の魅力を訴える

a：クロスマーチャンダイジング…非価格主導型。食品，雑貨などの商品カテゴリーにこだわらず，関連商品を並べて陳列することで関連購買を促し，客単価を上げる手法のことである。たとえば，バーベキューというテーマで，肉，焼き肉のたれ，紙皿等を１か所に集めて陳列する。価格自体を変化させるわけではないので非価格主導型ISPである。

b：サンプリング…非価格主導型。試供品として，現品そのものや小さく小分けした商品を配り，実際に消費者に使用してもらい魅力を伝える手法である。

c：増量パック…価格主導型。通常よりも商品の内容量，個数等を増やし，割安感を演出する。

d：バンドル販売…価格主導型。バンドル販売とは組み合わせ販売といわれる，商品を組み合わせた販売手法である。たとえば，２個で1,000円，よりどり３つで500円などの販売方法である。１つで購入するよりも安い価格を設定して割安感を演出する。

以上より，cとdが価格主導型となる。

よって，オが正解である。

参考文献：田島義博編著『インストア・マーチャンダイジングがわかる→できる』ビジネス社，2001

第2章　商品仕入・販売

ISM	ランク	1回目	2回目	3回目
	A	╱	╱	╱

■平成25年度　第29問

消費者の内的参照価格の低下を防ぐインストアプロモーション（ISP）の方法として，最も不適切なものはどれか。

ア　クーポンを発行し，レジで商品の価格を割り引く。

イ　商品を購入した人にキャッシュバックを実施する。

ウ　特売価格を設定し，通常価格と併記して販売する。

エ　バンドル販売によって複数の商品を購入した場合に価格を割り引く。

オ　ポイントカード会員に，購入金額の一定割合のポイントを発行する。

445

解答	ウ

■解説

　参照価格とは，消費者が商品やサービスを購入する際に，心理的に比較する価格のことで，「内的参照価格」と「外的参照価格」の2つがあるとされる。本問で問われている内的参照価格とは，今までの購買経験などから「この商品（ブランド等）はだいたいこのくらいの値段だ」と消費者が考える価格のことである。この価格より安ければ値頃感を感じ購買意欲が増す。外的参照価格というのは，メーカー希望小売価格，参考価格，当店通常価格などと呼ばれているものや，売場のPOPや売場に並ぶ他の製品と比較して妥当と感じる価格基準である。通常，さらに折込広告や店頭で見た「実売価格」を判断材料にして，購買を決定する要素とする。特売やセールなどで，安い店頭価格を見慣れてしまい消費者の内的参照価格が下がってしまうと，定価や通常価格では割高感が出て，購買してもらえなくなる。たとえば，値下げ競争が激化すると，内的参照価格も低下し，さらに値下げを必要とする，といった悪循環に陥りやすい。

　ア：適切である。商品価格はそのままに，レジにおいて価格を割り引くと，店頭
　　　表示価格は下げなくてすみ，また複数の品物の合計から値引きされるため商
　　　品1つの値段そのものに対する参照価格を低下させにくい。

　イ：適切である。商品自体の価格を割り引くわけではないこと，店頭表示価格を
　　　下げるわけではないので，参照価格を低下させにくい。

　ウ：不適切である。通常価格に対し，はっきりと特売価格を明示してしまうと，
　　　このブランドはこのくらいの価格，この量でこのくらいの価格という目安を
　　　与えてしまい，内的参照価格を下げやすいため不適切である。

　エ：適切である。バンドル販売によって複数の商品を購入した場合に価格を割り
　　　引くというのは，いわゆる「量でのおまけ」になり，商品を1個だけ購入し
　　　た場合の定価を下げるわけではないので，価格自体を下げたという印象が薄
　　　くなる。また，消費者にこの量でこのくらい，というはっきりとしたイメー
　　　ジを持たせにくい。

　オ：適切である。ポイントカード会員に，購入金額の一定割合のポイントを発行
　　　する手法は，価格自体を下げるわけではないので，参照価格を低下させにく
　　　い。

第2章　商品仕入・販売

	ランク	1回目		2回目		3回目	
ISM	A	／		／		／	

■平成 30 年度　第 30 問

インストアプロモーションに関する次の文章の空欄 A 〜 D に入る語句として，最も適切なものの組み合わせを下記の解答群から選べ。

特売は，インストアプロモーションの中でも　A　に売上を増加させるために有効である。価格弾力性が　B　商品は，　C　商品と比べて同じ値引率での売上の増加幅が大きい。ただし，特売を長期間継続した場合は，消費者の　D　が低下するため，特売を実施する際に注意が必要である。

〔解答群〕

ア　A：短期的　　B：小さい　　C：大きい　　D：外的参照価格

イ　A：短期的　　B：大きい　　C：小さい　　D：内的参照価格

ウ　A：短期的　　B：大きい　　C：小さい　　D：外的参照価格

エ　A：長期的　　B：小さい　　C：大きい　　D：内的参照価格

オ　A：長期的　　B：小さい　　C：大きい　　D：外的参照価格

447

解答	イ

■解説

インストアマーチャンダイジング（ISM）の中の，インストアプロモーション（ISP）に関する基本的な問題で，繰り返し出題された論点のため必ず正答したい。

ISM は，①ISP と②スペース・マネジメントに分けられる。

① ISP

　　ⅰ．価格主導型：チラシ，クーポンなど商品に関して割安感などの価格面に訴える。

　　ⅱ．非価格主導型：クロスマーチャンダイジング，ノベルティ，サンプリング，デモンストレーション販売など価格以外の面で消費者に商品の魅力を訴える。

② スペース・マネジメント

　　ⅰ．スペース・アロケーション：面積配分のこと。商品や商品群などをどれだけ配置するかを決定する。

　　ⅱ．プラノグラム：商品をどのように組み合わせて陳列したらその棚の収益が最大になるか，という棚割りを考えるシステムのことである。どの位置に，何の商品を，何フェイス分置くとどれだけ売り上げるかということを，POS データをもとに予測する。詳しくは平成 24 年度第 31 問を参照。

特売は，上記 ISP の中でも 短期的 （空欄 A）に売上を増加させるのに有効である。

価格弾力性とは，ここでは価格が変動することによって，商品に対する需要や供給がどれくらい変動するか，ということを示す数値である。「価格弾力性が低い商品」とは，価格の変動に対して需要や供給があまり変動しない商品と考えられる。価格に関する手法が有効なのは，価格弾力性が高い商品である。よって，価格弾力性が 大きい （空欄 B）商品は， 小さい （空欄 C）商品と比べて同じ値引率での売上の増加幅が大きい。

内的参照価格とは，今までの購買経験などから「この商品（ブランド等）はだいたいこのくらいの値段」と消費者が考える価格のことである。一方，メーカー希望小売価格，参考価格，当店通常価格などは外的参照価格と呼ばれ，売場の POP や売場に並ぶ他の製品と比較して妥当と感じる価格基準である。特売を長期間継続した場合に下がるのは消費者の 内的参照価格 （空欄 D）である。これらの論点に関しては，平成 25 年度第 29 問でも出題されている。

よって，イが正解である。

448

第2章　商品仕入・販売

	ランク	1回目	2回目	3回目
ISM	A	／	／	／

■平成28年度　第32問
　小売業の販売促進の方法と主な目的に関する記述として，最も適切なものはどれか。

ア　売り場におけるクロスマーチャンダイジングは，関連する商品同士を並べて
　　陳列することで，計画購買を促進する狙いがある。

イ　エンドなどにおける大量陳列は，商品の露出を高めて買い忘れを防止するな
　　ど，計画購買を促進する狙いがある。

ウ　会計時に発行するレシートクーポンは，次回来店時の計画購買を促進する狙
　　いがある。

エ　試食販売などのデモンストレーション販売は，リピート購買を促進する狙い
　　がある。

オ　新聞折り込みチラシは，お買い得商品の情報を伝えて，想起購買を促進する
　　狙いがある。

解答	ウ

■解説

販売促進の頻出論点ばかりではあるが，細かい点まで理解していないと判断に迷う内容である。

ア：不適切である。売場におけるクロスマーチャンダイジングは，基本的には計画購買よりも<u>非計画購買</u>を促す手法である。また単に関連商品を並べるだけではない。たとえば，「焼き肉用のお肉」の横に「焼き肉のたれ」を置く，という単純な手法から，「運動会」というテーマで本来ならば売場として分かれている「お弁当箱」と「レジャーシート」，「食品」「お菓子」を並べてシーンを演出する，という手法もある。

イ：不適切である。エンドなどにおける大量陳列は，商品の露出を高めて消費者に商品を視認させ，<u>非計画購買</u>を促進する狙いがある。

ウ：適切である。会計時に発行するレシートクーポンは，次回来店時の計画購買を促進する狙いがある。特にPOSデータを分析したうえで次回来店を促すようなクーポンを出すと効果的である。たとえば，洗剤本体を買った消費者に同じ洗剤の詰め替え用を割引きするクーポンを発行するなどである。

エ：不適切である。試食販売などのデモンストレーション販売は，リピート購買を促進するのではなく，新製品の目新しさや，今まで使ったことのない人に利用シーンを想起させることで，非計画購買を促す手法である。

オ：不適切である。購買には，ブランドまで決定していた，商品カテゴリーまで決定していたなど，差があれどもこれを買おう，と思って店舗に行き購買する計画購買と，衝動買いのような非計画購買がある。非計画購買は，その購買までの過程によりさまざまな種類がある。購買予定はなかったが，店頭にて商品を見たり広告を見たりして必要性を思い出して（「そういえば切れていた」など）購入する「想起購買」，購入された他の商品との関連から必要性が認識されて商品を購入する「関連購買」や，計画購買のようなしっかりとした購買意図は持っていないが，なんとなく必要だけどもし安くなっていたら購入しようといった「条件購買」，商品の新奇性や希少性に起因して購入しようとする，「衝動購買」（いわゆる衝動買い）などがある。チラシを見て「この商品を買おう」と決めて買いに行くのは「計画購買」である。

販売促進計画	ランク	1回目		2回目		3回目	
	A	／		／		／	

■平成 28 年度　第 30 問

　消費者の購買慣習からみた商品分類として，最寄品，買回品，専門品という分類がある。これら 3 つの分類と分類にあてはまる商品の一般的な特徴に関する次の a～c の記述の組み合わせとして，最も適切なものを下記の解答群から選べ。

　　a　消費者は商品へのこだわりがあり，複数の店舗を比較して買う。

　　b　消費者は手近にある情報により，買うことを決める。

　　c　消費者は時間をかけることを惜しまずに，遠方の店舗でも買いに行く。

〔解答群〕

　ア　買回品　―　b

　イ　専門品　―　b

　ウ　専門品　―　c

　エ　最寄品　―　a

　オ　最寄品　―　c

451

解答	ウ

■解説

　買回品，最寄品，専門品に関する基本的な問題であり正答したい。

　コラム1において最寄品と買回品を比較した表を掲載しているので，必ず確認してほしい。なお，専門品とは，たとえば高級ブランドや，時計，自動車など独自の特性やブランド価値を有している，顧客が購買行動において特別な購買努力を行う製品のことである。

　　a　消費者は商品へのこだわりがあり，複数の店舗を比較して買う。…買回品

　　b　消費者は手近にある情報により，買うことを決める。…最寄品

　　c　消費者は時間をかけることを惜しまずに，遠方の店舗でも買いに行く。…専門品

　よって，ウが正解である。

第 3 章

商品補充・物流

1. 商品在庫管理

▶▶ 出題項目のポイント

1次試験の「試験科目設置の目的と内容」においては商品在庫管理として，発注方法，在庫数量管理，需要予測が挙げられている。

第2章で学習したように，小売店などは経営計画やマーチャンダイジング計画等に基づいて商品を仕入れるわけだが，その仕入の際の商品の発注，在庫管理等に関する項目である。

発注方法には，さまざまな手法がある。生産管理パートの「第2章　生産のプラニング　6.　資材調達・外注管理」内で，定期発注方式など製造業等における発注方式に関する問題で学習をしてきたが，小売業における商品も同じ考え方で対応可能である。

小売業の発注方式で目覚ましい進歩を遂げているのが，POSデータ等の活用である。売れたものを瞬時に把握できるようになったことや在庫量が把握しやすくなったことで，CAO，CRPといった発注に役立つシステムにより，効率的な発注作業が可能となった。CAO（Computer Assisted Ordering）とは，あらかじめ決められた発注点と棚卸から出る在庫量から発注量を計算し，自動的に発注することで適正在庫を保つようにするシステムである。自動発注の一種であるCRP（Continuous Replenishment Program）の場合は，小売店のPOSデータと連動して，販売量を考慮してメーカー側が需要予測と商品の補充を行い，小売業からの発注を省略することができる。

需要予測に関しては，生産管理で学んだ知識で対応が可能である。生産管理パート「需要予測」を参照するとよいだろう。

▶▶ 出題の傾向と勉強の方向性

発注方法は生産管理においても，店舗運営においても出題されるため必ず学習し，「定量発注」「定期発注」などを理解することが必要である。需要予測に関しては，店舗運営においては毎年必ず出題されるわけではないが，生産管理での出題もあるため生産管理パートの「需要予測」を併せて学習するとよい。PI値も需要予測に利用されるが，POSシステムとの関連でも出題される。

第 3 章　商品補充・物流

■取組状況チェックリスト

1. 商品在庫管理							

発注方法							
問題番号	ランク	1 回目		2 回目		3 回目	
平成 24 年度　第 36 問	A	／		／		／	
平成 28 年度　第 33 問	A	／		／		／	
平成 26 年度　第 37 問	A	／		／		／	
令和 2 年度　第 34 問	A	／		／		／	
令和元年度　第 33 問	A	／		／		／	
平成 27 年度　第 35 問	B	／		／		／	
平成 25 年度　第 33 問	A	／		／		／	
平成 29 年度　第 33 問	A	／		／		／	
平成 25 年度　第 32 問	A	／		／		／	
平成 30 年度　第 31 問	A	／		／		／	
平成 23 年度　第 34 問	C *	／		／		／	

需要予測							
問題番号	ランク	1 回目		2 回目		3 回目	
平成 29 年度　第 34 問	A	／		／		／	
令和 2 年度　第 35 問	A	／		／		／	
平成 25 年度　第 37 問	B	／		／		／	

＊ランク C の問題と解説は，「過去問完全マスター」の HP（URL：https://jissen-c.jp/）よりダウンロードできます。

〈コラム3〉

JAN コードについて

JAN コード：標準タイプ13桁（GS1事業者コード※9桁バージョンの場合）

① GS1事業者コード※（JANメーカーコード）：メーカーごとに割り当てられる固有番号。そのうち最初の2桁は国を表す。日本の場合は49か45から始まる。
② 商品アイテムコード：商品に割り当てられるコード。基本的にGS1事業者コード（JAN企業コード）の貸与を受けた事業者が番号を設定する。
③ チェックデジット：数列が間違ってないかを確認するための数字。

※ 2012年4月より，一般財団法人流通システム開発センターによって付与されていた「JAN企業コード」は，「GS1事業者コード」に名称が変更された。

第3章　商品補充・物流

発注方法	ランク	1回目		2回目		3回目	
	A	／		／		／	

■平成24年度　第36問

　流通における発注方式のうち，定期発注方式と定量発注方式に関する記述として，最も不適切なものはどれか。

ア　定期発注方式では，発注サイクルを短縮すると在庫が減少する。

イ　定期発注方式は，需要予測の精度が低くても品切れを起こしにくい。

ウ　定量発注方式では，発注点を高くすると品切れが起こりにくい。

エ　定量発注方式は，需要が安定している商品に向いている。

	解答	イ

■解説

　流通における発注方式として定期発注方式と定量発注方式を取り上げた問題であるが，特に流通において特殊なケースを問われているわけではなく，基本的知識で対応可能である。

　定期発注方式とは，JISにその定義があり「あらかじめ定めた発注間隔で，発注量を発注ごとに決めて発注する在庫管理方式」（JIS Z 8141－7321）となっている。一方，定量発注方式とは，「発注時期になるとあらかじめ定められた一定量を発注する在庫管理方式」（JIS Z 8141－7312）と定義される。

	長所	短所
定期発注方式	・定量発注に比べ，需要変動等に対して対応できる ・需要変動が激しいものに対応できる	・発注のたびに需要予測を行い発注量を計算する必要がある ・安全在庫が増加する可能性がある→発注サイクルを短縮するなどで対応可能
定量発注方式	・一度発注量を決定すれば需要予測等の計算などが不要で，運用が容易→事務処理の効率化，自動発注なども可能	・需要変動が激しいものには不向き ・調達期間が長いと需要変動に対応しづらく，不向き

　ア：適切である。たとえば，それまで週1回の発注だった場合，最低でも1週間分の在庫が必要だったが，週2回発注に変更すると，その在庫を減らすことができる。一方で発注コストはその分増えることにも留意したい。

　イ：不適切である。定期発注方式では，発注量の計算式は一般的に，

　　　「発注量＝在庫調整期間における予想消費量－（手元の在庫量＋発注残）＋安全在庫」（※在庫調整期間＝発注サイクル＋調達リードタイム）であり，予想消費量の精度が低いと発注量も不適切なものになり，品切れを起こす可能性がある。なお，定量発注の場合は経済的発注量（EOQ）の公式などが使用されることが多い。詳しくは，生産管理パートの第2章「生産のプランニング 6. 資材調達・外注管理」の「出題項目のポイント」などを参照のこと。

　ウ：適切である。定量発注方式では，発注点を高くすると品切れが起こりにくい。定量発注方式における発注点は，安全在庫を加味して決められるため，発注点を高くするには安全在庫を増やすなどすればよい。

　エ：適切である。需要変動に対応しにくいが発注コストが削減しやすい定量発注方式は，需要が安定している商品に向いている。

　よって，イが正解である。

458

第 3 章　商品補充・物流

発注方法	ランク	1回目		2回目		3回目	
	A	/		/		/	

■平成 28 年度　第 33 問
小売店舗における在庫管理に関する記述として，最も適切なものはどれか。

ア　あらかじめ設定した発注点に基づいて発注すると，発注間隔は必ず一定になる。

イ　安全在庫は，需要の変動に備えて過剰在庫を防止するために設定する在庫量のことである。

ウ　需要の変動に備えて安全在庫を見込む場合でも，定期発注方式で発注量を算定するときには安全在庫を含めない。

エ　発注から補充までの期間が短いほど，安全在庫量を少なくすることができる。

459

解答	エ

■解説

在庫管理に関する基本的な問題である。特に難しい表現もなく，必ず正答してほしい。

ア：不適切である。あらかじめ設定した発注点に基づいて発注すると，発注間隔はその間の消費量に応じて変化する。

イ：不適切である。安全在庫は，需要の変動に備えて欠品を防止するために設定する在庫量のことである。

ウ：不適切である。需要の変動に備えて安全在庫を見込む場合，定期発注方式で発注量を算定するときは安全在庫を考慮する。

エ：適切である。発注から補充までの期間（＝調達リードタイム）が短いほど，安全在庫量を少なくすることができる。

＜参考＞安全在庫＝$k \times \sqrt{L} \times \alpha$（$k$：品切れ許容率によって決まる係数，$L$：調達リードタイム，$\alpha$：単位期間の需要量の標準偏差）

よって，エが正解である。

第 3 章　商品補充・物流

発注方法	ランク	1 回目		2 回目		3 回目	
	A	／		／		／	

■平成 26 年度　第 37 問
店舗の在庫管理に関する記述として，最も適切なものはどれか。

ア　定量発注方式で自動発注を行う場合，在庫が欠品しないように発注点を設定
　　する。

イ　当月の売上高が前月より減少したとき，前月と平均在庫高が同じならば在庫
　　回転率は高くなる。

ウ　発注から納品までのリードタイムが長い場合，短い場合と比べて安全在庫は
　　少なく設定する。

エ　販売数量と比べて発注数量が多いと理論在庫は減少する。

461

解答	ア

■**解説**

在庫管理に関する基本的な問題であり，必ず正答してほしい。

ア：適切である。常に同じ量を発注する定量発注方式で自動発注を行う場合は，発注点を設定する。発注点は，一般的に定量発注方式の発注点は，調達期間中の平均的需要量＋安全在庫，もしくは調達期間×1日当たりの平均需要量＋安全在庫である。なお，発注点（安全在庫）を高くすると在庫切れのリスクは減るが，在庫量が増え在庫回転率等に影響する場合がある。詳しくは，平成24年度第36問，平成25年度第33問の解説を参照してほしい。

イ：不適切である。当月の売上高が前月より減少したとき，前月と平均在庫高が同じならば在庫回転率は低くなる。

ウ：不適切である。発注から納品までのリードタイムが長い場合，発注から納品までの時間が長いため，その間の需要を補うため，短い場合と比べて安全在庫は多めに設定することが多い。

エ：不適切である。販売数量に比べ，発注数量が多いということは商品が余っている状態のため，理論在庫は増加する。なお，理論在庫とは一般的に，在庫管理システム上で把握している在庫数量のことである。実際に倉庫や店頭にある在庫数量は物理在庫と呼ばれ，適宜棚卸等を行い，理論在庫と物理在庫の数字を合わせることが重要である。本選択肢では，理論在庫となっているので，実際の店頭における在庫量は考慮しなくていい（紛失，事故等での実際の店頭在庫量は必ずしも帳簿上の数と一致しない場合がある）ため，販売数量よりも発注数量のほうが多ければ，在庫が増加する。

よって，アが正解である。

第 3 章　商品補充・物流

	ランク	1 回目		2 回目		3 回目	
発注方法	A	／		／		／	

■**令和 2 年度　第 34 問**

最寄品を主に取り扱う小売店舗における在庫管理に関する記述として，最も適切なものはどれか。

ア　ある商品の最大在庫量を 2 倍にした場合，販売量を一定とすると，安全在庫量も 2 倍必要になる。

イ　前日の販売量を発注量として毎日発注する商品の販売量が減少した場合，当該商品の在庫量は減少する。

ウ　定期発注方式を採用した場合，販売量を一定とすると，1 回当たりの発注量は発注間隔を短くするほど少なくなる。

エ　定量発注方式を採用した場合，適正な在庫量を表す理論在庫は安全在庫に一致する。

オ　定量発注方式を採用した場合，販売量の減少が続くときに発注点を変更しなければ，発注間隔は短くなる。

463

解答	ウ

■解説

発注方法，在庫量に関する基本的な問題であるため，正答したい。

ア：不適切である。安全在庫量は下記の式で算出される。

$$安全在庫＝k \times \sqrt{L} \times \alpha$$

（k：品切れ許容率によって決まる係数，L：調達リードタイム，α：単位期間の需要量の標準偏差）

よって，最大在庫量が2倍になっても安全在庫量は変わらない。なお，安全在庫については，平成28年度第33問を参照のこと。

イ：不適切である。前日の販売量を発注量として毎日発注するということは，9月1日に5個売れた商品ならば，9月2日に5個発注するということである。商品の販売量が減少するということは，9月3日に3個売れるという状況である。その場合，納期は不明であるが，即日毎日納品がされているならば当該商品の在庫量は2個増加する。また，実際に売れた分だけ毎日発注するとは，納期は不明であるが，「売れた分だけ補充される」ということである。販売量が減っても減った量だけの発注となり，在庫量は一定となる。よって，在庫量は減少しない。

ウ：適切である。定期発注方式を採用した場合，販売量が一定ならば，1回当たりの発注量は発注間隔を短くするほど少なくなる。

エ：不適切である。定量発注方式は在庫量が設定された発注点まで減少したら，あらかじめ決めていた定量を発注する方式である。この場合，適正な在庫量を表す理論在庫は「安全在庫＋サイクル在庫」となる。よって，理論在庫は安全在庫に一致しない。サイクル在庫とは，次の納品までの平均需要に対応するための在庫である（一般に定期発注の場合，期間平均需要量の半分の量。定量発注の場合，経済的発注量の半分の量となる）。サイクル在庫については平成29年度第33問を参照のこと。

オ：不適切である。定量発注方式は在庫量が設定された発注点まで減少したら，あらかじめ決めていた定量を発注する方式である。定量発注方式を採用した場合，販売量の減少が続くと，発注点まで在庫が減少する期間が長くなるため，発注間隔は長くなる。

よって，ウが正解である。

464

第3章　商品補充・物流

発注方法	ランク	1回目	2回目	3回目
	B	/	/	/

■令和元年度　第33問

　最寄品を主に取り扱う小売店舗における在庫管理に関する記述として，最も適切なものはどれか。

　　ア　定期発注方式を採用した場合，安全在庫を計算する際に考慮する需要変動の期間は，調達期間と発注間隔の合計期間である。

　　イ　定期発注方式を採用した場合，需要予測量から有効在庫を差し引いた値が発注量になる。

　　ウ　定量発注方式を採用した場合，調達期間が長いほど発注点を低く設定した方が，欠品は発生しにくい。

　　エ　定量発注方式を採用した場合の安全在庫は，調達期間が1日であれば，常に0になる。

　　オ　発注点を下回ったときの有効在庫と補充点との差の数量を発注するように運用すれば，補充直後の在庫量は常に一定になる。

465

解答	ア

■解説

「最寄品を主に取り扱う小売店舗における在庫管理」とあるが，特に留意する点はなく，通常の定期発注方式や定量発注方式の知識で対応可能である。

ア：適切である。安全在庫は，<u>需要の変動</u>または<u>補充期間の不確実性を吸収</u>するために必要とされる在庫量のことである。よって，安全在庫を計算する際に考慮する需要変動の期間は，「調達期間と発注間隔の合計期間」となる。
なお，定期発注方式の発注量の計算式は，下記のとおりである。

> 発注量＝在庫調整期間における需要予測量＋安全在庫－発注時点の在庫量（発注残含む）

イ：不適切である。定期発注方式では，発注量は上記の式より，「需要予測量から有効在庫を引いて，<u>安全在庫を足した</u>」量となる。
有効在庫とは，現在の在庫数から受注残，不良品，発注残などを考慮した引き当て自由な在庫数量である。

ウ：不適切である。調達期間が長いと需要の予測に関し不確実性は高まる。よって，欠品防止のためには，発注点を高くする必要がある。

エ：不適切である。調達期間が1日，すなわち1日は調達に時間がかかるため，需要の変動または補充期間の不確実性を吸収するために必要とされる安全在庫は0にはならない。安全在庫が0だと当日の需要変動に対応できなくなる。
＜参考＞ 安全在庫＝$k \times \sqrt{L} \times a$ の公式を覚えていればLに1を代入して考えるとよい。
（k：品切れ許容率によって決まる係数，L：調達リードタイム，a：単位期間の需要量の標準偏差）
L＝1日となり，安全在庫量は「品切れ許容率によって決まる係数」と「単位期間の需要量の標準偏差」の積となり0にはならない。

オ：不適切である。発注点を下回ったときの有効在庫と補充点との差の数量を発注しても，発注から納品・補充までの間に在庫がどのくらい消費されるかわからず，補充時点での在庫量が常に一定になるとは限らない。

よって，アが正解である。

第 3 章　商品補充・物流

発注方法	ランク	1回目		2回目		3回目	
	B	╱		╱		╱	

■平成 27 年度　第 35 問

店舗における商品の在庫管理に関する記述として，最も適切なものはどれか。

ア　売場の棚に陳列する商品のフェイス数は，均一にした方が補充頻度を一定にしやすい。

イ　需要予測を実需が上回った場合，過剰在庫が発生しやすい。

ウ　店舗では，リードタイム期間の平均需要量を発注点とすると，欠品を起こすことがない。

エ　発注から納品までのリードタイムを短くすると，発注点を低くできる。

オ　万引き等によるロスがあると，自動発注時の発注量が増加する。

467

解答	エ

■**解説**

在庫管理に関する基本的な問題であり，正答したい。

ア：不適切である。商品のフェイス数は，売れ筋の商品は増やす，あまり需要のないものは少なく，が基本である。需要が高いものも，低いものもフェイス数を同じにすると，需要が高いものの補充頻度が増える。

イ：不適切である。予測よりも実際の需要が高く売れるということは，欠品が生じやすくなる。

ウ：不適切である。リードタイム期間の平均需要量を発注点とすると，期間中の需要変動に対応できない。たとえば特定の時期（土日，祝日，記念日，周辺におけるイベント等）や急に需要が高まる商品など，リードタイム期間中に需要量が変動する商品もある。通常は，平均需要量に安全在庫をプラスした発注点となる。

エ：適切である。発注から納品までのリードタイムを短くすると，発注点を低くできる。

オ：不適切である。やや悩ましい記述だが，万引き等によるロスはPOSを通さないため，そのロスが人の手での「棚卸」などを通さないと発見されない。そのため，POSによる売上登録と登録在庫量との差から発注するような自動発注だけでは，万引きなどによるロスに気づかず，自動的に発注量をその分増やすような機能はない。そのため，そのようなロスを発見するため，通常は自動発注を行っていても適宜棚卸を行う。

よって，エが正解である。

発注方法	ランク	1回目		2回目		3回目	
	A	/		/		/	

■平成 25 年度　第 33 問

　ある物流センターにおいて，比較的需要が安定した商品を定量発注方式で在庫補充している。定量発注方式では，手持在庫量が発注点を下回った際に，あらかじめ決めた発注量で補充するが，発注点と発注量の考え方に関する記述として，最も適切なものはどれか。

　　ア　適切に発注量を設定することにより年間在庫総費用を抑えることができる。

　　イ　発注点と発注量は一度決めても定期的に見直さなければ手持在庫量が増加する。

　　ウ　発注点は平均在庫量に安全在庫を加えたものに決められることが多い。

　　エ　発注量を増やすと発注回数が減少し，手持在庫量は減少する。

解答	ア

■**解説**

　第32問に連続して需要予測に関する問題であったが，定量発注方式に関する基本的な知識があれば解ける問題であった。

ア：適切である。定量発注においては，あらかじめ設定した一定量を発注するが，この発注量を「経済的発注量（EOQ：Economic Order Quantity）」という。1回当たりの発注量を増やせば発注回数が減るが，在庫費用が増大する。逆に1回当たりの発注量を減らすと在庫費用を削減できるが，発注回数が増え発注に関する費用は増える。そこで，最も総費用を小さくできる発注量を定量発注方式では算出し，その量を毎回発注する。

〈参考〉
経済的発注量は以下のようにして求められる。

$$経済的発注量 = \sqrt{\frac{2SR}{Pi}}$$

S：1回当たりの発注費用
R：年間需要量
P：在庫品の単価
i：在庫（維持）費用率

イ：不適切である。基本的に発注量は大きな発注費用や年間需要量などの各条件が変化しなければ，変わらない。また，見直さないといけない場合でも，必ずしも手持ち在庫が増えるとは限らず，欠品を起こす可能性もある。そもそも，定量発注方式は，見直しが定期的に必要となるような需要の変動が激しいものには向いておらず，需要が安定したものの発注事務処理の効率化・自動化を行うものである。

ウ：不適切である。定量発注方式の発注点は，調達期間中の平均的需要量＋安全在庫，もしくは調達期間×1日当たりの平均需要量＋安全在庫である。

エ：不適切である。発注量を増やすと，一度に入荷する商品が増えるため手持在庫量は増加する。

　よって，アが正解である。

470

発注方法	ランク	1回目		2回目		3回目	
	A	/		/		/	

■平成29年度　第33問

小売店舗における在庫管理に関する記述として，最も適切なものはどれか。

　ア　経済的発注量とは，在庫量を最小にする1回当たりの発注量のことである。

　イ　サイクル在庫は，定量発注方式の場合に発生し，定期発注方式の場合には発生しない。

　ウ　定量発注方式を採用した場合，発注点は調達期間中の推定需要量と安全在庫の和として求められる。

　エ　補充点は，最大在庫量から調達期間中の推定需要量を差し引いた値である。

　オ　見越在庫とは，発注済みであるがまだ手元にない在庫のことである。

解答	ウ

■解説

　在庫管理に関する基本的な問題であるが，サイクル在庫，補充点，見越在庫などの用語をきちんと理解していないと難しかったであろう。

- ア：不適切である。定量発注においては，あらかじめ設定した一定量を発注するが，この発注量を「経済的発注量（EOQ：Economic Order Quantity）」という。1回当たりの発注量を増やせば発注回数が減るが，在庫費用が増大する。逆に1回当たりの発注量を減らすと在庫費用を削減できるが，発注回数が増え，発注に関する費用は増える。そこで，最も総費用を小さくできる発注量を定量発注方式では算出し，その量を毎回発注する。総費用を小さくするのであり，在庫量を最小にするわけではない。発注量の計算等詳しい解説は平成25年度第33問の解説等を参照のこと。

- イ：不適切である。サイクル在庫とは，次の納品までの平均需要に対応するための在庫のため，定期発注方式であれ，定量発注方式であれ発生する。

- ウ：適切である。 定量発注方式の発注点＝調達期間中の推定需要量＋安全在庫 である。定量発注方式の発注点に関する問題は，平成25年度第33問選択肢ウ，平成26年度第37問など頻出であり，そちらの解説も参照のこと。

- エ：不適切である。補充点は，定期発注方式の1つである補充点方式に登場する。補充点方式とは「あらかじめ定めた補充間隔と最大在庫量（補充点）について，定期的に補充点まで発注する在庫管理方式」とJISで定義される。補充点については，生産管理のほうでよく出題されており，平成24年度第10問などに登場する。

- オ：不適切である。見越在庫とは，あらかじめ予測できる季節変動，イベント需要等による需要変動に対応するための在庫である。発注済みだがまだ手元にない在庫は，発注残といわれる。

　よって，ウが正解である。

第 3 章　商品補充・物流

	ランク	1回目		2回目		3回目	
発注方法	A	/		/		/	

■平成 25 年度　第 32 問

　ある店舗では，日々の売上に大きな変動がなく，需要予測の精度が比較的高い定番
商品について，店頭欠品を防ぐために基準在庫を設定したうえで，発注業務を行って
いる。この店舗で取引先と発注・納品のスケジュールに関する条件を見直す際，発注
頻度や発注から納品までのリードタイムを変更したときの影響に関する記述として，
最も適切なものはどれか。

　　ア　発注頻度は変えずに，リードタイムを 3 日から 6 日に変更した場合，基準在
　　　　庫を変更前の 2 倍にすることが必要である。

　　イ　発注頻度を週 3 回から週 1 回に変更し，リードタイムを 6 日から 3 日に変更
　　　　した場合，基準在庫を変更前の半分に減らしても店頭の欠品が増えることは
　　　　ない。

　　ウ　リードタイムは変えずに，発注頻度を週 1 回から週 3 回に変更した場合，基
　　　　準在庫を変更前より減らすことができる。

　　エ　リードタイムは変えずに，発注頻度を週 3 回から週 1 回に変更した場合，変
　　　　更前の基準在庫を維持すれば店頭の欠品を防ぐことができる。

473

解答	ウ

■解説

公式類などを覚えていなくとも,「リードタイム」の意味や,発注頻度について具体的に考えれば対応できる問題である。生産管理の平成18年度第17問（本書掲載なし），平成24年度第11問などと併せて確認するといいだろう。

ア：不適切である。発注頻度は変えずに，リードタイムを3日から6日に変更した場合でも，必ずしも基準在庫を2倍にする必要はない。リードタイムが3日間延びるわけだが，この間に消費される量に注目する。発注頻度自体は変わらないので，発注から商品が届くまでの時間が3日余分にかかるという意味である。その余分にかかった日にち分，消費される量をまかなえるだけ基準在庫を増やせば欠品は防げるため，必ずしも2倍にする必要はない。また，安全在庫の公式を利用して考えることもできる。

〈参考〉安全在庫＝$k \times \sqrt{L} \times \alpha$（$k$：品切れ許容率によって決まる係数，$L$：調達リードタイム，$\alpha$：単位期間の需要量の標準偏差）

リードタイムが2倍になると必要になる安全在庫は$\sqrt{2}$倍となり，2倍ではない。

イ：不適切である。リードタイムが3日短くなるというのは，発注から商品到着までが3日間短くなる，ということである。発注頻度をたとえば月曜，水曜，金曜日の週3回から，月曜日のみの週1回に変えると，それまで週3回は届いていたものが週1回のみの納入となる，ということで（分割納品などの特殊ケースを除く），発注頻度の変更の影響が大きく，1週間分の消費に対して基準在庫を減らせる，というのは不適切である。

また，安全在庫の公式から考えると，発注頻度が3分の1，調達リードタイムが2分の1になると，上記公式は，安全在庫＝$3 \times k \times \sqrt{\dfrac{L}{2}} \times \alpha$となり，安全在庫は$\dfrac{3}{\sqrt{2}}$倍に増やす必要がある。

ウ：適切である。細かな発注によって，基準在庫を減らすことができる。

エ：不適切である。リードタイムは変えずに，発注頻度を週3回から週1回に変更した場合，基準在庫を増やす必要がある。基準在庫を減らすには，発注サイクルを短くする，調達リードタイムを短くするといったいわゆる在庫調整期間の短縮や，需要の予測の精緻化が必要となる。

よって，ウが正解である。

第3章　商品補充・物流

発注方法	ランク	1回目		2回目		3回目	
	A	/		/		/	

■平成30年度　第31問

　小売店舗における在庫管理に関する記述として，最も適切なものはどれか。

　　ア　安全在庫を算出するときに用いる安全係数は，あらかじめ決められた一定の
　　　　値であり，意図的に決める値ではない。

　　イ　欠品を少なくする方法は，フェイス数の増加や安全在庫の引き下げである。

　　ウ　サイクル在庫は，発注1回当たりの発注量を多くし発注頻度を引き下げると
　　　　増加する。

　　エ　定量発注方式を採用しているときに過剰在庫を抑制する方法は，納品リード
　　　　タイムをできるだけ長くすることである。

　　オ　適正な在庫量を表す理論在庫は，平均在庫と安全在庫の合計で算出する。

475

解答	ウ

■解説

在庫管理に関する基本的な問題であるが，サイクル在庫は前年にも出題されていた（平成 29 年度第 33 問）ため，知っている受験生が多かったであろう。

ア：不適切である。安全在庫とは，需要変動などの不確定要素によって欠品を防ぐための在庫のことで，発注リードタイムの間に見込まれる使用量として必要な在庫にさらに加算して持つ在庫となる。安全在庫は需要の変動が大きい商品の場合は増やし，変動が小さい場合は減らして設定する。安全係数は安全在庫量の算出に使用され，需要変動や店舗ごとの品揃え，欠品に対する姿勢などで任意に設定される。なお，安全係数そのものの数値は，「欠品をどれくらい許容するか」という欠品許容率によって自動的に決まる。たとえば，欠品許容率 1% とは 100 回中 1 回欠品しても許容する，というものである。その際の安全係数は 2.33 となる。

欠品許容率	1	5	10	20
安全係数	2.33	1.65	1.29	0.85

イ：不適切である。欠品を少なくする方法として，フェイス数の増加，すなわち店頭在庫の増加は適切だが，需要変動に対応するための安全在庫を減らすと欠品の可能性が上がる。

ウ：適切である。サイクル在庫は，次の納品までの平均需要に対応するための在庫で，発注頻度を引き下げると増加する。

エ：不適切である。定量発注方式を採用しているときに過剰在庫を抑制する方法は，納品リードタイムをできるだけ短くすることである。

オ：不適切である。理論在庫は平成 26 年度第 27 問にも登場するので併せて確認するとよいだろう。理論在庫とは一般的に，在庫管理システム上で把握している在庫数量のことである。実際に倉庫や店頭にある在庫数量は物理在庫と呼ばれ，適宜棚卸等を行い，理論在庫と物理在庫の数字を合わせることが重要である。適正な在庫量を表す理論在庫は，サイクル在庫と安全在庫の合計で算出する。

よって，ウが正解である。

476

第 3 章　商品補充・物流

需要予測	ランク	1 回目		2 回目		3 回目	
	A	/		/		/	

■平成 29 年度　第 34 問

需要予測に関する記述として，最も適切なものはどれか。

ア　移動平均法は，過去の一定期間の実績値の平均に過去の変動要因を加えて予
　　測する方法である。

イ　季節変動とは，3 か月を周期とする変動のことである。

ウ　指数平滑法は，当期の実績値と当期の予測値を加重平均して次期の予測値を
　　算出する方法である。

エ　重回帰分析では，説明変数間の相関が高いほど良い数式（モデル）であると
　　評価できる。

477

解答	ウ

■解説

　需要予測に関する基本的な問題であり，すべて理解していなくても平成 27 年度第 9 問（生産管理），平成 25 年度第 37 問など過去出題の論点で選択肢を絞ることはできるので，ぜひ正答してほしい。

　ア：不適切である。移動平均法は，過去のデータを平均し今後の予測を立てる手法であり，単純移動平均法と加重移動平均法などがある。単純移動平均法は，実績データの単純平均を求めて，その平均を予測値とする。加重移動平均法は，実績データに異なる「重み」をつけて平均値を求め，予測値とする方法である。たとえば，直近の販売動向が予測に重要である，と判断される場合は，直近のデータに「重み」をつける。重みをつけるといっても，過去の変動要因を加えるのではない。

　イ：不適切である。季節変動とは，需要が季節や行事等によって変化することで，1 年を周期とすることが多い。夏場にアイスクリームや冷たい飲料がよく売れ，冬場にコートやホッカイロが売れる，という需要変動のことである。天候的なものだけでなくお盆やクリスマスなどの社会的慣習や，3 か月単位ではないものも含まれ，各産業における繁忙期（チョコレート販売店におけるバレンタインデー）のようなものも季節変動とされる。

　ウ：適切である。指数平滑法は，予測値と実績値を使用し，直近のデータほど重みをつけて次期の予測値を算出する方法である。

　エ：不適切である。重回帰分析とは，1 つの結果（目的変数）を複数の説明変数で予測するものである。たとえば，ビールの売れ行きを予測するのに，気温とビールの価格を使用する，体重を予測するのに，身長と胸囲，腹囲を使用する，といった分析である。重回帰分析を行う場合，説明変数間の相関が高いほどその変数はどちらかを使用すればよい，となり，相関が高い変数同士を両方使用する必要がなくなってしまう。たとえば，体重を予測するのに身長，胸囲，腹囲を使用したが，胸囲と腹囲に高い関連性（例；胸囲が大きければ腹囲も大きい）がある場合，胸囲か腹囲のどちらかを使用すればよいとなる。このことを，多重共線性（マルチコリニアリティ）という。

　よって，ウが正解である。

第 3 章　商品補充・物流

需要予測	ランク	1 回目		2 回目		3 回目	
	B	/		/		/	

■令和 2 年度　第 35 問
需要予測に関する記述として，最も適切なものはどれか。

ア　これから発売する新商品の需要の予測を行う場合には，移動平均法が適している。

イ　指数平滑法を用いた需要予測は，当期の実績値と前期の実績値を加重平均して，次期の予測値を算出するものである。

ウ　重回帰分析による需要予測では，適切な変数を選択すれば，需要に影響を与える各変数の影響を回帰係数として推定できる。

エ　重回帰分析を行うに当たって説明変数を選定する際には，各説明変数の間に高い相関が認められるものを選ぶ方が良い。

オ　直前の需要の変化に対応した予測を行う場合には，指数平滑法を用いることができない。

479

解答	ウ

■解説

　生産管理にてよく出題される需要予測に関する問題で，移動平均法，指数平滑法など頻出の用語となっている。平成29年度第34問，令和元年度第28問（生産管理）などを参照されたい。

ア：不適切である。移動平均法は「過去のデータ」を平均し，今後の需要量などの予測を立てる手法である。よって，これから発売する新商品については，データがなく需要予測はできない。

イ：不適切である。指数平滑法は，「当期の実績値と前期の実績値」ではなく，実績値と予測値を使用し，観測値が古くなるにつれて指数的にデータの「重み」を減少させて平均する方法で，下記が需要量の計算式となる。

　　　次期予測値＝当期予測値＋α（当期実績値－当期予測値）

　　　　α：平滑化定数

　なお，平成29年度第34問の選択肢ウがほぼ同じ記述である。

ウ：適切である。重回帰分析による需要予測では，適切な変数を選択すれば，需要に影響を与える各変数の影響を回帰係数として推定できる。

エ：不適切である。重回帰分析を行うに当たって説明変数を選定する際には，各説明変数の間には相関が認められないものを選ぶ必要がある。平成29年度第34問選択肢エがほぼ同じ記述である。

オ：不適切である。直前の需要の変化に対応した予測を行う場合には，指数平滑法を用いることができる。選択肢イの式の「平滑化定数」の値を大きくして，直前の需要量変化の動きを反映させることができる。

　よって，ウが正解である。

480

第 3 章　商品補充・物流

需要予測	ランク	1 回目		2 回目		3 回目	
	B	╱		╱		╱	

■平成 25 年度　第 37 問

在庫型物流センターにおいては，在庫を過剰に増やさず，品切れを起こさないために，適正な在庫補充をする必要がある。補充量を決める際には，将来の需要を予測する必要があるが，需要予測に関する記述として，最も不適切なものはどれか。

ア　移動平均法とは過去 1 週間などの短い期間の需要データを用いて需要を予測する手法である。

イ　季節商品の需要を予測する場合，前年同時期の需要データを参考にすることができる。

ウ　需要予測の精度を高めるには，需要データを日常的に収集することが必要である。

エ　販売促進の影響は，販売促進をする商品の需要だけでなく同じ品目の商品全体の需要とも関連するため，把握することが難しい。

481

解答	ア

■解説

　需要予測に関する問題である。本問は在庫型物流センターにおける需要予測だが，内容としては基本的な需要予測の問題であり，過去問をしっかり理解していれば対応できる。ぜひ，生産管理パートの「需要予測」を併せて学習してほしい。

ア：不適切である。移動平均法には，単純移動平均法と加重移動平均法がある。単純移動平均法は，実績データの単純平均を求めて，その平均を予測値とする。加重移動平均法は，実績データに異なる「重み」をつけて平均値を求め，予測値とする方法である。たとえば，直近の販売動向が予測に重要である，と判断される場合は，直近のデータに「重み」をつける。移動平均法は，特に短い期間に限らず，1か月の売上や年間の売上予測などに利用する場合は，長期間のデータを使用するため，不適切である。

イ：適切である。季節商品の需要を予測する場合，前年同時期の需要データは非常に重要である。たとえば，コートや水着などの季節性の高い商品は前の月や2，3か月前の需要とは異なることが多いため，前年同時期の需要データを参考にする。また，お正月等のイベント日なども前年同日のデータを参考にするケースが多い。

ウ：適切である。需要データを日常的に収集し，整理することで予測値の精緻化が可能である。

エ：適切である。たとえば，牛乳のあるブランドの販売促進を行ったとする。その際，「牛乳」自体の需要を変動させるようなことが起きた場合（テレビで牛乳がいいと紹介された，何か牛乳にまつわる事件が起きた等），そのブランドの販売促進自体による影響を測ることは難しい。また，販売促進を行っても，そもそもその品目自体の需要がない場合（たとえば，真夏にヒーターの販売促進を行うケース），販売促進の影響をうまく測れない可能性がある。やや悩ましい記述であるが，明らかに選択肢アが不適切であるので，適切と判断したい。

　よって，アが正解である。

482

2. 輸配送管理

▶▶ 出題項目のポイント

1次試験の「試験科目設置の目的と内容」においては，輸送手段・ネットワーク，ユニットロード，共同輸配送に分けられているが，本書では，輸送手段・ネットワーク，ユニットロード，共同輸配送，一括物流，物流 ABC とやや細かく分類した。

情報化が進み，高度な物流サービスが登場する中で，より効率的な一括輸送，効率的な物流センター運営等が広がっている。

▶▶ 出題の傾向と勉強の方向性

似たような論点がやや細かい専門用語とともに出題される傾向があり，初見の用語に惑わされず，「ユニットロード」や「一括物流」などの基本的な論点や考え方をしっかり押さえて，選択肢を絞っていけるようにしたい。

物流 ABC に関しては，毎年出題されているわけではないが近年はコンスタントに出題がある。難問はなく，ABC の意味がわかっていると対応できる問題が多い。ABC は物流に限った項目ではないので，その本来の意味を理解することが重要である。また，平成 25 年度，26 年度，27 年度では実際に計算する問題が出題されたので，確認してほしい。

■取組状況チェックリスト

2. 輸配送管理							

輸送手段・ネットワーク

問題番号	ランク	1回目		2回目		3回目	
平成29年度 第35問	A	／		／		／	
令和元年度 第35問	B	／		／		／	
平成26年度 第36問	C*	／		／		／	
平成23年度 第36問	C*	／		／		／	
平成28年度 第34問	C*	／		／		／	
令和元年度 第34問	A	／		／		／	
令和2年度 第36問	A	／		／		／	
平成24年度 第38問	C*	／		／		／	
平成25年度 第34問	C*	／		／		／	
平成30年度 第32問	C*	／		／		／	

ユニットロード

問題番号	ランク	1回目		2回目		3回目	
平成23年度 第37問	A	／		／		／	
平成28年度 第35問	A	／		／		／	
令和2年度 第37問	A	／		／		／	
平成29年度 第36問	C*	／		／		／	
平成30年度 第33問	C*	／		／		／	

共同輸配送

問題番号	ランク	1回目		2回目		3回目	
平成28年度 第36問	A	／		／		／	

第 3 章　商品補充・物流

物流 ABC							
問題番号	ランク	1 回目		2 回目		3 回目	
平成 24 年度　第 37 問	A	／		／		／	
平成 25 年度　第 36 問	A	／		／		／	
平成 26 年度　第 35 問（設問 1）	A	／		／		／	
平成 26 年度　第 35 問（設問 2）	A	／		／		／	
平成 27 年度　第 37 問	C*	／		／		／	

＊ランク C の問題と解説は，「過去問完全マスター」の HP（URL：https://jissen-c.jp/）よりダウンロードできます。

第 3 章　商品補充・物流

輸送手段・ネットワーク	ランク	1回目		2回目		3回目	
	A	／		／		／	

■平成 29 年度　第 35 問
国内の輸送手段に関する記述として，最も適切なものはどれか。

　　ア　鉄道輸送では，パレットを利用することができず，一貫パレチゼーションを
　　　　阻害する。

　　イ　鉄道輸送は，常温での輸送であり，冷蔵・冷凍など温度管理が必要な荷物を
　　　　輸送できない。

　　ウ　トラック輸送からのモーダルシフトとは，貨物輸送を鉄道や内航海運などへ
　　　　転換し，トラックと連携して複合一貫輸送を推進することである。

　　エ　トラック輸送からのモーダルシフトは，単独荷主の貸切便で行われ，複数荷
　　　　主の混載便では行われない。

解答	ウ

■**解説**

　パレットやモーダルシフトなどの頻出論点が入っており，ぜひ正答したい問題である。

　　ア：不適切である。鉄道輸送も，パレットを利用した一貫パレチゼーションが可能である。平成24年度第38問のモーダルシフトに関する解説を参照のこと。

　　イ：不適切である。鉄道輸送においても，コンテナを冷蔵・冷凍対応コンテナにすることで，さまざまな温度帯に対応できる。

　　ウ：適切である。平成24年度第38問で出題されたモーダルシフトの論点である。モーダルシフトとは，貨物輸送においてより効率的な輸送手段へ転換することである。トラック輸送からのモーダルシフトとは，CO_2排出量が多いトラックや航空などから，大量輸送が可能でエネルギー効率が高くなる海運や鉄道に転換することを指す。

　　エ：不適切である。トラック輸送からのモーダルシフトは，荷主が単独か，複数かを問わず，複数荷主の混載便でも行われる。近年，単独荷主による空のトラック輸送やスペースの有効活用のため，複数荷主の荷物をまとめて運ぶことが効率化の面でも行われている。

　よって，ウが正解である。

第3章　商品補充・物流

輸送手段・ネットワーク	ランク	1回目	2回目	3回目
	B	/	/	/

■令和元年度　第35問

トラックなど自動車による輸送形態に関する記述として，最も適切なものはどれか。

ア　貨客混載は，バスなど公共交通機関による実施に限られ，トラックによる実施は禁止されている。

イ　共同輸送は，複数の荷主の商品をトラック1台に混載しているため，複数の荷主にとって納品先が一致している場合に限り行われる。

ウ　ミルクランは，複数の荷主を回って商品を集めることである。

エ　ラウンド輸送は，往路の車両の積載率を高める輸送形態であり，復路は空車になる。

489

解答	ウ

■**解説**

トラック等を使用した輸送形態に関する詳細な問題である。

ア：不適切である。貨客混載とは，貨物と旅客の輸送，運行を一緒に行う形態のことで，この場合の貨物は旅客の荷物以外の荷物を指す。2017年9月より，乗合バス以外にも過疎地域における運行や，運行許可を取得しているなど一定の条件下でタクシー，トラック，貸切バスに貨客混載が認められるようになった。

イ：不適切である。共同輸送は，「複数の荷主の商品をトラック1台に混載している」という点は適切だが，「複数の荷主にとって納品先が一致している場合に限り行われる」という記述が不適切である。別々の納品先を巡ることができるので，納品先が一致している必要はない。

ウ：適切である。ミルクランは巡回方式ともいわれ，平成21年度第34問や平成23年度第36問選択肢ウにおいて「巡回方式」の形で登場している。ミルクランとは，1つの車両で複数の荷主を回って商品を集めることである。乳業メーカーが隣接し合う酪農家を回って牛乳を集めていく巡回集荷をもとに名付けられた。

エ：不適切である。ラウンド輸送とは，車両の積載率を高める輸送形態で，輸送した先でまた新たに貨物を積み込み，複数の配送先を巡る。これにより，配送先でおろした貨物のスペースに新たに荷物を入れることができ，車両の積載率が向上する。

よって，ウが正解である。

第3章　商品補充・物流

輸送手段・ネットワーク	ランク	1回目	2回目	3回目
	A	／	／	／

■令和元年度　第34問

輸送手段の特徴に関する記述として，最も適切なものはどれか。

ア　RORO（roll-on roll-off）船は，貨物を積載したトラックやトレーラーなどの
　　車両をそのまま船内へ積み込んで輸送することが可能である。

イ　鉄道輸送は，鉄道コンテナの大きさが平パレットの規格に合っていないので，
　　一貫パレチゼーションを阻害する。

ウ　トラック輸送から鉄道輸送へのモーダルシフトは，トラックと鉄道の複合一
　　貫輸送を阻害する。

エ　トラック輸送の長所は，鉄道や船舶での輸送に比べて，輸送トンキロ当たり
　　二酸化炭素排出量が少ないことである。

オ　路線便は，貨物を積み合わせて一車単位にまとまるときに利用するトラック
　　の輸送サービスであり，発地から着地まで積み替えを行わずに直行輸送する。

491

解答	ア

■解説

　輸送手段に関する問題で，「RORO（roll-on roll-off）船」「路線便」という単語は初見の方も多かったであろうが，その他選択肢が過去に出題された論点であり，ぜひ正答してしてほしい問題である。

ア：適切である。RORO（roll-on roll-off）船は「ローロー船」と呼ばれ，貨物を積載したトラックやトレーラーなどの車両もしくはシャーシ（荷台）をそのまま船内へ積み込んで輸送することができる。シャーシのみ輸送する場合は，発地（港）でトレーラーごと乗船し，貨物を積んだシャーシを切り離して船側に載せ（ロール・オン），トレーラヘッドだけが下船する。到着地では別のトレーラヘッドだけが乗船し，シャーシを連結して下船（ロール・オフ）したのち，そのまま陸送する。なお，Roll on，Roll off は，自ら乗り，降りることができるという意味である。

一方，フォークリフトやクレーンを利用し，コンテナのみを船に積み込み輸送するタイプの LOLO 船（ロロ船と呼ぶ）がある。LOLO とは Lift on，Lift off の略である。

イ：不適切である。平成 29 年第 35 問選択肢アと全く同じ論点である。鉄道輸送は，鉄道コンテナの大きさを標準規格のパレットサイズに合わせることで，一貫パレチゼーションを実現している。一貫パレチゼーションはユニットロード参照（平成 28 年度第 35 問，30 年度第 33 問など）のこと。

ウ：不適切である。トラック輸送から鉄道輸送へのモーダルシフトとは，トラック輸送から鉄道輸送へ切り替えることだが，それまで発着地点の輸送をすべてトラック輸送していたものを鉄道網に一部切り替え，駅から発着地まではトラック輸送となるため，ある意味「トラックと鉄道の複合一貫輸送」といえ，阻害するものではない。モーダルシフトは平成 29 年度第 35 問で出題されている。

エ：不適切である。トラック輸送は，鉄道や船舶での輸送に比べて，輸送トンキロ当たり二酸化炭素排出量が多く，短所といえる。トラック輸送は，発着地の自由性が高く，また，配送時刻の柔軟性があることなど機動性が高い点が長所である。

オ：不適切である。路線便とは，あらかじめ決められたルートを巡回し，複数の企業・商品で荷物を混載する輸送である。路線バスのように決められたルートに複数の旅客を乗せて運行するイメージである。記述はチャーター便（貸切便）の説明となる。

　よって，アが正解である。

第3章　商品補充・物流

輸送手段・ネットワーク	ランク	1回目	2回目	3回目
	A	/	/	/

■令和2年度　第36問

輸送手段等に関する記述として，最も適切なものはどれか。

　　ア　RORO（roll-on roll-off）船は，フェリーと同様に，トラックと運転者を一緒
　　　　に輸送することができる船舶であり，いわゆる旅客船のことである。

　　イ　中継輸送とは，長距離あるいは長時間に及ぶトラック輸送のときに，1人の
　　　　運転者が輸送途中で休憩しながら発地から着地まで一貫して輸送することを
　　　　いう。

　　ウ　鉄道輸送には，トラック輸送に比べて，荷主が出発時間を自由に指定するこ
　　　　とができるという長所がある一方で，輸送トンキロ当たりの二酸化炭素排出
　　　　量が多いという短所もある。

　　エ　トラックの時間当たりの実車率を高める方策の1つは，納品先での納品待機
　　　　時間など手待ち時間を削減することである。

　　オ　トラック輸送では，1台のトラックに荷主1社の荷物だけを積載する貸切運
　　　　送しか認められていない。

493

解答	エ

■解説

　RORO船など，前年の令和元年度第34問をしっかり押さえていれば正答できる問題である。また，その他も過去出題された論点から判断できるため，正答したい。

ア：不適切である。RORO（roll-on roll-off）船は「ローロー船」と呼ばれ，貨物を積載したトラックやトレーラーなどの車両もしくはシャーシ（荷台）をそのまま船内へ積み込んで輸送することができる船である。乗客を運ぶための旅客船ではなく，「貨物船」である。RORO船は令和元年度第34問選択肢アで出題されている。

イ：不適切である。中継輸送とは，長距離あるいは長時間に及ぶ輸送の際に，運航途中の中継地などでほかの運転者と交代しながら輸送することをいう。

ウ：不適切である。記述はトラック輸送の特徴となっている。鉄道輸送は，乗客を運ぶ電車などと同じ線路を使用するためダイヤに左右され，トラック輸送に比べ荷主が出発時間を自由に指定しにくい。一方で，輸送トンキロ当たりの二酸化炭素排出量が少ないという長所もある。令和元年度第34問選択肢エと同じような内容である。

エ：適切である。実車率とは，輸送効率を表す指標の1つで，走行した距離のうち，実際に貨物を積載して走行した距離の比率である。数値が高くなるほど効率がよくなり，逆に貨物を積載していない状態での走行距離の比率は「空車率」である。トラックの時間当たりの実車率を高める方策の1つは，納品先での納品待機時間など手待ち時間を削減することである。平成23年度第36問選択肢エにおける「運行効率」の出題において，しっかりと学習していれば，判断できる問題である。

オ：不適切である。トラック輸送では，1台のトラックに荷主1社の荷物だけを積載する貸切運送しか認められていないわけではない。平成29年度第35問選択肢オ，令和元年度第34問選択肢オなどを学習していれば判断できる。

　よって，エが正解である。

第3章 商品補充・物流

ユニットロード	ランク	1回目		2回目		3回目	
	A	/		/		/	

■平成23年度　第37問

　ユニットロードシステムの導入効果に関する記述として，最も不適切なものはどれか。

　　ア　国際複合一貫輸送が可能になる。

　　イ　コンテナやパレットの滞留や偏在を防止することが可能になる。

　　ウ　出荷地点から着地点まで荷姿を崩すことなく納品することが可能になる。

　　エ　荷役機械の活用により荷役作業の自動化・省力化が可能になる。

　　オ　包装費の削減や貨物の破損の防止が可能になる。

495

解答	イ

■**解説**

ユニットロードシステムに関する問題である。

ユニットロードシステムとは，貨物を輸送しやすいボックスやコンテナ，パレットといった単位にまとめて輸送するシステムの総称である。運搬具のサイズや規格等を統一，標準化するため，荷役効率や配送効率，倉庫保管効率などがアップする。

なお日本においては，コンテナサイズや規格等は，JIS において「ユニットロードシステム通則」を規定している。この規格をアジアに広め，国際物流の円滑化を目指す動きもある。

ア：適切である。複合輸送とは，特定の荷物が 1 つの輸送契約に基づいて，船とトラック，飛行機とトラックというような 2 つ以上の異なる運送手段によって行われる輸送のことである。一貫輸送とは，送り主から受取人まで開梱せずに行われる輸送である。よって，国際複合一貫輸送する際は，積み替えを必要としない標準的な単位にまとめるユニットロードシステムを採用することが多い。

イ：不適切である。現状では，事前に輸送後のパレット等の取り扱いについて取り決めが行われないことが多く，荷物をおろした空の運搬具を返送するにも費用がかかるため，返送されずに滞留，偏在が生じてしまうことが問題となっている。なお近年では，パレットやコンテナに IC タグを埋め込み管理する手法も検討されている。

ウ：適切である。ユニットロードシステムの利点である。鉄道やトラックなどの輸送機関の荷台，スペースにきれいに納まるようになり，荷崩れが起こりにくくなる。

エ：適切である。ユニットロードシステムの利点である。荷役機械とはフォークリフトなどの荷役を行う機械のことで，サイズや単位が統一されていることで自動化・省力化が可能となる。

オ：適切である。たとえば，荷姿が標準化されるため個々に合わせた緩衝材などの包装材を用意する必要がなくなるので，包装費が削減できる。また，荷姿が安定するので破損防止にもなる。

よって，イが正解である。

第 3 章　商品補充・物流

	ランク	1回目	2回目	3回目
ユニットロード	A	／	／	／

■平成 28 年度　第 35 問

輸配送管理に関する用語の記述として，最も適切なものはどれか。

ア　一貫パレチゼーションは，積載効率を高め，輸送効率を向上させる。

イ　パレチゼーションは，自家用物流施設内では行われず，自家用物流施設と社外物流施設間において行われる。

ウ　プールパレットとは，自家用物流施設内で商品を保管することを主目的としたパレットのことである。

エ　複合一貫輸送とは，ある輸送単位の貨物を組み替えることで，異なる輸送機関を組み合わせて行う輸送のことである。

オ　ユニットロードとは，複数の物品又は包装貨物を，機械及び器具による取扱いに適するように，パレット，コンテナなどを使って一つの単位にまとめた貨物のことである。

解答	オ

■解説

「パレチゼーション」という言葉を知らない場合でも，過去出題のあった「ユニットロード」をきちんと理解していれば正答可能である。

ア：パレチゼーションとは，商品をパレットに積み，そのまま荷役・輸送・保管を行うことである。一貫パレチゼーションとは，メーカー工場や卸の物流拠点，消費地まで，船やトラックなどの異なる輸送手段においてもすべて同じパレットにより荷役・輸送することである。ユニット・ロード・システムの代表例の1つである。各物流段階でそのままパレットごと載せていくため，輸送効率を向上させることができるが，パレット自体に物量があり，積載効率は減ることが多い。

イ：不適切である。パレチゼーションは，自家用物流施設内でも行われる。

ウ：不適切である。プールパレットとは，広範囲の業種および各輸送機関において相互に共通して使用され，互換性のある木製プールパレットおよびプラスチック製プールパレットのことで，JIS によってサイズが規定されている。よって，保管目的でも，自家物流用でもないため不適切である。似ている用語として「パレット・プール制（パレット・プール・システム）」がある。各荷主や輸送業者が共通サイズのパレットを提供し，相互利用できるようにするシステムである。この共通サイズのパレットが「プールパレット」である。

エ：不適切である。複合一貫輸送とは，船舶，鉄道，航空機，トラックなどの異なる輸送機関を組み合わせて行う一貫輸送のことである。一貫輸送では基本的に荷送人の元でコンテナ等に詰められ，そのコンテナは出荷地にて封印され，一度も開封されることなく荷受人の元まで届けられるため，輸送単位の貨物を組み替えることはない。

オ：適切である。ユニットロードとは，複数の物品または包装貨物を，機械および器具による取扱いに適するように，パレット，コンテナなどを使って1つの単位にまとめた貨物のことである。詳しくは平成 23 年度第 37 問を参照のこと。

　よって，オが正解である。

第 3 章　商品補充・物流

ユニットロード	ランク	1回目		2回目		3回目	
	A	/		/		/	

■令和 2 年度　第 37 問

物流におけるユニットロードおよびその搬送機器に関する記述として，最も適切なものはどれか。

ア　コンテナは，複合一貫輸送をする際には使用することができない。

イ　平パレットには，長さと幅についてさまざまな種類があり，日本産業規格（JIS）で規格化されているものはない。

ウ　平パレットを使用する場合は，使用しない場合に比べて，積み込みや取り卸しなどの荷役効率が高い。

エ　ユニットロード化を推進することにより，パレットやコンテナなどの機器を利用しないで済むようになる。

オ　ロールボックスパレットには，大きさが異なる荷物を積載することができない。

499

解答	ウ

■解説

　ユニットロードに関する基本的な問題であり，過去に出題された内容が多いため正答したい。

　ア：不適切である。複合一貫輸送とは，船舶，鉄道，航空機，トラックなどの異なる輸送機関を組み合わせて，貨物の引受から引渡しまで一貫して運送を行う輸送のことである。コンテナは，複合一貫輸送をする際には使用することができる。その他，パレットなども使用される。複合一貫輸送については平成28年度第35問，令和元年度第34問などで出題されているので確認されたい。

　イ：不適切である。国際的な複合一貫輸送にも対応できるよう国際的な平パレットの規格があり（ISO規格），日本でもJIS規格として対応している。

　ウ：適切である。平パレットを使用すると，バラバラなサイズや形のものをまとめて運搬でき，フォークリフトの使用などもしやすくなるため使役効率が上がる。

　エ：不適切である。ユニットロード化を推進するということは，パレットやコンテナなどの機器を利用することになる。

　オ：不適切である。ロールボックスパレットとは，いわゆる「かご台車」といわれるもので，パレットに柵がつき，底面にキャスターがついたものである。キャスターがついていることで，人力でも荷役することができる。荷物を積み込んだまま倉庫にそのまま保管し，そのままトラックに載せ，到着地でもそのまま荷下ろしができるものである。かごのように，3周が柵で囲まれているため，大きさが異なる荷物を積載することもできる。平成30年度第33問にロールボックスパレットは出題されている。

　よって，ウが正解である。

500

第3章　商品補充・物流

共同輸配送	ランク	1回目	2回目	3回目
	A	/	/	/

■平成28年度　第36問

共同物流に関する記述として，最も適切なものはどれか。

ア　共同物流とは，複数の企業が物流機能を共同化することであり，同業種の企業同士で行われ，異業種の企業同士では行われない。

イ　共同物流は，複数の企業にとって，配送先の店舗や物流拠点が共通しているときに行われ，配送先が異なるときには行われない。

ウ　共同物流を担う物流事業者を指定するのは発荷主であり，着荷主が指定することはない。

エ　複数の企業が共同配送を行うと，各企業がそれぞれ配送していたときに比べて，配送車両の積載効率が高まることはあるが，各企業にとっての配送数量が減ることはない。

オ　複数の企業がそれぞれ所有する商品を共同で配送することはあるが，同じ物流拠点に共同で保管することはない。

501

解答	エ

■解説

　共同物流に関する問題で，必ず正答したい。

　共同物流とは，従来個別の企業が独自に手配していた物流を，コスト削減のために複数の企業が共同して輸送等を行うことである。たとえば，複数の荷主が同じ倉庫に共同して商品を保管し，荷役し，商品配送を行うなどがある。同じ業界の企業が共同物流を行うには競争関係から抵抗感がある一方で，競争関係が強ければ強いほど，物流コスト削減による価格差などの効果が出るとされる。現実的には，共同物流を第3者の別会社を設立し，運営することが多い。関連キーワードとしては，共同物流のなかでも配送に目を向けた「共同配送」があり，過去によく出題されているためランクAとした。

ア：不適切である。共同物流は，異業種の企業同士でも行われる。

イ：不適切である。共同物流は，配送先が異なっていても行われる。

ウ：不適切である。着荷主が指定するケースもある。

エ：適切である。複数の企業が共同配送を行うと，各企業がそれぞれ配送していたときに比べて，配送車両の積載効率が高まることはある。たとえば，それまでA社からの納品が，A社手配の配送トラックに積まれていたとする。複数企業が共同配送となると，たとえばその配送トラックがB社，C社も回って入るだけ荷物を載せて納品に向かうとなると，配送車両の積載効率は高まる。しかし，各企業にとってはそれまでの配送数量分を載せているので，配送数量自体は減らない。

オ：不適切である。共同物流においては，配送だけでなく，保管・荷役などさまざまな物流機能を共同化し効率化する。同じ倉庫に複数企業が商品を納品し，そこから必要なものを一括配送していくというのは，倉庫からの配送トラック数を減らせるなど共同物流の大きなメリットを生む。

　よって，エが正解である。

第 3 章　商品補充・物流

	ランク	1回目		2回目		3回目	
物流 ABC	A	／		／		／	

■平成 24 年度　第 37 問

　物流のコスト分析手法である物流 ABC に関する記述として，<u>最も不適切なものは</u>
<u>どれか</u>。

　　ア　物流 ABC では，出荷や配送などの活動ごとに作業時間や作業量を把握する。

　　イ　物流 ABC では，人，施設，機器に注目してコストを分析する。

　　ウ　物流 ABC により，顧客別の採算分析ができるようになる。

　　エ　物流 ABC により，出荷ケースあたりのコストを算出することができるよう
　　　　になる。

503

解答	イ

■解説

　平成 22 年度にも出題された物流 ABC に関する問題である。実際の算出方法については，平成 25 年度第 36 問，平成 26 年度第 35 問を参照のこと。

　ABC とは活動基準原価計算のことで，間接部門の活動（Activity）を分析して，その活動に応じて間接費を配賦することである。物流 ABC は，この活動基準原価計算の「コストをアクティビティ別にとらえて間接費を配賦する」という特徴をベースに物流管理向けにアレンジした手法である。たとえば，荷受け場から仕分け場までをコンテナに入れて運ぶ作業，ピッキング作業，配送伝票作成作業などの細かい仕事の単位（アクティビティ）に分解し，商品，顧客等ごとに見て，どこでどれだけのコストが発生しているか分析を行う。

　　ア：適切である。物流 ABC では，出荷や配送などの活動ごとに作業時間や作業量を把握することで，取引先別や商品別，作業の進め方別等によって異なるコストを算出できる。

　　イ：不適切である。物流 ABC は「アクティビティ」といわれる「ピッキング」「電話受注」といった仕事の単位ごとに注目する手法であり，人，施設，機器に注目するわけではない。

　　ウ：適切である。物流 ABC を行う大きな目的の 1 つに，顧客別のコストを算出し，採算分析を行えるようにすることが挙げられる。

　　エ：適切である。選択肢ウと同じく，物流 ABC を行う大きな目的として，顧客当たりや，出荷ケース当たり，作業当たりのコストを算出することができるようになることが挙げられる。

　よって，イが正解である。

物流 ABC	ランク	1回目		2回目		3回目	
	A	／		／		／	

■平成 25 年度　第 36 問

　物流 ABC に基づき原価計算をする場合，次の条件下における梱包作業の梱包 1 口
当たりのアクティビティ単価として，最も適切なものを下記の解答群から選べ。

　　　月間の総人件費：1,000 万円
　　　月間の総作業時間：10,000 分
　　　月間の梱包作業時間：500 分
　　　月間の梱包口数：5,000 個

〔解答群〕

　　ア　4 円

　　イ　100 円

　　ウ　2,000 円

　　エ　20,000 円

　　オ　500,000 円

解答	イ

■**解説**

　平成24年度第37問，平成22年度第30問（本書掲載なし），平成19年度第28問（本書掲載なし）とコンスタントに出題されている物流ABCであるが，実際に計算させる問題は近年出題されておらず，戸惑った受験生も多いだろう。しかし，「ABCとはなにか」と，基本的な割合の計算方法をしっかり理解していれば何とか正答にたどり着ける。すでに述べたように，物流ABCは活動基準原価計算の「コストをアクティビティ別にとらえて間接費を配賦する」という特徴をベースに物流管理向けにアレンジした手法である。細かい仕事の単位（アクティビティ）に分解し，商品，顧客等ごとに見て，どこでどれだけのコストが発生しているか分析を行う。よって，この問題の場合は，作業全体のコストのうち，梱包作業がどのくらいの割合なのかを計算し，梱包数で割れば，1梱包当たりのコストが計算できる。

　月間の総作業時間のうち，梱包作業にかかる割合は $500 \div 10{,}000$，

　月間の総人件費は1,000万円なので，このうち（$500 \div 10{,}000$）分が月間梱包作業全体のコストとなる。

　そのコストを梱包口数5,000個で割ると，1つ当たりのコストが算出される。

$$\{(500 \div 10{,}000) \times 1{,}000 \text{万円}\} \div 5{,}000 \text{個} = 0.01 \text{万円} = 100 \text{円}$$

　よって，イが正解である。

第 3 章　商品補充・物流

物流 ABC	ランク	1 回目		2 回目		3 回目	
	A	／		／		／	

■平成 26 年度　第 35 問（設問 1）

　ある企業が物流センターのコストを削減するために，出荷作業について ABC 分析を実施した。このときに作成した下表に基づき，下記の設問に答えよ。

アクティビティ名	アクティビティ原価（円）	月間処理量		人件費（円）	機械設備費（円）	資材消耗品費（円）
		数量	単位			
ピッキング準備	30,000	3,000	行	27,000	0	3,000
ケースピッキング	120,000	500	ケース	100,000	20,000	0
ピースピッキング	150,000	5,000	ピース	125,000	20,000	5,000
段ボール箱梱包	16,000	100	箱	6,000	0	10,000
行き先別仕分け	60,000	600	ケース	60,000	0	0
荷札貼付	15,000	600	枚	12,000	0	3,000
合計	391,000	-	-	330,000	40,000	21,000

物流コストを削減する効果が最も大きいものはどれか。

　ア　「行き先別仕分け」にかかる作業時間を短縮して人件費を 10％削減する。

　イ　「ケースピッキング」にかかる作業時間を短縮して人件費を 8％削減する。

　ウ　「段ボール箱梱包」の資材消耗品の調達価格を下げて資材消耗品費を 20％削減する。

　エ　「荷札貼付」にかかる人件費を 10％削減するとともに，資材消耗品費を 50％削減する。

507

解答	イ

■**解説**

　頻出テーマの物流 ABC であるが，前年に引き続き実際に計算する問題が平成 26 年度も出題となった。一見難しそうだが，よく読むと単純な計算問題である。それぞれにかかる費用を表から読み取り，計算すると次のようになる。

　　ア：「行き先別仕分け」にかかる人件費を 10％削減すると，$60,000 \times 0.1 = 6,000$ 円

　　イ：「ケースピッキング」にかかる人件費を 8％削減すると，$100,000 \times 0.08 = 8,000$ 円

　　ウ：「段ボール箱梱包」の資材消耗品費を 20％削減すると，$10,000 \times 0.2 = 2,000$ 円

　　エ：「荷札貼付」にかかる人件費を 10％削減するとともに，資材消耗品費を 50％削減すると，$12,000 \times 0.1 + 3,000 \times 0.5 = 1,200 + 1,500 = 2,700$ 円

　よって，イが正解である。

		ランク	1回目	2回目	3回目
物流 ABC		A	／	／	／

■平成26年度　第35問（設問2）

　ある企業が物流センターのコストを削減するために，出荷作業について ABC 分析を実施した。このときに作成した下表に基づき，下記の設問に答えよ。

アクティビティ名	アクティビティ原価（円）	月間処理量 数量	月間処理量 単位	人件費（円）	機械設備費（円）	資材消耗品費（円）
ピッキング準備	30,000	3,000	行	27,000	0	3,000
ケースピッキング	120,000	500	ケース	100,000	20,000	0
ピースピッキング	150,000	5,000	ピース	125,000	20,000	5,000
段ボール箱梱包	16,000	100	箱	6,000	0	10,000
行き先別仕分け	60,000	600	ケース	60,000	0	0
荷札貼付	15,000	600	枚	12,000	0	3,000
合計	391,000	-	-	330,000	40,000	21,000

　アクティビティ単価として最も適切なものの組み合わせを，下記の解答群から選べ。

- a　ケースピッキング 200 円／ケース
- b　ピースピッキング 25 円／ピース
- c　段ボール箱梱包 100 円／箱
- d　行き先別仕分け 100 円／ケース
- e　荷札貼付 25 円／枚

〔解答群〕

　ア　aとb　　イ　aとd　　ウ　bとc　　エ　cとe　　オ　dとe

解答	オ

■**解説**

　この表をよく見ると，すでにアクティビティ原価として，人件費，機械設備費，資材消耗品費を合計したものが算出されている。

　したがって，アクティビティ原価を数量で割ったものがアクティビティ単価となる。

アクティビティ名	アクティビティ原価(円)	月間処理量		アクティビティ単価
		数量	単位	
ピッキング準備	30,000	3,000	行	$30,000 \div 3,000 = 10$
ケースピッキング	120,000	500	ケース	$120,000 \div 500 = 240$
ピースピッキング	150,000	5,000	ピース	$150,000 \div 5,000 = 30$
段ボール箱梱包	16,000	100	箱	$16,000 \div 100 = 160$
行き先別仕分け	60,000	600	ケース	$60,000 \div 600 = 100$
荷札貼付	15,000	600	枚	$15,000 \div 600 = 25$

　　a：ケースピッキング200円／ケース…240円のため不適切

　　b：ピースピッキング25円／ピース…30円のため不適切

　　c：段ボール箱梱包100円／箱…160円のため不適切

　　d：行き先別仕分け100円／ケース…適切

　　e：荷札貼付25円／枚…適切

　よって，オが正解である。

第3章　商品補充・物流

3. 物流センター管理

▶▶ 出題項目のポイント

「試験科目設置の目的と内容」においては，物流センター機能・設計，物流センター運営に分けられる項目である。

物流センターの役割や，実際に行われるピッキングなどの作業手法まで幅広い知識が必要である。出題傾向としては，チェーンストアの物流センターなどが多く問われている。

一括物流センターの2つのタイプである在庫型センター（DC）と通過型センター（TC）に関しては頻出論点である。しっかりと理解することで，たとえばSCMなどと絡めた発展問題が出題されても対応できるようになるであろう。

なお，物流に関しては第4章の「3. 物流情報システム」などが密接に関わる。ICタグなどについても併せて確認すると理解が深まるであろう。

▶▶ 出題の傾向と勉強の方向性

物流センターの具体的な機能，物流センター内での作業内容等が出題されている。特に在庫型センター，通過型センターの違いについては，平成23年度第33問，平成27年度第36問，平成28年度第37問，平成29年度第37問とさまざまな形で頻出項目となっている。

しかし，基本的な特徴を押さえておけば解ける問題が多いので，ここでしっかり「DC型，TC型の特徴」を覚えて，各問題に取り組むことが第一である。この章での学習が終わったら，上記した問題をまとめて復習すると記憶が定着するであろう。

511

■取組状況チェックリスト

3. 物流センター管理						

物流センター機能・設計

問題番号	ランク	1回目		2回目		3回目	
平成28年度 第37問	A	／		／		／	

物流センター運営

問題番号	ランク	1回目		2回目		3回目	
平成30年度 第35問	A	／		／		／	
平成23年度 第33問	A	／		／		／	
平成27年度 第36問	A	／		／		／	
平成27年度 第38問	A	／		／		／	
平成24年度 第32問	C*	／		／		／	
令和元年度 第36問	B	／		／		／	
平成30年度 第34問	C*	／		／		／	
平成26年度 第34問	A	／		／		／	
平成29年度 第37問	A	／		／		／	
平成27年度 第34問	B	／		／		／	
平成23年度 第35問	B	／		／		／	
平成28年度 第38問	A	／		／		／	
平成25年度 第35問	A	／		／		／	
令和元年度 第37問	A	／		／		／	
令和2年度 第38問	A	／		／		／	
平成29年度 第38問	A	／		／		／	
平成23年度 第38問	C*	／		／		／	

＊ランクCの問題と解説は，「過去問完全マスター」のHP（URL：https://jissen-c.jp/）よりダウンロードできます。

第3章　商品補充・物流

〈コラム4〉

一括物流センターのタイプ（DC 型と TC 型の特徴）

	DC 型	TC 型	
		ベンダー仕分型	センター仕分型
センター内在庫	あり	なし	なし
内容	自社の物流センターに他のベンダー（卸売業）の在庫を共同保管する。	物流センターにほかのベンダーの商品を納品させる。	
		ベンダーが店別ピッキングを済ませてからセンターに納品する。センターでは個数チェックを行い，商品をまとめて一括配送する。	ベンダーが総量を納品し，センターにて店別ピッキングや検品を行う。
カテゴリー納品	小売業におけるカテゴリー分類に沿ったセンター内配置を行い，対応しやすくしている。	ベンダーで一度店別を，センターでさらにカテゴリー別仕分をという二度手間が発生し，対応しにくい。	センター内でカテゴリー別に仕分可能なので対応できる。
リードタイム	TC 型に比べ短い： メーカー⇒DC（DC 内にベンダー）⇒店舗	DC 型に比べ長い： メーカー⇒ベンダー⇒TC ⇒店舗	

513

〈コラム5〉

ピッキングの種類（シングルピッキングとトータルピッキングの特徴）

	シングルピッキング	トータルピッキング
別称	オーダーピッキング，摘み取り方式	バッチピッキング，種まき方式
特徴	顧客となる店舗，注文先別などの出荷先別に商品を集めていく方式。機械で自動的にピッキングする方法もあるが，作業者が倉庫内を移動してピッキングする場合は，動線が長くなる。	出荷する商品を一度すべてピッキングし，その後で店舗，注文先などの出荷先別に仕分をする方式。シングルピッキングに比べて一度1か所に集めるため作業動線を短くすることができる。作業に熟練度を要するが，自動仕分けの導入によって効率を上げられる。
向いている取扱品種	多品種少量	少品種多量

第 3 章　商品補充・物流

物流センター機能・設計	ランク	1回目		2回目		3回目	
	A	／		／		／	

■平成 28 年度　第 37 問

物流センターの機能に関する記述として，最も適切なものはどれか。

ア　クロスドッキングとは，物流センターの荷受場で，入荷品を事前出荷通知に
　　基づき保管するか出荷するかを識別して，出荷品を出荷場に通過させること
　　である。

イ　店舗に対して一括物流を行うには，物流センターで在庫を持つ必要がある。

ウ　店舗の発注から店舗への納品までの期間は，一般的に，在庫を持たない物流
　　センターを経由して納品する方が，在庫を持つ物流センターを経由して納品
　　するよりも短い。

エ　包装は，内装と外装に大別され，前者を商業包装，後者を工業包装ともいう。

オ　保管機能とは，商品を一定の場所で，品質，数量の保持など適正に管理し，
　　空間的懸隔と時間的懸隔を克服するものである。

515

解答	ア

■解説

ア：適切である。クロスドッキングとは，メーカーや卸売業から出荷された商品が倉庫，物流センターで保管されることなく，事前に荷受けのタイミングを調整してパレットやケースのまま店舗のトラックへ仕分けや積み替えをされ，店舗に届けられる方法のことをいう。消費期限の短い生鮮食品，日配品に利用されることが多い。事前出荷通知は，この荷受けのタイミングを調整するために出されるものである。

イ：不適切である。店舗への一括物流を行うための物流センターには，在庫型物流センターと通過型物流センターがある。

ウ：不適切である。店舗の発注から店舗への納品までの期間は，一般的に，在庫を持たない物流センター（TC）を経由して納品するほうが，在庫を持つ物流センターを経由して納品するよりも長くなる。在庫があればすぐに出荷できるが，TCの場合，発注後に物流センターへのメーカー納品が必要となるためである。

エ：不適切である。包装とは，「物品の輸送，保管，取引，使用などに当たって，その価値及び状態を維持するための適切な材料，容器，それらに物品を収納する作業並びにそれらを施す技術又は施した状態」のことで，個装・内装・外装の3つに分けられるとJISで定義される。商業包装とは，主に販売を目的とした包装のことで，商品の保護の役割もあるが，包装自体が商品のイメージを作ったり，宣伝媒体にもなったりすることから，商品価値を高める役割もある。工業包装とは，物品を輸送，保管することを主目的とした包装である。たとえば，運びやすいように複数商品を段ボールに入れるなどがある。

オ：不適切である。懸隔とは，2つの物事がかけ離れていることである。時間的懸隔とは，時間が離れていること＝生産時期と使用時期の隔たりを意味していると考えられる。一方，空間的懸隔とは，空間が離れていること＝生産地と消費地の隔たりと考えられる。保管機能により，商品を適正に管理し，必要なときに調達することができる＝時間的懸隔を克服できるが，空間的懸隔については克服できない。空間的懸隔は輸送等の物流により克服できる。なお，両懸隔を解消する機能を持つのは卸売業である。

第 3 章　商品補充・物流

物流センター運営	ランク	1回目		2回目		3回目	
	A	／		／		／	

■平成 30 年度　第 35 問

　チェーン小売業の物流センターの運営に関する記述として，最も適切なものはどれか。

　　ア　3PL（Third Party Logistics）事業者は，倉庫や車両などの施設や設備を自ら所有しなければ，荷主に対してサービスを提供することができない。

　　イ　デジタルピッキングは，人の手を介さずにピッキング作業を自動化する装置である。

　　ウ　ピッキング作業は，ピッキングする商品品目数がオーダー数より多い場合は摘み取り方式で，少ない場合は種まき方式で行うのが一般的である。

　　エ　マテハン機器のうち，ソーターは保管用の機器であり，フローラックは仕分用の機器である。

517

解答	ウ

■**解説**

　過去に問われた論点が多いため，マテハン機器名などはわからずとも，選択肢を絞って正答したい問題である。

- ア：不適切である。本書の掲載はないが，平成 21 年度第 29 問と同じ論点である。3PL 事業者は，自社で輸送手段や保管施設などの資産を持つアセット型と，こうした資産を持たないノンアセット型に分かれる。ノンアセット型の場合は，他の運送事業者や倉庫事業者を利用して効率的な物流業務をコーディネートする業務を行う。

- イ：不適切である。デジタルピッキングは，正式名称をピックトゥーライトシステム（Pick To Light System）という。棚に取り付けられた電子機器が光ったところに作業者が行き，表示された個数をピッキングしていく，という手法である。よって，人の手を介してピッキングするシステムである。

- ウ：適切である。摘み取り方式，種まき方式についてはコラム 5 参照のこと。摘み取り方式（シングルピッキング，オーダー別ピッキング）とは，作業者が店舗，注文先別等の出荷先別に周回してピッキング作業を行う方式で，品目が多い場合に使用される。一方，顧客から注文された商品の総数をいったん集めて顧客別に商品を配分する方式を種まき方式といい，品目が少ない場合に使用される。よって，ピッキングする商品品目数がオーダー数より多い場合は摘み取り方式で，少ない場合は種まき方式で行うのが一般的である。平成 25 年度第 35 問等で出題があるので併せて確認したい。

- エ：不適切である。マテハン機器とは，マテハン機器とは，運搬や荷役作業を支援し，物流業務を効率化するための機器類のことである。フォークリフト，パレット，カゴ台車，コンベヤなどがある。ソーターとは，商品を種類別や送り先別にソート（並べ替え，仕分け）する機器である。フローラックとは傾斜式流動棚のことで，商品を置く棚の一種である。棚板が斜めになっており，商品が取り出されると自動的に後ろの商品が前に出てくる「先入れ先出し」がしやすい棚のことである。

　よって，ウが正解である。

518

物流センター運営	ランク	1回目		2回目		3回目	
	A	/		/		/	

■平成 23 年度　第 33 問

わが国で運用されている一括物流センターに関する記述として，最も不適切なものはどれか。

ア　一括物流センターでは，出荷時に小売店舗側に事前出荷明細を送信することにより店舗側での検品の負担を減らすことが可能である。

イ　一括物流センターでは，特定小売チェーン専用の物流センターの運営を 3PL（Third Party Logistics）事業者が受託する場合が多い。

ウ　一括物流センターの機能には，在庫型センター（DC）機能と通過型センター（TC）機能がある。

エ　カテゴリー納品を効率的に行うためには，ベンダーで店舗別にあらかじめ仕分けされたものを通過型センター（TC）で荷合わせする必要がある。

オ　在庫型センター（DC）では，特定の卸売業者が運営を受託する場合，他の卸売業者の在庫を共同保管し一括物流を実現する。

解答	エ

■解説

一括物流センターに関する問題である。

ア：適切である。事前出荷明細（ASN：Advanced Shipping Notice）は商品が小売店に納品される前にオンライン（EDI）を利用して納品データを送付することである。商品の流れは以下のようになる。小売店が複数のメーカーに発注⇒商品が一括物流センターへと集まる⇒センターでまとめて梱包する⇒梱包内容に応じた事前出荷明細を出荷先の小売店に送信する⇒配送する⇒商品を受け取った小売店は事前出荷明細等と納品された商品を照らし合わせ，数が合っているかなどを検品する。

イ：適切である。小売チェーンは取扱商品が多く，多店舗への輸配送管理が必要であるため 3PL のような物流事業者に物流機能を一括委託して効率的な物流を行い，人員などを小売業務に特化して振り分けることで効率的な経営を目指す場合が多い。3PL とは，荷主にロジスティクス改革を提案，包括的な物流サービスを行う物流アウトソーシングのことである（3PL は平成 21 年度第 29 問等で出題あり）。

ウ：適切である。一括物流センターには，在庫を抱える DC 型と，在庫は持たずに仕分けや流通加工を行う TC 型がある（コラム 4 参照）。TC 型には 2 種類あって，商品をあらかじめ物流センターに入る前にベンダーで店舗別に仕分けしてから物流センターに納品する「ベンダー仕分型」と，ベンダーが総量をセンターに納品し，センターで店別に仕分けする「センター仕分型」がある。なお，小売業がカテゴリー納品を望んだ場合，DC 型が対応しやすく，また TC 型の物流センターにおいてはセンター仕分型であるほうがよい。ベンダー仕分型の場合，商品をあらかじめ店舗別に仕分けした後物流センターに納品して，さらに物流センターで売場別に仕分けする，という二度手間が発生するため，コストがかかり，リードタイムも長くなってしまうからである。

エ：不適切である。選択肢ウの中で解説したように，カテゴリー納品を行うには，在庫型センター（DC）が適している。

オ：適切である。本肢のとおりである。

よって，エが正解である。

参考文献：臼井秀彰・田中彰夫著『ビジュアル図解 物流センターのしくみ』同文舘出版，2011

第 3 章　商品補充・物流

物流センター運営	ランク	1回目		2回目		3回目	
	A	/		/		/	

■平成 27 年度　第 36 問

チェーン小売業の物流に関する記述として，最も適切なものはどれか。

ア　DC（Distribution Center）では在庫を持たず，複数店舗へ納入する商品を一括して納入業者から受け取り，店舗別に仕分けして出荷する。

イ　カテゴリー納品は，カテゴリーごとに適切な配送スケジュールを組み，物流センターから店舗へ納品することをいう。

ウ　小売店舗への共同配送は，店舗の人時生産性向上につながる。

エ　専用物流センターを持つ小売業と納入業者の取引価格設定は，原則として物流センターまで届けることを前提に設定されている。

オ　多頻度小口配送は，車両積載効率を向上させコスト削減につながる。

521

解答	ウ

■解説

やや細かい論点もあるが，すでに出題された論点もあり，対応可能である。

ア：不適切である。DC（Distribution Center）は，在庫型センターである。詳しくは p.513 コラム 4 参照のこと。なお，本肢の記述は TC（Transfer Center：通過型センター）の内容である。

イ：カテゴリー納品は，スケジュールを組むものではなく，売場のカテゴリーごとに配送品を分類して納品するシステムである。通常は，月・水・金曜日に納品など，一般的なスケジュールが決まっており，カテゴリー納品によって，適切な配送スケジュールを組むわけではない。

ウ：適切である。共同配送を行うと店舗では一般的に納品頻度が減ることとなり，納品のたびにその対応をしていた人員を接客などに回せるため，店舗の人時生産性向上につながると考えられる。

エ：不適切である。専用物流センターを持つ小売業と納入業者の取引価格設定は，通常，店舗までの価格を設定している（店着価格制度）。店着価格制度では，商品価格と配送料が一体化し，店舗への納品価格となっている。平成 22 年度第 32 問選択肢エと同じ問題である（本書掲載なし）。

オ：不適切である。多頻度小口配送 = 少しずつ，何度も運ぶ，というイメージのため，車両積載効率は低下することが一般的であり，コスト削減にはつながらない。

よって，ウが正解である。

第 3 章　商品補充・物流

物流センター運営	ランク	1回目		2回目		3回目	
	A	/		/		/	

■平成 27 年度　第 38 問

物流センターに関する記述として，最も適切なものはどれか。

ア　3PL（Third Party Logistics）は，荷主企業の物流業務を受託する企業であるが，物流センターを保有していないこともある。

イ　VMI（Vendor Managed Inventory）は，物流センターの在庫情報を卸売業者が小売業者に提供するシステムである。

ウ　WMS（Warehouse Management System）は，物流センター内の生産性向上を目的として人員最適化に用いられるシステムである。

エ　物流センターでは，利用者の求めに応じて保管の役割のほか，値付けや包装などを行うことがあり，これを荷役という。

523

解答	ア

■解説

よく出る論点であり，正答したい。

ア：適切である。3PL が物流センターを保有していないこともあるという論点は平成 21 年度第 29 問選択肢アで登場している（本書掲載なし）。

イ：不適切である。VMI（Vendor Managed Inventory）とは，ベンダー主導型在庫管理のことで，ベンダーといわれる卸売業者などの商品の納入業者が，小売店の商品補充や在庫管理までを小売店に代わって行う仕組みである。よって，記述のように小売店が物流センター在庫を把握するためのシステムではない。VMI は用語としては頻出で，詳しくは，第 4 章 EDI に分類した平成 24 年度第 43 問などを参照のこと。

ウ：WMS（Warehouse Management System）は，「在庫管理システム」「倉庫管理システム」などと訳されるもので，その名のとおり，倉庫の在庫を管理するためのシステムである。主に，在庫情報，入出庫情報，在庫不足情報などから物流センター内の労務管理や作業工程管理などを最適化し，生産性向上を目的としているが，特に「人員最適化に用いられるシステム」ではなく，人員の最適化に用いられることが多いシステムは LSP である。LSP については，電子版の平成 23 年度第 38 問を参照のこと。

エ：物流センターでは，荷役とは，物品を輸送する際の積み下ろしのことで，倉庫へ仕分し，入出庫したり，仕分作業までを指すこともある。フォークリフトなどを使用することが多い。値付けや包装は「流通加工」と呼ばれる。

よって，アが正解である。

第3章　商品補充・物流

物流センター運営	ランク	1回目	2回目	3回目
	B	/	/	/

■令和元年度　第36問

　チェーン小売業の物流センターの機能に関する記述として，最も適切なものはどれか。

　　ア　通過型物流センター内の作業工程数は，注文商品を事前に納品先別に仕分けした状態で納品するタイプの物流センターの方が，仕分けしていない状態で納品するタイプよりも多い。

　　イ　店舗の荷受回数は，物流センターを経由しない場合に仕入先の数だけ荷受が発生したとすると，在庫型物流センターを経由する場合は仕入先の数よりも少ないが，通過型物流センターを経由する場合は仕入先の数と同じである。

　　ウ　物流センターから店舗へのカテゴリー納品は，商品を売場に補充する作業の時間を短縮する。

　　エ　物流センターでは，常温で管理できる商品しか取り扱うことができず，低温で管理する必要がある商品は取り扱うことができない。

解答	ウ

■解説

　チェーン小売業の物流センターに関する問題である。やや細かい論点もあるが物流センターの種類，カテゴリー納品（平成27年度第36問選択肢イ等）などの頻出論点を押さえておけば正答できる。

　ア：不適切である。通過型物流センター内の作業工程数に関する選択肢である。①注文商品を事前に納品先別に仕分けした状態で納品するタイプの物流センター＝ベンダー仕分型，②仕分けしていない状態で納品するタイプ＝センター仕分型，となる。センター仕分型のほうがセンターで納品先別に仕分けする必要があり，作業工程数は多く，①タイプのほうが作業工程数は<u>少なくなる。</u>

　イ：不適切である。物流センターを経由しない場合に仕入先の数だけ荷受けが発生したとする，ということは，仕入先メーカーごとに（場合によっては商品ごとに）配送の必要があるたびに店舗の荷受けが必要になる，ということである。在庫型物流センターであろうと，通過型物流センターであろうと，センターを経由することで，朝1回すべての配送をまとめて荷受けすることなどが可能となり，店舗の荷受回数を減らすことができる。

　ウ：適切である。カテゴリー納品とは，センターにてカテゴリー別に商品を分けたうえで売場に納品する手法である。たとえば，スーパーマーケットにおいて，食品缶詰とお菓子をまとめて1つの梱包で納品するのではなく，売場やカテゴリーごとに「缶詰」「お菓子」でまとめて納品する。売場ではその売場へ対応する荷物を運び，そのまま補充することができるため，補充作業時間を短縮できる。

　エ：不適切である。物流センターは温度管理が可能なものがあり，低温，冷凍などの温度帯に対応した設計を行うことで，低温のものでも取り扱える。

　よって，ウが正解である。

第3章　商品補充・物流

物流センター運営	ランク	1回目	2回目	3回目
	A	/	/	/

■平成 26 年度　第 34 問

物流センターに関する用語の説明として，最も適切なものはどれか。

ア　小売業が物流センターの運営を卸売業に委託した際に，小売業が卸売業に支払う費用をセンターフィーという。

イ　顧客から注文された商品の総数をいったん集めて顧客別に商品を配分するピッキング方法を摘み取り方式という。

ウ　物流センターで商品を加工し，付加価値をつけることを流通加工という。

エ　物流センターの在庫を仕分けし，各店舗に配送する仕組みのことをクロスドッキングという。

527

解答	ウ

■**解説**

　過去に類題が多い問題ではあるが，きちんと学習して押さえておかないと迷いやすい。

ア：不適切である。センターフィーとは，物流センターを利用する納入業者（メーカーや卸売業者）が，物流センターの使用料として支払う料金を指す。日本の大手小売業においては，選択肢のように小売業者が専用物流センター運営を卸業者に委託することが多い。その場合でも納品業者は卸業者やメーカーのため，納品量等に応じてセンターフィーを小売業者に支払う。センターフィーについては，平成24年度第32問で詳しく解説しているので確認してほしい。

イ：不適切である。摘み取り方式（シングルピッキング，オーダー別ピッキング）とは，作業者が店舗ごとや，注文先別などの出荷先別に周回してピッキング作業を行う方式である。選択肢にあるような，顧客から注文された商品の総数をいったん集めて顧客別に商品を配分するピッキング方法は，トータルピッキングといわれる。詳しくはp.514コラム5を参照のこと。

ウ：適切である。物流センターで商品を加工し，付加価値をつけることを流通加工というが，たとえば自転車はパーツごとに納品されたり，解体された状態で納品される。それが消費者の手に渡る前に，自転車屋で加工・組立され1つの製品となる。また，食品や化粧品の詰め合わせセットなども流通段階で各種商品が詰められ，包装等がなされ，流通加工が行われることがある。

エ：不適切である。クロスドッキングとは，メーカーや卸売業から出荷された商品が倉庫，物流センターで保管されることなく，事前に荷受けのタイミングを調整してパレットやケースのまま店舗のトラックへ仕分けや積み替えをされ，店舗に届けられる方法のことをいう。消費期限の短い生鮮食品，日配品に利用されることが多い。クロスドッキングについては，過去に何度も出題されている。本書には掲載していないが，平成20年度第26問を参照するとよいだろう。

　よって，ウが正解である。

528

第3章　商品補充・物流

物流センター運営	ランク	1回目		2回目		3回目	
	A	/		/		/	

■平成29年度　第37問

チェーン小売業の物流に関する記述として，最も適切なものはどれか。

ア　TC（Transfer Center）は，入荷した商品を保管することを主な機能としており，店舗からの注文に応じて商品をピッキングして，仕分けし，出荷する。

イ　多頻度小口配送は，車両積載効率を低下させ，店舗の荷受回数を減少させる。

ウ　物流センターの運営は，商品の売買に関する取引関係がある仕入先の卸売業には委託することができない。

エ　物流センターを利用すると，仕入先からの納品に対する店舗の荷受作業を集約することができる。

オ　流通加工は，物流センターでは行われず，各店舗で全て行われる。

529

解答	エ

■解説

過去に問われた論点が多いため必ず正答したい。

ア：不適切である。入荷した商品を保管することを主な機能としており，店舗からの注文に応じて商品をピッキングして，仕分けし，出荷するのは，<u>在庫型（DC 型）</u>物流センターである。TC にはベンダー仕分型とセンター仕分型があるが，どちらも在庫が存在せず，商品を保管することが主な機能ではない。DC 型，TC 型物流センターの違いは，何度も繰り返し出題されているため必ず正答してほしい。p.513「コラム 4　一括物流センターのタイプ」を参照のこと。

イ：不適切である。多頻度小口配送は，車両積載効率を低下させるという記述は正しいが，店舗の荷受回数は多頻度になるため増える。

ウ：不適切である。商品の売買に関する取引関係がある仕入先の卸売業には物流センターの運営を委託することができないといった規則はなく，実際に小売業における物流センターの運営主体が，取引関係のある卸売業である事例は多い。

エ：適切である。物流センターを利用する大きな目的の 1 つである。

オ：不適切である。より流通しやすい形に加工や包装をする，値札をつける，店別に分ける，といった流通加工は，物流センターでも行われる。なお，このような流通加工を主に行うセンターを PC（Process Center：流通加工センター）という。

よって，エが正解である。

第3章　商品補充・物流

	ランク	1回目	2回目	3回目
物流センター運営	B	/	/	/

■平成 27 年度　第 34 問

物流センター内のエリア管理に関する記述として，最も適切なものはどれか。

ア　エリアごとに作業員を決める固定ロケーション管理は，人別の業務評価がしやすい。

イ　固定ロケーション管理は，在庫量を一定に保ちやすい。

ウ　フリーロケーション管理では，保管スペースの有効活用がしやすい。

エ　フリーロケーション管理は，固定ロケーション管理よりも人によるピッキング作業の効率がよい。

オ　ロケーション管理では，物流センター内の人員配置を適切にマネジメントすることが重要である。

解答	ウ

■解説

　物流センターにおけるロケーションに関する問題である。平成 20 年度第 27 問，平成 23 年度第 35 問などで，フリーロケーションなどが問われており，特徴を把握していれば正答できる。

- ・固定ロケーション…棚と商品を固定的に対応させる方法で，定番商品など常に取り扱う商品が決まっている場合に向いている。たとえ商品がなくとも，その棚にはその商品しか置けないため空いている場所ができることがあり，スペース効率（保管効率）は低くなる。

- ・フリーロケーション…この棚にこの商品を置く，というルールを設けない方法である。入庫時に，最も適していると判断される場所に格納する。ルールがないため，作業の度に商品を探す必要があるので自動倉庫システムが前提となり，コンピュータによって格納場所を決定する。商品を探す手間の分作業効率は下がるが，空きスペースに商品を保管できるためスペース効率はよくなる。

- ・セミ固定ロケーション…固定とフリーの中間的なロケーション方法である。たとえば婦人服，紳士服，子供服などの商品グループごとに保管区域を決めておき（固定ロケーションにあたる），その中ではどこに商品を置いてもよい（フリーロケーションにあたる）とする方式である。

　ア：不適切である。固定ロケーション管理とは，作業員ではなく，商品と棚を固定させる管理手法である。

　イ：不適切である。固定ロケーション管理は，在庫量を一定に保ちやすいという効果はない。

　ウ：適切である。フリーロケーション管理の大きな特長が，保管スペースの有効活用である。

　エ：不適切である。フリーロケーション管理では，商品がどの棚においてあるか決まっておらず，作業の度に目的の賞品がどこにあるか探す必要があるため，ピッキング効率は下がる。

　オ：不適切である。ロケーション管理とは，物流センター内の人員配置ではなく，商品の配置の管理である。

　よって，ウが正解である。

第3章　商品補充・物流

物流センター運営	ランク	1回目	2回目	3回目
	B	／	／	／

■平成23年度　第35問
物流センター内の荷役作業に関する記述として，最も適切なものはどれか。

ア　出荷件数をパレート分析した結果，Aランクとなった商品を出荷口に近い
　　場所に保管することが効率的である。

イ　取り扱い品目の入れ替わりが頻繁な場合，ハンディ端末による荷役作業は適
　　さない。

ウ　納品対象となる品目が特定品目に集中している場合は，シングルピッキング
　　方式が適している。

エ　フリーロケーションによる保管管理を行う場合，作業効率は向上するが保管
　　効率は低下する。

533

解答	ア

■解説

　パレート分析，ピッキング方法，ロケーションなどさまざまなテーマにわたる問題である。

　ア：適切である。パレート分析とは，在庫管理や販売管理において ABC 管理（重点管理）を行う際に利用される分析手法である。優先度やランクを明確にするために利用され，在庫品目・売上品目などを重要な順や売上が高い順に A/B/C の 3 つのランクに分ける。この問題では出荷件数をパレート分析しているため，A ランクの商品は，出荷件数上位の商品であり，出荷口に近いところに置くと動線等が短くなり効率的である。

　イ：不適切である。荷役とは，流通過程における物の取扱いに関する作業の総称で，物品の輸送，保管の際の積み下ろし，運搬，倉庫への入出庫，仕分けなどの作業を指す。取扱品目の入れ替わりが頻繁な場合は，荷役作業の度に確認しなければならないデータ，リスト管理が煩雑になる。ハンディターミナル（端末）を利用することで，データをすぐに手元で検索，参照できるので，むしろ取扱品目の入れ替わりが煩雑な場合に使用するとよい。

　ウ：不適切である。ピッキングの手法にはシングルピッキング，トータルピッキングなどがある（p.514「コラム 5　ピッキングの種類」参照）。
　　　特定品目に納品対象が集中している場合は，トータルピッキングによって一度対象商品を集めた後に，出荷先別等に分けるほうが適している。

　エ：不適切である。入荷商品を倉庫内にどのように格納するのかを「ロケーション管理」というが，固定ロケーション，フリーロケーション，セミ固定ロケーションがある。
　　　・固定ロケーション…棚と商品を固定的に対応させる方法で，定番商品など常に取り扱う商品が決まっている場合に向いている。たとえ商品がなくとも，その棚にはその商品しか置けないため空いている場所ができることがあり，スペース効率（保管効率）は低くなる。
　　　・フリーロケーション…この棚にこの商品を置く，というルールを設けない方法である。入庫時に，最も適していると判断される場所に格納する。ルールがないため，作業の度に商品を探す必要があるので自動倉庫システムが前提となり，コンピュータによって格納場所を決定する。商品を探す手間の分作業効率は下がるが，空きスペースに商品を保管できるためスペース効率はよくなる。
　　　・セミ固定ロケーション…固定とフリーの中間的なロケーション方法である。たとえば婦人服，紳士服，子供服などの商品グループごとに保管区域を決めておき（固定ロケーションにあたる），その中ではどこに商品を置いてもよい（フリーロケーションにあたる）とする方式である。よって，フリーロケーションの場合は，保管効率が向上するが作業効率が低下するため，不適切である。

　よって，アが正解である。

第 3 章 商品補充・物流

物流センター運営	ランク	1回目	2回目	3回目
	A	/	/	/

■平成 28 年度　第 38 問

物流センターの運営に関する記述として，最も適切なものはどれか。

ア　仕分けとは，物品を品種別，送り先方面別，顧客別などに分ける作業のことであり，シングルピッキングの後に行われ，トータルピッキングの後には行われない。

イ　棚卸方法の一つである循環棚卸は，実在庫量と理論在庫量の差異を補正するために行われる。

ウ　荷主は，物流センターの運営を物流事業者に委託するとき，委託先の物流事業者が所有する物流センターを利用しなければならない。

エ　ピッキングとは，保管場所から必要な物品を取り出す作業のことであり，ピッカーが保管場所まで移動しなければならない。

535

解答	イ

■**解説**

「循環棚卸」を知らなくても，その他は基本的な論点であり，正答したい。

ア：不適切である。仕分けとは，物品を品種別，送り先方面別，顧客別などに分ける作業のことで，基本的にトータルピッキングの後に行われる。シングルピッキングの場合，すでに顧客別などにピッキングしていくため，仕分けを行わない場合もある。シングルピッキングとトータルピッキングについてはp.514 コラム5 の解説を参照のこと。ピッキング手法は平成25 年度第35 問（その他出題として平成26 年度第34 問，平成23 年度第35 問）で問われるなど頻出であるので，必ず理解してほしい。

イ：適切である。棚卸自体が，実際の在庫量と理論在庫量（帳簿上の在庫量）の差異を知り，補正するためのものである。よって，棚卸方法の1 つである循環棚卸も差異を補正するためのものである。なお，棚卸には一斉棚卸と循環棚卸がある。一般的にイメージされる期末などに定期的に行われる棚卸が一斉棚卸である。一斉棚卸では，棚卸以外の作業は止められ，その時点でのすべての商品をカウントしていく。一方，循環棚卸は，サイクルカウンティングとも呼ばれ，特定の商品やブロックごとに，毎日や3 日に1 回，1 月毎といったサイクルを決めて，順次棚卸をしていく手法である。ABC 分析と併用し，重点管理が必要な商品に行うと，倉庫内の高回転品目を滞留在庫品目よりも頻繁に棚卸することが可能となり，欠品や在庫数の相違を防ぎやすくなる。

ウ：不適切である。荷主は，物流センターの運営を物流事業者に委託するとき，委託先の物流事業者が所有する物流センターを利用しなければならないというルールはない。

エ：不適切である。ピッキングとは，受注した商品を在庫から選択し，取り出す作業のため，「保管場所から必要な物品を取り出す作業」は正しいが，倉庫のシステムによっては，ピッカーが動かず，商品自体を移動させて必要な商品をピッカーの元に集めるシステムも存在する。たとえば，ベルトコンベヤに箱を載せ，必要な商品を各商品担当が載せていく手法，自動倉庫システムの導入により，保管場所データからコンベヤや機器等で自動的にピッキングする手法などがある。

よって，イが正解である。

第 3 章　商品補充・物流

物流センター運営	ランク	1回目		2回目		3回目	
	A	／		／		／	

■平成 25 年度　第 35 問

　物流センターにおけるピッキング方式に関する説明として，最も適切なものの組み
合わせを下記の解答群から選べ。

　　　a　シングルピッキング方式とは，人の作業者が受注単位ごとに保管場所を周回
　　　　　して，ピッキング作業を完結する摘み取り型のピッキング方式である。

　　　b　品種別ピッキング方式とは，複数の作業者がその作業範囲を分担し，それぞ
　　　　　れが中継してピッキング作業を完結させる方式である。

　　　c　品種別・オーダー別複合ピッキング方式とは，受注を一定受注先数ごとに集
　　　　　約して，品種単位にまとめてピッキングし，その直後に商品を受注先ごとに
　　　　　仕分ける作業を繰り返す方式である。

　　　d　リレー式ピッキング方式とは，受注を集約して品種単位にまとめてピッキン
　　　　　グし，そのピッキングした商品を後工程でオーダー先ごとに仕分ける種まき
　　　　　型のピッキング方式である。

〔解答群〕

　　ア　aとb
　　イ　aとc
　　ウ　aとd
　　エ　bとc
　　オ　bとd

537

解答	イ

■解説

　物流センターにおけるピッキング方式に関する問題である。平成23年度第35問，平成20年度第27問（本書掲載なし）などでもピッキング方式は問われているが，「リレー式ピッキング方式」などは初見の受験生もいたかもしれない。p.514 コラム5の「シングルピッキングとトータルピッキングの特徴」を参照してほしい。

　　a：適切である。シングルピッキング方式は，オーダー（別）ピッキング，摘み取り方式ともいわれ，作業者が店舗ごとや，注文先別などの出荷先別に周回して，ピッキング作業を行う方式である。

　　b：不適切である。品種別ピッキング方式とは，受注を集約して品種単位にまとめてピッキングし，そのピッキングした商品を後工程でオーダー先ごとに仕分ける種まき型のピッキング方式である。少品種多量の受注に適しており，作業者の移動距離も少なくなるが，作業仕訳に習熟を要する。なお，本肢の内容はリレー式ピッキング方式の解説である。…選択肢dを参照。

　　c：適切である。品種別・オーダー別複合ピッキング方式とは，品種別ピッキング方式と，シングルピッキング方式の折衷型である。受注を受注先数などの一定基準ごとに集約して，それを品種単位別にまとめてピッキングする。その後に商品を受注先ごとに仕分ける作業を繰り返す方式である。

　　d：不適切である。本肢は品種別ピッキング方式の説明である。リレー式ピッキング方式とは，複数の作業者がその作業範囲を分担し，それぞれが中継してピッキング作業を完結させる方式である。シングルピッキング方式では，1人の作業者の移動距離が長くなりがちで非効率な場合，採用されることが多い。複数店舗のピッキング作業が同時にできる，作業者の移動距離が短くなるが，作業者間の習熟度が異なる場合は滞留が発生する可能性がある。

　よって，イが正解である。

538

第3章　商品補充・物流

物流センター運営	ランク	1回目		2回目		3回目	
	A	／		／		／	

■令和元年度　第37問

物流センターの運営に関する記述として，最も適切なものはどれか。

ア　ASN を用いた入荷検品は，商品の外箱に印字された ITF シンボルや，混載
の場合に外箱に貼付された SCM ラベルを読み取った情報と，ASN とを照
合することで完了する。

イ　個装には，内容物を保護したり，複数の商品を1つにまとめて取り扱いやす
くしたりする機能がある。

ウ　固定ロケーション管理は，在庫量が減少しても，保管スペースを有効に活用
できるため，保管効率が高い。

エ　摘み取り方式ピッキングは，商品ごとのオーダー総数をまとめて取り出した
後，オーダー別に仕分けることである。

オ　トラックドライバーが集品先または納品先の荷主の倉庫内でフォークリフト
を使用することは，法律で禁止されている。

539

解答	ア

■解説

やや細かい論点もあるが，頻出論点も多く正答したい。

ア：適切である。ASN とは事前出荷明細のことで，送り主が商品出荷前に送り
先に電子データにて納品に関する情報を伝える出荷予定データである。令和
2 年度第 38 問，平成 24 年度第 43 問，平成 23 年度第 33 問，平成 22 年度第
38 問などで出題されている。ASN を用いた入荷検品は，商品の外箱に印字
された ITF シンボルや，混載の場合に外箱に貼付された SCM ラベルを読み
取った情報と，ASN での出荷データを照合することで完了する。よって，
箱を開ける必要がない場合も多く，検品作業が軽減する。

イ：不適切である。JIS の定義によると，包装は，「物品の輸送，保管，取引，
使用などに当たって，その価値及び状態を維持するための適切な材料，容器，
それらに物品を収納する作業並びにそれらを施す技術又は施した状態」のこ
とで，個装・内装・外装の 3 つに分けられる。個装とは，物品個々の包装で，
内容物を保護する機能があり，前半の記述は正しいが，「複数の商品を 1 つ
にまとめて取り扱いやすくしたりする機能」は，外装が持つ機能と判断され
る。包装については，平成 28 年度第 37 問の選択肢エで出題されている。

ウ：不適切である。固定ロケーション管理は，棚と商品を常に一致させる在庫管
理方法である。よって，在庫量が減少しても，決められた棚には決められた
商品しか置けないため，保管効率は低い。一方，スペースが空いていれば違
う商品を置くことができるのは，フリーロケーション管理である。平成 23
年度第 35 問において，フリーロケーションの保管効率について出題されて
おり，似た論点といえる。また，固定ロケーション管理そのものについては
平成 27 年度第 34 問で出題されている。

エ：不適切である。摘み取り方式ピッキングは，顧客となる店舗，注文先別など
の出荷先別に商品を集めていく方式である。「商品ごとのオーダー総数をま
とめて取り出した後，オーダー別に仕分ける」のは，種まき方式（トータル
ピッキング）である。詳しくは p.514 コラム 5 参照。

オ：不適切である。トラックドライバーが集品先または納品先の荷主の倉庫内で
フォークリフトを使用することは，法律で禁止されていない。ただし，最大
荷重量により労働安全衛生法によって定められた国家資格「フォークリフト
運転技能講習修了証」（いわゆるフォークリフト免許）などが必要となる。
また，公道を走る際はフォークリフト側に登録，運転手側に登録に応じた免
許が別途必要となる。

物流センター運営	ランク	1回目	2回目	3回目
	A	/	/	/

■令和2年度　第38問

物流センターの運営に関する記述として，最も適切なものはどれか。

　　ア　ASN（Advanced Shipping Notice）は，荷受側が商品の入荷前に作成する
　　　　入荷情報のことである。

　　イ　スーパーで主に利用されているプロセスセンターは，商品を加工し包装する
　　　　物流施設である。

　　ウ　トラック運転者が集品先または納品先の荷主の倉庫内で付帯作業を行うこと
　　　　は，法律で禁止されており，契約で定めてはならない。

　　エ　ピッキングする商品品目数がオーダー数より多い場合には，摘み取り方式で
　　　　はなく種まき方式で行うのが一般的である。

　　オ　複数の取引先へ同時に出荷する商品が一度に入荷した場合，入荷時に検品す
　　　　れば，出荷時の検品を省略することができる。

541

解答	イ

■**解説**

物流センター，流通情報システム等に関する問題である。

ア：不適切である。ASN（Advanced Shipping Notice）は，<u>出荷側</u>が商品の入
荷前に作成する入荷情報を記載した「事前出荷明細」である。ASN は令和
元年度第 37 問や，その他過去に何度も出題されている。

イ：適切である。スーパーマーケットにおけるプロセスセンターとは，それまで
は各店舗ごとで行われてきた生鮮品等の商品を加工し包装するなどの作業を
一括して行う拠点をさす。たとえば，精肉等を仕入れて，消費者が利用しや
すい量やサイズに整え，個別にパックし，それを各小売店舗へ配送し，店舗
ではそれを陳列する，といったイメージである。各店舗で行う場合は「イン
ストア方式」などと呼ばれることもある。プロセスセンターを利用すると，
各店舗ごとに必要だった作業場や冷蔵庫などが不要になるなどのコストダウ
ンが実現する，各店舗間の品質のばらつきを抑えられるといったメリットが
ある。一方で，入荷から店頭に並ぶまでに時間がよりかかるため品質が落ち
る場合がある，地域特性に応じた 1 パックあたりの調整・変更がしにくい，
などのデメリットもある。

ウ：不適切である。トラック運転者が集品先または納品先の荷主の倉庫内で付帯
作業を行うことは，法律で禁止されていない。付帯作業としては，荷造りや
仕分け，ラベル貼りなどが想定される。ただし，トラックドライバーが車両
総重量 8 トン以上又は最大積載量 5 トン以上のトラックに乗務した場合に，
集貨地点等で荷役作業又は附帯業務を実施した場合についても乗務記録の記
載対象とすることが令和元年に追加された。ドライバーの長時間労働の是正
等への取組みの一環とされる。

エ：不適切である。ピッキングする商品品目数がオーダー数より多い場合には，
<u>摘み取り方式</u>で行うのが一般的である。ピッキング手法については過去に何
度も出題されており，「シングルピッキング」「種まき方式」などの用語は必
ず押さえたい。

オ：不適切である。複数の取引先へ同時に出荷する商品が一度に入荷した場合，
入荷時に検品しても，出荷時の検品を省略することはできない。取引先ごと
にどの商品をどのくらい送るのかについて，出荷時にも検品する必要がある。

よって，イが正解である。

542

第3章　商品補充・物流

物流センター運営	ランク	1回目	2回目	3回目
	A	／	／	／

■平成 29 年度　第 38 問

物流センターの運営に関する記述として，最も適切なものはどれか。

ア　3PL（Third Party Logistics）とは，荷主の物流業務を代行するサービスのことであり，発荷主と着荷主との関係で第三者に当たることからこのように呼ばれる。

イ　ABC 分析は，多くの在庫品目を取り扱うとき，在庫品目をその取扱数量の多い順や単価の高い順に並べて区分し，在庫管理の重点を決めるのに用いる。

ウ　シングルピッキングは，注文伝票ごとにピッキングすることであり，一般的に種まき方法で行われる。

エ　有効在庫とは，現時点で利用可能な手持在庫のことである。

オ　ロケーション管理とは，どの商品が，どの保管場所にあるかを管理する保管方式のことであり，保管場所を特定の場所に決めておく方式と入庫の都度自由に決定する方式がある。

543

解答	オ

■解説

　物流に関するさまざまな頻出論点が登場し，やや悩ましい記述もあるが，正答してほしい。

ア：不適切である。3PL（Third Party Logistics）とは，単に荷主の物流業務を代行するサービスだけでなく，物流改革を提案し，包括して物流業務を受託するサービスである。First Party は荷主企業，Second Party は物流企業であるため，Third Party といわれ，発荷主と着荷主との関係で第三者に当たるからではない。掲載はないが，平成 21 年度第 39 問で 3PL（Third Party Logistics）について問われている。なお，用語として選択肢等に 3PL が登場する問題は多く，平成 14 年度第 9 問（本書掲載なし），平成 21 年度第 30 問（本書掲載なし），平成 23 年度第 33 問，平成 27 年度第 38 問にも登場する。

イ：不適切である。ABC 分析自体は生産管理においても多く出題されている。詳しい解説はそちらを参照のこと。在庫管理における ABC 分析では，在庫品目をその取扱数量の多い順や単価の高い順に並べるのではなく，単価と取扱数量の積を求め，その数値（＝在庫金額）により重点的に管理すべき品物を区分する。

ウ：不適切である。シングルピッキングは，一般的に摘み取り方法で行われる。詳しくは「コラム 5 ピッキングの種類」を参照のこと。

エ：不適切である。有効在庫とは，<u>有効在庫＝手持ち在庫－引き当て量＋発注残</u>で表される。現時点で 10 台の機械があり，そのうち明後日客先に納品の予定が 7 台，発注済みで明日の入荷予定が 5 台あった場合，明日の時点での有効在庫は，10－7＋5＝8 台となる。有効在庫については，令和元年度第 33 問，平成 22 年度第 13 問（本書掲載なし）などに登場する。

オ：適切である。ロケーション管理とは，どの商品が，どの保管場所にあるかを管理することであり，保管場所を特定の場所に決めておく方式（固定ロケーション方式）と入庫の都度自由に決定する方式（フリーロケーション方式）がある。なお，固定ロケーションとフリーロケーションの間のものとして，「セミ固定ロケーション」があるため，悩まれた方もいるかもしれないが，その他選択肢は明らかに記述が不適切であり，この選択肢が最も適切であると判断できる。平成 27 年度第 34 問で問われており，詳しい解説はそちらを参照のこと。

　よって，オが正解である。

第4章

流通情報システム

第4章　流通情報システム

1. 店舗システム

▶▶ 出題項目のポイント

　店舗システムは，1次試験の「試験科目設置の目的と内容」において POS システムと顧客管理システムに分かれている。

　POS システム導入の直接的な効果としては，レジ業務の効率化，店内作業（値札付け等）の効率化などがある。一方，間接的な効果としては，POS システムから得られた販売動向などの情報を分析して，品揃え，販売促進，陳列，顧客へのプロモーションなどに生かし，売上を上げることなどが考えられる。POS システム導入が進んだ近年では，この間接的効果に関する RFM 分析や，バスケット分析などがよく出題されるようになってきた。

　POS システムにおいて利用されるコードはさまざまあるが，詳しくは次の「2. 取引情報システム」を参照されたい。

▶▶ 出題の傾向と勉強の方向性

　POS システムには，POS システムそのものの仕組みから，POS を利用したデータ分析や発注まで論点が広いが，近年ではバスケット分析等が頻出している。

　POS システムの効果については，平成 23 年度第 39 問がある。POS 導入の直接的な効果と間接的な効果をしっかり分けて理解することが必要である。そして，POS システムの利用法として，実際の分析についての出題に関しては，【PI 値】令和元年度第 40 問，平成 23 年度第 28 問，平成 26 年度第 27 問，【バスケット分析】平成 22 年度第 37 問（本書掲載なし），平成 23 年度第 41 問設問 1，設問 2，平成 28 年度第 39 問設問 1，設問 2，平成 29 年度第 40 問設問 1，設問 2，平成 30 年度第 39 問設問 1，設問 2 などがある。

　なお，第 2 章の「2. 商品計画—品揃え」項目に分類した平成 24 年度第 40 問は「商品の販売データの分析に関する問題」と明記されているが，選択肢の内容などから本項目から外した。POS システムに関する知識が必須となる問題ではないが，販売分析についてまとめて学習したい場合は再度見直すとよいだろう。

　個人情報保護法に関しては，顧客情報が取り扱いの対象の 1 つとなるため本章に置いた。

547

■取組状況チェックリスト

1. 店舗システム

POS システム

問題番号	ランク	1回目		2回目		3回目	
平成 23 年度 第 39 問	A	/		/		/	
平成 25 年度 第 41 問	B	/		/		/	
平成 27 年度 第 40 問	B	/		/		/	
令和元年度 第 39 問	A	/		/		/	
令和 2 年度 第 44 問	A	/		/		/	
平成 29 年度 第 39 問	B	/		/		/	
平成 30 年度 第 36 問	B	/		/		/	
平成 26 年度 第 27 問	A	/		/		/	
平成 23 年度 第 28 問	A	/		/		/	
令和元年度 第 40 問	A	/		/		/	
平成 28 年度 第 39 問（設問 1）	A	/		/		/	
平成 28 年度 第 39 問（設問 2）	A	/		/		/	
平成 29 年度 第 40 問（設問 1）	A	/		/		/	
平成 29 年度 第 40 問（設問 2）	A	/		/		/	
平成 30 年度 第 39 問（設問 1）	A	/		/		/	
平成 30 年度 第 39 問（設問 2）	A	/		/		/	
平成 23 年度 第 41 問（設問 1）	A	/		/		/	
平成 23 年度 第 41 問（設問 2）	A	/		/		/	
令和元年度 第 43 問	C *	/		/		/	

顧客管理システム

問題番号	ランク	1回目		2回目		3回目	
平成 28 年度 第 42 問	A	/		/		/	
平成 26 年度 第 41 問	A	/		/		/	
令和 2 年度 第 43 問	A	/		/		/	

＊ランク C の問題と解説は，「過去問完全マスター」の HP（URL：https://jissen-c.jp/）よりダウンロードできます。

第4章　流通情報システム

POS システム	ランク	1回目		2回目		3回目	
	A	／		／		／	

■平成 23 年度　第 39 問

　POS システム導入の直接的な狙いについて，最も適切なものの組み合わせを下記の解答群から選べ。

　　a　顧客の囲い込み

　　b　個人情報の保護

　　c　従業員による不正の防止

　　d　受発注業務の効率化

　　e　伝票処理業務の合理化

〔解答群〕
　　ア　a と b
　　イ　a と d
　　ウ　b と c
　　エ　c と e
　　オ　d と e

549

解答	エ

■解説

POS システム導入に関する問題であるが，POS システム導入の際には直接的，間接的なメリットがある。本問では「直接的」な狙いが問われていることに留意する。

本書に掲載はないが，全く同じ論点で平成 19 年度に「POS システム導入の直接的な効果」が問われている。

a：不適切である。顧客の囲い込みは小売店にとって重要な問題である。しかし，POS システムはあくまで売上のデータであり，顧客の個人情報と結び付いて初めて顧客囲い込みのための手法がとれる。よって，「直接的」な効果とはいえないため不適切と判断する。

b：不適切である。POS システムによって得られるものは何が，どれくらい，いつ売れたのかという売上データのため，個人情報の取得や保護はできない。よって，「直接的な狙い」としては不適切である。なお，POS システムが顧客の個人情報（会員カード等）と結び付けられていて POS レジ等に表示されるなどの場合は，個人情報が簡単に覗き見できないようにするなどレジ画面位置等に注意することが必要である。

c：適切である。POS システムを導入したからといって従業員の不正を防止できるわけではない。だが，POS レジを導入すれば，誰がレジ操作をしたか，各取引内容（顧客からいくら受け取り，いくらお釣りを出したかなど）等が記録されるため，POS レジ導入以前と比較すると不正を防止しやすくなるといえる。

d：不適切である。POS システムでは販売数や販売額が瞬時にわかるため，発注業務に役立つことは明確であるが，本肢には「受発注」とあるため「発注」のみならず「受注」についての効果もなければならない。受注については POS システムが効率化につながるとはいえず，不適切と判断できる。

e：適切である。POS システムは自動的に売上集計等を行えるため売上伝票集計などの伝票処理業務が減るため，直接的なメリットとして考えられる。

よって，c と e が適切なため，エが正解である。

POS システム	ランク	1回目		2回目		3回目	
	B	／		／		／	

■平成 25 年度　第 41 問

　下表は，ある店舗における顧客の購買履歴データをもとに RFM 分析を行った結果である。

顧客	R	F	M
001	3	3	3
002	1	1	2
003	1	3	3
004	1	1	1
005	3	1	1

　このとき，「以前は優良顧客であったが，最近は来店のない顧客」と分析される顧客として最も適切なものを，下記の解答群から選べ。ただし，RFM 値の点数化には，次の方法を用いた。

	1 点	2 点	3 点
R	31 日以上前	15 日以上 30 日以内	14 日以内
F	2 回以下	3 回以上 5 回以下	6 回以上
M	1 万円未満	1 万円以上 3 万円未満	3 万円以上

〔解答群〕

　ア　顧客 001

　イ　顧客 002

　ウ　顧客 003

　エ　顧客 004

　オ　顧客 005

551

解答	ウ

■解説

RFM 分析に関する問題である。RFM 分析とは，顧客の購買実績を，Recency（最終購買日），Frequency（購買頻度），Monetary（購買金額）の組み合わせで得点化して，ランク付けを行う。FSP においても活用される手法で，RFM 分析の最大の目的は，再購買の可能性のある優良顧客を見つけ出すことである。平成 18 年度第 34 問にも登場する。

「以前は優良顧客であったが，最近は来店のない顧客」を探す問題であるが，何をもって「優良顧客」とするかは，年間購買額が多い人なのか，購買額は少なくとも来店頻度が高い人なのかなど，実店舗においては，さまざまな定義があるが，ここでは，「以前は優良顧客であった」⇒購入金額（M）が 3 点，「最近は来店のない」⇒購買頻度（R）が 1 点の顧客を探す。

顧客	R	F	M
001	3	3	3
002	1	1	2
003	1	3	3
004	1	1	1
005	3	1	1

顧客 003 がこの 5 名の顧客の中では最も「以前は優良顧客であったが，最近は来店のない顧客」といえる。

よって，ウが正解である。

第4章　流通情報システム

POS システム	ランク	1回目		2回目		3回目	
	B	╱		╱		╱	

■平成27年度　第40問

　RFM 分析のうち，R を除いて FM 分析を行うとする。以下のような顧客 001 〜 006 が存在し，F は平均来店購買間隔（単位：日），M は総購買金額（単位：万円）で評価するものとし，以下のような計算結果が得られているとする。件数を均等に分割する方法でそれぞれ F と M を上位と下位に分割するとき（ただし同点が発生した場合，上位に属するものとする），F 上位かつ M 上位となる顧客の人数として最も適切なものを下記の解答群から選べ。

（計算結果）

	F	M
顧客 001	6.9	7.3
顧客 002	9.3	4.7
顧客 003	3.9	7.5
顧客 004	1.7	0.4
顧客 005	6.1	1.9
顧客 006	3.2	4.7

〔解答群〕

　ア　0人

　イ　1人

　ウ　2人

　エ　3人

　オ　4人

	解答	ウ

■解説

平成 25 年にも出題された RFM 分析に関する問題である。

さて，本問では，F は平均来店購買間隔（単位：日），M は総購買金額（単位：万円）が与えられているが，単純にどちらも上位に来ている人は何人いるか，という問題である。ポイントは，「上位」のとらえ方である。

平均来店購買間隔が短い人ほどよく買ってくれているので，数値が小さいほど「上位」，購買金額に関しては数値が大きいほど「上位」になる，ということである。

そこで，下表において各項目上位 3 位までを網掛けにする。

	F	M
顧客 001	6.9	7.3
顧客 002	9.3	4.7
顧客 003	3.9	7.5
顧客 004	1.7	0.4
顧客 005	6.1	1.9
顧客 006	3.2	4.7

M 項目において，3 番目に高い数値の 4.7 が 2 名いるので，問題の指示どおり上位に入れる。両方に網掛けされているのは，顧客 003，006 の 2 名である。

よって，ウが正解である。

554

第4章 流通情報システム

	ランク	1回目	2回目	3回目
POS システム	A	/	/	/

■令和元年度　第39問

　小売業におけるFSP（Frequent Shoppers Program）に関する記述として，最も適切なものの組み合わせを下記の解答群から選べ。

　　a　FSPデータから顧客セグメントを識別する分析方法として，RFM（Recency, Frequency, Monetary）分析がある。

　　b　FSPデータから優良顧客層を発見する分析方法として，マーケットバスケット分析が最適である。

　　c　FSPは，短期的な売上の増加を目指すより，長期的な視点での顧客のロイヤルティを高めることを目指す手段である。

　　d　FSPは，特売期間を限定せず，全ての顧客に各商品を年間通じて同じ低価格で販売する手段である。

〔解答群〕

　　ア　aとb

　　イ　aとc

　　ウ　aとd

　　エ　bとc

　　オ　bとd

555

解答	イ

■解説

FSP に関する基本的な問題で必ず正答したい。

FSP とは，Frequent Shoppers Program のことで，顧客を POS データから購買額や購買頻度を出し，ランク付けし，高頻度で購買（もしくは来店）する優良顧客に対してその階層に応じてプロモーションを行う手法である。CRM（顧客関係管理：Customer Relatinship Management）の1つ。CRM に関しては平成26年度第31問で出題されている。

a：適切である。FSP データから顧客セグメントを識別する分析方法として，RFM（Recency, Frequency, Monetary）分析がある。RFM 分析とは，顧客の購買実績を，Recency（最終購買日），Frequency（購買頻度），Monetary（購買金額）の組み合わせで得点化して，ランク付けを行う。FSP においても活用される手法で，RFM 分析の最大の目的は，再購買の可能性のある優良顧客を見つけ出すことである。実際の分析については，平成25年度第41問，平成27年度第40問でも出題されている。

b：不適切である。マーケットバスケット分析は，1人の客がどんな商品と商品を一緒に買ったか＝併買したかを分析する。分析によって「併せ買い」されやすい商品を調べ，売場づくりに活かす分析である。バスケット分析と同意で，過去に何度も出題されている。データから優良顧客層を発見する分析方法の1つは RFM 分析である。

c：適切である。FSP は，CRM の1つであり，短期的な売上の増加を目指すより，長期的な視点での顧客のロイヤルティを高めることを目指す手段である。

d：不適切である。特売期間を限定せず，すべての顧客に各商品を年間通じて同じ低価格で販売する手段のことを EDLP（Everyday Low Price）である。EDLP と CRM の関係については，平成29年度第31問で出題されている。

a と c が適切であり，よって選択肢イが正解である。

第 4 章　流通情報システム

POS システム	ランク	1回目		2回目		3回目	
	A	/		/		/	

■**令和 2 年度　第 44 問**

　ある小売店の ID-POS データを使った RFM 分析を行う。この店舗においては，顧客 1 来店当たりの購買単価に大きな差がない。このため，販売戦略上，定期的に高頻度で顧客の来店を促すことが重要であると判断し，R（最近購入日）と F（平均来店間隔日数）で，以下の図のように顧客を a～i の 9 つのグループに分ける場合を考える。

　b, d, f, h, i の 5 つの顧客グループから，この店舗にとって優良顧客の離反の可能性が高まっていることを注意すべきグループを選ぶとき，最も適切なものはどれか。下記の解答群から選べ。

		F（平均来店間隔日数）		
		7 日未満	7 日以上 30 日未満	30 日以上
R（最近購入日）	14 日未満	a	b	c
	14 日以上 90 日未満	d	e	f
	90 日以上	g	h	i

〔解答群〕

　ア　b

　イ　d

　ウ　f

　エ　h

　オ　i

557

解答	イ

■解説

RFM 分析に関する基本的な問題である。

RFM 分析では，顧客の購買実績を，Recency（最終購買日），Frequency（購買頻度），Monetary（購買金額）の組み合わせで得点化して，ランク付けを行うことで販売戦略や店づくりなどに役立てるものである。本問では，「優良顧客の離反」を防ぐため RFM 分析を行っている。

本問における小売店の特徴として，
- ・顧客 1 来店当たりの購買単価に大きな差がない
- ・販売戦略上，定期的に高頻度で顧客の来店を促すことが重要であると判断している，点が挙げられる。

よって，本問の小売店における「優良顧客」とは，「高頻度で定期的に来店している」グループとなる。

これは，F（平均来店間隔日数）が最も短いグループである「7 日未満」の a，d，g が該当する。

また，グループ a，d，g の「離反の可能性」は，高頻度で来ていた顧客がしばらく買い上げていない状態のグループが最も当てはまる。つまり，R（最近購入日）において，
- ・グループ a（14 日未満）：最近購入しているため，離反していない。
- ・グループ d（14 日以上 90 日未満）：平均 7 日未満で来店する顧客が最近 14 日以上 90 日未満購入していないため離反の可能性がある。
- ・グループ g（90 日以上）：平均 7 日未満で来店していたのに，すでに 3 か月近く購入していないため離反してしまったと判断できる。

よって，優良顧客の離反の可能性が高まっていることを注意すべきグループはグループ d となり，イが正解である。

	ランク	1回目		2回目		3回目	
POS システム	B	/		/		/	

■平成 29 年度　第 39 問

　ある売上の事象に対する X と Y という 2 つの評価データがあるとき，この 2 つの評価データの相関係数に関する記述として，最も適切なものはどれか。ただし，X または Y が，すべて同じ値の場合は除く。

ア　相関係数が 0.1 であれば，サンプル数に関係なく 5％の有意水準では有意にならない。

イ　相関係数は，−100 〜 100 の範囲の値として計算される。

ウ　両者の評価が同じ方向に強く類似している場合，相関係数は必ず正の値になる。

エ　両者の評価に関連性がない場合，相関係数は必ず負の値になる。

解答	ウ

■解説

　相関関係については平成21年度第13問（本書掲載なし）や，平成23年度第41問，平成28年度第39問等でデータマイニングとして出題されている。

　相関係数とは，2つのデータ（xとy）の間にどのくらいの直接的な関係性の強さがあるかを−1から+1までの数値で表したものである。一般的に，+1に近いほど「強い正の相関がある」，−1に近いほど「強い負の相関がある」，0に近いほど「ほとんど相関がない」と評価される。正の相関とは，たとえば，xが大きい数値ほどyも大きくなる傾向があり，負の相関とはxが大きいほどyが小さくなる傾向があることをいう。

　ア：不適切である。有意水準とは，ある事柄（仮説）が偶然起きたとは考えにくいと判断する基準になる確率である。これを超えるならば，その仮説は有意（＝統計上，偶然ではなく必然である）であると判断される。通常は1〜5%で設定する。たとえば5%に設定した場合，100回中3回程度起きたならそれはただの偶然であり有意ではない，と判断する。ただ，この3回が偶然ではない可能性もあるので注意が必要である。一方，相関係数が0.1というのは，2つのデータ間の類似度を表すものなので，優位水準と相関係数には直接的な関連はない。

　イ：不適切である。相関係数は，上記したように，−1〜1の範囲の値をとる。

　ウ：適切である。両者の評価が同じ方向に強く類似している場合，相関係数は必ず正の値になり，似ていれば似ているほど，1に近づく。

　エ：不適切である。両者の評価に関連性がない場合，相関係数は0になる。

　よって，ウが正解である。

第4章 流通情報システム

	ランク	1回目	2回目	3回目
POSシステム	B	/	/	/

■平成30年度 第36問

　商品A～Dの1年間における日別の売上金額について，2商品間の売上金額の相関係数を計算したところ，下表のようになった。これらの結果の解釈および相関係数の一般的な知識に関する記述として，最も適切なものを下記の解答群から選べ。

組み合わせ	相関係数
商品Aの売上金額　と　商品Bの売上金額	0.5
商品Bの売上金額　と　商品Cの売上金額	0.1
商品Aの売上金額　と　商品Dの売上金額	−0.7

＊ここで相関係数とはピアソンの積率相関係数である。

〔解答群〕

　ア　売上金額の相関関係の強さを見ると，商品Aと商品Bの関係より，商品Aと商品Dの関係のほうが強い。

　イ　商品Aと商品Bの相関係数が0.5で，商品Bと商品Cの相関係数が0.1であるため，表には計算されていないが，商品Aと商品Cの相関係数は0.4であると言える。

　ウ　商品Aと商品Bの相関係数が0.5であるため，商品Bの平均売上金額は，商品Aの平均売上金額の半分であると言える。

　エ　相関係数は，−100から100までの範囲の値として計算される。

　オ　理論的に相関係数は0にはならない。

561

解答	ア

■解説

　相関に関する出題で，運営管理においては，平成29年度第39問に続く出題となった。

　「ピアソンの積率相関係数」とは，一般的に「相関」といわれるもので，2つのデータ（xとy）の間にどのくらいの直接的な関係性の強さがあるかを−1から+1までの数値で表したものである。一般的に，+1に近いほど「強い正の相関がある」，−1に近いほど「強い負の相関がある」，0に近いほど「ほとんど相関がない」と評価される。正の相関とは，xが大きい数値ほどyも大きくなる傾向があり，負の相関とはxが大きいほどyが小さくなる傾向があることをいう。

　相関係数＝2つの変数の共分散／（1つの変数の標準偏差×もう1つの変数の標準偏差）となる。

　ピアソンの積率相関係数や，相関係数の算出式を知らずとも，過去問にて相関に関する基本点を学習していれば，正答にたどり着ける問題である。

　　ア：適切である。商品Aと商品Bの相関は0.5，商品Aと商品Dの相関は−0.7である。相関は0に近いほど弱くなるので，絶対値の大きい後者のほうが関係が強くなる。

　　イ：不適切である。商品Aと商品Cの相関係数は上記の計算式のように商品Aと商品Cの共分散が必要となる。

　　ウ：不適切である。相関関係の数値はあくまで「相関性」を表すものであり，売上高金額そのものを算出する数値ではない。

　　エ：不適切である。相関係数は，−1から1までの範囲の値として計算される。

　　オ：不適切である。相関係数が0になると「相関がない」と判断される。

　よって，アが正解である。

第 4 章　流通情報システム

POS システム	ランク	1回目		2回目		3回目	
	A	/		/		/	

■平成 26 年度　第 27 問

PI（Purchase Incidence）値を用いた需要予測に関する次の文中の空欄 A と B に入る数字の組み合わせとして，最も適切なものを下記の解答群から選べ。

ある小売店舗で，ある日 3,000 人がレジを通過した。この日に商品 X が 60 個売れたとき，この商品の PI 値は　A　である。この店舗で翌週の同曜日に見込まれるレジ通過人数が 4,000 人のとき，商品 X の販売数量は　B　個と予測できる。

[解答群]

　　ア　A：20　B：65

　　イ　A：20　B：80

　　ウ　A：50　B：65

　　エ　A：50　B：80

解答	イ

■解説

　PI 値を実際に計算させる問題である。PI 値に関しては，POS システムの利用法として平成 23 年度第 28 問と平成 17 年度第 19 問（掲載なし）にも登場するので，併せて確認してほしい。

　PI 値は，購買客（レジ通過客）1,000 人（もしくは 100 人）当たりの購買指数のことである。

<u>PI 値＝（総売上点数÷レジ通過客数）× 1,000（もしくは 100）</u>

　PI 値が高いほど，顧客に支持されている商品となる。

　ある商品 A に関して購入個数が 1,000 人中 200 個であれば，その商品 A の PI 値は（200 ÷ 1,000）× 1,000＝200 となる。

　本問においては，3,000 人通過において商品が 60 個売れているので，

　（60 ÷ 3,000）× 1,000＝20

　商品 X の PI 値は 20（空欄 A）となる。

　PI 値 20，予想レジ通過人数 4,000 人ということは，

　（予想販売数÷ 4,000）× 1,000＝20

　予想販売数は 80（空欄 B）となる。

　もしくは，PI 値の意味をわかっていれば，3,000 人で 60 個売れる⇒ 4,000 人で何個か？ということなので，比を利用して

　3,000：60＝4,000：x

　3,000x＝60 × 4,000

　x＝80 と計算もできる。

　よって，イが正解である。

564

POS システム	ランク	1回目		2回目		3回目	
	B	/		/		/	

■平成 23 年度　第 28 問

PI（Purchase Incidence）値に関する記述として，最も不適切なものはどれか。

ア　PI 値は，顧客ロイヤルティの分析に役立てることができる。

イ　PI 値は，商品のライフサイクルの判断に役立てることができる。

ウ　PI 値は，店舗間で比較することによって，売場の改善に役立てることがで
きる。

エ　ある商品の PI 値が判明している場合，来客数の予測に基づいてその商品の
販売数量を予測することができる。

解答	ア

■解説

PI値に関する問題で平成17年度第29問（掲載なし），平成26年度第27問（「需要予測」に収録）と併せて確認してほしい。

PI値は，レジ通過客1,000人（もしくは100人）当たりの購買指数のことである。

PI値＝（総売上点数÷レジ通過客数）×1,000（もしくは100）となる。

ア：不適切である。顧客ロイヤルティ（ロイヤリティ）とは，企業自身やその企業の持つ製品，サービスに対する顧客の信頼度や愛着度である。リピート率で測ることが多く，PI値ではリピート率は考慮されていないため，顧客ロイヤルティを分析することはできない。

イ：適切である。特定の品目のPI値を時系列に並べることで商品ライフサイクルのパターンを予測できる。商品ライフサイクルとは，1：導入期，2：成長期，3：成熟期，4：衰退期，4つの段階より構成される。通常，商品ライフサイクルは売り上げと利益を時間軸で表すとS字形の曲線を描く。

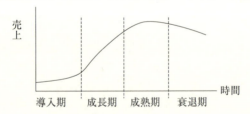

一般的に成長期には購入数も上がることからPI値は上昇し，衰退期にはPI値は減少するため，PI値によって今その製品が，製品のライフサイクルのどこにあるかを推測することができる。

ウ：適切である。店舗間の比較に威力を発揮するのがPI値である。PI値が他店より低い場合は，陳列の手直しなど売場の改善を行う。

エ：適切である。数量PI値を利用すれば，予想来店客数をもとに販売個数の予測ができる。数量PI値＝総販売点数÷レジ通過客数×1,000である。たとえば，ある日の来店客数が1,500人を予想したとする。ある商品の数量PIが200の場合，200＝総販売点数÷1,500×1,000なので，予想販売点数は，300点となる。

よって，アが正解である。

第4章　流通情報システム

POS システム	ランク	1回目		2回目		3回目	
	A	／		／		／	

■令和元年度　第 40 問

　店舗間で POS データを比較分析する際の基本的な指標に，PI（Purchase Incidence）値がある。この PI 値に関する以下の記述の空欄に入る語句として，最も適切なものを下記の解答群から選べ。

　PI 値とは，販売点数または販売金額を [_____] で除して調整した数値である。

〔解答群〕

　　ア　顧客カード発行枚数

　　イ　在庫点数または在庫金額

　　ウ　商圏内人口

　　エ　優良顧客数

　　オ　レシート枚数またはレジ通過人数

567

解答	オ

■解説

　PI 値に関する基本問題で，平成 26 年度第 27 問，平成 23 年度第 28 問で出題されているため必ず正答したい。

　PI 値は，レジ通過客 1,000 人（もしくは 100 人）当たりの購買指数のことである。

> PI 値＝（総売上点数÷レジ通過客数）× 1,000（もしくは 100）

　レジ通過客数か，レシート枚数かは任意である（1 名の通過客が 2 つに分けて会計をした場合などをどう取り扱うかは店舗による）。

　よって，選択肢オが正解である。

第4章　流通情報システム

POS システム	ランク	1回目		2回目		3回目	
	A	/		/		/	

■平成28年度　第39問（設問1）

　ある小売店の一定期間における ID-POS データを用いて，100 人のある顧客セグメントに対するマーケットバスケット分析を行ったところ，商品 a と商品 b の購買に関して，下表のような結果が得られたとする。

　このとき，以下の設問に答えよ。

購買した商品群	購買した顧客数
商品 a	20
商品 b	40
商品 a　かつ　商品 b	10

（設問1）

　支持度（サポート）に関係する記述として，最も不適切なものはどれか。

　　ア　商品 a のみを購買した顧客数は 10 人である。

　　イ　商品 b のみを購買した顧客数は 30 人である。

　　ウ　商品 a と商品 b を共に購買した顧客数は 10 人である。

　　エ　商品 a も商品 b も購買していない顧客数は 40 人である。

　　オ　商品 a も商品 b も購買していない顧客数は，商品 b のみを購買した顧客数より多い。

569

解答	エ

■解説

　マーケットバスケット分析とは，膨大なPOSデータ等の取引データの中から，一緒に買われる傾向のある商品の組み合わせを探す手法である。この分析はバスケット分析として，平成22年度第37問にて概要が，平成23年度第41問にて詳しい用語が出題されている。分析において一緒に買われる商品の組み合わせのことを，アソシエーション・ルールと呼ぶ。有名なところでは，「おむつと缶ビール」である。膨大なデータの中から価値のあるルールを見つけ出すことが大事だが，その価値評価に使用される指標が，support（支持度），confidence（信頼度，確信度），lift（リフト）である。

　たとえば，「商品aを購入した取引の70％が商品bも購入している」というアソシエーション・ルールがあったとする。支持度（サポート）とは，ルールの出現率のことで，全体の取引のうち，ルールがどの程度発生しているか，ということである。信頼度（設問2にて解説）が高くとも支持度が極端に低い場合は，そのルールがめったに起こらない，めったに売れない商品が含まれている可能性がある。本問は，支持度の意味がはっきりわからなくても，集合の考え方で対処できるため正答してほしい。

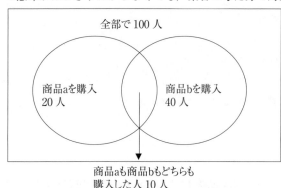

ア：適切である。左記図より，商品aを購入した人のうち，10人は商品bも購入しているため，商品aのみを購入した顧客数は20人−10人＝10人である。

イ：適切である。選択肢アと同じく，40人−10人＝30人である。

ウ：適切である。表より，商品aと商品bを共に購買した顧客数は10人である。

エ：不適切である。上記図より，商品aも商品bも購買していない人は，四角の枠内かつ◯に含まれない）部分で，100人−（20人＋40人−10人）＝50人となる。

オ：適切である。商品aも商品bも購買していない顧客数は，50人である。商品bのみを購買した顧客数は30人であるため適切である。

第 4 章　流通情報システム

POS システム	ランク	1 回目		2 回目		3 回目	
	A	／		／		／	

■平成 28 年度　第 39 問（設問 2）

　ある小売店の一定期間における ID-POS データを用いて，100 人のある顧客セグメントに対するマーケットバスケット分析を行ったところ，商品 a と商品 b の購買に関して，下表のような結果が得られたとする。

　このとき，以下の設問に答えよ。

購買した商品群	購買した顧客数
商品 a	20
商品 b	40
商品 a　かつ　商品 b	10

（設問 2）

　リフト値（lift（商品 a ⇒商品 b））の値として，最も適切なものはどれか。

　　ア　0.25

　　イ　0.50

　　ウ　1.00

　　エ　1.25

　　オ　2.50

解答	エ

■解説

　リフト値とは，ある商品の購入が他の商品の購買にどの程度関係があるか，ということを表す指標である。リフト値（商品 a ⇒ 商品 b）とは，商品 a の購買が商品 b の購買に関係している数値を表す。リフト値は「商品 a が購買されたときに商品 b も購買される確率（＝信頼度）」を商品 b が購入される確率で割って計算する。

　信頼度（コンフィデンス）とは，ルールの条件（X）が発生したときに，結論（Y）が起こる割合を示す。a を購入するという条件 X が発生したときに，b を購入するという結論 Y が起きる割合である。この数値が高いほど，ルールの条件と結論の結び付きが強いことを意味する。

・信頼度＝商品 a かつ商品 b を購買した人数÷商品 a を購買した人数
・リフト値＝信頼度÷商品 b が購買される確率　となる。

　マーケットバスケット分析の使い方の 1 つとして，有効なルールがあった場合，商品 a を買っていて商品 b を買っていない人に，商品 b をお勧めすることで購買率を上げるというものがある。商品 a を買った人のうち商品 b も買った人の割合を示す信頼度が高かったとしても，そもそも商品 b が売れ筋商品で，商品 a と関係なしに商品 b を買っていた場合，商品 a と商品 b の相関関係は低くなり，お勧めしてもあまり有効でない可能性がある。そのため，リフト値を計算して，購買の相関関係をみていく。リフト値が大きい場合，商品 b が売れ筋ではないのに商品 a を買った人の多くが商品 b を買っている状態と解釈できる。

　本問では，商品 a を買った人が 20 人，商品 b を買った人が 40 人，そのうち商品 a も b も買った人が 10 人のため，

信頼度は 10 人÷20 人＝0.5

商品 b が全体の中で購入される確率は 40 人÷100 人＝0.4

よって，リフト値は 0.5÷0.4＝1.25 となる。

よって，エが正解である。

572

	ランク	1回目		2回目		3回目	
POS システム	A	/		/		/	

■平成 29 年度　第 40 問（設問 1)

次の文章を読んで，下記の設問に答えよ。

あるスーパーマーケットの，ある期間に購買のあった顧客 1,000 人分の ID-POS デー
タを用いて，顧客が当該期間内に購入する商品の組み合わせを分析した。その結果，
商品 A の購入者が 200 人，商品 B の購入者が 250 人，商品 A と商品 B の両方の購入
者が 100 人であった。

「商品 A を購入した当該顧客の何パーセントが商品 B を購入するか」という値を，
商品 B のプロモーションを検討する材料として計算したい。このときこの値は，一
般に何と呼ばれる値か，最も適切なものを選べ。

ア　Jaccard 係数

イ　支持度（サポート）

ウ　信頼度（コンフィデンス）

エ　正答率

オ　リフト値

解答	ウ

■解説

　平成23年度第41問，平成28年度第39問等で出題されたバスケット分析の詳細な内容に関する問題であり，そちらの解説も確認してほしい。近年の傾向から，サポート，コンフィデンス，リフト値に関してはきちんと押さえておく必要があるといえる。

　「商品Aを購入した当該顧客の何パーセントが商品Bを購入するか」は，信頼度（コンフィデンス）である（選択肢ウ）。信頼度とは，ルールの条件（X）が発生したときに，結論（Y）が起こる割合を示す。Aを購入するという条件Xが発生した時に，Bを購入するという結論Yが起きる割合である。この数値が高いほど，ルールの条件と結論の結び付きが強いことを意味する。

　信頼度＝商品aかつ商品bを購買した人数÷商品aを購買した人数

　各選択肢の用語は以下のとおりである。

　　ア：不適切である。Jaccard係数とは，2つの集合の類似度を表し，数値が大きければ大きいほどその集合は似ているといえる（0ならばその集合同士は全く別物，1ならば全く同じとなる）。たとえば，文書間の類似度などの分析に利用される。

　　イ：不適切である。支持度（サポート）とは，ルールの出現率のことで，全体の取引のうち，ルールがどの程度発生しているか，ということである。本問の場合は，商品Aと商品Bを同時購入した人÷全顧客数（1,000人）×100となる。

　　エ：不適切である。正答率とは，データにおける正答の割合のことである。

　　オ：不適切である。リフト値とはある商品の購入が他の商品の購買にどの程度関係があるか，ということを表す指標である。リフト値（商品A⇒商品B）とは，商品Aの購買が商品Bの購買に関係している数値を表す。リフト値は「商品Aが購買されたときに商品Bも購買される確率（＝信頼度）」を商品Bが購入される確率で割って計算する。リフト値＝信頼度÷商品Bが購買される確率である。詳しくは，平成28年度第39問設問2の解説等を参照のこと。

　よって，ウが正解である。

574

第 4 章　流通情報システム

POS システム	ランク	1 回目		2 回目		3 回目	
	A	／		／		／	

■平成 29 年度　第 40 問（設問 2）

次の文章を読んで，下記の設問に答えよ。

あるスーパーマーケットの，ある期間に購買のあった顧客 1,000 人分の ID-POS データを用いて，顧客が当該期間内に購入する商品の組み合わせを分析した。その結果，商品 A の購入者が 200 人，商品 B の購入者が 250 人，商品 A と商品 B の両方の購入者が 100 人であった。

設問の「商品 A を購入した当該顧客の何パーセントが商品 B を購入するか」という値を実際に計算したとき，最も適切な値はどれか。

ア　15%

イ　20%

ウ　25%

エ　40%

オ　50%

| 解答 | オ |

■解説

本問は，コンフィデンスやリフト値といった設問1がわからなくとも集合図がかければ計算できるため，ぜひ正答してほしい。

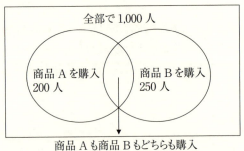

商品Aを購入した当該顧客の何パーセントが商品Bを購入するか，は上記の図より，商品Aを購入した人は200人，そのうち商品Bを購入した人は100人，よって，100÷200×100＝50％である。これは，信頼度の公式に当てはめたものと同じである。

よって，オが正解である。

第4章　流通情報システム

POS システム	ランク	1回目	2回目	3回目
	A	／	／	／

■平成 30 年度　第 39 問（設問 1）

　マーケットバスケット分析は，頻繁に購入される商品の組み合わせ（相関ルール）を見つけ，併買を促すためのヒントを見つけ出すのに活用される方法の1つである。この相関ルールの評価に関する下記の設問に答えよ。

　相関ルールを多角的な観点から評価するためには，複数の指標が用いられる。このうち，リフト値は重要な評価指標の1つであるが，他に2つの評価指標を挙げる場合，以下の①〜④のうち，最も適切なものの組み合わせを下記の解答群から選べ。

　　①　コンバージョン率

　　②　支持度（サポート）

　　③　信頼度（コンフィデンス）

　　④　正答率

〔解答群〕
　ア　①と③
　イ　①と④
　ウ　②と③
　エ　②と④
　オ　③と④

577

解答	ウ

■解説

　どの用語も前年に出題（平成 29 年度第 40 問，第 43 問）されているので必ず正答したい問題である。

　商品 A と商品 B の相関として捉えると，出題されている用語は次のようになる。

　リフト値：ある商品の購入が他の商品の購買にどの程度関係があるか，ということを表す指標。リフト値（商品 A ⇒商品 B）とは，商品 A の購買が商品 B の購買に関係している数値を表す。

① コンバージョン率：Web サイトへのアクセス数や，特定の広告をクリックした人のうち，何割がコンバージョン（商品購入や資料請求，会員登録などの Web サイト上から獲得できる最終成果）に至るかの割合を示す指標。コンバージョン率は平成 24 年度第 41 問でも出題されている。

② 支持度（サポート）：ルールの出現率のことで，全体の取引のうち，たとえば商品 A と商品 B を同時に購入している，というルールがどの程度発生しているか，ということである。この場合，商品 A と商品 B を同時購入した人÷全顧客数× 100 となる。

③ 信頼度（コンフィデンス）：「商品 A を購入した当該顧客の何パーセントが商品 B を購入するか」を表したものが信頼度である。信頼度が高いほど，2 つの商品を同時購入している，ということである。

④ 正答率：正答率とは，データにおける正答の割合のことである。

　以上より，リフト値と同じように評価指数となるのは②支持度，③信頼度である。

　よって，ウが正解である。

578

POSシステム

ランク	1回目	2回目	3回目
B	/	/	/

■平成30年度　第39問（設問2）

　商品Xと商品Yの相関ルールを評価するとき，商品Xの購買が，どの程度，商品Yの購買を増大させているかを示すリフト値を計算する式を次に示す。

　以下の①〜④のうち，式の空欄AとBに入る語句として，最も適切なものの組み合わせを下記の解答群から選べ。

① 全顧客数

② 商品Xを購入した顧客数

③ 商品Yを購入した顧客数

④ 商品XとYを購入した顧客数

〔解答群〕

　ア　A：①　　B：②
　イ　A：①　　B：④
　ウ　A：②　　B：②
　エ　A：②　　B：③
　オ　A：③　　B：④

解答	エ

■解説

平成 28 年度第 29 問，平成 29 年度第 40 問でも出題されたリフト値に関する問題である。上記過去問も参照のこと。

リフト値とはある商品の購入が他の商品の購買にどの程度関係があるか，ということを表す指標である。リフト値（商品 X ⇒商品 Y）とは，商品 X の購買が商品 Y の購買に関係している数値を表す。

リフト値は「商品 X が購買されたときに商品 Y も購買される確率（＝信頼度)」を商品 Y が購入される確率で割って計算する。すなわち，リフト値＝信頼度÷商品 Y が購買される確率であり，商品 Y が購入される確率＝商品 Y を購入した人数÷全顧客数となる。信頼度は，信頼度＝商品 X かつ商品 Y を購買した人数÷商品 X を購買した人数となる。

よって，本問において商品 X の購買がどの程度商品 Y の購買を増大させているかを示すリフト値は，

$$\frac{\dfrac{\text{商品 X かつ商品 Y を購入した人数}}{\text{商品 X を購入した人数（空欄 A）}}}{\dfrac{\text{商品 Y を購入した人数（空欄 B）}}{\text{全顧客数}}}$$

となる。

よって，エが正解である。

POS システム	ランク	1回目	2回目	3回目
	A	/	/	/

■平成 23 年度　第 41 問（設問 1）

次の文章を読んで，下記の設問に答えよ。

スーパー W 店では，ある期間の来店客 1,000 人分の POS データを用いて，1 回の買い物で同時に購入する商品の組み合わせを分析した。その結果，商品 A の購入者が 200 人，商品 B の購入者が 150 人，両方を購入した者が 75 人であった。

「来店客が，商品 A を購入するとき，その何パーセントが商品 B を同時に購入するか」を計算したとき，その結果として，最も適切な値はどれか。

ア　7.5%

イ　37.5%

ウ　50.0%

エ　60.0%

オ　75.0%

| 解答 | イ |

■解説

購買データの分析に関数する問題である。

POSレジ上において「商品Aの購入者が200人」というのは，商品Aのみを購入しただけでなく他のものと一緒に買っていたとしても，「商品Aをとにかく購入した人が200人」という意味である。

問題は，商品Aを購入した人が，商品Bを同時に購入する割合を求めよ，ということである。

よって，商品Aと商品Bを同時購入した人÷商品Aの購入人数＝75÷200人＝0.375となる。

図に描くと次のようになる。

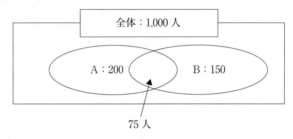

以上より，イが正解である。

第 4 章　流通情報システム

POS システム	ランク	1 回目		2 回目		3 回目	
	A	／		／		／	

■平成 23 年度　第 41 問（設問 2）
次の文章を読んで，下記の設問に答えよ。

　スーパー W 店では，ある期間の来店客 1,000 人分の POS データを用いて，1 回の買い物で同時に購入する商品の組み合わせを分析した。その結果，商品 A の購入者が 200 人，商品 B の購入者が 150 人，両方を購入した者が 75 人であった。

　この結果から，「商品 A を購入する客は，同時に商品 B を購入する」という「ルール」が有効であるかどうかを検討したい。分析結果を評価する指標のひとつである「信頼度（コンフィデンス）」に関する記述として，最も適切なものはどれか。

　　ア　期間内の来店客のうち，「商品 A と商品 B を同時に購入する客」の割合，つまり「ルール」を満たす客が出現する割合。

　　イ　「期間内の来店客のうち，商品 A と商品 B を同時に購入する客の割合」÷「商品 A を購入する客が商品 B を同時に購入する割合」の値。

　　ウ　商品 A を購入する客は，商品 A を購入しない客に比べて，商品 B を購入する割合がどれくらい高いかを示す指標。

　　エ　商品 A を購入する客の何パーセントが商品 B を購入しているか，を計算した値。

583

解答	エ

■解説

　関連購買の分析（データマイニング）における「信頼度（コンフィデンス）」に関する問題である。コンフィデンスはもともと，ある条件が発生した時に，ある結論が起きる割合を示す言葉である。関連購買におけるコンフィデンスは，関連購買における相関関係を表す。たとえば，ココアについて牛乳の関連購買でコンフィデンスが70％といった場合，ココア購入者のうち70％が一緒に牛乳を購入する傾向があるということを示している。本問の場合は，「商品Aを購入する客は，同時に商品Bを購入する」というルールなので，コンフィデンスは「実際に商品Aを購入する客の何パーセントが商品Bを購入しているか」となる。よって，このルールの信頼度＝D÷A＝75÷200＝37.5％となる。

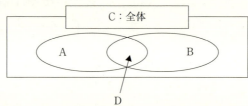

ア：不適切である。本肢の信頼度は75÷1,000＝7.5％となる。
イ：不適切である。上記の相関図で考えると「来店客のうち，商品Aと商品Bを同時に購入する客の割合」は，D÷C，「商品Aを購入する客が商品Bを同時に購入する割合」＝D÷Aである。よって，「来店客のうち，商品Aと商品Bを同時に購入する客の割合」÷「商品Aを購入する客が商品Bを同時に購入する割合」＝（D÷C）÷（D÷A）＝A÷Cとなる。
ウ：不適切である。上記の相関図で考えると，商品Aを購入した人のうち商品Bを購入する人の割合＝D÷Aとなる。商品Aを購入しない客が商品Bを購入する割合＝商品Aを購入しない人のうち商品Bを購入した人の割合＝（B－D）÷（C－A）となる。よって，「商品Aを購入する客」が「商品Aを購入しない客」に比べて，「商品Bを購入する割合」＝（D÷A）÷｛（B－D）÷（C－A）｝となる。
エ：適切である。「商品Aを購入する客の何パーセントが商品Bを購入しているか」はD÷Aとなり，コンフィデンスを表す式である。

　以上より，エが正解である。

第 4 章　流通情報システム

顧客管理システム	ランク	1回目		2回目		3回目	
	A	／		／		／	

■平成 28 年度　第 42 問

　「個人情報の保護に関する法律についての経済産業分野を対象とするガイドライン（平成 26 年 12 月）」の対象となっている個人情報として，最も不適切なものはどれか。

　　ア　企業が保有している雇用管理情報

　　イ　企業の財務情報等，法人等の団体そのものに関する情報

　　ウ　特定個人を識別できる情報ではないが，周知の情報の補完によって個人を識別できる情報

　　エ　日本国民ではない外国人の個人に関する情報

　　オ　防犯カメラに記録された情報等本人が判別できる映像情報

585

解答	イ

■解説

　近年頻出の法律問題となっている「個人情報保護法」に関する問題である。論点自体はさまざまあるが「何をもって個人情報とするか」という出題が多い。

　個人情報保護法第2条において個人情報とは，生存する個人に関する情報であって，氏名や生年月日等により特定の個人を識別することができるものをさす（現在では社会通念上氏名のみでも特定の個人を識別できるとされている）。個人情報には，他の情報と容易に照合することができ，それにより特定の個人を識別することができることとなるものも含む。

　さらに，平成27年改正によって，「個人識別符号」も個人情報に当たると明確に規定された。個人識別符号とは，DNA，静脈といった生体情報を変換した符号や，マイナンバー，パスポートや免許証の番号といった公的番号がそれにあたる。

参考：個人情報保護委員会『個人情報保護法ハンドブック』
https://www.ppc.go.jp/files/pdf/kojinjouhou_handbook.pdf

　なお，「個人識別符号」については令和2年度第43問参照のこと。

　ア：適切である。企業が保有している雇用管理情報には，氏名や部署，電話番号はもちろん，必要な場合は家族関係，病歴，収入等が記載されていると考えられるので個人情報である。

　イ：不適切である。企業の情報は「個人」情報ではない。団体情報といわれる。

　ウ：適切である。特定個人を識別できる情報が記述されていなくても，周知の情報を補って認識することにより特定の個人を識別できる場合は保護対象となる。また，情報取得時点では特定個人を識別できる情報ではないが，周知の情報や新しく入手した情報と合わせると個人を識別できる情報も，個人情報となる。

　エ：適切である。外国人の個人に関する情報も保護の対象である。

　オ：適切である。防犯カメラに記録された情報等本人が判別できる映像情報は，個人を特定できるため個人情報である。

　よって，イが正解である。

参考文献：
経済産業省「個人情報の保護に関する法律についての経済産業分野を対象とするガイドライン」
http://www.meti.go.jp/policy/it_policy/privacy/downloadfiles/1212guideline.pdf

第4章　流通情報システム

顧客管理システム	ランク	1回目	2回目	3回目
	A	／	／	／

■平成 26 年度　第 41 問
　小売店頭では，販売促進などのために消費者の個人情報を把握しようとする場合が
少なくない。そこで，個人情報の有用性に配慮しながら，個人の権利利益を保護する
ことを目的として，いわゆる「個人情報保護法」が制定された。この法律における「個
人情報」に関する記述の組み合わせとして，最も適切なものを下記の解答群から選べ。

　　a　生存者か死者かは問わない。

　　b　公開情報か非公開情報かは問わない。

　　c　プライバシー性やセンシティブ性の有無は問わない。

　　d　他の情報との照合可能性は問わない。

［解答群］

　　ア　a と c

　　イ　a と d

　　ウ　b と c

　　エ　b と d

　　オ　c と d

587

解答	ウ

■解説

　個人情報保護法に関する問題で，頻出論点としては，何が個人情報なのか，という点があげられる。

　同法における個人情報とは，生存する個人に関する情報であって，氏名や生年月日等により特定の個人を識別することができるものをさす（現在では社会通念上氏名のみでも特定の個人を識別できるとされている）。個人情報には，他の情報と容易に照合することができ，それにより特定の個人を識別することができることとなるものも含む。

　さらに，平成27年改正によって，「個人識別符号」も個人情報に当たると明確に規定された。個人識別符号とは，DNA，静脈といった生体情報を変換した符号や，マイナンバー，パスポートや免許証の番号といった公的番号がそれにあたる。

参考：個人情報保護委員会『個人情報保護法ハンドブック』
https://www.ppc.go.jp/files/pdf/kojinjouhou_handbook.pdf

　なお，「個人識別符号」については令和2年度第43問参照のこと。

　a：生存者か死者かは問わない⇒不適切である。本法における「個人情報」は，生存する個人に関する情報であるため。

　b：公開情報か非公開情報かは問わない。⇒適切である。公開情報であれ，非公開情報であれ，本法の保護対象となる。公開情報としては，たとえば新聞や書籍，インターネット等で公開されているものがある。

　c：プライバシー性やセンシティブ性の有無は問わない。⇒適切である。「個人に関する情報」とは，氏名，性別，生年月日，職業，家族関係などの事実に係る情報のみではなく，個人の判断・評価に関する情報も含め，個人と関連づけられるすべての情報を意味する。

　d：他の情報との照合可能性は問わない。⇒不適切である。他情報と照合でき，それにより個人を識別できるものも対象となる。

　以上より，bとcが適切となる。よって，ウが正解である。

参考文献：消費者庁HP　「個人情報保護法に関するよくある疑問と回答」
http://www.caa.go.jp/planning/kojin/gimon-kaitou.html#q2-2

第4章　流通情報システム

顧客管理システム	ランク	1回目	2回目	3回目
	A	／	／	／

■令和2年度　第43問

　顧客属性データを活用する事業者は，個人情報保護法に基づいて，個人情報の取り扱いには細心の注意を払いながら活用する必要がある。

　個人情報保護法に関する記述の正誤の組み合わせとして，最も適切なものを下記の解答群から選べ。

　　a　個人情報の定義の明確化を図るため，その情報単体でも個人情報に該当することとした「個人識別符号」の定義が設けられている。

　　b　匿名加工情報（特定の個人を識別することができないように個人情報を加工した情報）の利活用の規定が設けられている。

　　c　小規模事業者を保護するため，取り扱う個人情報の数が5,000以下である事業者を規制の対象外とする制度が設けられている。

〔解答群〕

　　ア　a：正　　　b：正　　　c：誤

　　イ　a：正　　　b：誤　　　c：正

　　ウ　a：誤　　　b：正　　　c：正

　　エ　a：誤　　　b：正　　　c：誤

　　オ　a：誤　　　b：誤　　　c：正

589

解答	ア

■解説

　近年頻出している個人情報保護法に関する出題である。改正点が盛り込まれているが，基本的な論点のため正答したい。

　　a：適切である。個人情報の定義の明確化を図るため，その情報単体でも個人情報に該当することとした「個人識別符号」の定義が同法第2条で設けられている。「個人識別符号」とは，情報単体で個人が識別できるような情報で，政令・規則で個別に指定される。たとえば，①身体の一部の特徴を電子計算機のために変換した符号（DNA，顔，虹彩，声紋，歩行の態様，手指の静脈，指紋・掌紋），②サービス利用や書類において対象者ごとに割り振られる符号（公的な番号：旅券番号，基礎年金番号，免許証番号，住民票コード，マイナンバー，各種保険証等）が該当する（同法では以下のように規定）。
　　　第2条-2：この法律において「個人識別符号」とは，次の各号のいずれかに該当する文字，番号，記号その他の符号のうち，政令で定めるものをいう。
　　　一　特定の個人の身体の一部の特徴を電子計算機の用に供するために変換した文字，番号，記号その他の符号であって，当該特定の個人を識別することができるもの
　　　二　個人に提供される役務の利用若しくは個人に販売される商品の購入に関し割り当てられ，又は個人に発行されるカードその他の書類に記載され，若しくは電磁的方式により記録された文字，番号，記号その他の符号であって，その利用者若しくは購入者又は発行を受ける者ごとに異なるものとなるように割り当てられ，又は記載され，若しくは記録されることにより，特定の利用者若しくは購入者又は発行を受ける者を識別することができるもの
　　b：適切である。匿名加工情報とは，特定の個人を識別することができないように個人情報を加工し，当該個人情報を復元できないようにした情報のことである。個人の情報を守りつつビッグデータ時代へ対応するため，匿名加工情報の利活用の際の規定が設けられている。
　　c：不適切である。2020年現在，個人情報を扱うすべての事業者に同法は適用される。なお，改正以前は記述のとおり，小規模事業者を保護するため，取り扱う個人情報の数が5,000以下である事業者を規制の対象外とする制度が設けられていた。

　よって，a：正，b：正，c：誤のため，アが正解である。

第4章　流通情報システム

2. 取引情報システム

▶▶ 出題項目のポイント

1次試験の「試験科目設置の目的と内容」では，取引情報システムにおいて，商品コードと商品マスターが挙げられている。

商品コードという単語はさまざまなものを指すが，取引情報システムにおける商品コードは，一般的に商品識別用コードを指す。商品識別用コードは，さまざまなルールで商品ごとに付番されるものである。JAN，EAN，ITFなどさまざまな種類があるのでお手持ちの基本テキストと過去問を見比べながら確認されたい。

これらコードは数字で表され，その数字を表すシンボルとして，バーコードが利用されることが多い。バーコードとは，太いバーと，細いバー，バーのないスペースなどを組み合わせて商品コードを表し，スキャナで読み取れるようにしたものである。また，最近では，携帯電話のカメラ等で情報を読み取ることができるなどの特徴を持つ2次元バーコード，2次元シンボルといわれるタイプも出てきている。

商品流通においてさまざまな役割を持つ商品識別コードであるが，流通の国際化が進み，各国独自の商品識別コード体系を統一して流通の効率化を図る動きが盛んになっている。

〈用語の解説〉
1. インストアマーキング
    ① PLU方式…各店舗内で設定・印刷するが価格情報を含まず，価格変動が起きた場合は，ストアコントローラ内の価格対応表の登録・修正が必要。

    ② NonPLU方式…精肉のようにグラム単位で変動したり，1点1点の価格が異なったりする場合，価格が異なるごとに対応表を作成するのは非効率なため，NonPLU方式にしてインストアマーキングのコード自体に価格情報を含ませる。

2. ソースマーキング
    ① PLU方式…原則こちら。既に商品などにJANシンボルが印刷されており，その中に価格を入れてしまうと店舗によって安売りなどが行えなくなる＝価格変動ができなくなるため。

    ② NonPLU方式…例外として定価販売（店舗によって価格差がなく，基本的に日本全国同じ価格で提供されるもの）の書籍等が，価格情報を含めて印刷される。
    ※通常のJANコードの場合は，価格情報は入らない。書籍の場合は，書籍JANコードという通常のJANとは異なる体系のものが使用されている。

591

▶▶ 出題の傾向と勉強の方向性

　バーコードの名称などに加え，今まで学習してきた英文字略語等が問われるため紛らわしい問題が多い。コードを表すバーコード体系の略語なのか，流通標準のコードそのものの略語なのか，などを意識して暗記するとよいだろう。

　コードの中では JAN が最も出題が多い。また，POS システムと JAN コードを絡めた問題として，平成 23 年度第 42 問，平成 17 年度第 22 問（本書掲載なし）がある。他にも選択肢内に登場するなど頻出であるので，しっかりと理解してほしい。

　近年では「QR コード」に関する出題もされるようになってきたが，QR コードによる決済における論点等もあるため，「その他情報システム等に関する問題」に分類している。

■取組状況チェックリスト

2. 取引情報システム							
商品コード							
問題番号	ランク	1回目		2回目		3回目	
平成 23 年度 第 42 問	A	／		／		／	
平成 25 年度 第 38 問	A	／		／		／	
平成 27 年度 第 39 問	A	／		／		／	
平成 30 年度 第 37 問	A	／		／		／	
令和元年度 第 41 問	A	／		／		／	
令和 2 年度 第 39 問	A	／		／		／	
平成 26 年度 第 38 問	C*	／		／		／	
平成 28 年度 第 41 問	C*	／		／		／	
平成 29 年度 第 41 問	B	／		／		／	
平成 25 年度 第 39 問	B	／		／		／	

＊ランク C の問題と解説は，「過去問完全マスター」の HP（URL：https://jissen-c.jp/）よりダウンロードできます。

592

第 4 章　流通情報システム

商品コード	ランク	1回目		2回目		3回目	
	A	／		／		／	

■平成 23 年度　第 42 問

　POS システムにおける PLU（Price Look Up）方式に関する記述として，最も不適切なものはどれか。

　　ア　JAN シンボルの最初の 2 桁（プレフィクス）に，20〜29，02 が用いられる場合は，JAN シンボルの中に売価が必ず表示されている。

　　イ　生鮮食品のような量り売り商品で，価格が個々に異なるものでは，PLU 方式ではなく，NonPLU 方式が使用されることが多い。

　　ウ　製造・出荷段階で JAN シンボルが印刷されない商品の場合，NonPLU コードだけでなく，PLU コードの利用も可能である。

　　エ　製造・出荷段階で JAN シンボルが印刷される商品の場合，JAN シンボルの中に売価が表示されない PLU コードを利用する。

593

解答	ア

■解説

　JAN シンボルと PLU 方式に関する問題であるが，ソースマーキングとインストアマーキングの概念から考えるとわかりやすいだろう。

　JAN は JIS によって規格化されたバーコードである。標準の 13 桁のタイプ（GTIN-13 とも呼ばれる）と短縮の 8 桁のタイプ（GTIN-8 とも呼ばれる）がある。

　PLU 方式とは，価格情報がストアコントローラの中にあり，商品のコードと価格や商品名との対応表が作成されており，レジでスキャンするとその対応表から読み込んだ商品コードに対応する価格が表示される方式である。価格変更の際には対応表の登録・修正が必要となる。一方，NonPLU 方式は，バーコード自体に価格情報が組み込まれているものをいう。精肉のような包装単位ごとに価格が異なる場合や，価格の変動がない定価販売の書籍などは NonPLU 方式がとられる。また，1 つひとつの価格が異なるアパレル製品などもバーコードに価格を入れられる NonPLU 方式が使用される。

　　ア：不適切である。最初の 2 桁で 02 か 20〜29 を使用するのはインストアマーキングである。最初の 2 桁は国コードにあたる場所で，インストアマーキングではない JAN シンボルとの混同を避けるためである。データ構成を自店で自由に設定できるので，価格表示も可能であるが売価表示を行わないことも可能なので，「必ず表示されている」という点が不適切である。

　　イ：適切である。既に解説したように，PLU 方式では 1 つひとつの価格が異なる量り売り商品の場合，膨大なデータを登録する必要があり現実的ではない。量り売りの商品はバーコードの中に価格を表示する NonPLU 方式が使用されることが多い。

　　ウ：適切である。「JAN シンボルが印刷されない商品の場合」というのは，インストアマーキングを行うという意味である。インストアマーキングでは，商品特性によって PLU 方式でも NonPLU 方式でもどちらも利用できる。

　　エ：適切である。「製造・出荷段階で JAN シンボルが印刷される商品の場合」というのは，ソースマーキングを行うという意味である。ソースマーキングの場合，NonPLU 方式にして JAN コードの中に価格情報を入れてしまうと，価格の変更ができない。したがって，原則としてソースマーキングの場合は，PLU 方式にして JAN シンボルをレジでスキャンしてストア内の価格表と対応させる，という手法がとられる。

　よって，アが正解である。

参考文献：一般財団法人流通システム開発センター HP
http://www.dsri.jp/index.htm

第4章　流通情報システム

商品コード	ランク	1回目		2回目		3回目	
	A	／		／		／	

■平成25年度　第38問
JANコードに関する記述として，最も不適切なものはどれか。

ア　実際の製造が海外で行われる商品であっても，日本の企業のブランドで販売
　　される場合は，日本の国コードが用いられる。

イ　商品が製造または出荷される段階で，製造業者または発売元が商品包装に
　　JANコードをJANシンボルにより表示することを，ソースマーキングとい
　　う。

ウ　ソースマーキングにより，商品の供給責任者がどこの企業か，何という商品
　　かを識別することができる。

エ　ソースマーキングのコード体系は，価格処理の違いにより，PLU方式と
　　NonPLU方式に区分される。

595

解答	エ

■解説

　頻出の JAN コードに関する問題である。

　基本の 13 桁のコードは以下のような構成である（p.456「コラム 3　JAN コードについて」参照）。

　　　①GS1 事業者コード…9 桁：メーカーごとに割り当てられる固有番号。アイテム数が多い企業は 7 桁となることもある。

　　　②商品アイテムコード…3 桁：商品に割り当てられるコード。GS1 事業者コードを 7 桁にして，こちらのコードを 5 桁にすることもできる。

　　　③チェックデジット…1 桁：最後の数字は数列が間違っていないかを確認するためのコードである。

　ア：適切である。平成 21 年度第 35 問でも同じような内容が問われている（本書掲載なし）。JAN の先頭 2 桁の国コードは原産国ではない。実際の製造が海外で行われる商品であっても，日本の企業のブランドで販売される場合は，日本の国コードが用いられる。

　イ：適切である。商品が製造または出荷される段階で，製造業者または発売元が商品包装に JAN コードを JAN シンボルにより表示することを，ソースマーキングという。一方，小売店内でコードを印刷貼付することをインストアマーキングという。

　ウ：適切である。JAN コードには，GS1 事業者コード（旧 JAN 企業コード）が含まれる。事業者コードは企業に対し付与されるもので，これを見れば商品の供給責任者がどこの企業かがわかる。また，商品アイテムコードも含まれるため，その企業のどの商品かを識別することができる。

　エ：不適切である。NonPLU 方式は基本的にインストアマーキングにおいて使用されるものである。ソースマーキングとは製造・出荷段階で JAN シンボルが印刷されることである。ソースマーキングのコード体系は，PLU 方式となる。書籍などの定価販売，1 品目ごとに価格が異なるアパレル用品など，ソースマーキングでも例外として価格を含む NonPLU 方式を取るものもあるが，使用されるのは JAN コードではなく，書籍 JAN コード（JAN ISBN）や JAN2 段値札などといわれるもので，通常の 13 桁ないし 8 桁の JAN コードとは異なるものである。

596

第 4 章　流通情報システム

商品コード	ランク	1回目		2回目		3回目	
	A	／		／		／	

■平成 27 年度　第 39 問

JAN コード（標準タイプ 13 桁）GTIN-13 におけるチェックデジットに関する記述として，最も適切なものはどれか。

ア　一番右の 1 桁がチェックデジットと呼ばれる。

イ　一番左の 1 桁がチェックデジットと呼ばれる。

ウ　チェックデジット以外のすべての桁の数字をひとつの数字とみなして 2 乗した値の下 1 桁をチェックデジットの値とする。

エ　チェックデジット以外のすべての桁の数値の積の下 1 桁をチェックデジットの値とする。

オ　左から 7 桁目の数字がチェックデジットと呼ばれる。

解答	ア

■解説
チェックデジットの場所さえ覚えておけば正答できるので，得点源としてほしい．

標準タイプ13桁（GS1事業者コード※9桁バージョンの場合）

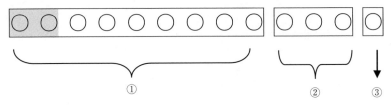

① GS1事業者コード※（JANメーカーコード）：メーカーごとに割り当てられる固有番号．そのうち最初の2桁は国を表す．日本の場合は49か45から始まる．
② 商品アイテムコード：商品に割り当てられるコード．基本的にGS1事業者コード（JAN企業コード）の貸与を受けた事業者が番号を設定する．
③ チェックデジット：数列が間違ってないかを確認するための数字
⇒よって，アが正解である．
※2012年4月より，一般財団法人流通システム開発センターによって付与されていた「JAN企業コード」は，「GS1事業者コード」に名称が変更された．

なお，チェックデジットの計算方法については，そのコードの桁数によって変わってくるので，下記参考文献を参照のこと．

参考文献：一般財団法人流通システム開発センターHP「JANコード，集合包装用商品コード（ITF）コードのチェックデジット計算方法」http://www.dsri.jp/jan/check_digit.htm

第 4 章　流通情報システム

商品コード	ランク	1回目		2回目		3回目	
	A	／		／		／	

■平成 30 年度　第 37 問

　ソースマーキングとインストアマーキングに関する記述として，最も適切なものは
どれか。

　　ア　JAN コードにおける日本の国番号は "49" のみである。

　　イ　JAN コードには，大きく分けると拡張タイプ，標準タイプ，短縮タイプの
　　　　3 種類が存在する。

　　ウ　JAN コードの先頭 2 桁は国番号であり，当該製品の原産国を表している。

　　エ　インストアマーキングには，バーコードの中に価格情報が含まれる PLU
　　　　（Price Look Up）タイプがある。

　　オ　インストアマーキングの場合，先頭 2 桁のプリフィックスに "20" を利用す
　　　　ることは正しい利用方法である。

599

解答	オ

■解説

　JAN コードに関する基本的な問題で，繰り返し出題されている論点なのでぜひ正答したい。JAN コードの構成については p.456 コラム 3 を参照のこと。

　ア：不適切である。JAN コードにおける日本の国番号は "49" と "45" である。

　イ：不適切である。JAN コードには，標準タイプと短縮タイプの 2 つがある。標準タイプは 13 桁（GTIN-13），短縮タイプは 8 桁（GTIN-8）である。

　ウ：不適切である。JAN コードの先頭 2 桁は国番号であるというのは正しいが，当該製品の原産国を表しているわけではない。商品のブランドを持っている事業者，発売元，製造元などの商品の供給責任者を表す事業者コードの一部である。

　エ：不適切である。バーコードの中に価格情報が含まれるのは Non-PLU タイプである。なお，インストアマーキングには価格情報を含まない PLU タイプと，価格情報が含まれる Non-PLU タイプがある。

　オ：適切である。インストアマーキングの場合，先頭 2 桁のプリフィックスに国コードの代わりに，「02」もしくは「20 ～ 29」を用いることとされている。

　よって，オが正解である。

第 4 章　流通情報システム

商品コード	ランク	1回目	2回目	3回目
	A	／	／	／

■令和元年度　第41問

　GS1 標準の商品識別コードの総称である GTIN に関する記述として，最も適切なものはどれか。

　ア　GTIN には 7 つの種類が存在している。

　イ　GTIN-8 は，表示スペースが限られている小さな商品に JAN シンボルを表示するための商品識別コードである。

　ウ　GTIN-12 は，中国・韓国で利用されている 12 桁の商品識別コードである。

　エ　GTIN-14 は，インジケータ，GS1 事業者コード，商品アイテムコード，単価コードの 4 つの要素で構成されている。

601

解答	イ

■解説

　商品コードにおいてコンスタントに出題されている GTIN に関する問題であるが，GTIN の重要論点をきちんと理解しておく必要がある。

　GTIN とは，商品またはサービスを国際的に識別する番号であり，国際標準の商品識別コードの総称である。JAN コードの 13 桁や 8 桁（GTIN-13，GTIN-8），UPC コードの 12 桁（GTIN-12），集合包装用商品コード（GTIN-14）がある。

　商品につけるコードは国や地域，業界によって異なっていたが，それを国際的に統一することでこれまで何種類もあった商品識別コードをフォーマット化し，サプライチェーン全体の効率化を図ろうとするものである。最長でも 14 桁となり，EAN コードや UPC コード等の先頭に「0」を 14 桁になるまで加えて使用する場合もある。

　ア：不適切である。GTIN には下表のとおり 4 種類が存在している。

コード名	桁数	商品識別コード
GTIN-8	8 桁	JAN ／ EAN の短縮コード
GTIN-12	12 桁	北米地域で使用される UPC コード
GTIN-13	13 桁	JAN ／ EAN の標準コード
GTIN-14	14 桁	集合包装商品コード

参考：一般社団法人流通システム開発センター
https://www.dsri.jp/standard/identify/gtin/introduction.html

　イ：適切である。GTIN-8 は，表示スペースが限られている小さな商品に JAN シンボルを表示するための商品識別コードである。

　ウ：不適切である。GTIN-12 は，北米（アメリカ・カナダ）で利用されている 12 桁の商品識別コードである。

　エ：不適切である。GTIN-14 は集合包装商品コードで，①インジケータ，②GS1 事業者コード，③商品アイテムコード，④チェックデジットの 4 つの要素で構成されている。

　　①インジケータ：集合包装の入数や荷姿などを区別するための 1 桁の数字。1〜8 の数字を使用。9 は不定貫商品を識別するための数字で，集合包装用商品コードの設定には使えない。

　　②GS1 事業者コード：集合包装の中の商品の GTIN-13 の GS1 事業者コードをそのまま設定。

　　③商品アイテムコード：集合包装の中の商品の GTIN-13 の商品アイテムコードをそのまま設定。

　　④チェックデジット：数列が間違ってないかを確認するための数字。

参考：一般社団法人流通システム開発センター
https://www.dsri.jp/standard/identify/gtin/introduction.html

よって，イが正解である。

第4章 流通情報システム

商品コード	ランク	1回目	2回目	3回目
	A	/	/	/

■令和2年度　第39問

GS1 事業者コードおよび JAN コード（GTIN）に関する記述として，最も適切なものはどれか。

ア　JAN コードには，標準タイプ（13桁）と短縮タイプ（11桁）の2つの種類がある。

イ　JAN コードは「どの事業者の，どの商品か」を表す，日本国内のみで通用する商品識別番号である。

ウ　JAN コード標準タイプ（GTIN-13）は，①GS1 事業者コード，②商品アイテムコード，③チェックデジットで構成されている。

エ　集合包装用商品コード（GTIN-14）は，JAN コード標準タイプ（GTIN-13）の先頭に数字の0〜9，またはアルファベット小文字のa〜zのいずれかのコードを，インジケータとして1桁追加し，集合包装の入数や荷姿などを表現できるようにしたコードである。

オ　商品アイテム数が増えてコードが足りなくなったときは，JAN コードの重複が発生したとしても，GS1 事業者コードの追加登録申請は認められていない。

解答	ウ

■解説

　商品コードに関する問題である。やや細かい論点もあるが，商品コードの構成について基本的なポイントを押さえ，令和元年度第41問をきちんと学習していれば正答できる。

ア：不適切である。JAN コードには，標準タイプ（13桁）と短縮タイプ（<u>8桁</u>）の2つの種類がある。JAN コードの種類は，平成30年度第37問選択肢イなどで出題されている。

イ：不適切である。JAN コードは「どの事業者の，どの商品か」を表す，<u>世界共通の</u>商品識別番号である。国際的には13桁の標準タイプは「GTIN-13」，8桁の短縮タイプは「GTIN-8」とも呼ばれる。

ウ：適切である。JAN コード標準タイプ（GTIN-13）は，① GS1 事業者コード，②商品アイテムコード，③チェックデジットで構成されている。コラム3参照のこと。

エ：不適切である。集合包装用商品コード（GTIN-14）は，JAN コード標準タイプ（GTIN-13）の先頭に数字の<u>1～8（アルファベット小文字は使用しない）</u>を，インジケータとして1桁追加し，JAN コード標準タイプの先頭から12桁を追加，13桁目に計算しなおしたチェックデジットを付けた14桁のコードとなる。インジケータによって，集合包装の入数や荷姿などを表現できるようにしたコードである。令和元年度第41問選択肢エの論点を理解していれば，対応できる。参照されたい。

オ：不適切である。商品アイテム数が増えてコードが足りなくなったときは，GS1 事業者コードの追加登録申請は認められている。

　よって，ウが正解である。

第4章　流通情報システム							
商品コード	ランク	1回目		2回目		3回目	
	B	／		／		／	

■平成 29 年度　第 41 問

　小売業を取り巻く電子商取引の方式を整備・標準化し，製・配・販 3 層一連での業務効率の向上を図るため，流通システム標準普及推進協議会が定めている「流通ビジネスメッセージ標準運用ガイドライン（基本編）第 1.3.3 版（2014 年 10 月）」に関する記述として，最も不適切なものはどれか。

　　ア　GLN とは，企業間取引において企業や事務所などを識別するために，国際流通標準機関である GS1 が定めた，グローバルでユニークなコードのことである。

　　イ　GLN は，企業コード＋ロケーションコード＋チェックデジットから構成される。

　　ウ　GTIN とは，商品またはサービスを国際的に識別する番号であり，国際標準の商品識別コードの総称である。

　　エ　GTIN には，JAN コード，UPC コードの 2 種類のみ存在する。

　　オ　不定貫商品とは，発注上，単価×個数で値段を算出できない商品で，実際の値段は，単価×重量で算出しなければならない。

解答	エ

■解説

　GTIN の基本的な論点を理解していれば，過去に出題された論点（平成 22 年度第 35 問等）も多いので，正答可能な問題である。

ア：適切である。GLN とは，Global Location Number（企業・事業所識別コード）のことで，EDI（企業間電子データ交換）等に利用できる。EDI については，平成 23 年度第 40 問等の解説を参照のこと。企業間取引において企業や事務所などを識別するために，国際流通標準機関である GS1 が定めた，グローバルでユニークなコードのことである。

イ：適切である。GLN は，企業コード（GS1 事業者コード）9 桁＋ロケーションコード 3 桁＋チェックデジット 1 桁の合計 13 桁で構成される。

ウ：適切である。GTIN とは，商品またはサービスを国際的に識別する番号であり，国際標準の商品識別コードの総称である。JAN コードの 13 桁や 8 桁（GTIN-13，GTIN-8），UPC コードの 12 桁（GTIN-12），集合包装用商品コード（GTIN-14）がある。商品につけるコードは国や地域，業界によって異なっていたが，それを国際的に統一することでこれまで何種類もあった商品識別コードをフォーマット化し，サプライチェーン全体の効率化を図ろうとするものである。最長でも 14 桁となるため，JAN コードや UPC コードなどの先頭に「0」を 14 桁になるまで加えて使用する場合もある。

エ：不適切である。上記のとおり，GTIN は，JAN コード，UPC コードだけではなく，集合包装用商品コード（ITF コード）などもある。

オ：適切である。不定貫商品とは，たとえば食肉など，100 グラムいくら，のように価格を算出する商品である。同じ部位でも，形や重さが異なるため，発注上，単価×個数で値段を算出できない商品で，実際の値段は，単価×重量で算出しなければならない。

　よって，エが正解である。

第 4 章　流通情報システム

商品コード	ランク	1回目		2回目		3回目	
	B	/		/		/	

■平成 25 年度　第 39 問

　集合包装用商品コード（GTIN－14）のコード体系に関する記述として，最も不適切なものはどれか。

　　ア　かつて日本では国内用として 16 桁の集合包装用商品コードを業界標準として定めて利用してきたために，切り替えが必要になった。

　　イ　企業間の取引単位である集合包装に対して設定されているため，チェックデジットを持たないコード体系である。

　　ウ　集合包装の入数違いなどを識別するために，「1」から「8」までの数字がインジケータとして用いられる。

　　エ　集合包装の内容物である単品単位を識別している JAN コードからチェックデジットを除いた 12 桁を使用し設定したコード体系を，日本では「一致型」と呼ぶ。

607

解答	イ

■解説

　非常に細かい知識が問われているが，不適切なものは基本的知識でわかるため，ぜひ正答してほしい。Global Standard One（GS1）という国際的流通標準化機関が規定した国際標準コードを GTIN という。集合包装用商品コード（GTIN-14）とは，国や業界によって異なっていたコードを 14 桁に統一，商品識別コードをフォーマット化し，サプライチェーン全体の効率化を図ろうとするものである。具体的には，各種の商品識別コードの前に全部で 14 桁になるまで 0 をつける。シンボルによる表示がなされる場合が多い。また，日本においては，JAN コードの 13 桁，8 桁（EAN/UCC-13・EAN/UCC-8），集合包装用商品コードの 14 桁（EAN/UCC-14）を指す。

　ア：適切である。日本では国内用として 16 桁の集合包装用商品コードを利用してきたため，2010 年 3 月までに切り替えが必要になった。

　イ：不適切である。GTIN-14 の構成は，「インジケータ 1 桁 + JAN コードを含む 12 桁 + チェックデジット 1 桁」である。

　ウ：適切である。「1」から「8」までの数字がインジケータとして用いられ，このインジケータは，入数違い（段ボール 1 個のみか，段ボール 3 個をまとめて 1 つの荷姿にしたものかなど）などを表す。

　エ：適切である。日本においては，集合包装の外装上（段ボールなど）に表示される集合包装用商品コードは，段ボールの中に入っている単品の JAN（アイテム）コードからチェックデジットを除いた 12 桁を使用して，集合包装用商品コードを作る方法のみが使用されてきた（＝外装に表示される集合包装用商品コードと単品の JAN コードとのアイテムコード部分が一致；一致型）。しかし，国際標準では，段ボール内に収納される単品の JAN（アイテム）コードを使わずに，集合包装用として別の商品コードを使用すること（＝単品と集合包装外装上に表示される商品コードの商品アイテムコード部分が一致しない方法：不一致型）も認められており，日本でも基本的には一致型だが，不一致型が使用されるケースもある。

　よって，イが正解である。

参考文献：一般財団法人流通システム開発センター HP「識別コード（GTIN）」
http://www.dsri.jp/baredi/gtin/introduction.htm

第 4 章　流通情報システム

3. 物流情報システム

▶▶ 出題項目のポイント

　1 次試験の「試験科目設置の目的と内容」では，物流情報システムにはバーコード，
RFID，トレーサビリティが分類されているが，本書ではバーコードを「商品コード」
の項目に収録し学習しやすくしている。したがって，「物流情報システム」の項にお
いては，頻出論点に従い，RFID，EDI，サプライチェーン・マネジメント，トレーサ
ビリティ，その他情報システム等に関する問題，に分けている。

　RFID や，情報システムを利用した EDI，そしてこれら流通情報システムの発達に
よって効率化を行っているサプライチェーン・マネジメント（SCM）などについて
学習する。

　RFID（Radio Frequency IDentification）とは，無線によって非接触で IC タグの
情報を読み書きする技術である。情報の書き換えや上書きが自由にでき，商品を重ね
たままでも識別できる。RFID の技術は，電子マネーへの利用や SCM における物流
の効率化などさまざまに利用されている。

　EDI（Electronic Data Interchange）とは，直訳すると電子データ交換であり，企
業間におけるさまざまな商取引データをオンラインで交換する仕組みである。

　これら RFID や EDI といった情報共有ツールの発達によってサプライチェーン・
マネジメントは発展した。

▶▶ 出題の傾向と勉強の方向性

　RFID や EDI などによる流通情報システムの進歩が，SCM の発達や効率化に寄与
しているため，それぞれの問題において論点が重複したり，つながったりしている問
題が多い。よって，この章は一度にまとめて学習したほうがわかりやすいであろう。
実際の出題に関してであるが，混同しやすい英文字略語が流通情報システムの範囲に
は多い。まとめて確認する場合は，平成 24 年度第 43 問のような英文字略語とその説
明文の組み合わせを答える問題に取り組むとよいだろう。

　電子タグに関しては，情報量が従来のコードより多い，追記ができる，無線で通信
可能，一括スキャンが可能，金属や水分に弱い，といった特徴が出題されている。

　EDI に関しては，直接的なテーマとしては近年出題が減っているが，もはや EDI
が当たり前となり EDI を前提とした出題が増えている。選択肢として登場する用語

609

も多いので確認されたい。

　サプライチェーン・マネジメントにおいては，ブルウィップ効果について平成 24 年度第 33 問，平成 22 年度第 34 問，平成 20 年度第 25 問で出題されているが，近年は店舗運営ではあまり出題がない。なお，SCM はその物流システムなど論点が多岐にわたるが，SCM における一括物流センターについては第 3 章にて扱っている。また，SCM については過去，生産管理においても出題がされている。

　トレーサビリティに関する問題は，平成 21 年度以降コンスタントに出題がある。トレーサビリティは食品の安全性を直接担保するものではない，といった論点が繰り返し出題されているのできちんと理解し得点源としたい。

　「その他情報システム等に関する問題」に分類されたものとして，電子マネーの発達などを背景にした資金決済法，検索エンジンにおける広告効果評価，企業間取引の e-マーケットプレイスなどがある。また，QR コードについて令和元年度，令和 2 年度第 39 問に出題された。そして，平成 26 年度以降，出題が続くインターネット販売に関する知識もこちらに分類した。平成 26 年度企業経営理論においてもインターネット販売が登場する問題があり，ロングテール，ドロップシッピング，フラッシュマーケティングなど関連用語を必ずチェックしてほしい。

　「その他情報システム等に関する問題」については論点がさまざまでほとんど C ランクとなっているが，インターネット販売や QR コードなどは再度出題される可能性も高く，電子版を確認されたい。

第4章　流通情報システム

■取組状況チェックリスト

3．物流情報システム

RFID

問題番号	ランク	1回目		2回目		3回目	
平成 28 年度　第 40 問	A	/		/		/	
平成 27 年度　第 43 問（設問 2）	A	/		/		/	
平成 24 年度　第 34 問	B	/		/		/	
平成 26 年度　第 40 問	A	/		/		/	

EDI

問題番号	ランク	1回目		2回目		3回目	
平成 23 年度　第 40 問	A	/		/		/	
平成 25 年度　第 40 問	C*	/		/		/	
平成 26 年度　第 39 問	A	/		/		/	
平成 24 年度　第 43 問	C*	/		/		/	
令和 2 年度　第 42 問	C*	/		/		/	

サプライチェーン・マネジメント

問題番号	ランク	1回目		2回目		3回目	
平成 24 年度　第 33 問	C*	/		/		/	

トレーサビリティ

問題番号	ランク	1回目		2回目		3回目	
平成 24 年度　第 35 問	A	/		/		/	
平成 26 年度　第 42 問	A	/		/		/	
平成 27 年度　第 43 問（設問 1）	C*	/		/		/	

その他情報システム等に関する問題				
問題番号	ランク	1回目	2回目	3回目
平成 24 年度 第 41 問	B	／	／	／
平成 29 年度 第 43 問	B	／	／	／
平成 24 年度 第 42 問	C *	／	／	／
令和元年度 第 42 問	C *	／	／	／
令和元年度 第 38 問	C *	／	／	／
令和 2 年度 第 40 問	C *	／	／	／
平成 23 年度 第 27 問	C *	／	／	／
平成 26 年度 第 32 問	C *	／	／	／
令和 2 年度 第 41 問	C *	／	／	／
平成 27 年度 第 33 問	C *	／	／	／
平成 26 年度 第 33 問	C *	／	／	／
平成 27 年度 第 42 問	C *	／	／	／
平成 28 年度 第 43 問	C *	／	／	／
平成 30 年度 第 40 問	C *	／	／	／

＊ランク C の問題と解説は，「過去問完全マスター」の HP（URL：https://jissen-c.jp/）よりダウンロードできます。

RFID	ランク	1回目		2回目		3回目	
	A	/		/		/	

■平成 28 年度　第 40 問

　従来のバーコードでは実現が困難であった高度な商品等の管理や業務の効率化を実現するツールとして，近年，電子タグ（IC　タグ，RF　タグ，無線タグなど）が注目されている。この電子タグの特徴に関する記述として，最も不適切なものはどれか。

　ア　電子タグの IC チップには，メモリが搭載されており，識別情報などを記録することができる。

　イ　電子タグは，金属で被覆しても，通常非接触で読み取り可能である。

　ウ　電子タグは，必要に応じて，メモリに書き込まれたデータを保護し，セキュリティを強化することができる。

　エ　電子タグは，無線を使って通信するため，非接触で読み取り可能である。

　オ　電子タグは，用途に応じてカード型やボタン型の形状が存在し，小型化や薄型化も進んでいる。

解答	イ

■解説

基本的な電子タグに関する問題で正答したい。

ア：適切である。電子タグの IC チップには，メモリが搭載されており，従来の
　　バーコード等よりも，トレーサビリティ情報といった多くの情報を記録する
　　ことができる。

イ：不適切である。電子タグの読取は電波で行い，通常は読み込み機との間に障
　　害物があってもデータを読み取れるが，金属で被覆すると電波を反射してし
　　まい，非接触で読み取れなくなる。近年，金属に対応したタグも開発されて
　　いるが，特殊であるため「通常」という記述に反する。また，水分が多い場
　　合も読み取れなくなる場合がある。

ウ：適切である。電子タグは，必要に応じて，メモリに書き込まれたデータを暗
　　号化するなどしてセキュリティを強化することができる。

エ：適切である。電子タグの大きな特長である。

オ：適切である。電子タグは，用途や取り付けるもののサイズに応じて，カード
　　型やボタン型などがあり，小型化や薄型化も進んでいる。

よって，イが正解である。

	ランク	1回目		2回目		3回目	
RFID	A	/		/		/	

■平成 27 年度　第 43 問（設問 2）

「食品トレーサビリティシステム導入の手引き（第 2 版）」（食品トレーサビリティガイドライン）に記載されている内容に関して，以下の設問に答えよ。

トレーサビリティシステムにおいて製品に添付して送られる情報の表現様式や情報伝達媒体として，バーコード，2 次元コード，電子タグ（IC タグ）を利用して情報伝達を行う場合を比較した記述として，最も適切なものはどれか。

ア　作成コストは，電子タグが最も安価である。

イ　情報記録容量は，バーコードが最も大きい。

ウ　データの再書き込みは，電子タグを利用した場合のみ可能である。

エ　透過読み取りは，どの方法を利用しても可能である。

オ　複製を作成する場合，2 次元コードが最も困難である。

解答	ウ

■解説

　トレーサビリティ分野での出題であるが，内容としては IC タグなど RFID に関する問題であるので，こちらに分類した。論点としては既出論点が多いので，ぜひ正答してほしい。

ア：不適切である。作成コストは，バーコード，2 次元コード，電子タグ（IC タグ）の中で，電子タグが最も高価になることが多い。

イ：不適切である。情報記録容量は，バーコードが最も小さい。情報量は電子タグ＞2 次元バーコード＞バーコードである。

ウ：適切である。印刷してしまうことが多いバーコード，2 次元コードは再書き込み（情報の追加，変更）ができない（マスタの登録を変更し，実質的にそのデータが持つ意味を変更することはできる）。データの再書き込みは，電子タグを利用した場合のみ可能である。

エ：不適切である。透過読み取りは，電子タグのみ可能である。なお，「透過読取り」とは，読み取り機（リーダー）と，対象物との間に障害物があっても読み取れることである。バーコードや 2 次元コードは，対象物との間に障害物があると読み取れず，コードが汚れただけでも読み取りにくくなる。

オ：不適切である。コピーし，印刷すれば複製可能なのがバーコード，2 次元コードである。複製を作成する場合，電子タグが最も困難である。

　よって，ウが正解である。

第4章　流通情報システム

RFID	ランク	1回目	2回目	3回目
	B	／	／	／

■平成24年度　第34問

RFIDを活用することにより，サプライチェーンにとって期待できることとして，最も不適切なものはどれか。

ア　検品や入出庫管理にかかる時間を短縮できるようになる。

イ　在庫状況をリアルタイムで把握できるようになる。

ウ　トレーサビリティの情報管理ができるようになる。

エ　バーコードと比べて商品管理システムの導入コストが安価になる。

617

解答	エ

■**解説**

RFID に関する基本的な問題である。

サプライチェーンにとって，とあるが特に注意する内容はなく，RFID の基本的な事項を押さえておけば正答できるため RFID の項目に入れた。

RFID（Radio Frequency IDentification）とは，無線によって非接触で IC タグの情報を読み書きする技術である。情報の書き換えや上書きが自由にでき，商品を重ねたままでも識別できる。具体的には，JR 東日本の Suica，JR 西日本の Icoca などがある。

IC タグは無線 IC タグ，RFID タグ，電子タグとも呼ばれる小さな無線 IC チップのことである。

ア：適切である。RFID を使用すれば，非接触であるためリーダーをかざすだけで読み取りができ，従来のバーコードを出して手でスキャンするという作業が減るため，大きく負担を減らすことがでる。

イ：適切である。自由に情報の書き換え，上書きができるため，入出庫等の情報を付け加えていくことで，在庫状況をリアルタイムで把握できるようになる。

ウ：適切である。選択肢イでも触れたが自由に情報の書き換えができるため，流通加工の過程でどのような加工を行ったのか，どういった流通経路をたどったのかという情報を書き込んでいくことで，情報管理ができるようになる。

エ：不適切である。バーコードと比べて商品管理システムの導入コストが高価になる。また，現状では互換性などでもバーコードに比べて劣っている。

よって，エが正解である。

第 4 章　流通情報システム

	ランク	1回目	2回目	3回目
RFID	A	／	／	／

■平成 26 年度　第 40 問

　物流情報システムの一環として IC タグの利用が徐々に広がってきている。複数企業が IC タグを利用する際のコード体系に関する記述として，最も適切なものはどれか。

ア　他の企業との間でコードの重複が生じないように，なるべく複雑で独自のコード体系を採用することが望ましい。

イ　独自のコード体系を採用することで，競争優位性を獲得・維持することができる。

ウ　他の企業の商品コードを読み取った場合にコードを判別できるように，コード体系の標準化が要請されている。

エ　目標とする対象物以外のデータを読み込んでしまう場合があるために，自社のみで識別可能な独自のコード体系による運用が望ましい。

619

解答	ウ

■解説

ICタグに関する問題であるが，標準化の傾向を知っていれば簡単に解けるので，ぜひ正答してほしい。国際取引や複数企業間の取引において，独自コードでは読取不具合や同じコードが発生する可能性が高く，標準コードが望ましいとされ，ICタグへの情報入力の際に使用されるコードとして，EPC（Electronic Product Code）が設定された。このコードは，GTIN等のGS1が定める標準識別コードが基礎となっているため，既存のバーコードシステムとの整合性を確保しながら，電子タグシステムを構築することが可能となる。EPCの情報をICタグに格納することで，製品とその属性情報，移動履歴などを参照・変更できるような情報ネットワークを「EPC Network」と呼ぶ。これにより商品情報の共有を行い，流通の効率化を目指しており，国際団体であるEPCグローバルという機関が推進している（EPCに関しては，平成22年度第36問で出題されている）。

ア：不適切である。グローバル化を受けて，企業間取引は標準化される傾向にあり，コードも標準化を目指している。コードを標準化することで，複数企業間の取引もスムーズになる。

イ：不適切である。独自のコード体系を採用すると，複数企業間を経て取引される際にコード体系の変換等が必要となったり，誤識別や識別不可能となったりする可能性があるため，それに対処する手間や器材コストなどから競争優位性を失う可能性が高い。

ウ：適切である。上記のとおり，EPCグローバル等のコード体系標準化を目指す動きがある。

エ：不適切である。自社のみで識別可能な独自のコード体系にはデメリットが多いため，目標とする対象物以外のデータを読み込んでしまうことを防ぐためには，ICタグ読み取り機の取り付け位置を調整したり，周波数や使用するICタグの種類を考慮するなどの対策が採られる。

よって，ウが正解である。

参考文献：一般財団法人流通システム開発センターHP
「EPCの必要性」「EPC（Electronic Product Code）」
http://www.dsri.jp/epcgl/epc/about.htm

第4章　流通情報システム

	ランク	1回目		2回目		3回目	
EDI	A	／		／		／	

■平成23年度　第40問

EDIに関する説明として，最も適切なものの組み合わせを下記の解答群から選べ。

a　伝票をOCR処理して電子化する場合は，EDIの一形式と考えられる。

b　XML形式でデータ交換を行う場合，ブラウザ操作などの人手を介する必要がある。

c　企業固有の独自仕様でなく標準的なデータ形式を用いる場合を，オープンEDIという。

d　電子メールにファイルを添付しデータ交換を行う場合を，e-mail EDIという。

〔解答群〕

ア　aとb

イ　aとd

ウ　bとc

エ　bとd

オ　cとd

621

解答	イ

■解説

　EDI（Electronic Data Interchange）とは，直訳すると電子データ交換であり，企業間における商取引データをオンラインで交換する仕組みである。受注や請求などの商取引でやり取りする情報を，標準化されたデータフォーマットや規則に従って，ネットワークを通じて電子的に送受信するものである。

　a：適切である。OCR とは，スキャナなどで取り込まれた画像データ上にある文字を，文字（テキスト）データに変換することである。いわゆる「テキスト化」である。EDI はさまざまな仕組みがあるが，「情報・データを電子化して交換する」ことであり，紙の伝票を OCR 処理して電子化することは EDI の一環といえる。たとえば，Fax で送られてきた手書き伝票をそのまま自動で文字認識処理を行い，テキストデータなどに変換する方法は FAX-OCR と呼ばれる。

　b：不適切である。XML（Extensible Markup Language）とは，コンピュータ言語の 1 つで HTML の後継言語である。XML ではユーザが独自のタグを使い，データの属性や内容を関連付けて比較的自由に記述できる。このタグの属性と構造は企業内や企業間などで共有することができるので，業務システムに直接取り込んで処理できる。XML で記述された EDI では，発注数や品番などのデータ項目ごとに「タグ」という識別子が付くので，データ項目がどの場所にあっても自動的にシステムが認識してくれる。よって XML によるデータ交換は，システム同士がデータの判断を自動で行うため，基本的には人が直接操作を行うことはない。

　c：不適切である。従来の EDI では，専用ネットワークや業界ごとの専用プロトコルを使用していた。しかし，近年ではインターネット技術を利用した特別なネットワークが必要ない Web-EDI が中小企業などでも活用されている。オープン EDI とは，「データ形式」のことではなく，インターネットを介してオープンな取引に適用される EDI のことである。インターネット EDI とも呼ばれる。

　d：適切である。本肢のとおりである。

　よって，a と d が適切であり，イが正解である。

	ランク	1回目		2回目		3回目	
EDI	A	／		／		／	

■平成 26 年度　第 39 問

XML（eXtensible Markup Language）を用いた EDI に関する記述として，最も適切なものはどれか。

ア　Web 画面を通じたデータのやりとりのため，受発注作業の簡素化が期待されている。

イ　業界ごとに取引画面の標準化が進んでおり，発注作業の効率化が期待されている。

ウ　自社システムと連携できないことから取引先の入力代行に過ぎないという指摘がなされている。

エ　発注のみの従来型 EOS や Web-EDI が混在することになり，運用の煩雑化が指摘されている。

オ　ファイル転送を自動化することができ，受発注業務の負担軽減が期待されている。

解答	オ

■解説

　XML に関する問題は平成 23 年度を最後に出題がなかったが，平成 26 年度に出題となった。何度も出題されている論点なので，ぜひ正答してほしい。重要論点としては，XML 言語を利用した EDI（XML-EDI）は，システム同士でのデータの直接やり取り等ができ，文書構造の変更など手作業負担の削減ができることがあげられる。

ア：不適切である。XML ではユーザが独自のタグを使い，データの属性や内容を関連付けて比較的自由に記述できる。このタグの属性と構造は企業内や企業間などで共有することができるので，業務システムに直接取り込んで処理できる。よって XML によるデータ交換は，システム同士がデータの判断を自動で行えるため，必ずしも Web 画面を通じたデータのやりとりが発生するわけではない。

イ：不適切である。確かに特定業界においては，XML-EDI 標準が設定されているが，これが進みすぎると業界間での XML-EDI 取引において問題が生じる可能性が出てきており，現在はさまざまな業界が協力して国際標準の開発を進めている。出題された例としては，ebXML（Electronic Business XML）といった国際標準EDI 仕様群がある。

ウ：不適切である。選択肢アで説明したように，自由にタグ設定ができるため，自社システムとの連携も取りやすい。

エ：不適切である。XML を利用した EDI では ebXML（Electronic Business XML）といった国際標準 EDI 仕様群が利用されることが多い。ebXML を利用することで，従来は形式がばらばらであった企業間の電子商取引データを，共通の XML形式で扱うことが可能となる。取引相手が発注のみの従来型 EOS や Web-EDIを使用していて，それを求められた場合は煩雑化する可能性はあるが，一般的には標準化されたものを利用する。

オ：適切である。何度も述べたように，XML-EDI において，直接データをシステムに取り込めるため，人の手を挟まず自動的にデータのやり取りができる。ファイル転送も自動化することができ，受発注業務の負担軽減が期待されている。

　よって，オが正解である。

第4章　流通情報システム

トレーサビリティ	ランク	1回目		2回目		3回目	
	A	/		/		/	

■平成24年度　第35問

トレーサビリティに関する記述として最も適切なものはどれか。

ア　トレーサビリティでは，製品の原材料から消費後の廃棄に至るまでに排出する二酸化炭素の量を製品に表示することが必要である。

イ　トレーサビリティは，原材料の産地や製造工場を製品ラベルに記載することを指す。

ウ　トレーサビリティは，商品の品質を高め最終消費者に安全なものを提供できるように小売業が行う。

エ　トレーサビリティを構築する仕組みには，ロットナンバー管理とシリアルナンバー管理という2つの方法がある。

625

解答	エ

■解説

　トレーサビリティとは，トレース（追跡）とアビリティ（可能）を組み合わせた言葉で，「追跡可能性」を意味する。商品やサービスの原材料調達，生産，加工のほか，所在，構成や内容，変更の履歴等などまで後から確認できることをいう。

　　ア：不適切である。本肢の「製品の原材料から消費後の廃棄に至るまでに排出する二酸化炭素の量を製品に表示する」のは，カーボンフットプリントと呼ばれるものである。原材料の調達からリサイクル（もしくは廃棄）という商品のライフサイクルの中で排出される各種温室効果ガスをCO_2量に換算して，商品やサービスにわかりやすく表示する仕組みのことである。トレーサビリティの中で，カーボンフットプリントを取り扱うことはまだ一般的ではなく，義務でもない。

　　イ：不適切である。トレーサビリティは，商品やサービスの原材料調達，生産，加工のほか，所在，構成や内容，変更の履歴等などまで後から確認できることをいう。単に原材料の産地や製造工場を製品ラベルに記載することのみを指すのではない。原材料産地や製造工場を製品ラベルに記載することは，従来から行われている。

　　ウ：不適切である。トレーサビリティは，商品やサービスの原材料調達，生産，加工のほか，所在，構成や内容，変更の履歴等などまで後から確認できることを指しており，メーカー等でも記入が行われる。現在では，「追跡可能性」を意味するトレーサビリティとしては，食品のみならず電化製品，郵便物，宅配物なども含めて行われており，さまざまな業界でトレーサビリティが広がっている。

　　エ：適切である。トレーサビリティでは製品を識別することが必要であるが，ロットナンバー管理とシリアルナンバー管理という2つの方法がある。不具合が起きた時に，製品の型番，ロットナンバーやシリアルナンバーから製品を特定できる。ロットナンバーとは，特定の一日に製造したものや原材料1箱分から製造されたものなどさまざまな基準で，製品のまとまり（ロット）に対して与えられる番号である。シリアルナンバーとはその製品1つに対して与えられる固有の番号である。

　よって，エが正解である。

第4章　流通情報システム

トレーサビリティ	ランク	1回目		2回目		3回目	
	A	／		／		／	

■平成 26 年度　第 42 問

食品のトレーサビリティに関する記述として，最も適切なものはどれか。

ア　RFID など最新の情報システムを整備・導入する必要がある。

イ　消費者の商品選択に役立つよう，原材料の原産地名などの情報を表示する取り組みである。

ウ　食品の安全を直ちに確保することができる取り組みである。

エ　入出荷の記録に加えて，ロット情報の対応付けを明らかにするなどの高度な取り組みがある。

627

解答	エ

■解説

　トレーサビリティに関して頻出論点は限られており，記述に注意すれば過去の論点と同じである。

ア：不適切である。RFID など最新の情報システムを整備・導入すれば，より高度な管理が容易に行えるが，特に高価な最新情報システムを整備しなくとも導入できる手法もある。また，食品トレーサビリティについて推進する農林水産省も「事業者間の連携と調整による整合性の確保や，費用と効果を考慮したシステムの設計が必要」とし，読みとった情報を記録・保管・伝達する媒体についても，紙の帳票，電子データベース，ラベル，電子タグなどがあげられている。

イ：不適切である。確かにトレーサビリティによって，原材料の原産地名などの情報を表示することができ，また，消費者の商品選択に役立つ場合もある。しかし，食品のトレーサビリティにおける目的は，①食品の安全確保への寄与②情報の信頼性の向上③業務の効率性の向上への寄与である。農林水産省は，食品のトレーサビリティの取組は，消費者の食品選択に役立つよう，食品をどのように生産・製造したか（例：農薬・肥料・飼料等の使用状況，原材料の原産地名などの情報）を表示等で情報提供する取組とは異なると明言している。詳しくは，平成22年度第39問の解説を参照のこと。

ウ：不適切である。頻出論点のためしっかり押さえてほしい。トレーサビリティは，食品の安全を直ちに確保することができる取組みではない。トレーサビリティの仕組みがあくまで食品の移動を把握することが目的で，食品の衛生，安全を直接的に担保するものではないという論点は，本書に掲載はないが平成21年度第37問，平成22年度第39問でも出題されている。

エ：適切である。食品トレーサビリティの管理レベルは各企業や企業グループ等によってさまざまであるが，入出荷の記録に加えて，いつ製造されたものか個別製品を識別するためにロット情報の対応付けを明らかにすることが一般的である。ロットナンバーに関する問題としては，平成24年度第35問がある。

　　参考文献：農林水産省 HP「食品トレーサビリティシステム導入の手引き」改訂委員会「食品トレーサビリティシステム導入の手引き（食品トレーサビリティガイドライン）」平成20年3月第2版第2刷
農林水産省 HP　「食品トレーサビリティについて（平成26年4月）」
http://www.maff.go.jp/j/syouan/seisaku/trace/

第4章　流通情報システム

その他情報システム等に関する問題	ランク	1回目		2回目		3回目	
	B	／		／		／	

■平成 24 年度　第 41 問

　下表は，A～D の 4 種類のキーワードで検索エンジン広告を利用したときの状況を表している。このとき，広告効果の評価指標の 1 つである CVR（Conversion Rate）が最も高いキーワードを下記の解答群から選べ。

キーワード	総費用／月	獲得クリック数／月	申込数／月
A	10 万円	500	25
B	6 万円	300	15
C	5 万円	250	20
D	1 万円	100	10

〔解答群〕

　ア　キーワード A

　イ　キーワード B

　ウ　キーワード C

　エ　キーワード D

解答	エ

■解説

　広告効果の評価指標の1つである CVR（Conversion Rate）に関する問題である。学習したことのない受験生も多かったであろう。月ごとの総費用など迷わせる情報も入っており，正答は難しかったかもしれない。

　CVR とは Web サイトへのアクセス数や，特定の広告をクリックした人のうち，何割がコンバージョン（商品購入や資料請求，会員登録などの Web サイト上から獲得できる最終成果）に至るかの割合を示す指標のことである。コンバージョン数（本問では「申込数」）を，キーワードや広告等のクリック数（＝ Web サイトへのアクセス数）で割って CVR を算出してそれぞれの CVR を比較することで，どのキーワードや広告から申し込みのページに入った人が，最も実際に申し込んだのか，すなわちどの広告やキーワードが最も効果的だったのかを検証する。

　本問の場合，次のようになる。

キーワード	総費用／月	獲得クリック数／月	申込数／月	CVR＝申込数÷獲得クリック数（％）
A	10万円	500	25	5
B	6万円	300	15	5
C	5万円	250	20	8
D	1万円	100	10	10

　よって，キーワード D において CVR が最も高くなる。

　以上より，エが正解である。

第 4 章　流通情報システム

その他情報システム等に関する問題	ランク	1回目		2回目		3回目	
	B	／		／		／	

■平成 29 年度　第 43 問

　ある企業が同じ商品を 5 つの異なる WEB サイトで，それぞれバナー広告 A ～ E を掲載している。このとき，ある 1 か月で下表のような結果が得られたとする。ここでクリック単価はユニークな顧客がクリックしたときに発生する金額，クリック顧客数は各広告をクリックしたユニークな顧客数，広告費は当該広告をクリックされたことによって生じた総広告費用，商品購買客数は当該広告によって商品購買に至ったユニークな顧客数とする。

　コンバージョンレート（CVR）によってバナー広告を評価するとき，最も効率的なバナー広告はどれか。下記の解答群から選べ。

バナー広告	クリック単価（円）	クリック顧客数（人）	広告費（円）	商品購買客数（人）
A	100	600	60,000	7
B	50	200	10,000	4
C	250	100	25,000	1
D	200	250	50,000	4
E	150	150	22,500	4

〔解答群〕

　ア　A

　イ　B

　ウ　C

　エ　D

　オ　E

	解答	オ

■解説

広告効果の評価指標の1つである CVR（Conversion Rate）に関する問題である。

コンバージョンレートは平成24年度第41問でも出題されており，ほぼ同じ内容の問題であるため，ぜひ正答してほしい。

CVR とは Web サイトへのアクセス数や，特定の広告をクリックした人のうち，何割がコンバージョン（商品購入や資料請求，会員登録などの Web サイト上から獲得できる最終成果）に至るかの割合を示す指標のことである。コンバージョン数（本問では「商品購買客数」）を，キーワードや広告等のクリック数（＝Web サイトへのアクセス数）で割って CVR を算出してそれぞれの CVR を比較することで，どのキーワードや広告から申し込みのページに入った人が，最も実際に申し込んだのか，すなわちどの広告やキーワードが最も効果的だったのかを検証する。

コンバージョンレート（％）＝商品顧客数※÷クリック顧客数×100

※本問では商品購買客数であり，ウェブサイト訪問者やクリック数から，コンバージョン（＝転換）に至った人数のことである。

バナー広告	クリック単価 (円)	クリック顧客数 (人)	広告費 (円)	商品購買客数 (人)	コンバージョンレート (%)
A	100	600	60,000	7	1.17
B	50	200	10,000	4	2
C	250	100	25,000	1	1
D	200	250	50,000	4	1.6
E	150	150	22,500	4	2.67

最もコンバージョンレートが高いのは，2.67 のバナー広告 E である。

よって，オが正解である。

第5章
その他店舗・販売管理に関する事項

その他店舗・販売管理に関する事項

▶▶ 出題項目のポイント

　近年，食品の表示などに関する出題が増えてきている。特に小売店舗等では法令等に基づく規制がなされており，これらを理解していないと実際の店舗運営に影響を与えることとなる。出題の論点としてはさまざまであり，専門的な知識が必要となる。また，業界の売上傾向などもこちらに分類した。

▶▶ 出題の傾向と勉強の方向性

　論点が多岐にわたり，実際の小売店舗を運営する際には，その取扱商品によって対象となる法律もさまざまである。よって，小売に関わる法律をすべて学ぶというのは現実的ではなく，現状では基本的には過去に出題された論点をきちんと押さえておく，という対応がよいだろう。

■取組状況チェックリスト

その他店舗・販売管理に関する事項							
問題番号	ランク	1回目		2回目		3回目	
令和 2 年度 第 28 問	C*	/		/		/	
令和元年度 第 26 問	C*	/		/		/	
令和元年度 第 29 問	C*	/		/		/	
令和元年度 第 32 問	C*	/		/		/	
令和 2 年度 第 31 問	C*	/		/		/	
平成 29 年度 第 32 問	C*	/		/		/	

＊ランク C の問題と解説は，「過去問完全マスター」の HP（URL：https://jissen-c.jp/）よりダウンロードできます。

■運営管理　出題範囲と過去問題の出題実績対比

Ⅰ．生産管理

大分類	中分類	小分類	ページ	H 23	H 24	H 25
生産管理概論	生産管理の基礎	管理目標	13～22	第1問	第2問	第1問
		生産形態	23～34	第19問		
		生産に関する情報システム	35～38	第4問		
生産のプラニング	工場立地とレイアウト	工場レイアウト	43～56	第2問	第3問, 第9問	第3問
	製品開発・製品設計	製品開発	59～60			
		製品設計	61～66	第5問	第4問	第4問
		設計技術	67～68		第5問	
	生産技術	加工技術	電子版			
		自動機械	71～72		第6問	
		新技術	電子版			第6問
		その他生産技術	電子版	第6問		第2問
	生産方式	ライン生産	77～82	第8問		第9問
		セル生産	83～84			第8問
		管理方式	85～92		第7問	第20問
		その他	93～98		第15問	
	生産計画	需要予測	103～110		第11問, 第13問	第10問
		需給計画	111～116	第9問		
		日程計画	117～136	第10問	第14問	第11問
		能力と負荷	137～138	第3問		
		その他	電子版			
	資材調達・外注管理	購買管理	141～148		第10問	
		外注管理	電子版	第11問		

636

H 26	H 27	H 28	H 29	H 30	R 1	R 2
第1問			第1問	第1問	第1問	第1問
	第2問	第2問, 第5問		第2問	第2問	
			第2問, 第8問	第5問		
第2問	第4問, 第5問		第5問	第3問		第3問, 第15問
第5問						
第3問	第6問	第4問	第3問			
	第3問, 第7問					
					第4問	第5問
	第8問		第21問			
第7問	第1問	第6問			第5問	第16問
第8問		第3問, 第7問	第9問	第11問	第6問	第8問
		第21問	第4問, 第20問	第20問		
第11問	第9問			第12問	第8問	第9問
第9問		第9問			第7問	
第10問	第10問	第1問, 第10問		第4問, 第6問, 第7問	第9問	第11問
		第11問				
		第8問			第15問	第12問
	第11問		第19問	第13問, 第17問	第10問	第10問, 第13問
		第12問, 第20問	第11問			

大分類	中分類	小分類	ページ	H 23	H 24	H 25
生産の オペレーション	品質管理	QC 手法	153～160	第 12 問	第 12 問	第 12 問
		TQM	161～162	第 13 問		第 13 問
		その他品質管理に関する事項	163～166	第 7 問		第 5 問
	物の流れ（資材・在庫・運搬）の管理	現品管理	171～176			第 14 問
		在庫管理	177～180	第 14 問		
		マテリアルハンドリング	181～184			
		分析手法	185～198		第 8 問	
		その他物の流れの管理	199～200			第 7 問
	人の動きの管理	作業管理	205～216	第 15 問	第 1 問	第 15 問
		作業研究	217～234			第 16 問
		分析手法	235～247	第 16 問, 第 17 問	第 16 問	第 17 問
	設備管理	保全	251～264	第 18 問	第 17 問	
		評価と更新	265～268			
		経済性工学	電子版		第 18 問	
		TPM	269～270			第 19 問
	生産の合理化・改善	原理原則	273～286		第 19 問	第 18 問
	廃棄物等の管理	環境保全に関する法規	電子版		第 20 問	
		資源の有効活用	電子版			
		ISO14000	289～290			第 21 問
その他生産管理に関する事項	各種法規等	各種法規等	295～300	第 20 問, 第 21 問	第 21 問	

H 26	H 27	H 28	H 29	H 30	R 1	R 2
	第12問		第17問	第9問	第11問	第6問
第13問						
		第13問		第16問		第4問, 第14問
第12問				第14問		
	第13問, 第14問		第12問			第2問
第20問			第13問			
第14問	第17問		第6問	第10問	第3問, 第13問	第7問
					第12問	
第15問	第15問	第14問	第10問	第15問	第16問	第17問
第16問		第15問, 第16問	第7問, 第14問, 第16問	第18問	第14問	
第17問	第16問	第17問		第8問		第18問
第4問, 第18問	第18問	第18問		第19問	第18問	第19問
第19問		第19問	第18問			第20問
					第19問	
					第20問	
第6問	第19問, 第20問		第15問		第17問, 第21問	第21問
						第22問
	第21問					
第21問						
	第22問	第22問	第42問	第38問		

Ⅱ. 店舗・販売管理

大分類	中分類	小分類	ページ	H 23	H 24	H 25
店舗・商業施設	店舗施設に関する法律知識	都市計画法	307〜320	第22問		第22問
		大規模小売店舗立地法	321〜328	第23問	第22問	第23問
		中心市街地活性化法	329〜330		第23問	
		建築基準法	電子版			
		消防法	電子版		第24問	
	店舗立地と出店	立地条件	333〜336	第24問,第26問		
		商圏分析	337〜342			第24問
	商業集積	ショッピングセンター	345〜346		第25問	第25問
		商店街	347〜350			
	店舗施設	店舗構造	電子版	第25問		
		店舗設備・什器	電子版			
		照明と色彩	353〜360			第26問
商品仕入・販売（マーチャンダイジング）	商品予算計画	販売予算	365〜394	第32問	第27問	第27問,第31問
		在庫予算	395〜402	第29問		第28問
		GMROI・交差主義比率	403〜404		第26問	
	商品計画	業種業態	電子版		第30問	
		品揃え	407〜410		第40問	
	商品調達・取引条件	取引条件	413〜416		第39問	
	売場構成・陳列	売場レイアウト	419〜420			
		商品陳列	421〜430	第31問	第29問,第31問	
	価格設定	価格政策	433〜436	第30問		
		価格決定手法	電子版			第30問
	販売促進	ISM	439〜450		第28問	第29問
		販売促進計画	451〜452			

H 26	H 27	H 28	H 29	H 30	R 1	R 2
	第23問		第23問		第23問, 第24問	第24問
第22問			第26問			第23問
第23問		第23問		第21問		
	第24問					第27問
		第24問			第25問	
		第26問				
		第25問設問1, 第25問設問2	第24問	第23問		第25問
第24問	第27問		第25問		第22問	
第25問			第22問	第22問, 第25問	第27問	第26問
第26問						
	第25問, 第26問		第30問	第24問		
第28問,第30問	第28問	第28問, 第31問	第27問,第28問	第26問, 第27問, 第28問設問1, 第28問設問2	第28問	第30問
						第32問
	第32問					
	第41問					第33問
		第27問			第30問	
	第30問		第29問			
第29問		第29問		第29問	第31問	第29問
	第29問		第31問			
第31問	第31問	第32問		第30問		
		第30問				

大分類	中分類	小分類	ページ	H 23	H 24	H 25
商品補充・物流	商品在庫管理	発注方法	457〜476	第 34 問	第 36 問	第 32 問, 第 33 問
		需要予測	477〜482	第 28 問		第 37 問
	輸配送管理	輸送手段・ネットワーク	487〜494	第 36 問	第 38 問	第 34 問
		ユニットロード	495〜500	第 37 問		
		共同輸配送	501〜502			
		物流 ABC	503〜510		第 37 問	第 36 問
	物流センター管理	物流センター機能・設計	515〜516			
		物流センター運営	517〜544	第 33 問, 第 35 問, 第 38 問	第 32 問	第 35 問
流通情報システム	店舗システム	POS システム	549〜584	第 39 問, 第 41 問		第 41 問
		顧客管理システム	585〜590			
	取引情報システム	商品コード	593〜608	第 42 問		第 38 問, 第 39 問
	物流情報システム	RFID	613〜620		第 34 問	
		EDI	621〜624	第 40 問	第 43 問	第 40 問
		サプライチェーン・マネジメント	電子版		第 33 問	
		トレーサビリティ	625〜628		第 35 問	
		その他情報システム等に関する問題	629〜632	第 27 問	第 41 問, 第 42 問	
その他店舗・販売管理に関する事項			電子版			

H 26	H 27	H 28	H 29	H 30	R 1	R 2
第37問	第35問	第33問	第33問	第31問	第33問	第34問
第27問			第34問			第35問
第36問		第34問	第35問	第32問	第34問, 第35問	第36問
			第36問	第33問		第37問
		第36問				
第35問	第37問	第35問				
		第37問				
第34問	第34問, 第36問, 第38問	第38問	第37問, 第38問	第34問, 第35問	第36問, 第37問	第38問
	第40問	第39問設問1, 第39問設問2	第39問, 第40問設問1, 第40問設問2	第36問, 第39問設問1, 第39問設問2	第39問, 第40問, 第43問	第44問
第41問		第42問				第43問
第38問	第39問	第41問	第41問	第37問	第41問	第39問
第40問	第43問設問2	第40問				
第39問						第42問
第42問	第43問設問1					
第32問, 第33問	第33問, 第42問	第43問	第43問	第40問	第38問, 第42問	第40問, 第41問
			第32問		第26問, 第29問, 第32問	第28問, 第31問

参考文献

〈生産管理〉

・日本工業規格の簡易閲覧
　http://kikakurui.com/
・建築用語 .net
　バーチャル・マニュファクチャリング
　http://www.architectjiten.net/ag08/ag08_548.html
・IT 用語辞典　e-Words
　デジタルモックアップ（DMU：Digital Mock-Up）
　http://e-words.jp/w/ デジタルモックアップ .html
・公益社団法人　日本バリュー・エンジニアリング協会
　機能の整理
　http://www.sjve.org/ve/words/entry/12/
　VE 質問
　http://www.sjve.org/ve/words/entry/38/
　VE とは
　https://www.sjve.org/vecan/ve
・J-Net21　ビジネス Q&A　POP システム（生産時点情報管理システム）
　http://j-net21.smrj.go.jp/well/qa/entry/Q0700.html
・Lean-Manufacturing-Japan　JIT 基本用語集
　仕掛けかんばん
　http://www.lean-manufacturing-japan.jp/jit/cat235/post-141.html
　ポカヨケ
　http://www.lean-manufacturing-japan.jp/jit/cat237/post-393.html
　あんどん
　http://www.lean-manufacturing-japan.jp/jit/cat234/post-25.html
　フローショップレイアウト
　http://www.lean-manufacturing-japan.jp/jit/cat246/post-374.html
・改善 .net　具体的レイアウト改善の進め方
　https://kaizen1.net/layout-kaizen-way/
・学校法人　産業能率大学　総合研究所　23. 事務工程分析
　http://www.hj.sanno.ac.jp/cp/page/13266
・Tech-On　設計・生産と IT　ものづくり用語　代用特性とは
　http://techon.nikkeibp.co.jp/article/WORD/20060620/118340/
・アイニックス株式会社　読み取り率と誤読率を改善する方法

http://www.ainix.co.jp/howto_autoid/equipments/barcode_accuracy.html
- コトバンク

  https://kotobank.jp/word/ 超音波加工

  https://kotobank.jp/word/ レーザー加工

  https://kotobank.jp/word/ プラズマ加工

  https://kotobank.jp/word/ 電子ビーム加工

  https://kotobank.jp/word/ 粉体加工

  https://kotobank.jp/word/ 研削加工

  https://kotobank.jp/word/ 積層造形

  https://kotobank.jp/word/ 遺伝子組換え

  https://kotobank.jp/word/TWI

  https://kotobank.jp/word/ トランスファーマシン

  https://kotobank.jp/word/ ヒューリスティックス

  https://kotobank.jp/word/ 統計的検定

- 中小企業の特定ものづくり基盤技術の高度化に関する指針

  https://www.chusho.meti.go.jp/keiei/sapoin/shishin.html

- 株式会社　廃棄物工学研究所　バイオマス資源活用促進事業

  http://www.riswme.co.jp/biomass/about/

- 株式会社テクニカル　バーコードのご利用ハンドブック

  http://www.technical.jp/barcode/handbook1/chapter-2-1.html

- 株式会社日本能率協会コンサルティング　TPM コンサルティングカンパニー

  すぐわかる自主保全入門

  http://jipms.jp/tpm/jishuhozen/

- 環境省　平成 10 年版環境白書　ライフサイクルアセスメント

  http://www.env.go.jp/policy/hakusyo/honbun.php3?kid=210&serial=10619&bflg=1

- 厚生労働省　職場のあんぜんサイト　安全衛生キーワード：度数率，強度率，年千人率

  http://anzeninfo.mhlw.go.jp/yougo/yougo22_1.html

- 日経テクノロジーオンライン

  フロントローディング

  http://techon.nikkeibp.co.jp/article/WORD/20061207/125107/?rt=nocnt

- フリー百科事典：Wikipedia 日本語版

  https://ja.wikipedia.org/wiki/ 十進化時間

  https://ja.wikipedia.org/wiki/ 製品情報管理

  https://ja.wikipedia.org/wiki/ ウォータージェット

  https://ja.wikipedia.org/wiki/ 垂直多関節ロボット

  https://ja.wikipedia.org/wiki/ 水平多関節ロボット

https://ja.wikipedia.org/wiki/ 管理図

https://ja.wikipedia.org/wiki/ 公差

https://ja.wikipedia.org/wiki/ 仮説検定

・電子部品の総合情報サイト ELISNET　電子部品用語検索

バーンイン

https://www.elisnet.or.jp/word/word_detail.cfm?word_id=515

ディレーティング

https://www.elisnet.or.jp/word/word_detail.cfm?word_id=464

・IT 用語辞典　e-Words

エージング・ヒートラン・バーンイン

http://e-words.jp/w/ エージング .html

コンカレントエンジニアリング

http://e-words.jp/w/ コンカレントエンジニアリング .html

APS:Advanced Planning and Scheduling

http://e-words.jp/w/APS.html

フールプルーフ

http://e-words.jp/w/ フールプルーフ .html

・KEYENCE FA ロボット .com

産業用ロボットの種類について

http://www.keyence.co.jp/gazo/special/visionsystem/fa-robot/industrial_robot/type/

・KEYENCE なるほど！機械加工入門マシニングセンタ

https://www.keyence.co.jp/ss/imagemeasure/processing/cutting/machiningcenter/

・日本マテリアル・ハンドリング（MH）協会　MH ジャーナル No.261 号

http://www.jmhs.gr.jp/Service/MHJ/number261.pdf

・経済産業省委託　MFCA 導入研究モデル事業事務局

株式会社日本能率協会コンサルティング MFCA とは

http://www.jmac.co.jp/mfca/thinking/01.php

・ものづくり革新ナビ　商品企画七つ道具

http://www.monodukuri.com/gihou/article/17

・weblio

http://www.weblio.jp/content/FMS

http://www.weblio.jp/content/ 旋盤

http://www.weblio.jp/content/ ボール盤加工

http://www.weblio.jp/content/ フライス盤

http://www.weblio.jp/content/ サプライチェーン

http://www.weblio.jp/content/PDM

http://www.weblio.jp/ タイムバケット

http://www.weblio.jp/content/ デザインレビュー

・物流 Weekly　エシェロン在庫

http://www.weekly-net.co.jp/rensai/free-talk/142.php

・ものづくり.com　サプライチェーンにおけるブルウィップ効果

http://www.monodukuri.com/gihou/article/332

・MONOist

こうすればうまくいく生産計画

http://monoist.atmarkit.co.jp/mn/articles/0811/25/news142.html

実践！IE：方法改善の技術

http://monoist.atmarkit.co.jp/mn/articles/1007/21/news089_2.html

http://monoist.atmarkit.co.jp/mn/articles/1101/13/news109_2.html

・ASCII.jp　デジタル用語辞典

http://yougo.ascii.jp/caltar/FMS

・wecoplus-【統計検定 2 級】母平均の検定，母分散の検定，母比率の検定

http://kabblog.net/1707/

・環境省ホームページ

エコアクション２１

https://www.env.go.jp/policy/j-hiroba/04-5.html

環境会計

https://www.env.go.jp/policy/j-hiroba/04-2.html

環境マネジメントシステム

https://www.env.go.jp/policy/j-hiroba/04-1.html

・経済産業省ホームページ

資源有効利用促進法

http://www.meti.go.jp/policy/recycle/main/admin_info/law/02/

資源有効利用促進法　法律の対象となる業種・製品

http://www.meti.go.jp/policy/recycle/main/admin_info/law/02/index03.html

・農林水産省ホームページ　HACCP とは　HACCP の 7 原則 12 手順

http://www.maff.go.jp/j/shokusan/sanki/haccp/h_about/index.html

・一般財団法人食品産業センター HACCP 関連情報データベース

総合衛生管理製造過程承認制度

https://haccp.shokusan.or.jp/intro/howto/auth/general/

PRP

https://haccp.shokusan.or.jp/basis/term/pp/

・中央労働災害防止協会 安全衛生情報センター

「産業用ロボットに係る労働安全衛生規則第 150 条の 4 の施行通達の一部改正について」

https://www.jaish.gr.jp/anzen/hor/hombun/hor1-54/hor1-54-62-1-0.htm

https://www.jaish.gr.jp/horei/hor1-54/hor1-54-62-1-2.pdf

・社団法人日本経営工学会編『生産管理用語辞典』日本規格協会

・吉沢正編『クォリティマネジメント用語辞典』日本規格協会

・中野金次郎編著，TPM トコトン研究会著『トコトンやさしい TPM の本』日刊工業新聞社

・産能大学 VE 研究グループ著『新・VE の基本—価値分析の考え方と実践プロセス』産業能率大学出版部

・教材策定委員会（編集）『特級技能士のための管理・監督の知識』職業訓練教材研究会

〈店舗・販売管理〉

・経済産業省ホームページ

大店立地法の解説（平成 19 年 5 月）

http://www.meti.go.jp/policy/economy/distribution/daikibo/downloadfiles/rittiho-kaisetu-ver070501.pdf

・「大店立地法の手続が必要な場合（参考）」http://www.meti.go.jp/policy/economy/distribution/daikibo/ritti_tetsuzuki.html#2

・買い物弱者対策支援について

http://www.meti.go.jp/policy/economy/distribution/kaimonoshien2010.html

・「商業統計」

http://www.meti.go.jp/statistics/tyo/syougyo/index.html

・「電子タグに関するプライバシー保護ガイドライン」http://www.meti.go.jp/policy/consumer/press/0005294/0/040608denshitagu.pdf

http://www.meti.go.jp/press/2013/02/20140212001/20140212001-1.pdf

・独立行政法人統計センターホームページ

・国土交通省ホームページ

「リサイクルポート（総合静脈物流拠点港）」

http://www.mlit.go.jp/kowan/kowan_fr6_000007.html

http://www.mlit.go.jp/sogoseisaku/barrierfree/index.html）

http://www.mlit.go.jp/seisakutokatsu/freight/kihonhoushin.pdf）

・消費者庁ホームページ

「個人情報保護法に関するよくある疑問と回答」

http://www.caa.go.jp/planning/kojin/gimon-kaitou.html#q2-2

http://www.no-trouble.go.jp/search/what/P0204001.html#law-part1

http://www.caa.go.jp/representation/pdf/111028premiums_1_1.pdf

・一般社団法人日本フランチャイズチェーン協会ホームページ
　http://www.jfa-fc.or.jp
・中小企業ビジネス支援サイト　J-Net21
　http://j-net21.smrj.go.jp
・平成 24 年度商店街実態調査報告書概要版　中小企業庁 HP
　http://www.chusho.meti.go.jp/shogyo/shogyo/2013/0329Jittai1.pdf
・楢村文信「通過型センターが全体最適化を阻む」『ロジスティクスビジネス』2001 年 7 月号
　pp.28-29（http://www.logi-biz.com/pdf-read.php?id=1162）
・公正取引委員会「大規模小売業告示のポイント」
　http://www.jftc.go.jp/dk/daikibopamph.pdf
・一般社団法人流通システム開発センターホームページ
　http://www.dsri.jp
・流通 BMS.com
　http://www.mj-bms.com/bms/page04.html
・流通 BMS 協議会「通信プロトコル利用ガイドライン」
　http://www.dsri.jp/ryutsu-bms/standard/data/s05/01.zip
・竹田賢「延期・投機戦略とサプライチェーン・ロジスティクスの最適化」『ロジスティクスレ
　ビュー』第 45 号　2003 年 12 月 11 日
　http://www.sakata.co.jp/nletter/nletter_031211.html
・農林水産省ホームページ
　「食品トレーサビリティシステム導入の手引き」改訂委員会「食品トレーサビリティシステム
　導入の手引き（食品トレーサビリティガイドライン）」平成 20 年 3 月，第 2 版，第 2 刷
　農林水産省ホームページ　「食品トレーサビリティについて（平成 26 年 4 月）」
　http://www.maff.go.jp/j/syouan/seisaku/trace/
・一般社団法人日本資金決済業協会ホームページ
　http://www.s-kessai.jp/info/law.html
・田島義博編著『インストア・マーチャンダイジングがわかる→できる』ビジネス社，2001
・田島義博著『マーチャンダイジングの知識（第 2 版）』日本経済新聞社，2004
・麻田孝治著『戦略的カテゴリー・マネジメント』日本経済新聞社，2004
・フィリップ・コトラー／ゲイリー・アームストロング著「新版マーケティング原理」（和田充
　夫／青井倫一訳），ダイヤモンド社，1995
・鈴木國朗著『陳列技術入門』商業界，2005
・社団法人中小企業診断協会大阪支部（現・一般社団法人大阪府中小企業診断協会）「中小企業
　にとっての SCM ビジネスモデルに関する調査・研究報告書」2003（db.kosbi.re.kr/download.
　asp?uri=/attach_files/J90/J902035.pdf）
・宮下淳・江原淳著『販売・流通情報システムと診断』同友館，1994
・森隆行著『現代物流の基礎』同文舘出版，2007

649

・臼井秀彰・田中彰夫著『ビジュアル図解　物流センターのしくみ』同文舘出版，2011
・JMR 生活総合研究所「マーケティング用語集」http://www.jmrlsi.co.jp/mdb/yougo/
・アイ・シー・ランド「IT 用語辞典」http://e-words.jp/
・IT PRO ホームページ「情報・通信用語事典」http://itpro.nikkeibp.co.jp/word/

※法令等に関しては，総務省の運営する「e-gov　法令データ提供システム」より引用しています（http://law.e-gov.go.jp/cgi-bin/idxsearch.cgi)。

■編著者

過去問完全マスター製作委員会

中小企業診断士試験第1次試験対策として，複数年度分の過去問題を
論点別に整理して複数回解くことで不得意論点を把握・克服し，効率
的に合格を目指す勉強法を推奨する中小企業診断士が集まった会。

「過去問完全マスター」ホームページ
https://jissen-c.jp/

頻出度ランクCの問題と解説は，ホームページから
ダウンロードできます（最初に，簡単なアンケートがあります）。
また，本書出版後の訂正（正誤表），重要な法改正等も
こちらでお知らせします。

2021年1月25日　第1刷発行

2021年版　中小企業診断士試験
[論点別・重要度順] 過去問完全マスター
[4] 運営管理

　　　　　　　　　　　編著者　過去問完全マスター製作委員会
　　　　　　　　　　　発行者　脇　坂　康　弘

発行所　株式会社　同友館
　　　　　　　　　　　東京都文京区本郷 3-38-1
　　　　　　　　　　　郵便番号　113-0033
　　　　　　　　　　　電話　03(3813)3966
　　　　　　　　　　　FAX　03(3818)2774
　　　　　　　　　　　https://www.doyukan.co.jp/

落丁・乱丁本はお取替えいたします。　　　　　　　　　藤原印刷
ISBN978-4-496-05510-2　　　　　　　　　Printed in Japan

本書の内容を無断で複写・複製（コピー），引用することは，
特定の場合を除き，著作者・出版者の権利侵害となります。
また，代行業者等の第三者に依頼してスキャンやデジタル化
することは，いかなる場合も認められておりません。

同友館 中小企業診断士試験の参考書・問題集

2021年版 ニュー・クイックマスターシリーズ

1 経済学・経済政策 ・・・・・・・・・・・・・・・・・・・・・・・・・・・・ 定価（1,800円＋税）

2 財務・会計 ・・・・・・・・・・・・・・・・・・・・・・・・・・・・・・・・・・・・ 定価（1,800円＋税）

3 企業経営理論 ・・・・・・・・・・・・・・・・・・・・・・・・・・・・・・・・・ 定価（1,900円＋税）

4 運営管理 ・・・・・・・・・・・・・・・・・・・・・・・・・・・・・・・・・・・・・・ 定価（1,900円＋税）

5 経営法務 ・・・・・・・・・・・・・・・・・・・・・・・・・・・・・・・・・・・・・・ 定価（1,800円＋税）

6 経営情報システム ・・・・・・・・・・・・・・・・・・・・・・・・・・・・ 定価（1,800円＋税）

7 中小企業経営・政策 ・・・・・・・・・・・・・・・・・・・・・・・・・・ 定価（1,900円＋税）

2021年版 過去問完全マスターシリーズ

1 経済学・経済政策 ・・・・・・・・・・・・・・・・・・・・・・・・・・・・ 定価（2,800円＋税）

2 財務・会計 ・・・・・・・・・・・・・・・・・・・・・・・・・・・・・・・・・・・・ 定価（2,800円＋税）

3 企業経営理論 ・・・・・・・・・・・・・・・・・・・・・・・・・・・・・・・・・ 定価（3,300円＋税）

4 運営管理 ・・・・・・・・・・・・・・・・・・・・・・・・・・・・・・・・・・・・・・ 定価（3,300円＋税）

5 経営法務 ・・・・・・・・・・・・・・・・・・・・・・・・・・・・・・・・・・・・・・ 定価（2,800円＋税）

6 経営情報システム ・・・・・・・・・・・・・・・・・・・・・・・・・・・・ 定価（2,800円＋税）

7 中小企業経営・政策 ・・・・・・・・・・・・・・・・・・・・・・・・・・ 定価（2,800円＋税）

中小企業診断士試験１次試験過去問題集 ・・・・・・・・・・・・・・ 定価（3,300円＋税）

中小企業診断士試験２次試験過去問題集 ・・・・・・・・・・・・・・ 定価（3,200円＋税）

【財務会計・事例Ⅳ】２ヵ月で合格レベルになる本 ・・・・・・・ 定価（2,000円＋税）

診断士２次試験 事例問題攻略マスター【第２版】 ・・・・・・・ 定価（2,800円＋税）

診断士２次試験 事例Ⅳの全知識＆全ノウハウ ・・・・・・・・・ 定価（3,000円＋税）

診断士２次試験 事例Ⅳ合格点突破 計算問題集 ・・・・・・・・ 定価（2,400円＋税）

診断士２次試験 ふぞろいな合格答案10年データブック ・・・ 定価（4,500円＋税）

診断士２次試験 ふぞろいな答案分析５（2018〜2019年度）・・・・・・・・・ 定価（2,400円＋税）

診断士２次試験 ふぞろいな再現答案５（2018〜2019年度）・・・・・・・・・ 定価（2,400円＋税）

診断士２次試験 ふぞろいな合格答案エピソード14 ・・・・・・・・・・・・・・・ 6月発売

2021年版 ２次試験合格者の頭の中にあった全知識 ・・・・・・・・・・ 7月発売

2021年版 ２次試験合格者の頭の中にあった全ノウハウ ・・・・・・・・ 7月発売

https://www.doyukan.co.jp/

〒113-0033 東京都文京区本郷 3-38-1
Tel. 03-3813-3966 Fax. 03-3818-2774